종교를 가진 내담자를 위한

상담 및 심리치료

스테판 닐슨 · 브래드 존슨 · 앨버트 엘리스 공저
서경현 · 김나미 공역

학지사
www.hakjisa.co.kr

Counseling and Psychotherapy With Religious Persons

A Rational Emotive Behavior Therapy Approach

by Stevan Lars Nielsen, W. Brad Johnson, & Albert Ellis

역자 서문

1995년 통계청의 인구주택총조사에 따르면, 한국인의 50.7%가 종교를 가지고 있다고 한다. 다시 말해, 한국인의 절반 이상이 종교를 가지고 있다는 것이다. 이런 비율은 지난 1985년(42.6%)보다 8.1%나 증가한 것으로 앞으로도 계속 증가할 것이다. 우리나라 청소년들의 79.6%가 종교는 필요한 것이라고 생각하고 있으며, 70.5%는 종교가 개인의 행복에 기여한다고 생각하고 있다는 청소년 대화의 광장(1997)의 발표가 이런 예상을 더욱 확실하게 한다. 이런 사실은 상담 혹은 심리치료를 위해 찾아오는 많은 내담자들이 종교를 가지고 있다는 것을 암시하고 있는 것이다. 한국갤럽조사(1998)에서 종교를 가지고 있는 한국인들 중에 66.8%가 종교를 믿는 이유를 '마음의 평안'을 얻기 위해서라고 보고한 것을 생각할 때 그런 사람들이 상담소나 심리치료 클리닉을 찾을 가능성이 매우 높을 것으로 예상된다.

역자도 인지행동치료를 해 오면서 다양한 종교들을 믿고 있는 내담자들을 접해 왔다. 그럴 때마다 종교처럼 인간의 사고와 행동에 영향을 미치는 것도 없다는 것을 실감하게 되었고, 종교를 믿고 있는 역자 자신도 종교를 가지고 있는 내담자들의 종교성을 적절하게 다루는 것이 단순한 작업이 아님을 더욱더 절실히 느끼게 되었다. 그렇지만 종교를 가지고 있는 내담자들을 위한 상담 혹은 심리치료에 대한 전문적인 지침서는 그리 많지 않다. 이러한 이유로 주위에서 상담 관련 분야에 종사하는 사람들, 특히 역자가 가르치고 있는 학생들이 그런 아쉬움을 자주 역자에게 토로했고 역자 자신 또한 전문적인 지침서의 필요성을 절실히 느끼고 있었다.

그러던 중, 『종교를 가진 내담자를 위한 상담 및 심리치료』(Counseling and Psychotherapy for Religious Persons)라는 책이 출판될 예정이라는 소식을 들었고, 2001년 여름이 되어서야 그 책을 직접 접하게 되었다. 처음에 나는 종교를 가지고 있지 않은 것으로 알려진 앨버트 엘리스(Albert Ellis)가 이 책의 저술에 참여한 것이 의외였으나 종교를 가지고 있는 사람을 상담하기 위해서는 인지적인 면을 다루어야 한다는 믿음을 가지고 있었기 때문에 호기심을 가지고 책을 읽어 나갔다. 엘리스는 종교를 믿고 있는 다른 두 저자들과 함께 합리적·정서적 행동치료(REBT) 이론과 기법을 종교와 관련하여 적절히 설명하고 있었다. 이 책의 저술을 주관한 닐슨(Nielsen)과 종교를 가지고 있는 사람들에 대한 상담을 다년간 연구해 온 존슨(Johnson)은 자신의 많은 경험을 독자들이 잘 이해하고 종교를 가지고 있는 내담자를 다루는 데 활용할 수 있도록 적절히 제시하고 있다. 역자는 그 해 겨울, 종교성이 강하고 실제로 종교를 가지고 있는 많은 한국인 상담자들에게 이 책을 번역하여 도움을 주고자 결심했다.

이 책을 읽으면서 역자의 무지와 실수로 인한 오류가 발견된다면, 아래의 e-mail 주소로 연락하여 질책하고 조언을 해 주기를 부탁드리는 바이다. 번역에 신중을 기하려고 노력했지만, 종교적인 내용에는 민감한 부분이 많아 다양한 종교들을 설명하면서 정확하지 않은 어휘가 사용되었을 수도 있으니 많은 조언을 부탁드린다.

먼저, 이 책을 함께 번역해 줄 것에 기꺼이 응해 주신 김나미 선생님께 깊은 감사를 드린다. 그녀는 학교에 있는 역자보다 현재 상담 장면에서 더 많은 내담자들을 접하고 있기 때문에 이 문제에 관심을 가지고 함께 수고해 주었으리라고 생각한다. 그리고 이 책을 번역하여 출판하는 것을 흔쾌히 동의해 주시고 여러 도움을 주신 학지사의 김진환 사장님과 편집부 여러분들에게도 감사드린다. 끝으로, 이 책의 번역 때문에 얼마간 저녁 시간을 함께 하지 못한 사랑하는 아내와 아들 주원이에게 나에게는 세상 그 무엇보다도 그대들이 중요하다는 것을 강조하는 바이다.

2003년 2월
역자 서경현
khsuh@syu.ac.kr

저자 서문

1990년대 초부터 종교를 가지고 있는 내담자들을 위한 심리치료에 관심이 증가되었다. 심리치료와 종교나 종교적 신념 혹은 종교성에 관한 내용을 제목이나 초록에 포함하고 있는 책과 논문이 1950년대에는 86가지, 1960년대에는 84가지, 1970년대에는 99가지, 1980년대에는 145가지, 1990년대에는 330가지가 출간되었다.

이런 744개의 학술적 출판물 중에 단지 다섯 개의 연구만이 종교를 가지고 있는 내담자를 위한 심리치료에서 종교가 어떻게 활용될 수 있는지를 검증했다. 그런 다섯 가지 연구는 종교를 지향하는 인지치료 및 인지행동치료를 과학적으로 검증했다고 보고했다(Johnson & Ridley, 1992; Johnson, Devries, Ridley, & Pettorini, 1994; Pecheur & Ewards, 1984; Propst, 1980; Propst, Ostrom, Watkins, & Mashburn, 1992). 그중에 두 개의 연구는 종교지향 합리적·정서적 행동치료(REBT : rational emotive behavior therapy)에 초점을 맞추었다. 심리치료 중에, 인지치료 및 인지행동치료 중 합리적·정서적 행동치료가 종교적 신념을 치료에 활용하는 데 선구자적 역할을 하고 있는 것은 너무나 당연한 것일지 모른다.

왜 그럴까? 그것은 합리적·정서적 행동치료가 신념지향 심리치료이기 때문이다. 합리적·정서적 행동치료의 그 유명한 A-B-C 모델에서는 자기패배적인 정서적, 행동적 결과(C)를 야기하는 것은 어떤 유발사건(A)이 아니라 그 유발사건(A)에 대한 신념(B)이라고 제안한다. 이것은 합리적·정서적 행동치료를 하는 동안 내담자의 종교적 신념체계로부터 나온 신념을 평가하고 조절하며 동화시키는 A-B-C 모델의 기본이다.

이 책에서는 합리적 · 정서적 행동치료가 종교를 가지고 있는 내담자들을 치료하는 데 어떻게 사용될 수 있는지를 보여 준다. 우리 저자들은 먼저 원칙을 제시하고 합리적 · 정서적 행동치료가 인간이 어떻게 자기 자신을 혼란스럽게 하는지를 신념에 근거하여 설명하는 이론을 가지고 있기 때문에 종교를 가지고 있는 내담자들을 상담하고 치료하는 데 매우 적합하다는 것을 설명할 것이다. 합리적 · 정서적 · 행동적 이론은 인지적이고 정서적이며 행동적일 뿐 아니라 구성주의적이기 때문에 합리적 · 정서적 행동치료의 치료적 개입에서는 종교적 다양성을 예견하고 조절하며 동화시킬 수 있다. 우리는 종교적 신념으로부터 합리적 · 정서적 · 행동적 이론에서 비합리적으로 여기는 신념을 어떻게 구별할 수 있는지 보여 준다.

그런 후, 우리는 일반적인 합리적 · 정서적 행동치료를 넘어서 종교를 가지고 있는 내담자와 함께하는 합리적 · 정서적 행동치료의 구체적인 사항들을 다룬다. 이 책에서는 종교성에 대한 평가와 내담자의 신념양식에 대한 평가는 물론 특히 비합리적인 신념에 대한 평가를 설명하고 있다. 그리고 다시 한 번 종교적 신념들 중에서 합리적인 신념과 비합리적인 신념을 어떻게 구별할 수 있는지 보여준다. 합리적 · 정서적 행동평가와 치료적 개입 사이의 연결고리에 관해 설명하고, 전형적인 치료 회기에서 어떻게 평가와 개입을 하는지 보여 준다.

우리는 합리적 · 정서적 행동치료의 가장 독특한 중재방법인 논박에 대해 설명한 후 사례를 제시하고, 어떻게 논박이 종교적 신념을 조정하는지 보여주기 위해 노력하였다. 우리는 종교를 가진 내담자를 치료하면서 어떻게 종교적 내용이 합리적 · 정서적 · 행동적 논박에 통합될 수 있는지 보여 준다.

마지막으로, 우리는 죄책감과 용서에 대해 논의하고, 주요 종교 교단의 신자들에게 합리적 · 정서적 행동치료를 어떻게 사용할 것인지 탐색한다. 그러나 그런 특정 치료법들의 세부사항을 속속들이 제시하려고 시도하지는 않을 것이다. 합리적·정서적 행동치료의 일반적인 방법들이 여러 종류의 종교들과 어떻게 적절하게 어우러지는지 보여 주려고 시도할 것이다. 여러 가지 다른 종교적 신념들과 관련하여 생기는 다양한 문제들과 내담자들의 종교적 경험은 너무 방대하여 한 권의 책에서 모두 다룰 수는 없다. 하지만 우리는 치료자가 종교를 가지고 있는 내담자의 독특한 문제들을 어떻게 다루어야 하는지 실마리를 제공할 수 있기를 희망한다. 예를 들어, 우리가 완벽주의적이고 자기패배적인 죄책감에 힘겨워하는 몰몬교 내담자를 상담할 때 합리적·정서적 행동치료를 어떻게 적용할 수 있는지 알게 되고, 정해진 음식을 먹고 라마단 기간 동안 금식해야 하는 것 때문에 생긴 내담자의 우울, 공포 및 분노를 치료하는 데 있어서 합리적·정서적 행동치료가 어떻게 사용되는지 독자들이 알 수 있게 될 것이다.

'상담 축어록'에 나온 여러 대화의 예를 포함한 여러 사례들이 책의 여러 부분에 걸쳐 제시되고 있다. 사례로 제시되는 내담자들은 매우 친절하게도 자신의 사례를 자료로 사용하도록 허락해 주었다. 우리는 이런 내담자들에게 감사를 표한다. 사례에 나오는 이름과 사건은 내담자의 신변보호를 위해 수정하였다.

내담자들 외에도 이 책을 위해 많은 사람들이 공헌하였다. 이 책은 내가 (SLN) 정신건강 및 정신질환에 있어서 종교의 역할에 대해 앨버트 엘리스 (Albert Ellis)와 다시 논의해야 한다고 나의 친구이자 조언자인 앨런 버긴 (Allen Bergin)에게 몇 년 전에 제안하면서부터 비공식적으로 준비하기 시작했다. 앨런과 앨버트는 전에도 두 번 이 점에 대해 논의한 적이 있었는데, 한 번은 *The Journal of Consulting and Clinical Psychology*(Bergin, 1980; Ellis, 1980)에서였으며, 다른 한 번은 미국심리학회(APA) 연차회의에서였다(이후에 *American Psychologist*에 논평이 게재되었음: Bergin, 1991; Ellis, 1992). 앨런은 거절했지만 그는 나에게 그런 논쟁을 원한다면 나 스스로 엘리스에게 도전하여 건설적이고 흥미있는 경험을 해 보라고 제안했다. 나는 약간 두렵기는 했지만 그의 제의를 받아들였다.

어떤 토론을 할 것인가를 생각하는 가운데, 나는 종교가 정신건강에 얼마나 좋은 영향을 주는지 아니면 나쁜 영향을 주는지에 대해서는 논하지 않기로 결심했다. 그리고 나는 합리적·정서적 행동치료를 포함한 인지행동 전문가이기 때문에 종교 경전을 포함한 종교적 내용들을 합리적·정서적 행동치료와 통합하는 것의 장점과 난제에 대해 토의하는 것이 흥미있을 것이라고 생각했다. 나는 이 주제를 APA(미국심리학회)에서 논의하자고 제안했고, 엘리스도 나의 제안을 바로 수용했다. 그는 내가 제안한 논제 "종교와 합리적·정서적 치료 : 치료자에게 성수(聖水)를 뿌리지 말라"에 대해 호감을 가진 것 같았다. 그러나 그는 나에게 자신이 APA(미국심리학회)에서 가장 대표적인 무신론자이기 때문에, 우리의 논의를 APA 36분과 프로그램 위원회(APA 36분과는 종교적 문제에 관심이 있는 심리학자들을 일컫는다)가 수용하지 않을 것이라고 경고했다.

엘리스의 예상은 적중했다. APA 36분과 프로그램 위원회는 그런 제의를 거절했다. APA 36분과 프로그램 회장이 공식적인 거부 편지를 보내지는 않았지만, 프로그램 위원회에서 격렬한 논쟁 끝에 근소한 차이로 그 제안이 거부되었다고 설명했다. 위원들 중 대다수의 사람들이 앨버트 엘리스와의 종교와 심리학에 대한 또 다른 토의와 논쟁에서 심리학에 기여할 별다른 새로운 것을 얻을 수 있을지 의문을 가졌다.

나는 앨버트 엘리스와 논쟁하여 유명하게 될 수 있는 기회를 잃게 되어 아쉬웠지만, 다행스럽게도 그 문제에 따른 논쟁은 진정되지 않았고, APA 정기총회가 있기 약 한 달 전에 36분과 프로그램 위원회는 비공식적 모임에서 우리가 토론을 하도록 초청했다. 엘리스도 다시 한 번 동의했고, 우리는 그 문제에 대해 토론했다. 엘리스와 나는 종교에서 가장 중요한 논점인 신(하나님)의 존재 여부에 대해서는 의견이 일치하지 않았지만, 이 책의 주요 부분인 여러 주제들에 관해서 의견이 일치한다는 것을 알게 되어 기뻤다. 합리적·정서적 행동치료에서 종교적 신념을 조정하는 것은 그렇게 어려운 일이 아니며 종교를 가진 내담자들이 도움을 얻을 수 있도록 합리적·정서적 행동치료와 종교적 내용을 통합할 수 있다는 것에도 우리는 같은 의견을 가지고 있었다.

Journal of Psychology and Christianity(JPC : 『심리학과 기독교 저널』)
의 편집자인 피터 힐(Peter Hill)이 토론을 위한 모임에 참석하였다. 그는 그
당시 JPC의 편집 위원회가 합리적 · 정서적 행동치료와 기독교 사이의 불
편한 관계에 초점을 맞추는 특별 주제를 의뢰한 것을 알고 있었다. 이 특별
주제를 위해 초빙된 논설위원은 폴 왓슨(Paul Watson)으로 이미 선정되어
있었다. 힐 교수는 왓슨 교수에게 우리가 토론한 내용이 JPC의 특별 주제
에 흥미를 더할 것이라고 계속해서 제안했다. 왓슨 교수는 엘리스와 나에게
연락했고, 우리에게 논문을 준비하여 발표하도록 촉구했다. 기쁘게도 논문
「종교와 합리적 · 정서적 치료 : 치료자에게 성수(聖水)를 뿌리지 말라」와
엘리스의 답변이 JPC 특별호에 게재되었다(Ellis, 1994; Nielsen, 1994).

편집 과정에서 왓슨 교수는 이 특집호에 대해 다른 제안사항은 없느냐
고 나에게 물었고, 나는 합리적 · 정서적 행동치료, 종교, 정신건강, 정신
질환 치료에 관한 비공식적인 논의가 JPC 독자들에게 흥미를 더해 줄 것
이라고 말했다. 왓슨 교수도 동의했고, 그 다음 해 APA 정기총회에서 엘
리스와 나는 세 시간 동안 사적인 토론을 했다. 특별호(Johnson, 1994)에
게재되었던 엘리스와 다른 종교학자들 사이에 예전에 있었던 논쟁들을
분석했던 힐 교수와 브래드 존슨(Brad Johnson)도 우리와 같이 토론하였
다. 이 토론은 녹음되어 JPC 특별호에 실렸다(Nielsen & Ellis, 1994). 엘
리스와 브래드 그리고 내가 함께 참여한 것은 이 토론이 첫 번째였다. 합
리적 · 정서적 행동치료와 종교적 신념의 통합을 검증한 브래드의 혁신
적인 연구에 대해 알게 된 것도 이 때였다. 그리고 이 책은 그런 모임들
의 부산물이라고 할 수 있다.

따라서 이 책은 저자들뿐만 아니라 앨버트 엘리스와의 또 다른 논쟁을
거절하고 나에게 토론하도록 격려한 앨런 버긴, 처음에는 거절했다가 나
중에 의견을 바꿔 엘리스와 내가 사적으로 만나 보다 자세한 문제들에
관하여 방대한 토론을 하고자 나의 의사를 수용한 APA 36분과 프로그램
위원회의 위원들, 엘리스와 브래드, 그리고 내가 함께 일하는 데 도움을

준 피터 힐과 폴 왓슨도 함께 기여했다. 위의 사람들과 일련의 상황들은 이 책이 완성될 수 있게 하는 데 지대한 공헌을 했다. 로렌스 얼범(Lawrence Erlbaum) 출판사의 수잔 밀머(Susan Milmoe)는 열성적이면서 인내할 줄 아는 편집인으로 특별한 감사를 받을 자격이 있다. 엘리스와 브래드는 매우 유능한 저술가이기 때문에 그녀의 인내력을 필요로 하지 않았지만, 사실 수잔(Susan)은 단지 나(SLN) 때문에 많은 인내심을 가져야 했다. 의심할 필요도 없이 엘리스와 브래드는 수잔이 나와 같이 글쓰는 데 서툰 사람에게 인내심을 갖고 지켜봐 주었다.

우리가 비록 서로 다른 종교적 배경을 가지고 있다 할지라도, 저자들 중에 존슨과 닐슨은 기독교인이고 엘리스는 개연적(蓋然的) 무신론자임을 주목하라. 엘리스는 신(하나님)이 없다고 주장하지는 않지만, 유일신 혹은 여러 신, 아니면 초월적인 존재가 멀리서 그의 삶을 변화시키고 조정한다는 것은 비논리적이라고 생각하고 있다. 이 책은 종교를 가진 내담자들을 치료하기 위해 두 명의 기독교인 심리학자와 한 명의 무신론자 심리학자에 의해 쓰여졌으며, 삶에 있어 종교의 역할에 관한 여러 부분에서 저자들끼리 의견일치를 보지 못했다. 특히, 종교의 기본적이고 영적인 요소 중 세 가지에서 의견을 달리했다는 것에 주목해야 한다. 그럼에도 불구하고, 우리는 이 작업을 아주 쉽게 수행했다. 왜냐하면 이 프로젝트를 진행하는 동안 합리적·정서적 행동 이론과 치료가 우리 자신들에게 유용하게 작용했기 때문이다. 종교적 신념에 대해 우리는 서로에게 어떤 강요도 하지 않았기 때문에 종교적 다양성으로 인해 생길 수 있는 많은 문제들을 쉽게 극복할 수 있었다. 마지막으로, 우리는 종교를 가지고 있는 내담자를 돕기 위해 합리적·정서적 행동치료에 종교적인 내용을 조정하고 통합하는 것이 이 책의 목적이라는 것에 대해서는 강하게 동의했기 때문에 능률적으로 작업할 수 있었다.

2001년 1월
Stevan Lars Nielsen

차 례

제1부 합리적 · 정서적 행동치료(REBT)와 종교를 가진 내담자

제 7 장
종교를 가진 내담자를 위한 효과적인 REBT의 장애물 • 219

제3부   특별한 문제점과 적용

제 8 장
죄책감과 REBT • 269

제1부

합리적·정서적 행동치료(REBT)와 종교를 가진 내담자

>> 제**1**장

종교를 가진 내담자를 위한
수준 높은 심리치료

이 책은 합리적 · 정서적 행동치료(REBT : Rational Emotive Behavior Therapy)가 종교적인 내담자들의 문제와 정신적인 혼란을 치료하는 데 매우 독특하고 특별히 유용하다는 것을 제안한다. 그리고 이론적 체제, 실질적인 지침 및 내담자의 종교적 신념을 조정하는 것을 보여주는 많은 실례들을 제공하고 있다. 이 책은 합리적 · 정서적 행동 이론에서 나온 중재 방법들이 어떻게 내담자의 종교적 전통과 불화를 일으키지 않고, 심지어 내담자와 치료자가 서로 다른 종교를 믿고 있더라도 내담자의 종교적 신념을 조정할 수 있는지에 관해 논의하고 있다. 예를 들어, 종교적으로 독실한 내담자가 신앙심이 없거나 무신론자인 치료자에게 치료를 받더라도 불화를 일으키지 않고 이익을 얻을 수 있는지를 설명하고 있다. 더 나아가 합리적 · 정서적 중재가 특별히 신념에 초점을 맞추고 있기 때문에 REBT는 심리치료에 내담자의 종교적 신념을 통합하는 데 매우 적절하다. 게다가 이 책은 합리적 · 정서적 중재가 종교적 자료들과 통합되면 종교를 가지고 있는 내담자가 자신의 문제를 더 개인적으로 강렬하고 생생하게 느낄 수 있게 한다고 제안하고 있다.

많은 치료자들이 실행하고 있는 REBT에서는 심리치료 중에 내담자의 종교적 신념을 조정하거나 합리적 · 정서적 중재에 내담자의 종교적 신념을 통합하는 것은 크게 이상한 일이 아니다. 원래 REBT는 구성주의적 심리치료이기 때문에 내담자의 가치관이나 종교적인 신념을 포함한 신념(belief)을 조정하고 통합한다. 이후에 더 자세히 논의되겠지만, 핵심적 신념에 집중할 것을 강조하는 REBT는 종교적 신념을 포함하여 내담자가 처한 상황의 특정한 내용에 관하여 중립적 입장을 취하는 관점의 소박함과 세련됨을 보유하고 있다.

비록 REBT가 중립적이고 구성주의적 관점에서 대부분의 문제에 접근하지만 기본적인 원칙들은 대부분 종교적 이념들과 공감대를 형성하고 있으며, "대부분의 다른 심리치료 체계보다 사실상 유대교나 기독교적 입장에 더 가깝다(DiGiuseppe, Robin & Dryden, 1990, p.362)." 합리적 · 정서적 행동치료를 하는 사람들 중에 많은 사람들이 REBT와 기독교 신학 사이에 깊은 유사성이 있다고 말해왔다(Beaman, 1978; BeitHallahmi, 1980; Carter, 1986; W. B. Johnson, 1992; Jones, 1989; Lawrence, 1987; Lawrence & Huber, 1982; Nielsen, 1994; Warnock, 1989; Young, 1984). 이런 일치성을 확실하게 하기 위해서 어떤 REBT 치료자들은 자신들만의 기독교적인 REBT 이론을 발전시키고 치료에 접목시켜 왔다(Backus, 1985; Hauck, 1972; W. B. Johnson, 1993; Nielsen, W. B. Johnson & Ridly, 2000; Powell, 1976; Robb, 1988; Stoop, 1982; Thurman, 1989). 이 책에서는 이런 선구적인 작업에 더하여 종교를 가지고 있는 내담자를 위한 치료적 접근으로서 잠재적으로 수준 높은 REBT가 가정하고 있는 다섯 가지 점을 상기시켜 주고 있다.

첫째, 대부분의 사람들이 종교성을 가지고 있기 때문에 심리치료를 받으러 오는 내담자들의 대부분도 종교적일 것이다. 이것은 대부분의 사람들이 교회나 절에 속해 있거나 그 곳에서 활발하게 활동하고 있고, 혹은 신성(神聖)을 믿거나 미신, 신비주의 및 영적 원리나 그 실재를 믿으면서 비공식적으로라도 종교적 전통과 함께 생활하고 있다는 것을 의미하는 것이다. 따라서 내담자의 대다수가 어떤 종류의 종교적 신념과 헌신을 고집하려 할 것이다. 그리고 내담자의 종교적 신념은 문제해결에 대한 희망과 다른 관점에서 두드러지게 드러나게 될지도 모른다.

둘째, 내담자의 종교적 신념은 그의 도식(Schemata)을 조직화하는 본질적인 구조를 알려준다. 심리치료에서 내담자의 종교적 신념을 조정하거나, 그것이 문제가 없는 정도라면 중재를 통해 통합시켜 주는 일은 내담자의 도식을 조직화하는 것과 유사한 것이다. 따라서 도식을 조직화하는 것은 치료를 촉진할 수 있다.

셋째, 대부분의 종교적 전통들과 일치하고 현시대의 심리치료적 모델들 중에 독특한 형태를 지니고 있는 REBT는 신념이나 신념의 변화에 초점을 맞추고 있다. 전형적으로 체계화된 종교는 체계화된 교리에 특정한 신념을 주입시키고 그것을 강화시키며 교리적 신조(dogma)와 맞지 않는 신념은 교정하려고 한다. 원칙적으로 신념의 영향에 대한 이해를 중요시하는 합리적ㆍ정서적 이론과 비합리적인 신념을 변화시키는 REBT의 기본 목표 그리고 신념의 변화를 모색하는 REBT 기법들은 종교를 가진 내담자들에게 매우 적절하고 그들에게 친근하게 보여질 것이다.

넷째, 교리 상으로 방대하고 다양함에도 불구하고, 주요 종교들의 기본적인 견해, 교리 및 전통들은 대개 REBT 이론을 지지하고 있다. 전세계의 주요 종교적 전통들의 기본 견해는 자기패배적인 심리적 불안을 감소시키려는 REBT의 목표와 거의 일치한다고 볼 수 있다.

다섯째, REBT의 핵심 가설과 기본 목표가 대부분의 종교 체계의 핵심 견해와 어느 정도는 유사하기 때문에, 신념을 중재할 때 내담자가 믿고 있는 종교적 전통의 기본 요소를 활용할 수 있다. 그런 시도는 치료가 원활하게 될 수 있도록 도울 것이다. 합리적ㆍ정서적 치료를 내담자의 종교적 전통에 기초한 요소들과 통합시키는 것은 치료적 개입을 좀더 생생하고 강렬하며 깊이 있게 하기 때문에 치료 효과를 극대화할 수 있다. 앞으로 이렇게 일치되는 부분들을 하나씩 면밀히 검토할 것이고, 종교를 가지고 있는 내담자들에게 REBT를 적용하는 것이 왜 합리적이고 적절한지 설명할 것이다.

1. 당신의 내담자는 종교를 가지고 있을 가능성이 크다

종교를 믿고 있는 사람들이 우리 사회의 다수를 차지하고 있다. 브리태니카 연감(Britannica Book of the Year)에 따르면, 1997년에는 세계 인구 59억 중에 49억에 이르는 사람들이 어떤 종교에 소속되어 있거나 종교적 전통을 믿고 있었다고 한다(Barrett & T. M. Johnson, 1998). 구체적으로 비교해 보면, 세계인구 중에 약 10억에 조금 못 미치는 사람들이 자신을 종교를 가지고 있지 않다거나 무신론자로 보고했으며, 20억에 이르는 사람들이 자신을 기독교인으로 간주하고 있었다. 10억이 조금 넘는 사람들이 천주교인이었고, 11억이 조금 넘는 사람들이 이슬람교도였으며, 약 7억 4천 6백만 명의 사람들이 힌두교도였고, 약 3억 5천 3백만 명의 사람들은 불교도였다.

계속해서 세계 인구가 증가하고 있는 데다가 자신이 종교적이라고 여기는 사람들의 비율이 자신을 종교를 믿고 있지 않거나 무신론자로 간주하는 사람들보다 조금씩 더 증가하고 있다고 추정된다(Duke & Johnson, 1990, Palmer & Keller, 1990에서 인용). 강제적인 힘을 사용해서 공식적으로 사람들을 무신론자라고 표방하게 했던 공산당 정권들의 몰락은 종교를 가지고 있지 않은 사람보다는 종교를 가지고 있는 사람들의 비율을 증가시키는 데 크게 기여했다. 대다수 미국인들은 어떤 형태로든 신(하나님)에 대한 믿음을 인정하였고, 미국인의 삼분의 일은 자신이 종교적으로 헌신하고 있다고 고백했다.

내담자들이 종교를 가지고 있을 확률과는 대조적으로 최근 조사에 따르면, 심리치료 전문가들은 대체로 종교를 믿지 않고 있는 것으로 나타났다. 특히, 심리학자들은 일반인들에 비해 종교적 신념을 말하지 않으려고 하거나 교회와 관련된 활동에 참여하지 않으려는 경향이 있다(Ragan, Malony & Beit Hallahmi, 1980; Shafranske & Malony, 1990). 베르긴과 젠슨(Bergin & Jensen, 1990)은 종교적 신념에 관한 설문에 응답했던 많은 심리치료 전문가 중에서 단지 25%만이 심리치료 회기에 종교적인 문제들을 포함시키는 것이 중요하다고 생각하고 있다고 보고했다. 그런데 더욱 흥미있는 것은 베르긴과 젠슨의 연구 대상자들이었던 심리치료 전문가들 중에 약 25%에 이르는 사람들이 자신들의 반(反)종교적 성향에 기여했을 수 있는 종교에 관련하여 부정적인 경험을 한 적이 있었다고 보고했다는 것이다.

　반종교적 성향은 심리치료자가 내담자의 종교적 신념의 가치를 낮게 평가하게 하거나 그것을 무시하게 할 수도 있다. 그런 심리치료 전문가들은 종교적 신념과 종교 활동이 정신질환의 원인이라고 가정할지 모른다. 종교적 신념 및 종교 활동이 정신질환의 원인이라는 것은 어떤 연구를 통해서도 증명되지 않았다. 오히려 종교적 헌신과 신체적 건강 사이에 정적 상관관계가 있다는 것은 여러 연구를 통해 계속해서 증명되고 있으며, 정신질환과 종교와의 상관관계를 검증한 여러 연구들을 검토해 보더라도 종교가 정신질환과 아무런 관계가 없거나, 종교적 헌신과 정신건강 사이에 정적 상관관계가 있다는 것을 알 수 있다(Bergin, 1980, 1983, 1991; Bergin, Masters & Richards, 1987; Bergin, Stinchfield, Gaskin, Masters & Sullivan, 1988; Donahue, 1985; Gartner, Larson & Allen, 1991).

　종교를 가지고 있는 내담자들은 정신건강 전문가에 의해 자신의 신앙이 무시당할까봐 걱정하기도 한다(Rayburn, 1985; Worthington, 1986). 기독교 신앙을 고수하는 내담자들은 종교를 가지고 있지 않은 심리치료 전문가에 대한 염려를 빈번하게 표현하고, 자신과 유사한 종교적 신념을 가지고 있는 심리치료 전문가들을 더 선호하는 경향이 있다(Dougherty & Worthington, 1982; Worthington & Gascoyne, 1985). 신에 대한 믿음을 고수하고 있는 내담자들을 위한 종교를 가지고 있는 심리치료 전문가가 거의 없고, 많은 심리치료 전문가들이 종교에 대해 적대감을 가지고 있다면 이런 '종교적 차이(religiosity gap)'에 관한 염려가 비합리적이라고 볼 수는 없다(Genia, 1994). 연구 결과들의 다음과 같은 두 가지 국면은 그런 '종교적 차이'와 관련이 있다. 첫째, 성공적인 심리치료에서는 치료가 진행되는 동안 대개 치료자의 가치관에 따라 내담자의 가치관, 태도, 신념 등이 변하는 것으로 나타났다(Beutler, 1972). 둘째, 내담자의 종교적 신념에 대해 민감하게 대응하는 것을 포함하여 내담자의 가치관에 대한 치료자의 이해와 민감성은 성공적인 치료 결과를 낳는 중요한 요소로 밝혀졌다. 따라서, 종교적 신념은 치료관계에서 중요한 "매개 변인"이라고 할 수 있다(Kelly & Strupp, 1992).

이런 종교적 차이와 과거에 심리치료 전문가들이 종교적 문제에 소홀했던 것이 내담자의 종교적 신념에 대한 새로운 관심을 촉발시켰다(APA, 1992; Giglio, 1993; Hawkins & Bullock, 1995). 전문적인 정신건강 단체들은 심리치료를 받는 내담자의 종교적 가치관과 종교적 관심을 세심하게 평가하는 것이 중요하다는 입장을 지지하고 있다. 종교적 문제를 탐구하는 것은 종합적인 치료의 중요한 부분이며, 사전동의서 및 치료계약서 그리고 치료계획서를 작성할 때 중요한 요소로 여겨지고 있다(Hawkins & Bullock, 1995; Richards & Bergin, 1997).

2. 종교가 내담자의 도식의 중요한 구성요소일 수 있다

접수면접 당시 샘(Sam)이 묘사한 것에 대해 생각해 보자. 23세의 대학생인 샘은 접수면접 질문지에 공부를 잘 할 수 있는 기술을 배우고 싶다고 표현했다. 그런데 사실 샘은 거의 모든 과목에서 A학점을 받고 있는 뛰어난 학생이었다. 그럼에도 불구하고 그는 미적분 시간에 받은 C학점 때문에 심한 죄책감을 느끼고 있었다. 첫 회기를 시작하자마자 그는 가방에 가지고 다니는 몰몬경에서 읽은 내용을 다음과 같이 언급했다. "보십시오. 주님은 조셉 스미스에게 '그러므로 진실로 내가 너에게 이르노니 나에게 있어서 모든 만물은 영적이니라(교리와 서약, 29장 34절)'라고 말씀하셨습니다." 그는 미적분에서 C학점을 받았기 때문에 하나님이 자신을 외면했다는 느낌이 든다고 말했다. 그의 삶에 종교가 깊이 스며들어 있었기 때문에 많은 학생들이 어렵다고 느끼는 미적분 수업에서 평균 점수를 받고도 그는 그것이 죄라고 생각했다.

미적분에 대한 샘의 견해가 극단적이기는 하지만, 삶을 신에게 바친 신앙적인 사람들에게는 이상한 일이 아니다. 종교단체에 소속되어 있거나 종교적 신념이나 전통을 고수하는 것은 내담자의 고민이나 장애를 특징 짓거나, 그것에 영향을 준다(Bergin, 1980). 어린 시절 종교적 수련이나 신념들을 거부하고 성인이 된 후에 자신을 무신론자 혹은 종교적이지 않다고 간주하고 있는 내담자들은 소위 말하는 영적인 근심, 엄밀히 말해서 영적인 반감을 치료 중에 언급하기도 한다. 왜냐하면 그들은 종교를 거부한 것을 통해서 자신을 정의하기 때문이다(Lovinger, 1984). 만약 내담자가 특정 종교단체에 소속되어 있다면, 그의 종교성은 내담자를 이해하고 치료 효과를 극대화하려는 계획을 수립하는 데 여러 가지 중요한 열쇠들을 제공한다. 예를 들어, 정통파 기독교인 내담자들은 기도, 묵상, 성서의 가르침 등 신앙과 일치하는 기법의 적용을 중요시하는데, 그것은 내담자의 신앙생활을 이해하는 것이 얼마나 중요한지를 일깨워 주고, 치료에 결정적인 요소가 된다.

3. 근본적으로 REBT는 신념의 변화에 초점을 맞춘다

REBT와 체계화된 종교는 신념의 중요성에 초점을 맞춘다는 점에서 공통점이 있다. 이것은 REBT를 대표하는 정서와 행동에 대한 A-B-C 모델에 함축되어 있다. A-B-C 모델은 유발사건(A), 다시 말해 곤란한 상태 자체가 고민을 유발하는 것이 아니라, 그 곤란한 상태에 추가적으로 그 사건(A)에 대한 신념(B)이 결과(C), 다시 말해 혼란스러운 자기패배적 정서와 행동을 일으킨다고 설명하고 있다. 합리적 · 정서적 이론은 잠재적 혹은 실제적인 역경(逆境)과 관련하여 사고의 넓은 영역에서 내담자를 혼란스럽게 하는 것은 비논리적 신념이라는 입장을 고수하고 있다(Ellis & Dryden, 1997). 그러므로 A×B=C라는 논리가 성립된다. 게다가 REBT에서는 핵심이 되는 비합리적인 신념을 정확하게 추적하여 그것을 활발하게 논박하고 합리적 핵심 신념으로 대체할 때 치료적 변화는 광범위하고 빠르게 일어난다고 믿고 있다.

다른 중요한 점은, 종교적 신념의 초자연성과 신비성이 REBT에서 주장하는 비합리성에 대한 중요한 단서는 아니라는 것이다. 어떤 것이 배타적이고 일관성이 없거나 비논리적이고 비현실적이어서 비과학적이라고 여겨질 경우 많은 사람들은 그것을 비합리적이라고 생각하지만, 합리적 · 정서적 이론은 신념의 추가적 두 가지 요소들이 고민거리를 이해하고 치료하는 데 있어서 매우 중요하다는 입장을 취하고 있다. 그런 추가적인 요소들은 REBT에서 내리는 비합리성에 대한 정의에 기초하고 있다. 첫째, 만약 어떤 한 신념이 자기패배적인 혼란을 야기한다면 그것은 비합리적인 것이다. 둘째, 만약 어떤 한 신념에 사람들이나 상황이 그 실제보다 반드시 더 좋아야 한다고 강요하는 절대적 평가가 포함되어 있다면 그것은 비합리적일 가능성이 높다(DiGiuseppe, et al., 1990).

어떤 REBT 치료자는 내담자가 가지고 있는 종교적 신념의 전통에 동의하지 않을 수 있다. 그것은 마치 치료자가 내담자와 정치적으로 지지하는 정당이 다르고 좋아하는 예술작품이나 음악 혹은 음식 취향이 다른 것과 비슷한 맥락에서 이해할 수 있다. 그러나 REBT에서 고수하고 있는 비합리성에 대한 기준이 내담자가 가지고 있는 종교적 믿음의 기초가 되는 기본 교리와 항상 직접적으로 갈등을 일으키지는 않는다. 오히려 신념에 대한 REBT의 평가 기준은 종교적 세계에 대한 평가적 신념을 포함하여 내담자가 자신의 세계를 어떻게 평가하는지에 초점을 맞추고 있다. 비록 어떤 한 REBT 전문가가 내담자가 가진 종교적 세계관의 진실성에 동의하지 않는다고 할지라도, 다시 말해 치료자가 내담자의 종교적 견해가 일관성이 없고 비논리적이며 현실성이 떨어져 비과학적이라고 여길지라도 치료자의 견해에서 느끼는 이런 종류의 비합리성이 내담자의 자기패배적 정서와는 아무런 관련이 없는지도 모른다. REBT 이론은 내담자가 가진 자기패배적 혼란과 관계가 있는 것은 종교적 세상이나 비종교적 세상에 대한 절대평가적 신념(absolute evaluative belief)이라는 입장을 취하고 있다.

더욱이 종교에서는 경전이나 교리에 일치하지 않는 신념이나 교리 혹은 경전으로부터 왜곡된 신념을 변화시키거나 변화시키려고 노력하기 때문에, 내담자의 비합리적인 신념을 이해하고 그것을 대안이 될 수 있는 합리적인 신념으로 바꾸려고 하는 REBT의 목표를 종교적인 내담자가 친숙하게 느낄 수 있다. 그보다 더 중요한 것은 REBT 치료자가 내담자의 종교적 신념을 신념지향의 치료 회기에 통합할 수 있을 정도로 그것을 충분히 잘 이해하고 있을 때 치료의 효과가 극대화된다는 것이다.

예전에도 현재도 REBT는 다형식적(multimodal)이고 통합적인 접근을 해왔다. 그리고 앞으로도 REBT를 하는 사람들은 인지적이고 정서를 환기시키는 다양한 행동 수정 혹은 조건화 기법들을 포함한 여러 가지 치료 기법들을 치료에 마음껏 활용할 것이다(Ellis, 1994b, 1996b, 1998, 1999, 2000b). 그러나 신념을 수정하는 것은 REBT만이 유일하게 관심을 두고 있는 것이며, 이것이 REBT의 이론에 근거한 치료들을 이론적으로 통합시키는 역할을 하는 것이다. 어떤 기법이 사용되든 간에, 각각의 인지적, 정서적 및 행동적 기법들을 적용하는 가장 중요한 목적은 내담자가 자신의 신념을 이해하고 수정하는 것을 돕기 위함에 있다. 이것은 REBT가 인지적 기법, 정서적 기법, 행동적 기법들을 잘 절충해 놓은 것 이상이라는 것을 보여주는 포괄적인 목적이다(Dryden, 1995; Ellis, 1994b, 1996b, 1999, 2000b; Walen, DiGiuseppe & Dryden, 1992).

이런 측면에서 보면 웹스터 대사전의 신념에 대한 정의는 매우 적절하다. 웹스터 사전에 의하면 신념이란,

1 : 신뢰하거나 확신하는 마음의 상태나 습관 혹은 어떤 사람이나 사물에 대한 신뢰: 믿음. 2a : 어떤 것을 믿는 것; 특별하게 어떤 종류의

견해를 지지하므로 갖게 되는 의견; 2b : 종교에 대한 신뢰 : 종교적
인 생각의 타당성에 관한 설득…, 믿고 있는 종교적 교리의 진술 :
신조…(Grove, 1981, p.200)

'신념(belief)'이라는 단어는 미국 영어에서 가장 자주 쓰이는 단어이
며, 종교적 경험과 밀접하게 관련되어 쓰이는 '믿음(faith)'이라는 단어
의 유사 어휘이다. 또한, 신념이라는 단어는 종교적 믿음의 유사어로 자
주 사용된다. 그러므로 웹스터 사전에서는 '신념'이라는 단어의 사용을
묘사하면서 매일의 삶에서 쓰일 때와 종교적으로 쓰일 때 모두 유사한
정신적 과정으로 사용되고 있다고 언급하고 있다.

A-B-C 모델에서 B(신념)는 쉽게 기억할 수 있는 약어로서의 B의 효과
적인 기능 이상으로 더 중요하다. 확실히 하자면, A-B-C 모델은 문제를
변화시키는 것을 이해하고 활용하는 방법을 치료자와 내담자가 더 효과
적이고 쉽게 기억할 수 있게 한다. A-B-C 모델은 빠르고 쉽게 기억된
다. A-B-C 모델이 장애의 근원과 문제를 위한 해결책에 대해 묘사하고
있다는 것을 내담자가 알게 될 때 내담자는 A-B-C 모델을 이해하고 수
용하며 그것을 기억하여 변화를 위해 사용하기 시작한다.

앞으로도 언급하겠지만, 앨버트 엘리스(Albert Ellis) 연구소에 있는
REBT를 하면서 활용할 수 있는 자료들의 카탈로그를 보면 알 수 있듯
이, REBT를 하는 사람들은 내담자들이 어떻게 변화할 수 있는지를 기억
하는 데 도움을 주기 위해 포스터, 티셔츠, 단추, 연필 외에도 다른 물건
들에 외우기 쉬운 표어(catchy slogan)를 새겨 넣어 사용하기를 좋아한
다. 예를 들어, "조바심 내지 말자!", "오늘만은 내 자신에게 '꼭 해야 한
다'는 식으로 말하지 말자!" 등이 그런 표어이다. 단어 배열을 다르게 해
서 더 쉽게 기억되는 방법의 일환으로 문구(文句)나 표어를 더 강조하여
사용할 수도 있다. 만약 A-B-C 모델에서 B(신념)가 없어진다면, 더 정확
하게 말해서 심리치료에서 신념에 대한 이해와 변화의 중요성이 최소화
된다면, REBT는 실제화되지 못할 것이며 가장 독특하고 근본적인 요소

를 잃게 될 것이다.

처음부터 REBT의 목적은 내담자의 핵심적이고 삶을 좌지우지하는 평가적인 철학에 관여하고 그것을 변화시키는 데 있었다. 그런 철학을 도식(schemata), 구성개념, 지각의 모체 혹은 REBT에서는 핵심신념이라 부른다. 그런 목표는 1세기 스토아 철학자 에픽테투스(Epictetus)가 "인간은 어떤 것 자체가 아니라 그것에 대한 견해에 의해 장애를 얻게 된다 (번역, 1890)"라고 개괄한 것처럼, 사람들의 세계관이 자신의 고통을 유발시킨다는 철학적 개념에 뿌리를 두고 있다. 그것보다 더 중요한 것은 에픽테투스도 고뇌를 갖게 하는 사고(思考)를 고통을 감소시키기 위하여 수정할 수 있다고 주장했다는 것이다.

REBT 이론에서는 다양한 인지적 기법, 정서적 기법 및 행동적 기법들이 내담자에게 유익할 수 있지만 그런 기법들이 주요 사고, 감정 및 행동 요소들이 상호적으로 서로 영향을 주는 가운데 통합될 때 그 효과가 가장 크다고 주장하고 있다. 그러므로 그것은 체계적 구조나 도식이라고 불리기도 하지만, 핵심신념체계라고 부르기도 한다(Ellis, 1994b, 1996b). 처음부터 REBT의 심리치료적 접근은 가능한 빨리 내담자의 삶의 기본 철학에 초점을 맞추어 그것이 무엇이며 그것이 얼마나 자기패배적인지를 정확히 이해할 수 있게 한다(Ellis, 1973b, p.13). 그러나 이것을 순수하게 단지 인지적이라고 표현하는 것보다는 아주 강렬하고 역동적인 방법이라고 하는 것이 더 적절한 표현일 것이다(Ellis, 1999, 2000).

교리나 신조와 같이 일관된 신념의 구조가 종교 자체를 특징짓는 요소인 것처럼 기본적인 종교철학인 신념으로 종교를 가지고 있는 내담자를 특징 지을 수 있다(King, 1987b; McClenden & James, 1975; White-head, 1957). 종교 교리와 종교 신념이 종교를 가진 내담자의 인생철학의 기본을 형성할 것이고, 여러 면에서 그의 삶에 영향을 미친다. 종교를 가진 대부분의 내담자들은 신념이 동시에 교리나 신조, 삶의 원칙 혹은 정서가 될 수 있다고 이해한다. 종교를 가지고 있는 내담자들은 신념이 행동과 관계하고 있으며, 신념을 심리치료 전문가들이 '인지(cognition)'

라고 부르는 것과 유사한 것으로 볼 가능성이 있다.

종교를 가진 내담자들은 신앙과 믿음에 중심을 두고 살 가능성이 높기 때문에 A-B-C 모델을 접하게 될 때 신념이 중요하다는 개념에 친숙해할 것이다. 더 나아가, 치료자는 A-B-C 모델을 계속 지지할 수 있도록 내담자에게 종교적인 문구(文句)를 사용할 수도 있다. REBT 치료자들은 기독교인 내담자들에게 바울(paul)이 신약성서의 히브리교회 교인들에게 보낸 편지에서, "믿음 없이는 기쁘시게 못하나니 하나님께 나아가는 자는 반드시 그가 계신 것과 또한 그가 자기를 찾는 자들에게 복 주시는 이심을 믿어야 할지니라(히브리서 11장 6절)"라고 쓴 것에 대해 언급할 수도 있다. 이슬람교도들은 마호메트가, (마호메트가 밝힌 것을) 믿는 사람들과 하나님(Allah)과 심판의 날을 믿는 유대인, 기독교인, 사바인(Sabean) 등 그것을 믿는 누구든지 사람들은 상을 받을 것이며 그들에게는 두려움과 슬픔은 없을 것이다(코란 5장 69절)"라고 기술한 것을 생각해 볼 수 있다.

REBT를 하는 사람들이 인용하는 경전들은 내담자가 하나님이나 알라(Allah) 혹은 다른 특정 종교를 믿도록 격려하거나 한 종교에서 다른 종교로 개종하도록 하기 위해서가 아니라는 것에 주목하라. 특정 종교에 대한 내담자의 확신을 지지하거나 그것을 감소시키려고 할 때 혹은 내담자의 종교적 신념을 치료자가 함께 공유하려고 하거나 그것에 대해 상반된 입장을 취하려고 할 때는 틀림없이 윤리적 문제들이 발생한다. 만약 내담자가 특정 종교의 진실성에 대해 토의하자고 조르거나 특정 교리의 논리적 장점에 대해 간단히 토론을 하자고 할 때 그것이 치료와 구별될 수 있다면 비교적 무해하다. 만약 내담자들이 신학적이고 교리문답적인 해답을 원하거나 종교적인 신념의 변화 모색을 위한 도움을 원한다면 권위 있는 주석 자료들을 권하거나 다양한 종교단체에 위탁하는 것이 바람직하다.

에픽테투스(Epictetus)는 신념을 인지적 과정이라고 묘사했다. 바꾸어 말하면, 그의 표현은 사람들의 신념은 장해를 일으키거나 장해를 경감시킬 수 있을 정도로 사건들에 대한 인식에 있어서 다양화될 수 있다는 것

이다. 만약 신념이 인식을 변경시킬 수 있는 과정이라면, 그것은 현상적
인 변화과정이 될 수도 있다. 신념에 대한 이런 견해는 최근에 보편화되
고 있는 구성주의 이론과 일치하는 것이고(Mahoney, 1991, 1995), 심리
치료에 있어서 도식(Schema) 이론과도 연관된 것이다. REBT를 하는 사
람들은 내담자가 자신의 고통을 경감시키기 위해 신념의 현상학적인 면
을 이해하고 그것을 사용할 수 있도록 가르치고, REBT만의 강력하고 생
기 있는 특유의 기법들을 포함하여 사용 가능한 거의 모든 인지적, 행동
적 및 정서적 기법들이 내담자가 현상학적인 신념을 변화시킬 수 있는
정도까지 보다 더 심층적이고 보편적으로 사용되기를 기대한다(Dryden,
1990; Ellis, 1999, 2000b).

　우리는 구성주의적 과정을 통해 신념을 보는 견해는 대부분의 종교적
전통과 유사하다고 보고 있다. 포스트모더니즘(postmordernism)은 구성
주의(constructivism)에 대한 관심을 증대시키는 데 기여를 했지만 새로
운 심리학적 입장이라고는 할 수 없다(Bartlett, 1932; Kelly, 1955 참고).
심지어 이런 철학적 관점은 에픽테투스(Epictetus) 시대에도 새로운 것이
아니었다. 전통적 연대기들을 믿을 수 있다면, 기원 후 1세기 즈음에 선
포되었던 에픽테투스의 철학적 입장은 불교신자들에게도 친숙하고 오래
된 것이라고 여겨질 것이다. 부처는 600년 전에 아주 비슷한 이야기를
했다. 그는 다음과 같은 팔정도(八正道)에 의하여 고통이 경감될 수 있다
고 말했다. 팔정도란 정견(正見), 정사(正思 : 正思惟), 정어(正語), 정업(正
業), 정명(正命), 정근(正勤 : 正精進), 정념(正念), 정정(正定)을 말한다
(Saccavibhanga Sutta : 팔정도, Majjhima Nikaya iii. 251). REBT 견해
와 유사한 '정견'은 '자조적 신념' 혹은 '옳은 신념'으로, '정사'는 '건
전한 목표 추구'나 '옳은 생각'으로 해석된다.

　또한, "현재 우리의 모든 모습은 우리가 생각하는 것의 결과이다. 그것
은 우리의 사고(思考)에 근거하고 있으며 사고로 구성된다"고 부처가 말
했다(Dhammapad 1.1). 이런 불교의 교리는 다음과 같은 정체성 기능을
한다: 우리는 우리가 믿고 있는 그것이다. 우리 자신이나 자아는 우리가

우리 자신에 관하여 믿고 있는 바에 기초한다. 더 나아가 이런 불교의 교리는 자아에 대한 개인적 견해가 정서적 고뇌나 정서적 안정을 결정하는 데 큰 영향을 미친다는 REBT 이론과 유사한 것이다.

만일 구전으로 전해지는 것처럼 솔로몬이 히브리 성서의 잠언을 저술했다면, 그는 "대저 그 마음의 생각이 어떠하면 그 위인도 그러한즉(잠언 23장 7절)"이라는 구절을 쓰면서 300년 후의 부처의 견해를 예견한 것인데, 이 구절은 또 다른 정체성 기능을 하고 있다. 불교 신도들의 견해는 잠언을 듣고 경청하고 믿었던 히브리인들의 견해와 매우 유사한 것이다.

솔로몬의 견해는 바가바드 기타(Bhagavad Gita)*와도 일치함으로 아마도 힌두교인들에게도 친숙할 것이다. "모든 사람의 믿음은 … 그의 본성과 일치한다. 사람은 믿음으로 구성되어 있으며 그가 믿는 바가 그 자신이다(Bhagavad Gita 17.3)." 이것도 또 다른 정체성 기능이다. 구전에 따르면, 부처는 인도의 왕자였다. 그러므로 그가 정견(正見), 정사(正思 : 正思惟)에 관하여 말할 때 부처는 기타(Gita)와 아주 친숙했었을 가능성이 크다.

REBT 이론과 종교는 사고과정이 개인의 정서와 행동을 수반하고 그것에 영향을 주는 구성주의적 견해와 유사하다고 보는데, 아마도 독자들은 이 견해를 이해할 수 있을 것이다. 이런 일치성은 치료에도 많은 도움을 준다. 왜냐하면 종교를 가지고 있는 내담자가 현상학적 과정으로서 신념의 중요성을 지지하는 종교의 경전 내용과 아주 친숙하지는 않더라도, 내담자의 종교적 전통에 대해 잘 알고 있는 REBT 치료자는 이런 원칙을 내담자에게 상기시켜 주거나 그것을 가르치기 위해 경전을 활용할 수 있기 때문이다. 치료자는 자신과 관계되어 있는 종교의 문헌에 정통할 수도 있다. 특히 내담자들이 자주 표현하는 종교적 전통들을 예견하는 것이 가능하다면, 그렇게 하도록 권유하는 바이다. 다음 페이지에는 몇 가지 참고자료들이 제시될 것이다.

---

* 역자주 : 힌두교의 경전. 인도의 2대 서사시 중 하나인 Mahabharata의 일부.

랍(Robb, 1993)은 초자연적인 것에 근거한 신념을 정당화하는 것이 대부분의 REBT에서 채택하고 있는 초자연적이지 않은 체계에서도 유사한 실제적 효과를 낼 수 있다고 주장했다. 종교와 관련하여 초자연적으로 정당화되었을 수 있는 신앙 체계가 비종교적이거나 종교적 특성이 전혀 없는 체계보다 종교를 가지고 있는 내담자에게 더 효과가 있다는 것이 증명되었다. 내가(SLN) 종교를 가지고 있는 내담자인 에스더(Esther)에게 내담자의 종교적 배경과 일치하는 신념들을 이용하여 신념이 심리적 고통과 정서적 고뇌와 어떻게 관계하는지 가르쳤던 사례를 제시해 보겠다.

SLN : 제가 올바르게 이해하고 있는 것이라면, 당신은 지금 불안해하고 있습니다. (이것은 C, 즉 결과로서의 정서 혹은 자기패배적인 심리적 불편함이다) 당신은 교회에 가서, 특히 주일학교에서 가르쳐야 할 때 불안해하고 있습니다. (주일학교에서 가르치는 일은 A, 즉 유발사건이다) 제가 제대로 이해하고 있는 것인가요?

에스더 : 예, 그렇습니다.

SLN : 당신은 불안해하지 않으면서 가르칠 수 있었으면 하고 바라고 있습니다. (내담자는 특별한 방법으로 C를 변화시키기를 원한다)

에스더 : 예.

SLN : 글쎄요, 당신이 주일학교에서 가르치고 있다면 당신은 어떤 강한 종교적인 확신을 가지고 있는 것이라고 제가 가정해도 되겠습니까?

에스더 : 예, 그렇습니다.

SLN : 제 추측으로는 당신은 성경을 믿고 있군요.

에스더 : 예, 하나님의 말씀이니까요.

SLN : 어떤 사람이 저에게 성경에서 이것을 지적해 주었어요. 당신은 그것에 대해 어떻게 생각할까 궁금합니다. 잠언에 있는 내용인데, "대저 그 마음의 생각이 어떠하면 그 위인도 그러한즉"이라는 이 말씀의 의미가 무엇이라고 생각합니까?

에스더 : 저도 그 말씀을 읽었습니다. 하지만 제가 그 뜻을 제대로 알고 있다고 확신하지는 않습니다.

SLN : 글쎄요. 저도 그것이 의미하는 바가 무엇인지 완전히 알고 있다고 확신하지는 않습니다. 하지만 당신이 자신에 대해 어떻게 생각하고 어떻게 느끼는가를 결정하는 것에 따라 당신의 신념체계가 정해진다는 것을 의미하고 있는 것은 아닐까요? 만일, 당신이 자기 자신에 대하여 어떤 믿음을 가지고 있고 특정 상황에 관하여 어떤 믿음을 가지고 있다면 그것이 결국에는 당신의 정서를 조정하게 되지요.

에스더 : 말이 되네요.

SLN : 좋습니다. 말이 되는 얘기죠? 잠언의 말씀처럼, 당신이 남을 가르치면서 마음 속으로 '최고의 전문가가 되어야만 해' '반드시 되어야만 해' 라고 생각한다면(이것은 치료자가 비합리적 핵심 신념이라고 추정하는 것을 표현함으로써 내담자의 신념체계를 진단하려는 시도였다), 당신이 되어야만 한다는 신념은 당신을 불안하게 만들기 쉽습니다. 특히 당신이 어떤 것을 가르치는 방법에 대하여 확신이 없거나 가르치면서 질문에 대답하지 못하게 된다면 더욱 그럴 것입니다.

에스더 : 그것도 역시 일리가 있는 말씀입니다.

SLN : 지금 저의 견해로는 당신을 불안하게 만드는 것은 당신이 '되어야만 된다고 믿는 것' 입니다. '해야만 해' 라는 신념이 얼마나 강할까요?

에스더 : 아주 강한 것 같습니다.

SLN : 당신이 주일학교 수업시간에 가르치려고 할 때 '마음 속으로 생각하는 것' 이 당신은 전문가가 되어야만 한다는 것입니까?

에스더 : 예. 사실 제가 가르치는 데 전문가가 될 필요는 없는데요. 그렇지요?

잠언의 구절은 내담자의 마음 속에 신념이 자기패배적 정서나 행동과 관계가 있다는 것을 입증하는 데 사용되었다. 이것은 REBT를 하는 사람들이 B-C의 관계에 대해 설명하면서 혼란을 일으키는 것이 유발사건(A)이 아니라 유발사건에 추가된 유발사건에 관한 비합리적 신념이라는 것을 내담자에게 가르치는 방법이다. 이 사례에서는 치료자가 목소리의 음조와 암시로 B-C 관계를 제시했으며, D(Dispute : 논박), 다시 말해 그녀가 전문가가 되어야만 한다는 자기 자신에 대한 강요를 논박하기 시작했다. 치료자는 그런 강요가 불안의 주된 원인이라고 믿었다. 내담자 역시 이런 신념에 대한 정서적 의미를 느끼기 시작했고, 그녀가 "제가 전문가가 될 필요는 없지요"라고 말할 때 치료자가 동의하지 않을 수도 있다는 것을 깨달았다.

엄격하게 율법을 지키는 유대인에게 B-C의 관계를 소개하려고 할 때 이런 잠언의 구절을 사용할 수 있다. 이와 비슷하게 바가바드 기타나 부처의 어록에 있는 구절들도 각각 힌두교도나 불교도에게 A-B-C 모델을 소개하면서 사용할 수 있다.

신념의 영향력, 즉 B-C의 관계를 이해하는 것은 내담자가 자신의 자기패배적 고뇌를 이해하고 그것을 수정하도록 도움을 주는 기본적인 단계이다. REBT 치료자들은 자기패배적 정서와 행동을 유발하는 비합리적 신념의 역할이 강조되는 A-B-C 모델을 첫 번째 회기부터 내담자에게 가르치려고 시도한다.

물론 앞에 제시한 사례처럼 언제나 모든 일이 잘 풀리는 것은 아니다. 만일 대화 중에 어떤 부분에서 내담자가 치료자의 입장에 동의하지 않는다면, 정교한 기술을 사용하는 다른 예술가들처럼 REBT 치료자들도 B-C의 관계를 가르쳐야 하는 치료의 목표를 이루기 위해 가능한 다른 방법을 찾아야 한다. 특정 종교를 믿고 있는 내담자에게 경전에 있는 구절을 사용하는 것이 결국에는 효과가 없을 수도 있다. 그럼에도 불구하고, B-C 관계를 가르치는 것의 효과를 극대화시키기 위해 경전의 구절을 사용하는 것은 REBT 치료자들에게 필수적인 것이다.

4. REBT 핵심신념과 종교적 신념 간에 근본적으로 일치된 것들이 존재한다

　각기 다른 신조, 교리, 교파나 종교적 전통과 관습에는 중요한 차이가 있으며, 때로는 확실하게 구분되어지는 차이가 있는 것은 분명하다. 종교전쟁이 격렬하다는 것과 다양한 문화와 민족 혹은 종교적 신념이 뒤섞이면서 생기는 폭력적인 분쟁이 있다는 것을 상기해 보자. 이런 전쟁은 종교적 차이에서 발생하는 요소들과 밀접한 관계가 있다. 대개 서로 싸우는 당사자들이 고수하고 있는 주요 종교적 신조들이 명백히 폭력을 금지하고 있다는 것은 특히 아이러니가 아닐 수 없다.

　그러나 심지어 그런 분열 속에서도 발견되어지는 좋은 소식 혹은 복음이 있다. 격렬하게 대립하고 있는 종교적 입장들은 REBT 치료체계에서도 논의되어질 수 있는데, REBT에서 사람들은 아주 다양한 욕망, 목표 및 가치관을 가질 수 있는 권리가 있다고 강조하지만, 자신이나 타인을 파멸시킬 정도로 절대적이거나 너무 완고하게 그것을 고수하지 말라고 충고하고 있다. 대표적인 종교들이 고수하고 있는 견해, 교리 및 신조들에는 비합리적인 신념을 변화시키려고 하는 REBT를 수용할 수 있는 충분한 여지가 있는 듯하다. 예를 들어, 로렌스(Lawrence, 1987, p.15)는 "종교적 신조에 많은 차이가 있기는 하지만, 다양한(유대교 및 기독교) 교단들의 성서적 입장은 비합리적이거나 역기능적인 결론을 결코 지지하지 않고 있는 것"을 피력했다.

　서로 다른 종교적 전통들이 신(하나님), 창조, 성(性), 죄, 구원, 성일(聖日), 음식물, 의복 등에 관한 의견에서 강한 불일치를 보이고 있음에도 불구하고 대부분의 대표적인 종교들은 다음과 같은 REBT의 목표들을 지지한다. 즉 불변하는 인간 가치를 수용함, 통제할 수 없는 상황을 수용함, 피할 수 없는 불편함을 수용함 등이 있다.

REBT 이론은 인간에 대한 평가, 강요, 재앙화, 좌절에 대한 약한 포용력(LFT : low frustration tolerance)이 거의 모든 자기패배적 혼란과 관계되어 있다고 주장한다. 내담자가 자기패배적 정서나 행동(C, 결과적으로 정서나 행동)으로 고통을 당하고 있다면 약간의 심리치료적인 탐구만을 통해서도 그런 네 가지 목록 중에 포함되는 비합리적 신념을 쉽게 발견할 수 있다. 내담자가 처한 상황이 사실이든 아니든 간에 혹은 내담자의 콤플렉스나 불리한 심리사회적 및 생물학적 상태가 무엇이든 간에, 언제나 내담자는 자기패배적 수준에 이르게 하고 혼란을 키우는 비합리적 신념체계들을 학습하고 체계화하며 발전시켜 왔을 것이다. 그런 내담자는 상담회기 동안에도 그런 비합리적 신념들을 하나 혹은 네 가지 모두를 조성할 가능성이 있다.

내담자의 비합리적 신념(IB : Irrational Belief)을 찾아낸 후에 REBT 치료자는 내담자에게 IB-C의 관계, 즉 특정한 비합리적 신념과 자기패배적 정서 및 행동 간의 관계를 증명하고 가르친다. 그런 후, REBT 치료자는 D(Dispute : 논박), 즉 내담자의 비합리적 신념을 논박하게 된다. 그보다 더 중요한 것은 치료자가 내담자에게 자신의 비합리적 신념을 스스로 논박할 수 있게 가르치는 것이다. 마지막으로, 내담자가 E(Establish : 확립), 다시 말해 효과적인 합리적 인생철학을 확립할 수 있도록 도와주는 것이 REBT의 목표이다. 논박과 효과적인 합리적 인생철학은 비합리적 신념체계에 대한 교정수단(antidote) 역할을 하는 것으로 간주할 수 있다. 혼란을 가져오는 비합리적 신념들을 논박하는 내담자들은 대부분 자기패배적 정서에서 아주 빠르게 벗어날 수 있을 것이다. 더욱이 일관성 있는 합리적 인생철학을 채택한 내담자는 마침내 정서적으로 강한 사람이 되고 그에게서 혼란은 감소할 것이다.

종교적 전통들은 여러 가지 인생철학들로 풍성하다. 그런 철학들의 대부분이 비합리적 신념체계를 위한 유익한 합리적 교정수단의 역할을 할 수 있다. 경전, 사화(史話) 및 비유들은 자신을 포함하여 불완전한 인간들과 통제할 수 없는 사건들을 수용함으로써 인간에 대한 평가, 강요 및 재앙화를 알게 해주거나, 그런 비합리적인 신념들을 직접적으로 논박할 수 있는 자료들을 대개 포함하고 있다. 종교를 가지고 있는 내담자들이 이미 믿고 있는 종교적 철학을 새로운 인생철학으로 계발할 수 있는 방법을 알게 된다면 효과적인 합리적 인생철학들을 확립하는 데 커다란 힘을 얻게 된다. 다음 사례들을 살펴보자.

1) 인간에 대한 평가

한 사람이 한 가지 목표를 달성하는 데 실패한 이후(A: 유발사건), '나는 목표를 달성하는 데 실패하였고, 이것은 나에게 좋지 못한 결과를 가져다 주었다' 라고 합리적으로 자신에게 말한다면(B: 신념), 그는 슬픈 감정을 경험할 것이다(C : 필연적이고 건전한 부정적인 정서). 비록 그것이 불쾌할지는 몰라도 이런 정서는 차후에 목표에 보다 효과적으로 접근할 수 있도록 그 사람에게 유익한 동기를 제공할 수 있다. 그러나 한 사람이 인간에 대한 평가를 포함한 비합리적 신념에 의존한다면, 같은 유발사건이 우울증과 같은 건강을 위협하는 자기패배적인 정서로 이끈다. 이럴 때 그 사람은 '나는 중요한 목표를 달성하는 데 실패했기 때문에 나는 실패자이구나!' 라는 생각을 하게 되는 것이다. 다음 장에서 더 논의하겠지만, 이런 IB(비합리적 신념)는 우울증에서 매우 보편적으로 나타난다.

어떤 목표를 성취하는 데 실패한 것과 관련되어 있는 우울증은 다음과 같은 신념을 채택함으로써 건전한 슬픔의 감정을 누그러뜨리고 그것에 변화를 줄 수 있다. '그래, 나는 나의 목표를 성취하는 데 실패했으며, 그것은 비참한 일이다. 왜냐하면 그것이 아주 중요한 목표였기 때문이다. 그것이 매우 중요한 것이고 그것을 성취하는 일에 실패했다고 해서 그것이 나의 전부는 아니다. 그것이 나를 실패자로 만들지는 못한다. 인간은 누구나 실수할 수 있다.'

2) 종교와 인간에 대한 평가

인간에 대한 평가를 논박할 때 내담자의 종교적 배경에 있는 자료들을 쉽게 활용할 수 있다. 대개 경전들은 종교를 가진 내담자들이 강력히 고수하고 있는 핵심신념이나 인생철학에 대해 설명하고 있다. 예를 들어, 신약성서는 인간의 가치가 모두 동일하며 모든 사람들이 죄인이라고 표현하는 구절들을 많이 포함하고 있다. 기독교인 내담자들에게 치료자는 바울이 "모든 사람이 죄를 범하였으매 하나님의 영광에 이르지 못하더니(로마서 3장 23절)"라고 표현하고 있다는 것을 상기시킬 수 있다. 그런 후 치료자는 "사도 바울에게 있어서 이 말씀이 의미하는 것은 무엇입니까? 저에게는 어떤 의미겠습니까? 당신에게는 어떤 의미입니까? 우리가 죄를 지어서 '하나님의 영광에 이르지 못한다면', 왜 죄를 미워하고 그것을 바꾸려고 하지 않습니까? 왜 당신은 우리 모두를 실수할 수 있는 인간으로 인정하려고 하지 않는 것입니까?"라고 질문할 수 있다.

3) 강 요

분노는 주로 너무 고집스런 강요에 의해 발생한다. 예를 들어, 아이가 잘못을 했다는 것을 알게 되면(유발사건), 부모는 자신에게 "내가 그렇게 하지 말라고 수백 번을 이야기했는데 참 한심하군. 그 녀석이 더 잘 알고 있었을 텐데…. 내 자식이 이런 짓을 한다는 것은 있을 수 없는 일이야!"라고 말할지 모른다. 이런 종류의 신념들 때문에 사람들은 강한 분노를 경험하게 된다.

내담자가 분노를 덜 경험하고 싶어한다면 REBT 치료자는 인간의 실수를 수용할 수 없다는 사고방식을 논박하는 것으로부터 치료를 시작해야 한다. "아들로서 어떻게 행동해야 하는지를 배운 지구상의 수백만의 아들들을 생각해 볼 때 원칙을 무시하고 잘못된 행동을 한 많은 사람들이 있는데, 당신의 아들이 그 중의 하나가 되지 말란 법이 어디에 있습니까?"와 같이 질문하는 방식을 통해서 말이다.

아들이 부모의 가르침을 기억하고 그것에 꼭 순종해야 하는 절대적인 규율이 없고 세상의 모든 아들들 중에서 자신의 아들만은 바람직한 행동을 해야만 한다는 절대적 원칙이 실재할 수 없다는 것에 내담자가 동의한다 할지라도, 내담자의 모든 고민들을 모두 제거할 필요는 없다는 것에 대해 인식할 필요가 있다. 원치 않았던 상황을 바람직하거나 적어도 중립적인 것이라고 내담자가 생각하도록 설득하는 것이 REBT를 하는 사람들의 목표는 아니다. 그보다는 REBT의 목표는 내담자가 사람들이 합리적 선택을 거의 하지 않는다는 것을 믿게 하고 변할 수 없는 것은 그대로 수용할 수 있도록 돕는 것이다. 특히 이미 발생한 일에 관해서는 더욱 그렇다. 가족 구성원의 잘못된 행동에 대해 안달하고 슬퍼하는 것은 아주 당연한 것일지 모른다. 하지만 가족 구성원이 이미 저지른 일을 그렇게 하지 않았더라면 하고 요구하는 것은 비합리적이고 불필요한 분노를 느끼게 한다. 이런 종류의 분노의 경우, 논박의 목표는 자기패배적 수준으로부터 고뇌의 수준을 감소시켜 자조적인 정서 수준에 이르게 하는 것이다. 이 경우, 자조적 수준의 분노는 초조함이나 좌절과 관련된 건전한 부정적 정서가 될 것이다.

4) 종교와 강요

그럼, 내담자의 종교적 신념체계가 동일한 상황에서 어떻게 사용될 수 있는지 살펴보도록 하자. 또다시 같은 예로, 어떤 내담자가 자신의 자녀가 저지른 잘못된 행동에 대한 분노를 어떻게 다룰 수 있는지 도움을 요청해 왔다고 생각해 보자. 만일 내담자가 유대교나 기독교 혹은 이슬람교를 믿고 있다는 것을 알고 있다면, REBT 치료자는 논박을 위해 창조(創造)에 관한 이야기를 사용할 수 있다. 대화는 다음과 같이 진행될 것이다. "제가 기억하기로 하나님께서는 아담과 하와(이브)가 에덴동산에 있을 때 그들이 어떻게 행해야 할지를 말씀하셨습니다. 당신도 그렇게 알고 계시지요? 그런데 그들은 하나님께서 어떻게 행해야 할 것을 말씀해 주셨음에도 불구하고 잘못을 저질렀습니다. 이 이야기는 제가 만든 것이 아닙니다. 성경(구약성서 창세기)에 나타나 있는 표현 그대로입니다. 그렇지요? 하나님께서 직접 구체적인 지침을 주셨는데도 아담과 하와가 하나님께 순종하지 않았는데, 당신의 아들이 당신의 말을 제대로 듣지 않은 것에 대해 어떻게 생각해야 할까요?"

모두는 아니지만 대부분의 유대인, 기독교인 혹은 이슬람교도들이 그렇듯이 아담과 하와에 관한 이야기를 내담자가 의미 있게 받아들인다면, 창조 이야기를 강요에 대한 논박으로 사용하는 것은 내담자가 수용하게 되는 데 더 도움이 될 수 있다. 이런 논박의 효과는 비유의 정서적 가치가 내담자에게 의미가 있을 때 더 증가된다(DiGiuseppe, 1991). 암시적인 유사성에 의한 이런 비유는 내담자와 자녀의 관계와 하나님과 아담 혹은 하와의 관계를 비교하는 것이다. 이런 비유가 창조 이야기에 관한 내담자의 정서와 연결되어 있기 때문에 논박은 정서적으로 효과가 있다. 정서적 개선은 강력한 설득(forcefulness)에 의해 생긴다는 것은 REBT 이론이 주장하는 바이다. 아담과 하와에 관한 이야기를 비유적으로 사용할 때는 하나님과 하나님의 창조 작업 그리고 아담과 하와와의 관계를 믿는 내담자의 신념의 깊이에 비례하여 논박에 의한 개선된 정서적 의미를 가질 수 있고 강력한 설득이 이루어진다.

무신론자일 수도 있다고 자신을 묘사한 REBT 치료자도 그런 상황에서는 이런 특정한 논박 기술을 사용하고 있다는 것을 명심하라. 자신이 종교적이라고 생각하는 사람들 중에도 창조 이야기를 바라보는 관점은 매우 다양하다. 어떤 종교집단들에서는 아담과 하와는 실재 존재한 사람들이며, 사실상 우리의 첫 번째 어머니와 아버지로 믿고 있다. 또 다른 종교집단에서는 아담과 하와에 관한 이야기를 하나님과 일반적인 인간과의 관계에 대한 상징으로 여긴다. 그런 사람들은 아담과 하와가 이 세상의 첫 번째 인간이었다는 것을 받아들이지 않는다. REBT를 사용하는 종교를 가지고 있는 치료자는 이런 종류의 비유적 논박에 대한 견해를 가지고 있고 그것을 사용하는 종교집단에 속해 있을 수 있다. 마찬가지로 신(하나님)을 믿고 있지 않지만 신에 대한 내담자의 신념을 아는 치료자는 아담과 하와에 대한 내담자의 신념을 논박에 적용할 수 있다.

5) 재앙화

염려하는 것은 다소 불쾌할지는 몰라도 유익한 정서이다. 사람들이 그런 역경에 대해 재앙화(catastrophizing)를 겪으면 염려는 불쾌하고 자기 패배적인 정서인 공황상태로 변한다. 재앙화는 상황이 악화되어 정서적으로 견딜 수 없다고 비합리적으로 믿는 것을 의미하는 REBT 용어이다. 예를 들어, 실직의 가능성을 걱정스럽게 예견하고 있는 내담자는 이렇게 이야기한다. "우리 회사가 문을 닫으면 나는 어떻게 하지요? 그렇게 되면 저는 견딜 수 없을 거예요!"

이런 신념을 논박하는 것은 내담자가 실직하게 되면 견딜 수 없다는 신념에서부터 시작한다. 치료자는 이렇게 시작할 수 있다. "당신에게는 두 가지 문제가 있는 것처럼 생각되는군요. 한 가지 문제는 당신이 실업(失業)에서 오는 모든 어려움에 직면하게 될 것이라는 것이고, 그 다음 문제는 '견딜 수 없을 것'이라는 생각 때문에 더 고통을 받게 될 것이라는 것입니다."

내담자의 비합리적 신념을 '나는 정말 그것을 견딜 수 없어'라고 부르는 것은 비합리적 신념을 해학적으로 논박하려는 시도이다. 해학적인 논박은 논박의 효과를 증대시킨다. REBT 치료자들은 이렇게 계속 할 수 있다. "아마 금전적 수입이 더 적은 다른 직업을 구해야 하기 때문에 수입이 줄어든다는 것은 꽤 골치 아픈 일이죠. 비참한 일이고 말고요. 하지만 자신에게 직업을 잃는다는 것을 정말 견딜 수 없다고 말하는 것은 어떤 일이 확실히 생기기도 전에 자신을 괴롭히는 것입니다. '실직은 자신에게 견딜 수 없는 것'이라고 말하는 것이 지금의 직업을 계속 종사할 수 있도록 도와줍니까? 그것이 미래에 대한 계획을 세우는 데 도움을 줍니까?" 다시 언급하지만 직업을 잃는 것이 바람직하다거나 아무런 느낌이 없는 중립적인 입장이라고 내담자를 설득하는 것이 REBT의 목표가 아니다. REBT는 한 사람이 원하는 것이 바람직하지 않다는 생각을 가지지도 않으며 이런 경우에는 그런 생각을 유지하지도 않는다.

　REBT의 목표는 내담자가 문제를 인간이 살면서 있을 수 있는 바람직하지 않은 사건으로 보고 그것을 완전히 나쁘게 보거나 단지 나쁜 수준보다 더 심각한 것으로 보지 않도록 도와주는 것이다.

6) 종교와 재앙화

　내담자가 시크교도라면, '나는 이것을 견딜 수 없어'라는 내담자의 생각에 대한 논박에 시크교의 경전인 아디그란트(Adi Granth)의 구절을 포함시킬 수 있다. "나는 나 혼자 슬픔을 가지고 있다고 생각했다. 슬픔은 전세계에 퍼져 있다. 지붕 꼭대기에서 나는 모든 집이 슬픔의 화염으로 휩싸여 있는 것을 보았다(Adi Granth, Shalok, Farid, p.1382)." REBT를 하는 사람들은 그런 후 이런 종류의 질문들을 할 수 있다. "여기서 구루 선생이 고통에 대하여 말한 것에 대해 어떻게 생각하십니까? 그가 인간이 고통에서 벗어날 수 있다고 믿는 것처럼 보이십니까? 이 구절은 당신이 잠재적인 어려움에 대하여 자신에게 말한 것과 어떻게 다르죠? 당신이 직면한 어려움을 다른 사람이 직면한 어려움과 비교한다면 자신에게 무엇이라고 말할 수 있습니까?"

　종교 경전들은 그것을 믿고 있는 사람들이 거의 언제나 종교적이고 철학적인 맥락에서 자신의 어려움을 해석할 수 있도록 도와준다. 실직은 인간에게 있을 수 있는 보편적인 사건이다. 그것은 대개 불행한 사건일 수 있다. 그것이 견딜 수 없는 사건이라고 일컫는 것은 그 사건을 상상할 수 있는 가장 극단적인 상황으로 생각하는 것이다. 한 사람이 가진 재앙화 신념의 극치는 극단적이고 역기능적인 정서 반응을 가져올 가능성이 크다. 종교를 가진 내담자는 이미 경전이 정서적으로 아주 중요하다고 생각하고 정서적으로 경전에 크게 의지하고 있기 때문에, 그런 정서적 맥락이 재앙화하는 내담자가 역경의 무게를 가중시키는 것으로부터 그

의미를 변화시킬 수 있게 도와줄 것이다. 종교적 맥락은 역경에서 두려움을 제거해 준다.

7) 좌절에 대한 약한 포용력

좌절에 대한 약한 포용력(LFT : low frustration tolerance)은 삶의 어려움에 대해 강요하는 신념과 재앙화 신념이 섞인 자기패배적 혼합물이다. 좌절에 대한 약한 포용력은 약물치료와 심리치료에 잘 순응하지 않는 주요 방식인 지연(遲延)과 회피(回避)와 밀접하게 관련되어 있을지도 모른다. 좌절에 대한 약한 포용력은 사람이 자신에게 이득이 될 수 있는 과제를 완수하려는 최상의 의도를 성취하지 못하게 하는 주된 이유이기도 하다. 좌절에 대한 약한 포용력은 매우 일반적이고 자동적이며 실수할 가능성이 농후한 인간 본성과 아주 밀접하게 관계되어 있기 때문에, 오랫동안 REBT를 해 온 사람이 아니라면 그것을 잘 알아차리기도 힘들다. 단순하게 말해 좌절에 대한 약한 포용력은 '너무 어려운' 것에서 '너무'로 요약될 수 있다. 예를 들어, 과제를 왜 하지 않았냐고 질문을 받으면 종종 내담자는 '과제가 너무 어렵다'고 말한다.

내담자가 '너무 어려워요'라고 말한다면, 그에게 '너무 어려워요'에서 '너무'라는 단어에 대해 정의를 내려 보라고 요구해 보는 것이 바람직하다. 과제가 어떻게 너무 어려웠습니까? 물론, 경험상으로 볼 때 과제가 너무 어렵다는 것은 가능하다. 사람이 하기에는 신체적으로 불가능한 과제가 있다. 예를 들어, 숨을 쉬지 않고 몇 분 이상을 견디는 것은 너무 어렵다. 그러나 좌절에 대한 포용력과 관련하여 '너무 어렵다'는 것의 실제는 '내가 원하는 것보다 더 어렵다'라든지 '기대했던 것보다 어렵다' 혹은 '내가 감당하기에는 어렵다'라는 의미이다.

대부분의 사람들이 아마도 실제로는 완수하기를 원하지만 자기패배적 방법으로 뒤로 미루는 경향이 있는 일상적인 과제들을 가지고 있는데, 그런 것들에 대해 한번 생각해 보자. 오랜 시간 동안 방치하곤 하는 통장 정리 같은 일을 의미하는 것이다. 좌절에 대한 약한 포용력이 발휘되면,

통장 정리같은 유발사건(A)은 다음과 같은 신념을 자극한다. '통장 정리하는 것이 너무 힘들지 않아야 할 텐데….' 혹은 '나는 오늘 줄을 서서 너무 지루한 시간을 보낼 수는 없어.' 혹은 '당장 휴식할 시간도 없는데….' 혹은 '재벌 총수는 통장 정리할 필요가 없겠지. 그렇다면 나도 하지 말지, 뭐!' 이런 신념들은 적어도 다른 부정적 영향(예 : 통장정리 후 직불카드를 사용하라는 통지)이 계속해서 압력을 행사할 때까지는 그것을 회피하게 하고 나태해지게 한다.

좌절에 대한 약한 포용력은 불편하고 좌절하게 만드는 환경에 대한 강요와 재앙화를 밝혀내도록 내담자를 도와줌으로써 논박되어질 수 있다. 그리고 좌절에 대한 약한 포용력은 과제가 실제보다 불쾌하고 귀찮아 보이도록 하여 그것을 수행하지 못하게 하기 때문에 좌절에 대한 약한 포용력이 비합리적이며 경험에 근거하고 있지 않다는 것을 내담자가 알게 해주고 그것이 자기패배적이라는 것을 다양한 방법으로 보여줌으로써 논박되어질 수 있다. 나(SLN)는 스포츠를 매우 좋아하는 남성 내담자들에게는 그들이 좋아하는 운동선수들이 운동경기 시즌 동안에는 주중 40시간 이상을 훈련과 시합에 쓰고 있으며 비(非)시즌 동안에도 훈련과 연습을 위하여 일주일에 40시간 정도의 시간을 투자한다는 것을 지적해 주었다. 그런 예는 다음과 같다.

SLN : 저는 수년 전 샌프란시스코 팀이 그린베이 팀을 이기고 미식축구 결승전에서 우승한 후에 스티브 영(Steve Young)이 경기장 주위를 뛰며 환호하는 모습을 보았습니다. 그는 너무 기뻐하더군요. 또한 나는 그가 수백만 달러를 벌기 때문에도 즐거웠으리라 생각합니다. 말해 보십시오. 그가 체력을 단련하고 달리기를 했던 모든 시간 동안 그것을 즐겼으리라고 생각하십니까? 경기를 준비하는 모든 시간에 말입니다. 매일 코치들과 만나야 하는 그 시간 동안에도 즐거웠을까요? 여행 가방만 가지고 매번 옮겨다니며 살아야 하는 것에도 즐거웠을까요? 어디

를 가든지 사진을 찍기 위해 덤벼드는 사람들로 정신없을 때에
도 말입니다.*

내담자 : 아마도 어떤 때는 즐거웠겠지요. 하지만 언제나 그렇지는 않았
을 겁니다.

SLN : 겨울 동안 클리브랜드나 그린베이 같이 추운 도시에서 경기를
할 때에 태클에 걸리면 어땠을까요? 경쟁 팀의 연고지에서 팬들
에게 멸시당하고 그들이 던지는 물건에 맞았을 때도 즐거웠을
까요?

내담자 : 아니요.

SLN : 그런 경기들이 얼마나 어렵고 힘든지 아니면 때로 지루하고 불
안하게 만들며 얼마나 위험한지에 대하여 그가 자신에게 어떻
게 말했을까요? 짜증나는 연습, 계속되는 훈련, 지루한 여행,
종종 생기는 고통스런 상처는 물론이고 모욕과 비난하는 팬들
이 있음에도 불구하고 부자가 되자마자 왜 그는 그것을 그만
두지 않았을까요?

내담자 : 아마 그것이 가치 있다고 생각해서가 아닐까요?

SLN : 그렇다면 당신도 그와 같이 자신에게 말하지 못할 이유가 없지
않습니까? "그것은 지루한 일이고 나는 지루한 일을 좋아하지
않는다. 하지만 긴 안목에서 보면 그것은 꼭 필요한 일"이라고
당신이 통장 정리(혹은 보고서나 부엌 청소 등)를 해야 할 때
자신에게 말한다면 느낌이 다르지 않을까요?

8) 종교와 좌절에 대한 약한 포용력

종교 경전은 인내로 어려움을 참으라는 훈계로 가득 차 있다. 종교 경
전은 종교를 가지고 있는 내담자들이 자신의 좌절에 대한 약한 포용력

---

* 역자주 : San Francisco 49ers는 미국 서부 캘리포니아 주 샌프란시스코 시를 연고지로 하
고 있는 팀으로 금광을 찾아 미 서부로 떠났던 사람들을 기리며 팀 이름을 지었다. Green
Bay Packers는 미국 중부 위스콘신 주의 Green Bay시를 연고지로 하고 있는 명문 미식축
구 팀이다.

(인내력)을 이해하고 논박하는 데 도움이 된다. 나(SLN)는 말일성도 교회
경전에서 특별한 구절을 발견했다. 그 구절은 독실한 몰몬교인 내담자의
지루함과 권태에 대한 낮은 인내력을 다루는 데 도움이 될 것이다. 그 구
절은 교리와 서약 64항에 나온다. 교리와 서약(D & C)에는 조셉 스미스
와 말세의 선지자들에게 계시되었다고 몰몬교인들이 믿는 140개의 짧은
항목들이 포함되어 있다.

SLN   : 왜 주님께서는 우리에게 이런 계명을 주셨을까요?

내담자 : 그렇게 해서 그분이 우리에게 바라는 것이 무엇인지 우리가 알
        게 되니까요.

SLN   : 그분이 우리에게 말씀하기 전에도 그것은 명백한 것입니까?

내담자 : 때로는 그럴 수 있겠지요. 하지만 항상 그런 것은 아니죠.

SLN   : 그분이 왜 그렇게 말씀하셨을까요? "그러므로 선행을 행하는
        것을 지겨워하지 말라. 너희들은 큰 사업의 기초를 놓고 있는
        것이다. 작은 일로부터 위대한 것이 시작된다(교리와 서약 64
        장 33절)." 싫증내는 우리의 경향성에 대하여 무엇이라고 이 구
        절에서 말하고 있는 것일까요? 우리가 너무 쉽게 지겨워하는
        것이 아닐까요? 아니면 지겨워하는 것은 아무 문제가 없는 것
        일까요?

내담자 : 그분께서는 우리가 쉽게 지겨워하는 경향이 있다고 말하고 있
        는 것 같습니다.

SLN   : 주님께서 작은 일을 언급하신 것과 관련하여 당신이 생각하기
        에는 우리가 작은 일을 할 때 육체적으로 피곤해진다는 것을
        의미하는 것일까요? 아니면 우리 인간은 작은 일을 할 때 심리
        적으로 지겨워한다는 의미일까요? 그렇다면 그런 지겨움은 지
        루함을 의미하는 것은 아닐까요?

내담자 : '작은 일'의 세세한 것이 우리를 정신적으로 지치게 하고 지루
        하게 만들 수 있다는 뜻이겠지요.

SLN : 그렇습니다. 당신은 지금 공부로부터 휴식이 필요하다고 말했습니다. 당신은 자신에게 지루함에서도 휴식이 필요하다고 말하고 있습니다. 우리가 시시한 것은 정말 지겹다고는 하지만, 지루함과 권태가 우리를 멈추지 못하게 하는 한 그것이 큰 것을 가져다준다고 자신에게 말한다면 무슨 일이 일어날까요? "이런 작은 일을 지속한다면 결국에는 더 큰 것으로 보상되어질 것이라고" 자신에게 말한다면 무슨 일이 일어날까요?

경전을 중심으로 나눈 이런 짧은 대화는 좌절에 대한 약한 포용력을 가지고 있는 독실한 내담자들이 어떻게 그들 자신이 중요하다고 생각하는 과제들을 회피하고 미루는지를 이해하는 데 도움을 주고, 좌절에 대한 약한 포용력이 야기하는 싫증내는 경향과 미루는 경향이 아주 보편적이라는 것을 받아들이는 데 도움을 주며, 그들이 자신의 이런 면에 대항하고 미래의 지연을 회피하도록 도와줄 대안적이고 종교적으로 합리적이며 동기를 부여하는 자기진술서를 작성하는 데 도움을 준다.

5. 종교적 전통과 관습의 요소들은 REBT와 일관성이 있다

다양성 면에서 종교적인 활동은 정말 각양각색이지만 그런 활동들의 범주는 다음과 같이 구체화될 수 있다. 대부분의 잘 체계화된 종교들이나 종교적 전통에서는 활발하게 가르치고 설교한다. 그런 종교에서는 적극적으로 종교적인 내용을 학습할 것을 권장한다. 대부분의 그런 기성종교들을 믿는 사람들은 주요 신념을 잘 기억할 수 있는 상징이나 상징물을 사용한다. 특정 신념을 강조할 목적으로 종교적 전통들은 때때로 종교와 관련된 특정 용어로 사람이나 관념에 다른 이름을 붙여 예배 용어로 사용한다. 종교적인 예배의식은 정해진 교리, 신념, 경전 내용, 찬미 형태의 음악을 포함하고 있다. 종교적 교단들은 성례 및 성식(聖式)이나 순례와 같은 종교적 의무 형태로 믿음 행위를 촉구한다. 충격적일지는 몰라도 REBT 치료기법의 구성도 넓은 범위에서 종교적 활동들과 거의 유사하다.

1) 가르침

대부분의 종교가 올바른 신념을 가르치려고 한다는 것은 누구나 알고 있는 것이다(Moran, 1987). 정신분석의 간접성에 반발하여 REBT는 초창기부터 심리치료를 하면서 개방적이고 직접적이며 교육적인 접근을 시도해 왔다. 이상적으로는 REBT에서 내담자는 첫 번째 회기부터 REBT 이론을 대표할 수 있는 자기패배적 정서와 행동에 관한 A-B-C 모델에 대하여 적극적으로 가르침을 받는다. 전형적으로 초반 몇 회기에서 내담자의 비합리적인 핵심신념을 '제로(Zero)화' 하는 것이 REBT를 하는 사람들의 목표이다(Ellis, 1973a, 1999). 그런 목표는 비합리적 신념(IB)에 대해 내담자에게 가르치고, 비합리적 신념과 자기패배적 정서 및 행동(C)간의 관계를 명확하게 하며, 비합리적 신념을 논박(D)하는 방법을 가르치고 첫 번째 회기동안 효과적인 합리적 신념체계가 확립될 때 가능하다. 그런 후에 계속해서 REBT 치료자들은 사고의 명료화를 어떻게 할 것인지를 가르친다.

REBT에서는 가르치는 것을 가장 강조하기 때문에 REBT의 치료와 체계화된 많은 종교들의 수행과는 많은 유사성이 있다. 가르치려고 시도할 때 특히 인생철학을 가르치려고 시도할 때 필요한 사람들의 마음을 이끌어내는 보편적인 교육적 모델이 있을지 모른다.

기성 종교들이 전통, 신조, 교리, 정론, 관습 등을 드러내놓고 직접적으로 가르치고 있기 때문에 REBT 이론을 직접적으로 가르치는 것은 종교를 가지고 있는 내담자가 심리치료에서 도움을 얻기에 편하게 해줄 것이다. 매우 간접적이고 모호해서 직접 대답하기를 꺼려하는 치료적 접근 방법은 직접적인 가르침에 익숙하고 편안해하는 종교를 가진 내담자에게 어색할 수도 있다.

예를 들어, 종교적인 경전은 가르치는 것을 지지하고 있다.

리그 베다(Rig Veda : 힌두교 경전) : "땅을 알지 못하는 자가 아는 자에게 물었다. 모르는 자는 아는 자에 의해 깨우침을 받는다. 앞으로 그를 올바르게 인도할 길을 발견하는 것은 참으로 가르침의 축복이다."

신약성서(기독교 경전) : 예수께서 가라사대, "너희가 나를 선생과 주로 불렀으니 너희 말이 옳도다. 내가 그러하다(요한복음 13장 13절)."

교리와 서약(몰몬교 경전) : "자신들을 부지런히 가르치라. 나의 은혜가 너희와 함께 함으로 너희는 이론, 원칙, 교리, 복음의 율법 및 하나님의 왕국에 속한 모든 것 안에서 더욱 완전하게 가르침을 받을 것이다. 하늘과 땅과 땅 아래는 물론 이전에 존재했던 모든 것과 현재 존재하는 것과 잠시 후에 지나갈 것과 집안에 있는 것과 밖에 있는 것들을 너희는 쉽게 이해할 수 있을 것이다(교리와 서약, 88장 78~79절)."

전에는 합리적 · 정서적 치료 연구소로 불리던 앨버트 엘리스 연구소는 1965년부터 의욕을 가지고 적극적으로 REBT의 이론과 기술을 일반 대중과 관심 있는 정신건강 전문가들에게 강의와 워크숍 및 공적인 발표를 통해 제공해 왔다(Ellis, 1994b, 1996b). 체계화된 많은 종교들처럼 우리 연구소는 원리에 입각한 교육 과정을 발전시켜 왔으며, 일반 교육과정에 덧붙여 합리적 · 정서적 원칙들과 인생철학을 가르치는 아동들을 위한 학교도 운영하고 있다. 합리적 · 정서적 교육과정은 초등학교와 중등학교에 적합하다(Vernon, 1989a, 1989b).

일반인 중에 150,000명 이상이 이런 교육과정에 참여하였다. 앨버트 엘리스 연구소는 100명에서 200명 정도의 청중들이 관찰하고 질문하는 가운데 자원하는 참가자들이 REBT 치료자와 무대 위에 앉아서 REBT

를 사용하여 문제를 풀어나가는 프로그램인 '매일의 삶(Daily Living) 워크숍'을 35년 이상 운영하고 있다. 이 프로그램은 널리 알려져 있으며, 일주일에 한 번씩 실시되고 있다.

또한, 최근에 앨버트 엘리스 연구소는 합리적·정서적 목회상담 훈련 과정을 개설했다(S. Johnson, 2000). 목회자들이나 종교장면에서 상담을 하고 있는 정신건강 전문가를 위한 이 과정은 이 책에서 탐구하고 있는 원리와 기법에 초점을 맞추고 있다. 강사진에는 REBT를 하는 목사도 포함되어 있다.

2) 설 교

대부분의 종교들은 설교를 포함하고 있고, 종교인들은 신념을 변화시키거나 강화하기 위해 힘있는 설교를 자주 사용한다(Moran, 1987; Speight, 1987; Watt, 1987). 이와 유사하게 REBT 치료자들도 비합리적이고 혼란을 가져다 주는 내담자의 신념을 직접적으로 강하게 논박한다. 또한, REBT 치료자들은 내담자가 자신의 비합리적 신념을 강하게 논박하도록 내담자를 가르치고 격려한다. 내담자들이 이러한 것들을 배우게 되면 회기와 회기 사이 일상생활 중에 신념을 바꾸는 작업을 자유롭게할 수 있다(Ellis, 1994b, 1996b, 2000b). REBT 기법의 활용 범위는 내담자가 변할 수 있도록 도움을 주기에 유용한 정도까지이다. 거기에는 개인력 조사, 사려 깊은 경청, 많은 심리치료에서 채택하고 있는 소크라테스식 질문법 등이 포함된다. 어떤 심리치료적 접근은 직접적인 방법을 포기하는 반면에, REBT 치료자가 REBT 원리에 대해 직접적이고 교훈적인 짧은 강의를 내담자에게 제공하는 것이 그렇게 특이한 것만은 아니다(Ellis & Dryden, 1997; Walen, 1992).

3) 독서와 학습

대부분의 종교에서는 주석, 설화, 정전(正典)으로 인정받은 경전, 수트라, 논설, 우파니샤, 베다 등을 읽게 하거나 낭독하도록 촉구한다(King, 1987b). 종교를 믿는 사람들은 아마도 자신의 삶을 이런 경전 읽기, 낭독, 묵상, 암송 등을 중심으로 구조화하고 있을지 모른다. 이와 비슷하게 REBT 치료자들도 내담자들에게 200개 이상의 각기 다른 자조적(自助的) 활동들을 설명하고 있는 자료들을 읽고 학습하도록 적극적으로 격려한다. 하지만 그렇게 하도록 강요하지는 않는다. 다양한 종류의 스스로 학습할 수 있는 책, 팸플릿, 수필, 비디오 혹은 카세트 테이프, 만화, 색칠 공부 책 등은 앨버트 엘리스 연구소 도서목록을 참고하여 무료로 얻거나 구입할 수 있다(Ellis, 1998, 1999). 내담자들은 대개 REBT의 기본 원리 및 실제에 대하여 설명하고 있는 팸플릿과 그 밖의 읽을거리와 함께 치료를 시작한다. 경전을 공부하는 것이 종교를 가진 내담자가 종교적 신념에 집중할 수 있게 도와주는 것처럼, REBT 자료를 읽고 공부하는 것은 내담자가 REBT 이론을 기억하고 실행하거나 치료자의 개입을 예견할 수 있도록 돕는다.

4) 상징들

많은 종교들이 종교적인 그림, 상징, 장신구, 신상(神像), 예술작품 등을 사용하거나 숭배하도록 종용하고 있다(Candea, 1987). 종교를 신봉하는 사람들은 자신의 집, 사무실 혹은 자동차 안을 성스럽게 만들기 위해 그런 상징적 재료들을 사용한다. 예를 들어, 예수의 상(象)이나 성모 마리아 상(象)은 독실한 천주교 신자가 소유한 자동차의 계기반(計器盤) 위에서 쉽게 발견된다. 정통 유대인들은 자신의 집 문틀에 메이즈자(Mezu-zah)를 붙인다. 메이즈자에는 '샤다이(Shaddai)'라는 단어가 새겨져 있으며 그 안에는 '쉐마(Shema)'라는 단어가 쓰여진 양피지가 들어 있다. 메이즈자는 화려하게 장식된 철통(鐵桶)이다. 샤다이는 하나님의 히브리 이름이며, 쉐마는 마음 속에 항상 하나님에 대한 헌신을 지속하도록 격려하는 토라(모세 오경)의 인용구이다. 쉐마에는 다음의 말이 포함되어 있다.

"이스라엘아 들으라. 우리 하나님 여호와는 오직 하나인 여호와시니 너는 마음을 다하고 성품을 다하고 힘을 다하여 네 하나님 여호와를 사랑하라. 오늘날 내가 네게 명하는 이 말씀을 너는 마음에 새기고 네 자녀에게 부지런히 가르치며 집에 앉았을 때에든지 길에 행할 때에든지 누웠을 때에든지 일어날 때에든지 이 말씀을 강론할 것이며 너는 또 그것을 네 손목에 매어 기호를 삼으며 네 미간에 붙여 표를 삼고 또 네 집 문설주와 바깥문에 기록할지니라(신명기 6장 4~9절, 개혁한글판 성서)."

사우디아라비아의 국기에는 아랍어로 다음과 같은 말이 포함되어 있으며, 그것은 상징 그 자체이다. "하나님 외에 신은 없다. 마호메트는 하나님의 사자(使者)이다." 이 말은 아랍어로 무늬 없는 녹색 바탕과 칼 위에 쓰여져 있다. 샤마다(shamada)라는 이 믿음의 고백은 이슬람 세력의 다섯 기둥 중에 첫 번째라고 한다.

REBT에서는 어떤 것을 신성시하는 것을 꺼려하지만 내담자가 상담회기 중에 배운 중요한 통찰과 교훈들을 자주 기억하도록 촉구한다. 내담자들은 심리치료 중에 녹음한 것을 듣도록 격려되어진다(Ellis, 1996b). 게다가 앨버트 엘리스 연구소는 내담자에게 다양한 종류의 기억을 도울 수 있는 유용한 도구들을 제공한다. 그런 것들로는 '조바심을 가지지 말라', '꼭 해야만 한다고는 말하지 말라'와 같은 REBT 철학의 요점을 새겨 넣어 쉽게 기억할 수 있게 하는 게임, 장난감, 티셔츠, 포스터, 연필 등이 있다.

5) 의식(儀式)과 성례(成禮)

성스러운 활동인 의식(儀式)은 신성한 목적을 위하여 자원해서 하는 행동이며 반복적으로 격식을 갖추어 하는 상징적인 행동으로 정의되어질 수 있다(Zuesse, 1987). 그런 의식들은 많은 종교의 기본이 된다(BeitHal-lahmi, 1989). 성례(聖禮)는 신성한 활동으로 정의되어질 수 있는데, 이미 언급했듯이, REBT는 원리와 기법들을 신성시하는 것을 꺼려한다. 하지만 신성시하는 것은 아닐지라도 어떤 REBT 기법들은 오랜 기간 동안 사용되었고 시험되었기 때문에 아주 친숙해져서 거의 의식(儀式)처럼 되어 버렸다.

치료 초기부터 REBT 치료자들은 과제를 부여한다. 상담회기 사이 일상생활에서 행하는 이런 활동들은 상담회기 동안 제시되었던 신념을 변화시켜야 한다는 원칙을 강화시키고 그것을 깊이 있게 하기 위하여 고안되어졌다. REBT 이론에서는 상담회기 사이에 일상생활에서 행해야 하는 과제와 행동을 변화시키는 활동 등과 같은 적극적인 치료 활동을 강조한다. 그런 활동들로는 비합리적 신념에 대해 논박했던 것을 테이프로 녹음하여 다시 듣기, 상담회기 중에 역할 바꾸기, 가족이나 다른 사람에게 상담회기 동안 배운 것을 가르쳐 보는 것 등이 있다. 이런 활동을 하는 동안에 내담자의 종교적 신념을 조절하고 동화시키는 기법들은 다음 장(章)에서 다루게 될 것이다.

그 중에서 유일하게 REBT에서 혁신적으로 개발한 것은 그 유명한 '수치심 공격하기' 과제이다. 내담자들이 과거에 수치스러웠던 경험을 다시 경험하게 하는 것으로 내담자들은 전혀 해가 되지 않는 형태로 과제에 참여하게 된다. 수치심 공격하기 훈련은 공공장소에서 대중들 앞에 서서 큰소리로 노래를 부르거나, 지하철역이나 승강기 안에서 큰소리를 내어 말하는 것 등으로 이루어진다. 이런 과제는 내담자가 자신의 자기 패배적이며 수치심을 유발하는 신념을 극복하는 데 도움을 준다.

6) 신앙 서약

많은 종교들은 기도, 성가(聖歌), 묵상 또는 신앙 고백이 포함되어 있는 특정 진술에 특별한 의미를 부여한다. 종교에서는 기도문처럼 특별하고 신성한 의미를 가진 어떤 단어나 어구를 말하는 것과 같은 형태로 특별한 진술문을 낭독하거나 반복하여 읊조리도록 촉구하거나 강요한다 (Moran, 1987; Speight, 1987). 유대교의 쉐마(Shema)와 이슬람교의 쉐마다(Shemada)도 역시 유대교도와 이슬람교도의 신성한 의무를 담고 있는 낭독문인데, 이것들은 신조의 한 예이다. 묵주(默珠) 알을 사용하며 기도문을 읊조리는 것은 그런 신성한 문구를 마음에 새기기 위한 것이다.

REBT는 합리적이거나 비합리적인 신념에 대해 공식화(公式化)하는 것을 포함하여 그 어떤 것도 신성시하지 않는다. 그리고 어떤 사상은 자기패배적 혼란에 맞서고 그것을 완화시키는 반면에, 어떤 특정 신념이나 사상은 위험하다고 REBT는 주장하고 있다. 합리적인 생각이 내면화되면 내담자를 도울 수 있는 안전하고 능률적인 신념이 된다(Ellis, 1994b).

REBT는 자기대화(self-talk)를 권장했던 첫 번째 심리치료도 아니며 자기대화를 격려하고 연구하고 있는 현시대의 유일한 심리치료적 접근도 아니었다(Meichenbaum, 1977 참고). 그러나 REBT는 현대 인지행동 치료 중에 자기진술(self-statement)을 권장하는 첫 번째 접근법이었으며, 가장 영향력이 있는 접근법이었다(Mahoney, 1974 참고). 다음 장(章)에서 더 구체적으로 다루겠지만, REBT는 아마 자기대화 기법을 사용함에 있어서 가장 신중하고 정확하게 시도하려고 하는 심리치료일 것이다. REBT를 하는 사람들은 내담자 자신이 반복해서 마음에 떠올릴 수 있는 유용하고 철학적으로 수준 높은 생각들을 발견하고 계발하려고 노력해 왔다(Ellis, 1994b, 1996b, 1999, 2000b; Walen et al., 1992).

대부분의 종교적 신조가 신중하고 정확하게 말해지듯이 REBT의 자기대화에도 철학적 세련됨과 의미에 있어서 정교함의 시각이 강조된다. 종교적 신조의 경우에 신중하고 정확하게 하려는 이유는 대개 교리적 정확성을 유지하려고 하는 바람과 언급된 단어들의 신성함을 간직하려고 하는 바람에 있다. REBT의 경우, 의미의 정확성을 강조하는 이유는 철학적으로 세련된 것을 추구하고 치료에 있어서의 효율성을 성취하기 위해서이다. 철학적으로 세련된 자기대화는 더 효율적으로 바람직한 치료 결과를 가져오고 내담자가 미래에 겪을 수 있는 혼란을 감소시켜 줄 것이라는 것이 여기서 주장하는 바이다.

7) 명명하기

체계화된 많은 종교들은 이름과 이름을 붙이는 과정에 커다란 종교적 의미를 부여한다. 어떤 종교들과 종교적 전통에서는 특정 단어나 이름이 신성시된다. 종교의 역사를 보면 중요한 인물들은 거룩한 목적에 따라 이름이 바뀌었다. 예를 들어, 예수는 요한의 아들 시몬에게 베드로라는 새 이름을 주었다. 이렇게 이름이 바뀐 것에 대하여 많은 기독교인들은 베드로가 해야 할 의무인 미래에 있을 그리스도 교회의 지도력에 대한 상징으로 사용될 언어의 성스러운 명명이라고 믿고 있다. 예수는 다음과 같이 말하였다. "내가 네게 이르노니 너는 베드로라 내가 이 반석 위에 내 교회를 세우리니 음부의 권세가 이기지 못하리라(마태복음 16장 18절, 개역 한글판 성서)." 고대 그리스어(헬라어)로 바뀐 돌은 페트루스(petrus)인데 베드로는 그리스도 교회가 세워진 주춧돌로 간주된다.

이삭의 아들이며 아브라함의 손자인 야곱이 천사와 씨름하는 이야기가 창세기에 기록되어 있다. 마침내 천사가 야곱에게 말했다. "그 사람이 가로되 네 이름을 다시는 야곱이라 부를 것이 아니요 이스라엘이라 부를 것이니 이는 네가 하나님과 사람으로 더불어 겨루어 이기었음이니라(창세기 32장 28절, 개역 한글판 성서)." 이스라엘(Israel) 혹은 이스라엘(Yisra'el)은 히브리어로 '하나님께서 지배하심'이라고 해석할 수 있다. 그러므로 야곱의 후손들은 하나님이 지배하는 이스라엘 나라가 되었다. 이스라엘이라는 이름은 종교적이고 심리적인 의미를 지니고 있다. 이렇게 종교적으로 다시 이름 붙이는 것에 대한 다른 사례들도 많다.

초창기부터 REBT는 혼란을 가져오는 비합리적 신념의 효과와 혼란을 감소시킬 수 있는 합리적 신념을 설명하고 강조하기 위하여 그런 개념들에 해학적으로 이름 붙이는 일을 해왔다. 예를 들어, 내담자들이 자신은 실수할 수도 있는 사람(FHB : fallible human being) 이상이나 이하도 아니라고 자신의 모습을 보는 자기평가 도식(self-rating scheme)을 채택함으로써 자신을 수용할 수 있는 방법을 개발할 수 있다. 그리고 그들은 무조건적인 자기수용(USA : unconditioned self-acceptance)을 계발시키는 방법을 쉽게 기억할 수 있다. 이런 단순한 두문자어(頭文字語 : acronym; 예 : USA)들은 더 잘 기억하고 느끼게 하는 새로운 방법이다.

REBT에서 만들어낸 위의 두 단어를 내담자들이 잘 잊어버리지 않는다면 많은 치료자들에게 알려지고 곧바로 인식될 것이다. 세상이나 타인 혹은 자신에게 변해야만 한다(MUST)고 강요하는 과정을 'musturbation'*이라고 부르는 것보다 불가능한 것을 요구하는 인간의 성향이라고 묘사하는 것이 더 압축적이거나 기억을 쉽게 한다고 보기는 어렵다. 포괄적이고 내면성을 가지고 있으며 부정적인 귀인을 하기 위한 REBT의 어휘들은 아주 함축적이며 기억하기에 편하다. 인간의 본질이 떨어지는 것을 'shithood(하찮은 신분)'라고 한 마디로 표현하거나, 가장 낮은 가능성의 가치관을 'personhood(개성)'이라고 부른다. 물론 종교를 가진 사람들 중에 어떤 사람은 'shithood'라는 단어를 사용하는 것이 유익하고 해학적이라고 생각하는 반면에 어떤 사람은 모욕적이라고 느낀다. 종교를 가진 내담자와 심리치료를 할 때 나타날 수 있는 신성모독의 문제에 관해서는 이 책의 뒷부분에서 논의할 것이다. REBT 개념에 다시 이름을 붙이는 것, 특히 해학적인 형태로 개념에 이름을 붙이는 것은 비합리적인 생각의 우스꽝스러운 비합리성을 쉽게 기억할 수 있게 하는 수단으로 내담자에게 제공되는 것이다.

8) 음 악

대부분의 종교들은 예배에 음악을 포함시키고 있다(Ellingson, 1987). 많은 종교들은 주요 신념들을 찬송가 형태의 음악으로 만들거나 종교 의식(儀式)들을 음악으로 연주하며, 음악과 찬송가를 '부르는 기도'의 한 형태로 이해한다. 종교 지도자들은 유혹에 저항하는 방어전략으로 찬송가를 부르라고 권하기도 한다. 아마도 신념은 운율, 선율, 리듬 및 어휘의

---

* 역자주 : must와 disturb라는 단어를 합성하여 장애를 가져오는 강요라는 뜻을 지닌 것처럼 보이고 영어의 자위행위라는 단어와 흡사해 기억을 도울 수 있게 고안된 단어.

조합을 통하여 더욱 정서적이고 기억하기 쉽게 된다(Wulff, 1991).

이와 유사한 방법으로 REBT 치료자들은 내담자들이 풍자적이고 해학적이며 합리적이고 정서적인 노래를 부름으로써 자신을 혼란스럽게 만드는 신념을 수정할 수 있도록 도울 수 있다(Ellis, 1977b, 1987b, 2000b; Nielsen 2000). 특별히 내담자가 자신의 신념을 바꾸는 데 어려워하면 (Ellis, 1985), REBT에서는 합리적·정서적 노래를 부르도록 격려하고 있다(Ellis, 1987b). 게다가 상담 장면 밖에서 내담자들이 이런 노래를 부르게 하는 것은 이미 언급한 수치심 공격하기 활동의 하나로 이용될 수도 있다.

6. REBT와 종교의 통합 : 공동상승작용(시너지 효과)을 일으키는 통합

심리치료에 종교성을 통합하는 원리는 실제로 아주 간단하다. 프로프스트는 "심리치료의 활동요소가 환자의 언어와 신념 체계에 전이된다면 치료의 효과는 더욱 강해질 것"이라고 언급했다(Propst, 1982, p.85). 종교와 관련된 용어로 인지적·행동적 개입을 하는 것은 종교를 믿는 사람들이 치료를 쉽게 이해할 수 있도록 도움을 준다. 치료적 개입을 종교적 용어로 정의함으로 종교와 심리치료를 통합하는 것은 내담자가 보다 생생하게 느낄 수 있도록 할 것이다. 종교를 가지고 있는 내담자들의 신념과 헌신은 고뇌를 감소시키고 치료의 효과를 강화시킬 수 있는 기능을 한다.

가장 중요한 치료적 단계인 비합리적 신념에 대한 논박을 진행하는 가운데 종교적인 요소들이 어떻게 REBT를 강화시켜 주는지에 대한 사례는 다음과 같다. 종교적 요소를 사용하여 치료 회기 중에 제시되는 인용구는 섬세한 행동과 생각들을 통하여 자신을 엄격하게 평가하는 자기고문(self-torment) 형태의 비합리적 실행을 종교를 가진 내담자가 논박할 수 있도록 돕는다.

탐(Tom : 가명)은 우울증을 앓고 있으며 강박관념에 사로잡혀 있는 완벽주의 학생이었다. 그는 심리치료를 하면서 우리들 중에 한 사람(SLN)을 만나게 되었다. 탐은 심한 우울증 증세로 고통을 당하다가 선교지역에서 후송되어 온 학생이었다. 그가 선교사로 일하던 나라에서는 우울증을 제대로 치료할 수 없었기 때문에 집으로 돌아왔던 것이다. 탐은 한 회기에서 자신이 신념과 욕망 때문에 괴로워하고 있다고 불평을 늘어놓았다(아홉 번째 회기였던 것 같다). 탐은 때로는 천국에 갔으면 하는 생각과 천국에 가기 위해 열심히 무언가를 해야 하는 것이 괴롭다는 생각이 자꾸 바뀌어 머릿속에 떠올라 힘들다고 말했다.

SLN : 당신은 가치 있는 것과 가치 없는 것에 대한 생각으로 이랬다 저랬다 하고 있군요.

탐 　: '그것이 가치가 있다'고 배워 왔는데 저는 때때로 그런 제 신념에 의심이 갑니다.

SLN : 그래서 당신은 자신에게 "나는 내 신념에 문제가 있다고 생각한다. 나는 내가 배운 것에 대하여 혼란스러워 하고 있다"고 말하고 있군요. 그렇죠?

탐 　: 글쎄요. 그것이 저를 혼란스럽게 합니다. 왜냐하면 왜 그런지는 저도 잘 모르겠지만 제가 믿고 있는 것들끼리 상충된다는 것은 확실합니다.

SLN : 맞습니다. 서로 상충되는 생각을 가지고 있는 것에 대해 자신에게 무엇이라고 말하고 있습니까? 제가 이해할 수 있도록 저에게 어떤 힌트를 주세요.

탐 　: 아… 글쎄요. 저는 제가 믿는다고 말하는 것을 아마 믿고 있지 않은가 봅니다.

SLN : 그렇군요. 당신이 믿고 있다고 말하는 것을 실제로는 믿고 있지 않는다면 어떻게 됩니까? 그것에 대하여 당신 자신에게 무엇이라고 말하고 있습니까?

탐　　: 글쎄요. 저는 제가 거짓말쟁이가 아닐까 생각합니다.

　　이 시점에서 나는 탐의 우울증이 완벽주의적 자기평가와 깊게 관계되어 있다는 확신을 갖게 되었다. 탐은 자신의 동기를 샅샅이 탐색하고 있었다. 아무튼, 특히 이것은 완벽주의적인 생각을 가지고 있는 사람에게는 미덥지 않은 과정일 것이다. 그는 동기에 있어서 불안정하고 일시적인 내적 상태를 소유하고 있었다. 한 사람의 내적 상태에 깊이 초점을 맞추는 것은 이해할 수 없을 정도로 깊은 내면의 상태, 그 자체를 바뀌게 할지 모른다. 탐이 자신의 내적 상태를 평가하는 것처럼 내면의 상태가 좋지 않다고 판단되면 불안감이 생기게 될 것이다. 탐에게서 그랬듯이, 그것이 주의력을 더 강하게 만들었다면, 그렇게 강하게 집중된 주의력은 내적 상태를 더 크게 변경시킬 수 있다. 탐은 동기의 순수성이 중요하다고 생각했기 때문에 동기를 알려고 했을 것이다. 그러나 그 동기를 알 수 없다는 것에 대하여 느끼는 무능력함은 그로 하여금 큰 불안감을 느끼게 했을 것이고, 그것은 다시 동기를 이해하는 능력을 감소시킴으로써 더 큰 불안감을 느끼도록 만들었을 것이다. 나의 가설은 자신의 동기가 수시로 변하게 된다면 탐으로 하여금 그것은 자신을 낮은 계층의 인간 혹은 '거짓말쟁이' 자신을 믿게 만든다는 것이다.

SLN : 제 생각으로는 그것이 바로 지금 우리가 이야기해야 할 중요한 문제인 것 같은데요.
탐　　: 좋습니다.
SLN : 방금 당신은 자신에 대해 정의를 내렸습니다. 그렇지요?
탐　　: 예.
SLN : 유발사건인 'A'는 당신이 첫 번째로 믿었던 것과 두 번째로 믿었던 것, 그리고 세 번째로 믿었던 것 사이에서 혼란스러워 하고 있는 것입니다. 당신은 서로 다른 생각들 사이에서 이렇게도 저렇게도 하지 못하고 있습니다. 종종 당신은 "그래, 천국은 갈 가

치가 있는 좋은 곳이지. 그렇다. 열심히 일하고 화를 내지 않는
일은 가치가 있는 거야."라고 강하게 믿습니다. 그 다음 두 번째
로 당신은 "글쎄, 그것이 가치가 있는지는 확실하지가 않아. 천
국이 있다는 것은 믿지만 그 곳에 가는 것이 그렇게 가치가 있는
지는 모르겠어. 그러니까 화를 내고 안 내고 하는 것에 너무 얽
매여서 살지는 말아야겠어. 그냥 되는대로 살지 뭐!"라고 자신에
게 말합니다. (유발사건은 이런 사고방식으로 나타난다) 그런 다
음 당신은 저에게 "만일 그것에 매달리지 않는다면… 한번에 한
가지만 생각하고, 또 다른 때에는 다른 것을 생각한다면…"과 같
이 당신이 믿고 있는 'B'에 대해 말하였습니다. 그렇게 한다면
당신은 어떻게 될까요?

탐 : 글쎄요. 더 듣기 좋은 단어로 표현한다면 '위선자'가 되겠지요.

보다 분명하게 말하자면, 위선자는 여전히 부적격한 인간이지만 아마
위선자는 거짓말쟁이보다 조금 나은 인간이라고 할 수 있다.

SLN : 그래서 당신은 자신을 위선자로 과잉일반화시켜 정의했습니다.
　　　　저는 당신이 위선자를 존경하지 않을 것이라고 생각합니다.

탐 : 예, 그렇습니다.

탐은 종교적 신념에 따라 매우 독실한 사람이었기 때문에, 나는 우유
부단한 동기를 가진 그와 우유부단한 동기로 유명한 성서적 인물을 비교
해 보기로 결심했다. 나는 성서적 비유가 강력한 논박이 되기를 바라면
서 성서에 나오는 인물과 탐 사이에 유사점을 찾아냈다.

SLN : 좋습니다. 제가 당신에게 유명한 위선자 한 사람을 사례로 들어
　　　　보겠습니다.

탐 : 그러세요.

SLN : 제가 약간 의역하겠습니다. 저는 제가 의역하여 설명드리는 부분을 당신이 신약성경의 복음서에서 찾으실 수 있으리라고 생각합니다.

"베드로야, 오늘밤이 가기 전에 네가 나를 세 번 부인할 것이다."

"주님, 아닙니다. 그렇게 할 수 없습니다. 아닙니다. 저는 그렇게 하지 않을 것입니다."

"밤이 가기 전에, 닭이 세 번 울기 전에, 네가 나를 세 번 부인할 것이다."

그런 다음 베드로가 어떻게 했습니까?

탐　：예수님을 부인했죠.
SLN : 베드로는 그리스도를 부인했습니다. 이 일이 베드로를 위선자로 만들었습니까?
탐　：그 일이 그를 위선자로 만들지는 않았습니다. 그것은 선생님께서 사용하는 정의에 따라 달라지겠죠.

　사람을 정의한다는 것은 인간에 대해 평가하는 또 다른 방식이다. 탐은 자신을 위선자라고 정의 내림으로써 과잉일반화시켰다. 그러므로 탐의 흔들리는 믿음과 베드로의 흔들린 믿음 사이의 유사점을 발견함으로써 나는 탐의 자기평가에 압력을 가하고 있었다. 탐은 자신이 존경하는 베드로를 자신에게 그렇게 했던 것처럼 과잉일반화시키지만 않는다면, 그는 자신이 자신에게 불공평한 평가를 했다는 것을 인정해야만 했다. 내가 기대하고 바랐던 것처럼 그는 그것에 저항했다.

SLN : 그것에 저도 전적으로 동의합니다. 당신이 베드로를 위선자로 정의하지 않는다면, 그 사실은 그를 위선자로 만들지 않습니다.

그리스도를 부인한 베드로는 그렇게 하지 않겠다고 항변했지만, 그는 자신이 어떤 사람이라는 것을 증명했습니까? (오랜 침묵이 흘렀고, 탐은 대답하지 않았다) 여러 가지 이유에서 이 이야기는 흥미있습니다. 왜냐하면 성서 4복음서들 중에 적어도 하나에서는 몇몇 사람들이 그에게, "네가 예수 그리스도와 함께 있지 않았느냐?"고 물어보았다는 표현이 있습니다. 들어보셨습니까?

탐 : 예, 알고 있습니다.

SLN : 어떤 번역본에는 젊은 여자가, "당신도 알다시피 당신은 갈릴리 사람처럼 말하고 있습니다. 당신은 갈릴리 사투리를 쓰고 있어요. 나는 당신이 예수를 따라 다녔던 것을 알고 있습니다."라고 말했다고 기록되어 있습니다. 성경에서 무엇이라고 말했는지 기억합니까? 베드로는 맹세하고 저주했습니다(마태복음 27장 74절과 마가복음 15장 71절 인용). 그것이 무슨 의미일까요? 그가 저주했다니요?

탐 : 저도 잘 모르겠습니다.

이 경우에 나는 탐이 베드로를 위선적으로 행동했던 실수할 수도 있는 인간(FHB)으로 여기고 자신에게도 이와 똑같은 원칙을 적용하는 것이 해결책이라는 것을 알 수 있었다. 탐도 단지 베드로와 같이 실수할 수도 있는 인간일 뿐이다. 나는 베드로의 또 다른 실수 행동인 신성모독에 초점을 맞추었다. 왜냐하면, 나는 이전 치료회기들을 통해서 탐이 상황에 적절한 언어를 사용하고 있다는 것을 깨달았기 때문이다. 예를 들어, 탐은 치료 초기에 종종 자신이 자신을 얼마나 낮게 평가하는지를 강조하기 위하여 '거름 덩어리(manurehood)'라는 단어를 사용하면서도 웃지 않았다. 그런 초기의 그의 반응을 통하여 나는 그가 모욕적인 말을 사용하는 데 매우 보수적이라고 생각했다.

SLN : 맹세하고 저주한 것은 신성모독과 관련된 말을 했다는 것처럼 생각됩니다. 저주가 의미하는 바가 그런 것이 아니겠습니까?

탐　: 아마 그럴 수도 있겠지요.

탐은 베드로가 신성을 모독하는 언어를 사용했다는 생각을 수용하지 못하는 듯 했다. 그런 사실이 나에게는 나의 가설을 지지하는 것처럼 보였다.

SLN : 그가 맹세하고 저주했다고 말하고 있다면, 그가 '쥐새끼'라고 말했다는 의미인가요? 그것이 저주입니까?

탐　: 아닙니다.

SLN : 아니겠지요. 사도들 중에 수제자인 베드로가 신성을 모독하는 말을 하고 그리스도를 부인했다는 것은 무엇을 나타내고 있습니까?

탐　: 실수한 거죠.

SLN : 당신이 자신의 목표에 대해 혼란스러워하고 있다면 이런 사실이 탐 자신에 대하여 무엇을 의미하는 것입니까?

탐　: 이런 사실로 인해 나는 실수한 사람이 되는 거죠.

SLN : 그렇습니다. 그런데 그것을 실제로 믿을 수 있습니까?

탐　: 좋은 질문을 하셨습니다. 선생님께서 지적하신 문제는 저에게도 흥미있는 것입니다. 저는 베드로가 거짓말쟁이나 위선자라고 생각하지 않았습니다. 제가 만일 그렇게 생각한다면, 정말로 저는 지옥에 가도 좋은 놈이라고 해도 좋습니다.

대성공이었다. 탐은 이 시점에서 자신에 대해 얼마나 불공평하게 평가하고 있었는지에 대한 정서적 통찰력이 생긴 것 같았다. 아마도 이것이 탐이 사용할 수 있는 신성을 모독하는 최고 수준의 표현이었을 것이라는 점에 주목하라.

SLN : 하지만 당신은 자신이 베드로에 대하여 생각하는 것처럼 자신을 생각하고 있지 않습니다.

탐　: 그런것 같습니다.

SLN : 차이점이 무엇일까요?

탐　: 차이점은 사실 아무것도 없습니다.

SLN : 당신이 그렇게 말하는 것을 들으니 정말 기쁩니다. 그렇다면 당
　　　신이 계속 그렇게 생각할 수 있도록 제가 무엇을 도와드릴 수 있
　　　을까요?

탐　: 잘 모르겠습니다. 단지….

SLN : 베드로의 이야기를 읽으면서 무슨 생각을 했습니까? 복음서 모
　　　두에서 이 이야기를 하고 있습니다. 그렇지 않습니까?

탐　: 잘 모르겠습니다.

SLN : 그렇습니다. 이 이야기는 네 가지 복음서 모두에 기록되어 있습
　　　니다. 그 중에 적어도 하나는 베드로가 맹세하고 저주했다고 기
　　　록하고 있고요. 과제로 베드로가 그리스도를 부인하는 내용을
　　　읽어오시면 어떨까요?

탐　: 좋습니다.

SLN : 베드로가 그리스도를 부인했다면 그의 머릿속에 무슨 일이 생겼
　　　던 것일까요?

탐　: 베드로는 동요하고 있었습니다.

SLN : 그는 동요하고 있었죠, 그렇죠? 당신이 이 이야기를 자세히 다시
　　　한 번 읽어보시는 것이 어떻겠습니까?

탐　: 그렇게 하겠습니다.

SLN : 당신이 이 이야기를 읽을 때 무엇이 당신을 궁금하게 만들 것 같
　　　습니까? "나는 믿음이 흔들리는 한 사람에 관하여 읽고 있다. 그
　　　런데…?"

탐　: '무엇이 베드로를 그렇게 만들었을까' 하는 생각이 들 것 같습
　　　니다.

SLN : 맞습니다! '나의 믿음이 흔들린다면 나를 그렇게 만든 것은 무엇
　　　일까' 하는 생각이 들겠지요.

탐 : 그렇습니다.

SLN : 지금까지 품어 왔던 그것에 대한 대답은 무엇이었지요?

탐 : 지금까지는 위선자이기 때문이라고 생각해 왔지요.

SLN : 물론, 흔들리는 믿음이 자신을 위선자로 만들었다고 생각할 수
도 있겠지요. 글쎄요. 흔들리는 믿음이 당신을 위선자로 만들었
다면, 그것이 베드로는 어떤 사람으로 만들었겠습니까?

탐 : 그를 위선자로 만들었겠지요.

SLN : 흔들리는 믿음이 당신을 위선자로 만들었다면 그것은 베드로도
위선자로 만들었습니다. 베드로와 같은 부류의 사람이 되었다는
느낌이 어떻습니까?

탐 : 잘 모르겠습니다. 저는 베드로를 위선자라고 생각할 수는 없거
든요.

SLN : 그렇다면 당신은 베드로를 그런 부류의 사람으로 생각하기를 거
부하는 것입니다. 당신은 또 다른 누구를 과잉일반화시키기를
거절하고 위선자라고 부르기를 거부하겠습니까?

탐 : 제 자신에게 그렇게 하는 것을 거부하겠습니다.

　

나는 탐이 자신과 베드로가 실수할 수도 있는 사람(FHB)이라는 것을
설명하는 간결하고 논리적인 진술서를 작성하도록 종용하였다. 위와 같
은 이런 시도는 탐과 베드로를 비교하면서 실행하는 비유적 논박 수준을
넘어 탐이 효과적이고 합리적이며 종교적인 자신만의 인생철학을 수립
하도록 하는 것에 목적이 있었다. 그런 글을 쓰면서 탐은 치료에서 점진
적으로 진전을 보였다. 이런 인용구를 언급할 때 탐은 자신이 하는 모든
것에 대하여 검증하고 의문을 제기하는 성향을 가지고 있었다. 따라서
그의 모든 활동을 완벽주의자처럼 분석하기보다는 그가 행동하도록 돕
는 것에 초점을 맞추었다. 열심히 하고 조바심은 가지지 않고서!

7. 이 책의 목적

이 책의 목적은 종교를 가지고 있는 내담자들에게 REBT을 실행하여 얻을 수 있는 이득에 관해 아주 낙관적으로 조망하고 설명하기 위함에 있다. 그런 것들을 확실히 하기 위해서 해결해야 하는 복잡하게 얽혀있는 문제들과 예견할 수 있는 문제들이 존재하고 있다. 처음에는 우리 세 저자들 사이에도 종교에 대한 의견을 놓고 일치하지 않는 점들이 있었으며, 때로는 그 정도가 심했다.

그럼에도 불구하고 우리 모두는 REBT를 완전히 종교적으로 중립적 태도를 고수하는 심리치료로 보았으며, REBT는 종교를 가지고 있는 대부분의 사람들에게 매우 효과가 있을 것이라고 믿었다. 처음부터 우리는 인간의 종교적 경험에서 복잡하게 나타나는 심리적 특성을 한 권의 책을 통하여 설명하고 예견한다는 것은 우리의 능력으로는 불가능하다고 인정했다. 인간의 종교성이 심리치료실 안에서 어떻게 나타날지 완전히 예측하는 것도 역시 불가능하다. 이미 언급한 것처럼 심리치료사는 종교를 가지고 있는 내담자들과 자신만의 개척(trailblazing) 작업과 지도 제작(map-making)을 해야만 한다. 우리는 세상에 존재하는 종교들에 대한 우리의 지식에 한계가 있다는 것을 인정해야 했다. 우리는 잘 알려진 종교적 전통에서 특정한 사례를 들어 설명하려고 시도했지만 우리가 알지 못하는 종교적 전통을 왜곡시켰을 수도 있고 다른 중요한 전통들을 무시했을 수도 있다는 것을 알고 있다. 그런 것들은 실수할 수도 있는 인간(FHB)이 가진 한계이고 인간의 제한된 능력 때문이라고 할 수 있다. 그리고 선택된 사례들은 우리의 불충분한 경험에 기초한 것이다. 그런 사례들이 독자의 내담자가 진술한 종교적 전통과 일치한다면 우리가 올바르게 생각한 것이다. 우리가 제공한 사례들이 독자의 내담자들 중에 어떤 이들이나 그들 중 대부분을 무시한 사례였다면 교정할 수 있도록 우리에게 그 사실을 알려주기 바란다.

미국과 캐나다 혹은 유럽의 여러 나라들에 사는 사람들에게는 아마 종교적 다양성이 증가하고 있는 것이 사실이다. 예를 들어, 대부분의 사람들이 예견하는 것처럼 얼마 안 가서 미국에는 감리교인이나 장로교인보다 이슬람교도들이 더 많아질 것이다. 이슬람교와 말일성도예수그리스도교회(몰몬교)는 아마 미국에서 가장 빠르게 성장하는 종교일 것이다. 심지어 작은 마을에서 아시아로부터 전래된 종교를 믿는 사람들을 만나는 것도 이제는 희귀한 일이 아니다. 심리치료사가 대도시에서 일을 할 때 그에게 친숙하지 않은 종교적 배경을 가지고 있는 내담자들을 만날 확률이 점점 증가하고 있다. 우리는 독자들이 이런 매우 다양하고 중요한 요소들에 친숙해지기를 바라는 바이다.

마지막으로, 우리는 종교가 서로 유사할 것이라는 생각을 절대 하지 않는다. 각기 다른 종교적 신념에도 의미 있는 많은 차이점들이 있다. 우리는 모든 종교적 전통들이 공평하게 REBT 치료자들을 지지할 것이라는 믿음을 가지고 있지 않으며, REBT 이론이 종교를 믿는 모든 사람들에게 받아들여질 것이라고도 생각하지 않는다. 우리는 신념에 의해 괴로워하는 정서, 신념을 유발하는 정서, 신념을 변화시키는 행동을 경험하게 하는 보편적이고 기본적인 인간의 행동이 종교라는 것을 수용하는 것 외에 REBT를 하는 사람들이 종교에 대해 어떤 특정한 태도를 취해야 한다고 제의하지는 않는다. 우리는 단지 심리치료사들이 내담자의 종교적 신념에 주의를 기울이기를 강조할 뿐이다.

자신의 기념비적 업적인 "로마 제국 패망의 역사(The History of the Decline and Fall of the Roman Empire, 1776/1946, p.22)"의 서두에 기본(Gibbon)은 "로마에서 모든 종교는 사람들에게 똑같은 진리이고 철학자들에게는 똑같이 거짓이며 집정관들에게는 똑같이 유익한 것으로 간주되고 있다(Lovinger, 1984, p.24)"고 기술하고 있다. 기본(Gib-bon)은 종교적 신념이 사람의 행동을 통제 아래 있게 하는 데 유익하다고 생각할 수 있기 때문에 집정관들에게 유용하다고 암시하면서 종교에 대한 실용적 입장을 표현했다. 만약 당신이 종교적 세계관을 확실히 거부한다 할지라도, 우리는 그럼에도 불구하고 당신이 적어도 내담자의 종교적 신념에 대해서는 실용적 입장을 취하기를 권하는 바이다. 내담자가 무엇을 믿던 간에 치료자로서 당신은 그의 신념에 주의를 기울이고 그의 신념이 암시하는 것을 이해하기 위해 노력하는 것이 바람직하다. 내담자가 종교를 믿고 있거나 아마도 종교를 가지게 될 가능성이 있다면, 그가 지금 덜 혼란스러워하게 하고 미래에 더 혼란스럽지 않게 될 수 있도록 당신이 줄 수 있는 종교적 전통의 요소가 있을지도 모른다.

제 2 장

오늘날의 합리적 · 정서적 행동치료

내가(AE) 1955년 1월 처음으로 합리적 · 정서적 행동치료(REBT)를 시작한 이후, 그것은 많은 중요한 변화의 과정을 거쳤다. 이 장에서는 REBT의 주요 영역을 요약하면서 현시대의 다른 많은 심리치료들과는 다르게 매우 독특하게 구조화되었고 포스트모던하면서도 동시에 아주 능동적이며 지시적인 이 치료법의 단면을 보여주고자 한다. 그리고 종교의 여러 측면에 대한 나의 부정적인 태도에도 불구하고, 이제 때로는 나도 너무 절대적이라는 생각도 들지만 종교적인 신념이 정서적으로 건전한 행동을 이끌 수 있다고 생각해 본다(Ellis, 2000a).

1. REBT, 구성주의 및 포스트모더니즘

나는 원래 구성주의자이고 현대 사상가이며 논리적 실증주의자였지만 1976년에 부분적으로 포스트모더니즘을 수용하기 시작했다. 현시대의 REBT는 다음과 같이 구조화되고 포스트모던한 입장을 취하고 있다.

① 확실하고 객관적인 실체나 사물이 많이 존재하겠지만, 우리는 오류가 있을 수 있으며 개인적이거나 사회적이며 서로 차이가 있고 변하기도 하는 인간의 인식을 통해서만 그것을 알고 이해하려고 한다. 때로는 우리가 하는 행동에 우리 자신이 강한 확신을 가질 수는 있겠지만, 우리는 그 행동의 실체가 무엇인지에 대해서는 어떤 절대적인 확신도 가질 수 없다.

② 켈리(Kelly, 1955)는 좋고 나쁜 것, 옳고 그른 것, 도덕적이고 비도덕적인 것에 대한 우리의 견해는 대부분 개인적이고 사회적인 해석이라고 지적했다. 켈리는 우주적인 진리를 밝히는 것은 불가능하며, 모든 윤리적인 신념들은 구성개념적인 본성을 가지고 있다고 주장했다(Raskin, 1995). 나는 그런 견해에 동의한다.

③ 인간의 본성에는 몇 가지 중요한 선천적인 요소들이 포함되어 있지만 그것이 대인관계적이고 사회적인 영향도 많이 받고 있기 때문에 우리가 생각하는 것보다는 덜 개인적이다.

④ 사람들은 문화와 양육방식에 의해 큰 영향을 받으며 한 인간으로 성장한다. 그들의 행동에는 놀라울 정도로 다양한 문화적 요소들이 포함되어 있으며 그런 다양한 문화들이 좋고 나쁘다든지 혹은 더 옳거나 그르다는 것에 대한 결정적인 증거가 없다(Ivey & Rigazio-DiGilio, 1991; Sampson, 1989).

⑤ 선과 악에 대한 개념이 존재하고 때때로 그런 것이 강력하게 주장되기도 하지만, 그것은 정확하지 않고 제한적이며 왜곡되는 경향이 있다. 인간과 사물의 실체에 대한 더 개방적인 통각은 사물과 진행방법이 '모두 그렇다(a both/and)'거나 '그것도 그렇다(an and/also)'는 관점에서 존재한다는 것을 알게 해준다. 그러므로 거의 모든 인간의 행위와 환경은 장점과 단점을 가지고 있다. 심지어 도움이 될 수 있는 행위도 좋지 못한 면들을 가지고 있다. 사람들에게 돈을 주거나 인정해 주고 치료를 해주는 것이 그들을 더 약하고 의존적이며 덜 자립적으로 만들기도 한다. 호된 꾸지람이 그들을 더 강하고

덜 의존적이며 자립적으로 만들 수 있을지도 모른다. 문제에 대한 획일적이고 흑백 논리적인 해결책에는 한계가 있기 때문에, 대안을 고려해 보고 그것이 얼마나 적절하게 혹은 부적절하게 작용하는지 시험해 보아야 한다.

⑥ 다행인지 불행인지 모르지만, 우리의 문제들을 해결하기 위해 동원되는 모든 해결책들은 실행을 위해 우리가 선택하는 목표와 목적에 의존할 수밖에 없다. 그런 목표와 목적은 항상 타협되어질 수 있는 것이며 절대적이지 않다. 심지어 거의 보편적인 인간의 생존에 대한 목표도 완전히 보편적인 것은 아니다. 왜냐하면 우리들 중 어떤 이들은 개인적인 것을 중요시하지만 어떤 이들은 집단이나 사회의 존속을 더 강조한다. 그래서 어떤 사람은 결국 자살을 선택하지만, 어떤 사람들은 전 인류나 우주의 전멸이 바람직하다고 생각할 수 있다. 그러므로 여기서 우리는 어떤 목표나 목적이 더 좋거나 더 나쁘다는 것에 대한 절대적인 동의는 있을 수 없다는 합의에 도달할 수 있다.

이런 포스트모던한 견해들은 최근에 많은 저자들에 의해 인용되어 왔다(Bartley, 1984; Clark, 1992; Derrida, 1976; Feyerband, 1975; Gergen, 1995; Hoshmand & Polkinghorne, 1992; Popper, 1985; Simms. 1994). 또한 이런 견해들은 많은 다른 저자들에 의해 심리치료와 정신건강 상담 분야에 적용되고 있다(Ellis, 1994b, 1996a, 1996b, 1996c; Gergen, 1991; Ginter, 1989; Guterman, 1994, 1996a, 1996b, 1996c; Ivey & Goncalves, 1988; Ivey & Rigazio DiGilio, 1991; Kelly, 1955; Mahoney, 1991; R. A. Neimeyer & Mahoney, 1995). 포스트모더니즘은 오늘날의 심리치료에 있어서 중요한 부분으로 여겨지고 있으며 계속해서 성장하고 있는 영역이다.

REBT는 다른 인지행동치료들(Beck, 1976; Maultsby, 1984; Meichenbaum, 1977)과 더불어 많은 비평가들에 의해 너무 합리주의적이고 감각

주의적이라고 비판을 받아왔다(Guidano, 1991; Guterman, 1994, 1996b; Mahoney, 1991; R. A. Neimeyer & Mahoney, 1995). 나는 이런 비난들을 논박해 왔으며, REBT가 매우 구성주의적이며 실제적으로 어떤 면에 있어서 다른 구성주의적 치료법들보다 더욱 그렇다는 것을 보여주려고 노력해 왔다(Ellis, 1991, 1994b, 1996a, 1996b, 1996c, 1997, 2000b). 특히, REBT는 몇 가지 이유로 인해 더욱 구성주의적이다.

첫째로 켈리(Kelly, 1995), 가이다노(Guidano, 1991), 마호니(Mahoney, 1991)와 같은 구성주의 심리학자들은 정신적인 장애가 있는 사람들이 역기능적 인지구조를 생성하기 때문에 그들로 하여금 자아와 환경에 대한 대안적인 모델들을 수용하게 하므로 역기능적 인지구조가 더 유연하고 적합한 형태로 작용하도록 돕는 것이 좋은 방법이라는 것을 증명했다. REBT에서 더 중점적으로 주장하는 것은 사람들이 자신을 혼란하게 만드는 견고하고 절대적인 당위성을 그들의 부모나 문화를 통해 배우기도 하지만, 그것은 생물학적 성향들에 의해 형성되기도 한다는 것이다.

그러므로 REBT에서는 내담자에게서 철학적으로 심오한 변화와 정서적이고 행동적으로 강한 변화가 일어나도록 돕기 위해서 치료자가 내담자와 매우 능동적이고 지시적이 되어야 하고 꾸준한 태도로 최선을 다해야 한다. 대부분의 인지행동치료들이 그러하듯이 REBT에서도 내담자가 자신에게서 생기는 자동적인 자기패배감을 발견하고 논박하는 것만으로 충분하지 않다. 더 나아가서 내담자가 자신의 핵심 기능장애 신념 혹은 철학들이 생성되는 과정을 이해하도록 돕는 것이 더욱 유익하고, 그의 사고(思考)와 자신의 사고과정에 대한 사고를 생각하도록 하는 것도 유익한데 자신의 사고과정을 깊이 생각하게 하므로 그런 신념을 구조적으로 변화시킬 수 있다는 것을 알게 할 때 더욱 커다란 효과를 얻을 수 있다(Dryden, 1995; Ellis, 1994b, 1996a, 1996c, 1999, 2000; Ellis & Dryden, 1997; Ellis, Gordon, Neenan, & Palmer, 1997).

또한 REBT는 사람들이 자신의 가치에 대한 기본적인 문제들을 다루면서, 인간은 단지 자신이 그렇게 하려고 선택했기 때문에 자신을 좋은 사람이라거나 가치 있는 사람이라고 정의한다는 하이디거(Heidigger, 1962), 틸리히(Tillich, 1953) 및 Rogers(1961)의 구성주의적이고 실존주의적인 입장에 동의한다. 그러나 REBT는 무엇인가를 성취하면 좋고, 선택한 목표들을 성취하지 못하면 나쁘다는 사고와 정서 혹은 행동에 대해 어떻게 평가하고, 철학적으로 왜곡되지 않은 삶의 목표와 목적을 어떻게 구성하는지를 보여준다. 무조건적인 자기수용(USA : Unconditioned Self Acceptance)과 관련하여 REBT는 해결책의 일환으로 내담자들이 자신의 자아나 본질에 대해 포괄적 평가를 할 수 있도록 매우 복잡하고 다양한 견해들을 제시할 수도 있다. 그런 견해들은 흑백논리를 고집하는 것이나 위협에서 벗어나 존재하며 향유될 수 있다(Ellis, 1994b, 1996a, 1996c, 1999, 2000b).

가이다노(Guidano, 1991)와 헤이크(Hayek, 1978) 같은 구성주의자들은 인생의 문제에 대한 사람들의 묵시적 관찰과 반응을 중요시하는데, REBT도 그런 무의식적이고 묵시적인 과정이 장애와 문제해결을 동시에 가져올 수 있다는 것에 동의하고 있다(Ellis, 1962; Goleman, 1995). 그러나 REBT에서는 사람이 고안하고 계획하여 발명한 고유한 능력과 습득된 건설적인 능력을 특별히 강조하고 지지하는데, 그런 능력은 인생의 문제들을 해결하거나 자아실현을 하는 데 있어서 더 나은 결과를 성취하게 한다. 그것은 내담자들에게 자신이 어떤 무의식적이고 구성주의적인 자기패배적 경향을 가지고 있는지를 보여주고 그들이 의식적으로 자신의 의도를 어떻게 발휘하여 더 행복하고 건설적인 삶을 영위할 수 있는지 알려준다(Ellis, 1999; 2000b).

마호니(Mahoney, 1991), 가이다노(Guidano, 1991), 나이마이어(R. A. Neimeyer, 1995) 등과 같은 구성주의자들은 대개 사람들이 타고난 구성주의자이기 때문에, 능동적이고 지시적인 인지행동치료가 변화에 대한 사람들의 타고난 능력을 방해할 수도 있다고 주장한다. 그러나 이것은, "성인과 마찬가지로 아동들도 문제를 해결할 수 있고 스스로 자신을 도울 수 있는 타고난 능력을 가지고 있기 때문에 부모와 교사들은 특별한 지도를 할 필요가 없다."라고 하는 것과 같다. REBT는 사람들이 자기 자신을 힘들게 하거나 혹은 덜 힘들게 할 수 있는 본능적인 능력을 가지고 있다는 것에 관한 개념들 중에 양자택일해야 하는 것이 아니라 모두 그럴 수 있다는 입장을 취하면서 그들의 어려움을 최소화하는 방법을 사람들에게 가르치고 있다. 더 나아가 그들이 치료를 받으러 오면 열악한 상황에서 자기보호능력을 사용하라고 격려하기도 하지만 그들이 자신의 이익을 위해서 치료자와 연합하는 것이 더 나은 이해와 해결을 가져다 준다는 것을 알려주려고 노력하기도 한다.

구성주의자들은 과학을 무시하려는 경향이 있으며 그 중에서도 특히 합리주의적인 과학을 무시하려 하지만 어떤 면에서는 그런 것들이 이익을 가져다 줄 수 있다. 과학이 많은 장점들을 가지고 있지만 불가침적인 것은 아니다. REBT와 포스트모던주의자들은 인본주의적이고 주관적인 견해들을 수용함에 있어서 과학이란 것을 객관적 진리라고 보기는 힘들기 때문에 한계가 있다고 주장한다.

그러나 만약 상담과 심리치료의 주요 목표를 관찰이나 사례의 개인적 혹은 이론에 근거하여 과학적으로 점검해 주고 목표가 정확하거나 확실하지는 않더라도 최소한의 근사치라도 어느 정도 성취되었는지를 실험적으로 평가할 수 있다는 데 동의할 수 있다면, 과학은 심리치료에 중요한 역할을 한다. 이렇게 과학은 유용하기 때문에 다른 인지행동치료들과 같이 REBT도 이론을 점검하고 이론과 치료방법을 개선하는 데 있어서 과학과 합리적인 논리를 사용한다. 건전한 구성주의적 개념은 과학에 대한 맹신을 배격하지만 합리적인 과학적 방법은 수용한다.

앞에서 언급한 이유들을 포함하여 여러 가지 이유에 의해 REBT도 구성주의적이고 심지어 어떤 면에서는 다른 치료법들보다 더 구성주의적이다. 현실치료(Glasser, 2000)와 같이 REBT는 사람들이 자신의 가치관과 목적을 구성하고 재구성하는 데 있어 선택할 수 있는 독특한 힘과 의지 그리고 결정력을 제공하는 선택치료(Choice therapy)이다. 사실상 그것이 구성주의적 학습에서 습득한 것인지 아닌지는 과학적 실험연구와 같은 심층적인 연구에 의해 검증될 것이다.

앞에서 언급한 입장들은 편견을 가지고 있는 나에게 개방적이고 융통성 있으며 포스트모던한 견해로 들린다. 나는 그런 것들을 좋아하고, 어려움은 있겠지만 나의 인생과 치료 현장에서 그 견해들을 따르려고 노력하고 있다. 비록 나는 최종적으로 결론이 내려지고 아주 일관되어 의심할 여지없이 옳은 것은 아닌 해답이나 규칙과도 더불어 살려는 준비가 되어 있지만, 나의 인생과 치료관계에서 선택한 원칙들이 합리적으로 옳고 유익하다는 어느 정도의 확실성은 가지고 싶다. 켈리(Kelly, 1955; Raskin, 1995)는 우리가 가진 윤리의 옳고 그름을 확신할 수는 없지만 그것이 실행 가능한 정도라는 것에 확률적인 믿음은 가질 수 있다고 생각했으며 나도 그의 의견에 동의한다.

많은 비평가들이 지적한 포스트모던한 윤리의 문제점은 상대주의자들과 무질서하게 극단적인 입장을 취하는 사람들이 쉽게 수용할 수 있다는 것이다(Fuches & Ward, 1994; Haughness, 1993; Held, 1995). 사람들은 마치 직장이나 일상생활에서 비교적 확실한 사회적인 규칙을 가지고 있는 것처럼 보인다. 특히, 상담가나 심리치료자들은 비교적 엄격한 윤리적 표준들을 보다 쉽게 수용하고 따르는 것 같다. 그러나 나처럼 적극적이고 지시적인 치료자들은 권위적이고 교훈적이며 강제적인 경향이 더 있기 때문에 비지시적이고 유순한 치료자들에 비해 이런 면에 있어서 더 취약하다. 따라서 우리들은 비지시적인 치료자들에 비해 권위주의적이고 자기중심적이기 때문에 내담자에게 상처를 준다는 비난을 종종 받는다. 나는 그런 주장에 강하게 반대하는 바이고, 내담자에게 불필요한 고통을 주고 변화를 자신하며 내담자를 단단한 방어벽 속에 가두는 비지시적인 치료자에 의해 행해지는 많은 해악들에 대해서 한 권의 책을 쓸 수도 있다. 하지만 나는 지시적인 치료에도 확실한 위험들이 존재한다는 것과 내가 부분적으로 포스트모던한 견해를 표방하고 윤리적으로 이런 위험들을 다루고 있다는 것을 충분히 인정한다.

2. 능동적이고 지시적인 접근

윤리적으로 고려할 점들을 가진 아주 중요한 문제를 하나 살펴보고, 그 문제를 다루는 데 있어서 내가 어떻게 포스트모던한 관점을 대입하는지 보라. 치료자로서 나는 주로 수동적인 경청자가 되어 내담자가 가진 문제들의 모든 면을 다 듣고 그가 행한 행동과 하지 않은 행동들의 이점들을 따져 보고, 그 자신이 좋은 판단을 내릴 수 있는 능력을 가지고 있다는 믿음을 가지고 그가 그런 결정을 내릴 때까지 인내심을 가지고 기다려야 할까? 아니면 능동적이고 지시적으로 내담자의 핵심적인 문제라고 생각되는 것에 주의를 기울여 그가 어떻게 생각하고 느끼며 불필요하게 자신을 힘들게 하는지를 보여주고 직접 문제에 직면하게 하고 어떻게 해야 더 효과적으로 생각하고 느끼며 행동할 수 있는지를 가르쳐 주어야 할까?

많은 치료학파들(정신분석, 로저스의 내담자 중심, 인지적 실존치료 등)은 비지시적인 접근을 더 선호하고, 그 외 다른 치료학파들(행동치료, 인지행동치료, 해결책중심치료, 형태치료 등)은 적극적이고 지시적인 접근을 선호한다. 어떤 치료가 더 윤리적이고, 나는 어떤 치료법을 사용해야 할까?

나는 합리적 · 정서적 행동치료법을 사용함에 있어서 적극적이고 지시적인 방법을 더 선호한다. 내가 그런 방법이 더 윤리적이고 효과적이라고 생각하는 몇 가지 이유가 있는데, 그것은 다음과 같다.

① 대부분의 내담자들, 특히 심각한 성격장애를 가진 내담자들은 생물학적인 영향과 환경적인 영향 모두에 의해 고통을 받는다. 그들은 천성적으로 불안해하고 우울하며 분노를 느끼는 경향을 보이고 건전하지 않은 생각, 정서 및 행동을 습득한다. 그들은 자신의 근원과

발달에 관해 상당한 통찰을 얻고서도 변화하는 데 있어 종종 큰 어려움을 겪는다. 그러므로 어떻게 자기 자신을 힘들게 하는지 배우고, 자신을 변화시킬 수 있는 일반적이면서도 특정한 방법들을 배우는 것이 그들에게 훨씬 도움이 된다(Ellis, 1994b, 1996c, 1999, 2000b; Ellis & Dryden, 1997; Ellis & Harper, 1996, 1997; Ellis & Maclaren, 1998).

② 치료를 받으러 온 내담자들은 주로 고통을 경험하고 있기 때문에, 여러 연구들에서 증명된 것처럼 적극적이고 지시적인 방법이 비지시적인 방법보다 짧은 시간 동안에 더 효과적일 가능성이 높다(Elkin, 1994; Hollon & Beck, 1994; Lyons & Woods, 1991; Silverman, McCarthy & McGovern, 1992).

③ 심리치료에 드는 비용은 대개 비싸기 때문에 적극적이고 지시적인 치료는 내담자가 가능하면 빠른 시간 안에 효과를 볼 수 있도록 도울 수 있다는 점에서 더 윤리적일 수 있다(Ellis, 1996b).

④ 인지행동치료의 적극적이고 지시적인 방법들이 몇몇의 비지시적인 기법들보다 더 지속적인 변화를 유도한다는 증거들이 있다(Alford & Beck, 1997; Hollon & Beck, 1994; Weishar, 1993).

⑤ 비지시적인 치료자들(정신분석가, 내담자중심 치료자 등)은 주로 수동적인 것처럼 보이지만, 사실은 보이지 않게 적극적인 방법을 사용하기 때문에 자신의 지시 성향을 충분히 인정하는 적극적인 치료자들보다 정직하지 않을지 모른다.

⑥ REBT 관점에서 볼 때 내담자의 특별한 문제에 초점을 두기보다 내담자들과 우호적인 관계를 형성하는 것과 같은 수동적인 기법들은, 그들로 하여금 치료자 자신에 대해 좋게 생각하게 할 수 있을지는 몰라도 치유에 도움을 주지는 않는다(Ellis, 1972, 1991, 1994b, 1996b, 1999, 2000b).

⑦ 내담자가 더 잘 기능할 수 있도록 적극적으로 지도하는 것은 종종 내담자가 자기효능감을 획득하도록 도울 수 있는 무조건적인 수용

을 느끼지는 못하겠지만 강한 치료적 효과를 발휘할 수 있다(Ban-dura, 1977).

⑧ 적극적인 치료에서는 매우 유용하지만 내담자 혼자 힘으로는 도저히 할 수 없는 어려운 일들을 하도록 압력을 가한다(예 : 실제 장면에서 이루어지는 탈감법). 내담자들은 자신의 새로운 행동양식을 처음에는 불편하게 여기지만 나중에는 편안해한다. 적극적이고 지시적인 치료는 수동적인 치료에 비해 내담자들에게 힘든 변화를 하도록 격려한다(Ellis, 1994b, 1996b; Ellis & Dryden, 1997; Ellis & Maclaren, 1998).

적극적이고 지시적인 치료는 위와 같은 장점들이 있지만 다음과 같은 단점들이 있다는 사실도 명심해야 한다.

① 그런 치료는 너무나 지시적이어서 내담자들이 스스로 자신의 문제를 해결하고 잠재적 능력을 발휘할 수 있는 타고난 성향을 방해할 수 있다.

② 치료자가 내담자에게 치료자 자신이 강한 믿음을 가지고 있지만 실제로는 효과를 가져올 수 없거나 심지어 해로울 수도 있는 방법을 사용하도록 권유할 수도 있다.

③ 내담자로 하여금 너무 급하게 제시된 방법을 적절한 준비나 생각해 볼 기회 없이 시도하도록 촉구할 수도 있다.

④ 내담자로 하여금 치료자가 제시하는 목표와 가치들을 수용하도록 하기 때문에 진정한 자아실현을 이루지 못하게 할 수도 있다.

⑤ 지시적인 치료자는 권위주의적이고 편견이 있을 수 있으며 극단적인 정의를 추구하므로 개인차나 문화적인 영향 혹은 개인과 집단의 다양성에는 소홀할 수 있다.

⑥ 적극적이고 지시적인 치료에서는 치료자에게 과도한 권력과 책임이 주어지므로 잠재적인 공동의 협력이 이루어져야 하는 치료자와

내담자 간의 관계를 방해하거나 상담의 인본주의적인 면을 손상시킬 수 있다.

비록 적극적이고 지시적인 치료가 많은 장점들이 있고 효과적이라는 증거들이 많이 제시되어 있지만, 우리는 그런 결과들이 진정으로 효율적이고 우수하며 심오하면서도 지속적인지를 포스트모던하게 질문해 볼 필요가 있다. 그런 결과들은 다양한 의미를 가지고 있기 때문에 그것들 중에 몇 가지는 같은 용어이지만 다른 의미를 가지게 되어 직접적으로 모순이 되기도 한다. 그런 의미들 중에 어떤 것을 옳은 것으로 받아들일 수 있겠는가?

이런 문제에 대한 나의 개인적인 해결책은 한 쪽을 취하는 것보다 양자를 모두 다 취하는 것이다. 나는 REBT 이론에 근거해서 항상 가능한 한 빨리 내담자의 기본적이고 핵심적인 신념, 특히 비합리적이고 역기능적인 신념을 찾아서 그것이 합리적이고 기능적인 신념과 어떻게 다른지를 그에게 보여준다. 그리고 논박에 필요한 몇 가지 인지적, 정서적 혹은 행동적 기법들을 어떻게 사용하는지 보여주고, 내담자가 자신의 신념을 논박하고 대항하도록 한다. 그러나 나는 내담자들에게 역기능적인 생각이나 정서 혹은 행동의 다른 중요한 면들도 보여준다. 그런 점과 관련하여 다음의 내용들을 숙지하라.

① 비록 아주 비합리적인 신념(절대적이고 당위적인 생각)이라고 할지라도 장점을 가지고 있다. '나는 아주 잘 해야만 해' 내지는 '나는 가치가 없는 존재야'라는 생각은 불안과 회피를 유발하지만 반면에 동기와 활력을 제공하고 좋은 결과를 이끌어낼 수도 있다.

② 심지어 의심이 가는 생각(예를 들어, 극단적으로 낙천적인 생각, '매일매일 나는 모든 면에서 점점 나아지고 있어' 내지는 '내가 어떻게 하든 운명은 내 편이야')도 우울에서 벗어나게 하고 더 잘 기능하도록 도울 수 있다.

③ 강한 부정적인 느낌은 좋을 수도 있고 나쁠 수도 있으며, 유익할 수도 있고 무익할 수도 있다. 뭔가를 아주 잘못했을 때 자신이 느끼는 강한 실망과 후회는 다음 번에는 더 잘 할 수 있게 하는 동기를 유발할 수 있다. 하지만 강한 공포감과 자기학대는 심각한 피해를 가져오기도 한다. 그렇다. 그러나 건전치 못한 공포와 자기학대도 때로는 저항할 수 없는 음주습관이나 흡연습관을 포기하도록 돕는다.

④ 합리적인 생각과 행동이 항상 합리적이지는 않으며 명백하게 분별력 있거나 도움을 주는 것은 아니다. 경험에 근거하여 이 세상이 자신에게 무관심하고 우호적이지 않다고 합리적으로 믿는 것이 어떤 사람에게는 독립심을 심어주고 활력을 가지게 하지만, 다른 사람에게는 우울하고 희망을 느끼지 못하게 할 수 있다. 정확하게 말하자면, 이 세상에서 자신을 염려하는 사람이 아무도 없다고 믿는 것은 어떤 사람을 좀더 사교적이 되게 하지만, 다른 사람을 사회적으로 위축되게 할 수도 있다.

3. 주의사항과 제한점

적극적이고 지시적인 치료법의 단점들에도 불구하고 나는 수동적인 치료법보다는 그런 치료법을 훨씬 더 선호한다. 그러나 내가 이 치료법의 극단을 취하고 있지는 않고 합리적이기 위해 나는 몇 가지 보호책들을 유념하고 있으며 포스트모던한 관점에 근거한 중요한 주의사항들을 숙지하고 있다.

1) 기술적 한계에 대한 인식

나는 진정으로 REBT에 대한 강하고 진실된 믿음을 가지고 치료에 임하고 있다. 다시 말해, 그런 신념에도 예외는 있는데 대부분의 나의 내담자들에게 잘 적용되었던 REBT에도 명백한 한계가 있다는 것이다. 나는 이런 치료법이 시험단계에 있다는 생각을 가지고 시행을 하고 계속해서 단점들과 부족한 면들을 발견하려고 노력하고 있다. 나는 계속적으로 내 자신과 동료들 그리고 수련생들의 결과들과 기록된 문서들을 점검하고 있고, 치료에 따른 위험과 비효율적인 면들에 특별히 세심한 주의를 기울이려고 노력하고 있다. 그리하여 나는 계속해서 적극적인 지시, 내담자들의 문제에 대한 지적 및 내담자 자신의 권리를 위해 더 적극적이고 지시적이 되라고 격려하는 것의 한계점들을 찾고 있다(Ellis, 1996a, 1996b).

2) 내담자의 다른 반응들에 대한 인식

나는 REBT가 오랜 시간 동안 나의 내담자들 대부분에게 도움을 주었지만, 항상 모든 내담자들에게 그렇지는 않았다고 생각한다. 나는 종종 내담자들이 파괴적이고 비합리적인 신념에 의한 비슷한 어려움들을 겪고 있다는 것을 알고 있지만(예 : 심한 우울증), 같은 문제를 가진 내담자라 하더라도 아주 다양한 생화학적인 반응, 기질, 살아온 방식, 가족, 문화적 영향, 사회경제적 조건, 치료경험 등을 가지고 있다는 것을 잊지 않고 있다. 게다가 그들은 내가 선호하는 것들에도 아주 다양하게 반응한다. 내가 그들 각각에게 내가 생각하는 최상의 REBT 방법들, 즉 과거에 비슷한 내담자에게 성공적으로 사용되었던 방법들을 적용할 때도 나는 개개인의 내담자들에게 기법들을 아주 다양하게 적용할 준비가 되어 있다. 그리고 심지어 REBT가 효과가 없는 것처럼 보이면, REBT 이론과 치료에서 자주 비난을 받아 왔던 빈약하고 합리적이지 못한 것처럼 보이는 기법들이라도 사용할 것인지 고려한다(Ellis, 1996a, 1996b, 2000b). 그렇기 때문에 어떤 내담자들에게는 적극적이고 지시적으로 적용했던 방법을 다른 사람들에게는 약하게 적용하기도 한다. 지속적으로 지시적인 방법을 사용한 내담자들에게 나는 성취한 결과들의 수준을 알아보기 위해 가끔 고의적으로 그런 방법들을 약화시켜 적용해 보기도 한다.

3) 다양한 기법들을 실험하기

예이츠(Yates, 1975)는 각 회기들을 실험하고 그 실험에서 관찰된 결과로 기술(skill)들을 변화시키는 것이 치료자들을 발전시킨다고 했다. 나는 거기에다 전 회기를 실험하면서 살펴보고 관찰하는 것이 훨씬 더 바람직하다고 덧붙이고 싶다. 나는 각각의 내담자들과 성공하거나 실패한 결과들을 관찰한 후, 성공적인 REBT 방법들은 계속 사용하고 성공적이지 않았던 방법들은 수정한다. 만약 나의 REBT 기법들이 제대로 효과를 보지 못하는 것 같으면 나는 다른 REBT 기법이나 REBT에서 반대하는 방법들도 활용해 본다. 그런 것들도 효과가 없는 것 같으면 다른 REBT 치료자에게 의뢰하거나 REBT 치료자가 아닌 다른 기법을 사용하는 치료자에게도 의뢰한다. 나는 계속하여 적극적이고 지시적인 여러 가지 방법들을 실험하고 있으며 수동적인 여러 방법들도 실험하고 있다.

4) 기능적으로 복합된 방법을 사용하기

시작부터 REBT는 언제나 내담자들에게 여러 가지 인지적 · 정서적 행동기법들을 사용해 왔다. 그리고 여러 해를 거치면서 효과적으로 보이는 많은 기법들이 추가되었다(Ellis, 1962, 1975, 1988, 1994b, 1996b, 2000b; Kwee & Ellis, 1997; Lazarus, 1989). 이런 모든 방법들은 특정 내담자와 특정한 시기에 단점들과 한계를 노출할 수 있다. 따라서 나는 이런 한계들을 유념하고 정규적으로 정통 REBT 기법들 외에 다른 기법들을 사용한다. 그래서 나는 치료에서 좀더 개방적이 되려고 하고 대안을 찾으려한다. 대부분의 REBT 기법들은 적극적이고 지시적이지만, 비합리적인 신념을 질문하고 발견하려는 소크라테스식 방법과 같은 것들은 비교적 수동적이다. 지시적인 것이 실패하면 정신역동치료나 인간중심치료와 같은 다른 치료들로부터 더 수동적인 방법들을 도입하기도 한다.

5) 치료적 창의성을 활용하기

강력한 주요 명제를 가지고 있는 시험적인 REBT가 효과적인 도구가 될 수 있다고 믿었기에 나는 다른 이론가들과 치료자들에게서 여러 REBT 방법들을 차용하여 사용하였다. 어느 정도 개선만 하면 이런 기법들 중에 많은 것들을 치료에서 전반적으로 더 유용하게 사용할 수 있다는 것을 나는 깨닫게 되었다. 그리고 내가 개발한 것에 새로이 추가하거나 수정하여 또 다른 새로운 방법들(예: 수치심 공격 연습, 내담자의 비합리적인 신념에 대한 강력하고 활발한 논박)을 고안했다(Bernard, 1993; Dryden, 1995; Ellis, 1988, 1994b, 1996a, 2000b; Walen et al., 1992). 나는 다른 REBT 치료자들도 특정 내담자들과 일반 내담자들을 위해 치료법을 개선하고 고안하는 치료적인 창의성을 활용함에 있어서 개방적이기를 바란다. 많은 사례들에서 나는 적극적이고 지시적인 새로운 방법들을 만들었고, 초기의 비합리적인 신념과 타인에 대한 파괴적인 신념들을 탐색하기 위해 많은 수동적인 기법들도 고안했다. 이런 방법들은 자기패배적인 사고에 간접적으로 접근하여 다룰 수 있게 한다.

6) 관계 기법들을 다양화하기

REBT 이론에서는 다수의 내담자들이 무조건적인 자기수용(USA)을 성취하므로 유익을 얻을 수 있다고 주장하고 있다. 다시 말해, 그것은 그들이 뭔가를 잘 하든 못하든 간에, 혹은 다른 중요한 사람들이 그들을 인정하든 그렇지 않든 간에, 자기 자신을 완전히 수용하는 것을 의미한다(Ellis, 1972, 1988, 2000b; Ellis & Harper, 1997; Hauck, 1991; Mills, 1994). 결론적으로 말해, 나는 모든 내담자들에게 로저스(Rogers, 1961)가 말하는 무조건적인 긍정적 관심을 보여주고 나아가 그들이 자신에게도 그렇게 할 수 있도록 최선을 다해 가르치려고 노력하고 있다. 하지만 나는 무조건적인 자기수용(USA)에도 한계가 있음을 깨달았는데, 왜냐하면 어떤 사람들의 자기패배적이고 반사회적인 행동은 행동을 변화시킬 때뿐 아니라 자신을 비난할 때에도 변화되기 때문이다. 나는 특히 내담자들에게 따뜻한 애정을 표현하는 것에서부터 그들의 드러난 실수나 적의를 감정 없이 인정하고 무조건적인 수용을 보여주는 것까지 다양한 기법들을 인식하고 있다. 그런 모든 기법들은 장점과 이점을 가지고 있다. 그러나 그런 것들 모두가 어떤 내담자에게는 성공적으로 작용하고 어떤 내담자에게는 치명적으로 작용한다. 따라서 나는 내담자들과 관계를 맺을 수 있는 특정한 방법들을 다양화시키고 상호작용을 주의 깊게 관찰하고 있다. 심지어 이상할 정도로 내담자가 자신을 비하할 때도 묵묵히 들어주는 것이 그에게 도움이 되는 것 같다. 그러므로 나는 평소에 내담자들을 무조건적으로 수용하고, 비지시적인 방법을 사용하여 수동적인 기법들을 포함한 특정한 방법으로 많은 내담자들에게 어떻게 하면 그들 자신을 무조건적으로 수용할 수 있는지를 적극적으로 가르치고 있다.

7) 상호관계적 기법들을 다양화하기

다시 한 번 강조하지만, 이론적 관점에서 REBT는 내담자들에게 타인을 무조건적으로 수용하는 것(UOA : Unconditioned Other Acceptance)에 따른 이점과 죄를 수용하는 것이 아니고 죄인을 수용한다는 기독교 철학의 장점을 가르친다(Ellis, 1977a, 1994b, 1996b, 1999, 2000a). 나는 실제로 내담자들에게 그렇게 가르치고 있는데, 그 이유는 분노와 다툼이 자기파괴적이고 다른 사람들과의 관계도 파괴하기 때문이다. 분노와 비협조적인 행동은 인간의 행복과 생존을 위협하므로 심리치료의 정수(精髓)는 사람들이 무조건적인 자기수용(USA)과 무조건적인 타인수용(UOA)을 동시에 성취하도록 돕는 것이다(Gergen, 1991 ; Sampson, 1999).

그럼에도 불구하고 내담자들의 무조건적인 자기수용이나 타인수용은 그들 자신이나 타인들의 비도덕적인 행동을 정당화하고 격려하는 것이 될 수도 있다는 단점들을 가지고 있다. 따라서 나는 그것이 확실한 만병통치약이 아니라는 것을 기억하려고 애쓰고 있다.

게다가 무조건적인 자기수용(USA)과 무조건적인 타인수용(UOA)을 보여주거나 가르치는 치료자들의 방법을 내담자가 잘못 해석할 수도 있다. 로저스(Rogers, 1965)가 내담자들에게 무조건적으로 긍정적인 관심을 보여주었을 때도 그가 그들을 인정했기 때문에 종종 그들 자신이 좋은 사람이라는 잘못된 결론들을 내리곤 했다. 그래서 그것은 매우 조건적인 자기수용이어야 한다. 다시 말해, 내담자가 자신이 사기를 치고 도둑질을 했다고 이야기했을 때 그를 무조건적으로 수용하면 치료자가 진정으로 그의 행동을 악하게 보지 않는다고 잘못된 결론을 내리고 내담자는 자신의 행동에 대해 정당화할지도 모른다.

그러므로 나는 최선을 다해 내담자들을 무조건적으로 수용하면서 그들에게도 타인들에게 그렇게 하도록 격려하지만 세심하게 나의 행동에 대한 그들의 인식과 해석을 살핀다. 나는 그들에게 피드백을 요구하고 나와 그들 자신이나 타인들에 대한 반응을 살핀다. 그리고 실제로 효과가 있는지를 알아보기 위해 다양한 관계적이고 상호적인 접근들을 다시 한 번 활용한다. 나는 적극적으로 자기를 수용하고 타인을 용서하는 방법을 내담자들에게 보여주고 가르쳐 주지만 세심한 관찰을 통하여 그것의 잠재적인 위험을 찾으려고 노력하고 있다.

다시 한 번 말하지만 REBT는 항상 적극적으로 내담자가 그의 대인관계 속에서 인지적인 면이나 정서적이고 행동적인 면에 부족한 점이 무엇인지 알 수 있도록 치료적 관계를 사용해 왔다. 그러나 나는 내담자와 너무 가까워지는 것은 내담자로 하여금 신경질적인 의존심을 증가시키고 다른 사람과의 대인관계를 방해할 수 있다는 것을 계속해서 내 자신에게 주지시켜 왔다. 나는 내담자가 자신의 삶에서 사람들을 수용하는 독특한 방식의 차원으로 볼 때 그가 나에게 반응하는 주된 방식이 그가 다른 사람들에게 반응하는 방식과 같을 것이라고 가정하는 것에 대해서는 회의적이다. 그러므로 나는 내담자들이 나와 너무 가까워지는 것을 피하면서 그들로 하여금 나의 치료 집단에 참여하라고 그들을 격려하거나 세미나나 책을 추천하고 그들의 외적 삶에 도움을 줄 수 있게 특별히 고안된 대인관계 기술들을 가르친다. 나는 비록 어떨 때는 그럴 수도 있겠지만, 내담자들과 나의 관계가 그들이 어린 시절에 가족들에게 가졌던 감정이나 편견에서 확실하게 전이된 것이라고 가정하지 않는다. 오히려 그들은 종종 나와 개인적으로 독특한 관계를 맺게 되는데, 나는 그것이 과장되거나 축소된 것은 아닌지를 자세히 관찰하며 그렇게 하기 위해서는 위험이 존재할지라도 어떻게 하면 그것이 건설적으로 쓰일 수 있을지도 검토한다. 나는 내담자와 적극적인 관계를 유지하는 것이 해(害)가 되는 것처럼 보이면 고의적으로 수동적인 상호작용을 하려고 시도한다.

8) 주요 치료기법과 치료자에게는 오류가 없다는 것에 대한 회의론

REBT는 내담자가 두 가지 상반된 신념들을 가지도록 격려한다. 첫째, 내담자가 어떻게 자신을 혼란에 빠지게 하는지 그 주요 원인을 이해할 수 있고, 어떻게 하면 그런 혼란들을 감소시키고 개인적이고 사회적인 성취를 이룰 수 있는지를 이해하며, REBT의 인지적 · 정서적 행동 기법들을 활용하여 이론적으로 증명된 것들을 적극적으로 실행할 수 있는 방법들을 이해할 수 있도록 가르친다. 그렇기 때문에 REBT는 내담자가 자신을 변화시키는 데 있어 강한 자기효능감을 가질 수 있도록 돕는다.

둘째, REBT는 내담자가 현재 자기 모습과 실수할 확률이 높고 일관되지 않으며 비합리적이고 비효율적일 수 있는 자신의 가능성을 제대로 인식하게 하여 현실적인 눈으로 자신의 인간적인 결함과 불완전함을 느끼고 수용하도록 끊임없이 격려한다. 그렇다면, "언제나 그렇게 하는가?" "그렇다." "강력하게 그렇게 시도하는가?" "그렇다."

그렇다면 이런 점들을 고려해 볼 때 내담자들이 자신의 인간적 결점을 인지하고 수용하면서도 여전히 성장하고 변화할 수 있는 자신의 능력과 자기효능감에 대한 확신을 가질 수 있을까? 왜 그렇게 못한다는 말인가? 사람들은 모든 면에 있어 오류가 있지만, 그들은 또한 한 가지는 잘 할 수 있다는 확신을 가질 수 있으며, 정말 그것을 잘 할 수도 있다. 실수가 많은 학생일지라도 시험에서 잘 할 수 있다고 느끼고 그것을 표현하므로 좋은 점수를 받을 수 있을지도 모른다. 따라서 사람들은 일반적으로 오류를 범할 수 있지만, 동시에 어떤 일에 있어서는 유능하고 자신들이 할 수 있다는 것을 인식하게 됨으로 인해 그런 일들에 대해 자기효능감을 가지고 스스로 잘 할 수 있게 도울 수 있다는 것은 거의 명백한 사실이다.

그러므로 나는 그들이 일반적으로 오류를 가질 수 있으며, 심지어 자신을 변화시키는 데 있어서도 자주 오류를 범할 수 있다는 사실을 내담자들에게 안전하고 적극적이며 지시적으로 보여주고 있다. 그럼에도 불구하고 그들이 기꺼이 자신을 변화시키기를 원한다면, 내가 성취에 대한 확신이라고 부르지만 반두라(Bandura, 1975)는 자기효능감이라 불렀던 것을 그들은 가지게 될 수 있을 것이다. 그런 것이 언제나 확실한 것은 아니지만, 가능성이 높다는 것을 믿는 것은 그들이 변할 수 있다는 것을 의미한다.

또한, 치료자도 자신의 치료에서 나타날 수 있는 일반적인 오류를 제대로 인식하고 있으면서도 자신이 유능하다는 확신을 가질 수 있다. 그런 확신은 내가 적극적이고 지시적인 REBT 치료를 할 때 생기곤 했다. 나는 내담자들을 효과적으로 치료했으며 다른 그 어떤 치료 기법들을 사용한 것 보다 더 잘 치료했다는 강한 확신을 자주 가진다. 하지만 나도 내게 오류의 가능성이 있고 내가 아주 결점이 많은 인간이라는 것을 잘 알고 있다. 나는 편견, 약점, 인내력 부족, 무지, 고집, 어리석음 등으로 인해 REBT를 효과적으로 수행하지 못하고 개개인의 내담자들에게 쉽게 그런 모습을 보이기도 하는 내 자신에 대해 잘 알고 있다.

따라서 나는 한 내담자를 대하는 동안 여러 가지를 한다. (a) 나의 편견과 약점을 인지하고, (b) 그와 관계를 맺고 있는 나 자신을 무조건적으로 수용하고, (c) 그를 위해 내 자신을 개선하고 보완하려고 하며, (d) 나의 부족함에도 불구하고 그런 내담자를 도울 수 있을지 없을지를 결정하며, (e) 내가 할 수 있다고 결정하면 강한 자신감과 자기효능감을 가질 수 있도록 내 자신을 독려하고, (f) 최선을 다해 내담자에게 REBT와 가능한 다른 치료들을 수행하며, (g) 때때로 나의 부족함에 대해 내담자와 토의하면서 그가 기꺼이 계속해서 나를 만날 것인지 검토해 보고, (h) 만약 그렇다면 약간의 의심이 갈지라도 강한 확신을 가지고 적극적으로 치료를 진행시키며, (i) 그런 의심들을 계속해서 점검하면서 내담자에게 행하는 기술들에 자주 변화를 주기도 하고, 필요에 따라서는 다른 치료자에게 의뢰하기도 한다.

4. 현시대의 REBT와 종교를 가진 내담자

나는 한때 신앙심, 특히 독실한 신앙심은 정신건강에 위배된다고 생각하면서도(Ellis, 1980a, 1983a, 1983c, 1986), 종교에 대한 나의 생각을 자주 재점검하곤 했으며(Ellis, 1992, 1994a), 최근에 들어서는 심지어 그것이 절대적이고 극단적이라도 종교적인 신념과 태도가 정서적으로 건강한 결과를 생산할 수 있다고 결론 지었다(Ellis, 2000a).

신을 따뜻하고 관심을 나타내 주는 사랑스런 친구로 생각하고 종교가 자신의 삶을 지원해 준다고 생각하는 내담자들이 신이나 종교에 대해 부정적인 견해를 가진 사람들보다 긍정적인 면들을 가지고 있다는 것이 많은 연구들을 통해 증명되었다(Batson, Schoenrade & Ventis, 1993; Donahue, 1985; Gorsuch, 1988; Hood, Spilka, Hunsberger & Gorsuch, 1996; Kirkpatrick, 1997; D. B. Larson & S. Larson, 1994; Pargáment, 1977). 이런 연구들과 그 외 다른 연구들에 비추어 볼 때 나는 이제 종교적 혹은 비종교적 신념들이 사람들을 정서적으로 건강하거나 건강하지 못하게 하는 것과는 어떤 상관관계가 존재하지 않는다고 생각하고 있다. 그 대신에 그들의 정서적 건강은 그들이 어떤 종류의 종교적 혹은 비종교적인 신념들을 가졌는가에 달려 있다고 생각한다.

나는 여전히 절대적인 사고가 심리적 장애와 밀접한 관계가 있다고 생각하고 있고, 여러 연구들도 종교적으로 완고하고 융통성이 없는 것이 정서적인 문제들과 관계가 있다는 개념을 지지하고 있다(Hunsberger, Alisat, Pancer & Pratt, 1996). 그러나 그런 개념이 완고한 신앙을 가진 모든 사람들이 정서적 문제를 가지거나 신앙적으로 독실한 사람들이 적응을 잘 못한다는 것을 의미하는 것은 결코 아니다. 사실 자기가 스스로 신앙적이라고 말하는 많은 사람들(예 : REBT를 하는 목사, 신부, 랍비)이 매우 개방적이고 원만한 성격을 가지고 있다. 여전히 신과 우주에 대해 부정적이고 가혹한 견해를 고수하고 있는 많은 완고한 종교인들이 그런 신념으로 인해 자신들 스스로를 정서적으로 혼란에 빠지게 한다. 결론적으로 나는 신경증을 야기하는 것은 종교 그 자체가 아니라 절대적이며 완고하고 권위주의적인 신념이라고 믿고 있다(Ellis, 2000a).

동시에 나는 종교에 헌신적인 내담자들이 의도적으로 자신의 신념들을 조절하도록 하는 REBT를 통하여 많은 이득을 얻는다고 생각한다(W. B. Johnson, Devries, Ridley, Pattorini & Peterson, 1994; W. B. Johnson & Ridley, 1992a). 따라서 나는 REBT가 여러 형태의 종교, 심지어 완고한 종교와도 화합할 수 있다고 주장하는 바이다.

이 점을 명확히 하기 위해서 나는 최근 REBT의 몇 가지 주요 원칙들과 종교적 세계관이 어떤 면에서 서로 유사한지 고찰해 본 적이 있다(Ellis, 2000a). 〈표 2-1〉에 REBT의 주요 철학 중 하나를 절대적이지만 건전한 종교의 입장에서 재(再)진술하여 간단히 기술해 보았다.

〈표 2-1〉에서 볼 수 있는 것처럼, REBT의 철학과 그것에 해당하는 신(神)중심적인 견해들을 비교해 보면 둘 사이에 기본적인 관점에서 많은 공통점이 있다. 여전히 세속주의자라고 할 수 있는 나의 견해에서 볼 때 일반적인 REBT가 종교적인 REBT에 비해 여러 장점들을 가지고 있다고 할 수 있기 때문에 정서적이고 행동적인 문제들에 대해 더 효과적이고 지속적으로 완전한 해결을 위해 REBT를 활용할 수 있을 것이다. 그것은 치료에 있어서 신(神)중심적인 접근은 초인적인 존재와 증명할 수 없으며 보편적이고 전지전능한 불변의 법에 대한 강한 신념을 강요한다고 생각하기 때문이다. 반면에 일반적인 REBT는 인간과 세상에 대해 절대적인 가정을 거의 하지 않는다. 그것은 인간이 어떻게 생활하고 더 행복하게

살기 위해서 어떻게 해야 하며 심리적 혼란이 덜 발생하도록 하기 위해 무엇을 도와야 하는지에 대한 자세한 관찰과 많이 관련되어 있다.

따라서 일반적인 REBT는 어떤 형태의 신(神)중심적인 신앙심보다 어려운 세상을 살아가는 데 있어 더 실용적이고 현실적인 방법을 제공해 준다고 볼 수 있다. 그것은 내담자가 심리적이고 정서적인 것은 물론 행동적으로도 건강하게 살아가도록 하는 데 간접적이기보다는 직접적인 선택을 제공한다. 그러나 이것은 단지 내가 생각하는 가설일 뿐이다. 비록 인간이 신 혹은 다른 절대적인 존재에 귀의하는 과정에 대한 실증 연구를 하기란 쉽지 않지만, 종교적으로 절대적인 개념을 독실하게 믿고 있는 사람과 그렇지 않은 사람이 어떤 경향들을 가지고 있는지를 연구할 수는 있다. 어쨌든 이 책을 쓴 우리 세 저자들은 종교를 가진 사람들과 그

〈표 2-1〉 REBT 철학에 대응하는 신(神)중심의 철학 비교

REBT 철학	신(神)중심 철학
자기조절과 변화	
나는 즉각적인 만족을 얻고자 하는 절대적인 강요로 인해 내 자신이 잘 훈련되지 않고 스스로를 자기패배적이 되기 때문에, 그런 욕구와 관련된 불만족스러운 것들을 포기하고 매일의 생활에서 즐거움을 찾고 능숙한 방법으로 평생의 행복을 추구해야 한다.	신(혹은 하나님)은 우리에게 어느 정도의 자유의지와 자신을 존중할 수 있는 능력과 자신을 제어할 수 있는 능력을 주었으므로 신의 도움으로 그런 능력을 사용하도록 우리 자신을 훈련시킬 수 있다. 신은 스스로 돕는 자를 돕는다.
무조건적인 자기수용(USA)	
나는 항상 무조건적인 자기수용(USA)을 할 수 있으며 내 자신을 '좋은 사람'이라고 간주할 수 있다. 왜냐하면 행동을 잘 하든지 못하든지 간에, 사랑스럽든지 그렇지 못하든지 상관없이 나는 살아있고 인간이기 때문이다. 더 나아가서 나의 자아나 본질을 해치지 않으면서 나의 감정, 행동 및 사고를 전체적으로 평가할 수 있다. 내가 개인적이거나 사회적인 목표 혹은 목적을 달성하면 그것은 좋은 일이다. 그러나 나는 결코 내 자신이 좋은 사람이나 나쁜 사람이라는 극단적인 평가를 하지 않을 것이다.	나의 신(혹은 하나님)은 자비롭고 죄인인 나를 항상 용납해 주며 더 이상 죄를 짓지 말라고 한다. 신은 죄는 용납하지 않지만 죄인들은 받아들인다. 따라서 내가 아무리 나쁜 행동을 했더라도 내 자신을 용납 할 수 있는 것이다.

REBT 철학	신(神)중심 철학

강한 인내력

두렵고 무서워할 것은 없다. 최악의 상황이라고 해도 다만 매우 불편할 따름이다. 나는 비록 그것을 좋아할 필요는 없지만, 심각한 좌절과 적대감은 이겨낼 수 있다.

신의 도움으로 나는 최악의 스트레스를 극복할 수 있다. 내가 신에게 예배드리면서 불평 없이 인생의 어려움을 받아들인다면 나는 그것을 더 잘 이겨낼 수 있을 것이다.

타인에 대한 무조건적인 수용(UOA)

모든 인간에게는 오류가 있을 수 있다. 그러므로 나는 사람들이 실수할 수 있고 잘못된 행동을 할 수도 있다는 것을 받아들인다. 나는 그들의 실수와 잘못된 행동은 물론 그들 자체를 수용할 수 있고, 그들의 명예를 손상시키고 싶지 않다.

나의 신과 나의 종교는 나에게 네 원수를 사랑하고 선을 행하며 그를 위해 기도하라고 한다. 그리고 자비로운 자에게 복이 있다고 한다.

성 취

나는 일을 잘 처리하고 나에게 중요한 사람들에게 인정을 받기를 좋아한다. 하지만 그것이 결코 내가 가치 있는 사람이라고 인정을 받기 위해서는 아니다.

나는 신(혹은 하나님)의 자녀 중 하나이고, 훌륭한 삶으로 그런 나 자신을 증명하기 위해 어떤 것을 성취해야 할 필요는 없다. 신에게 순종하고 종교적 원칙이나 헌신을 위해 열심히 노력하는 것은 바람직하지만, 만약 내가 주목할 만한 성취를 하지 못했다고 해도 나는 가치 있는 사람이다.

승인과 사랑에 대한 욕구

내가 중요한 사람에게 사랑받고 좋은 대인관계 기술을 가지고 있다고 칭찬을 받는 것은 좋은 일이지만, 비록 내가 그렇지 못하다고 해도 나는 내 자신을 수용하고 즐겁게 살 수 있다.

만약 온 세상을 얻고도 나의 영혼을 잃는다면 무슨 소용이 있겠는가? 신이 나를 조건 없이 사랑하기 때문에 나는 타인의 사랑이나 승인이 그렇게 필요하지는 않다.

책임감 받아들이기

어려움이나 책임을 져야 하는 일에 직면하고 그것을 처리하는 것은 힘들다고는 하지만, 그것을 무시하고 방치해 놓으면 결국 더 힘들게 된다. 삶의 문제들에 직면하고 꾸준하고 열심히 해결하려고 하는 것이 더 쉽고 보상을 가져다 준다.

신과 종교는 내가 어려움과 책임을 져야 하는 일에 직면하면, 그것이 얼마나 힘들든지 간에 그것을 해결할 수 있는 길로 인도한다. 내 영혼은 내가 나태하게 될 때 고통받지만 내가 만약 부지런하고 책임감을 수용한다면 더 큰 기쁨을 누릴 것이다.

REBT 철학	신(神)중심 철학

자기지시를 수용하기

나는 포용력 있고 신앙적인 사람들에게 정신적인 위안을 받기를 좋아하지만, 의존할 필요는 없고 정신적 위안을 위해 나보다 강한 누군가를 찾을 필요는 없다.

나는 내 자신 스스로를 돕고 돌볼 수 있는 능력을 가지고 있으며, 나에게는 위안을 주고 도움을 줄 신(神)이 있다.

과거를 변화시키고 과거로부터 유익을 얻을 수 있는 능력

나의 과거가 얼마나 열악하고 왜곡되었건 간에, 나는 지금 나의 예전 생각, 감정 및 행동들을 변화시킬 수 있다. 과거를 되풀이하거나 재현할 필요는 없다.

내가 신과 하나가 될 때 새로운 삶을 사는 것이다. 나에게 있어 옛것은 지나갔고 새로운 것만이 남았다.

삶의 위기들을 수용하기

인생이란 것이 많은 위험, 불안 및 고통들을 포함하고 있다고 해서 결코 강박적으로 그것들을 걱정해야 할 필요는 없다. 계속되는 염려가 어려운 문제들을 해결하는 데 도움을 주지도 않을 것이며, 오히려 해결하는 데 방해가 되고 더 힘들게 할 것이다. 만약 항상 절대적으로 안전하고 평안해야 한다는 욕구를 포기할 수 있다면, 강박적인 염려 대신에 주의를 기울이고 조심하게 될 것이다.

신은 나와 함께 있고 나를 괴롭히는 위험과 불안 및 고통들을 어떻게 다루어야 할지 알려 준다. 나는 기도와 간구 혹은 감사로 신에게 모든 것을 아뢰면 어떤 것에 대해서도 염려할 필요가 없다. 하나님에 대한 믿음이 나의 걱정을 잠재울 것이다.

불완전함

어떤 일을 완벽하게 한다는 것도 좋지만, 나는 완벽과는 거리가 먼 사람이다. 나는 잘하려고 노력하지만 완벽하게 해야 한다고 생각하지는 않는다. 완벽하게 하는 것이 좋을지는 몰라도 결코 필수적인 것은 아니다.

오직 신만이 완전한데, 나는 신이 아니며 단지 인간일 뿐이기 때문에 잘하려고 노력하지만 완벽하게 되려고 나에게 강요하지는 않는다.

심리적 혼란을 수용하기

불안과 우울 같은 혼란스러운 감정들은 매우 불편하지만 그것이 두렵게 하거나 멍청한 사람으로 만드는 것은 아니다. 만약 내가 그것을 공포라기보다 혼란스럽다고 본다면, 나는 그것과 더불어 더 효과적으로 생활할 수 있고 문제를 최소화시킬 수 있는 좋은 기회를 가질 수 있을 것이다.

신은 불안 혹은 우울과 같이 혼란스러운 감정과 함께 나를 받아들일 것이므로 문제를 성공적으로 해결할 수 있도록 도움을 준다. 만약 내가 너무 힘들다면 신은 나를 도울 것이고 나는 이런 혼란들을 적절하게 다룰 수 있을 것이다.

렇지 않은 사람들에게 REBT를 실행하고 그 결과들을 비교하는 많은 연구들을 수행해 왔고 앞으로 그렇게 하려고 한다.

〈표 2-1〉에서 설명된 종교적 철학의 예들은 대부분 기독교 서적에서 따 온 것이지만, 많은 부분들은 유대교나 이슬람교에서도 지지하는 내용들이다. 그리고 그런 철학들의 대부분은 다른 종교 경전에서도 지지하는 것들이다. 예를 들어, 타인에 대한 무조건적인 수용은 신(神)중심의 철학을 지지하기 위해 신약의 많은 구절들에서 표현되었다(예 : "너희 이웃을 내 몸과 같이 사랑하라" 마태복음 19장 19절).

결론적으로, 나는 〈표 2-1〉에서 요약한 그런 종교 철학을 가진 사람들은 합리적일 수 있고 독립적인 신념이나 정서를 가질 수 있으며 자립적인 행동을 할 수 있다고 믿고 있다. 이런 면에서 볼 때 REBT와 독실한 신앙은 거의 공통점이 없는 것 같으면서도 최소한 서로 융화될 수는 있으며 많은 종교적인 내담자들이 치료적 접근으로서의 REBT에서 많은 유익을 얻을 수 있다.

상대론적 극단을 취하지 않는 포스트모던 철학에서는 심리치료 분야, 특히 심리치료의 윤리 분야에 많은 영향을 끼치고 있다. REBT가 적극적이고 지시적이면서 내담자의 혼란스러운 감정이나 행동에 많은 영향을 주는 의식적 혹은 무의식적인 절대적 철학들을 나타내 보여주고 대인관계에서의 문제와 내적인 문제에 대해 더 개방적이고 유연할 수 있게 하는 것에 관심을 두고 있다는 점에서 포스트모던하고 구조화된 것이다.

그러나 적극적이고 지시적인 치료의 위험은 치료자와 내담자 사이에 있을 수 있는 덜 강요적이고 비지시적인 방법들을 무시하거나 구조화된 치료의 어떤 면에는 소홀할 수 있다는 것이다. 이 장(章)에서 REBT의 적극적이고 지시적인 치료자로서 나(AE)는 그런 것들의 효율성을 보존하고, 그런 위험들을 줄이기 위해 잠재적인 위험들을 언급하면서 포스트모던한 윤리지침과 보호책을 어떻게 사용하는지 보여주려 했다. 앞으로는 REBT의 제한점을 알고 각각의 기법에 대한 내담자들의 다른 반응들을 강조할 것이며, REBT 치료와 그 외의 다른 치료들의 기능적으로 복합된 다양한 기법들을 실험해 볼 것이다. 그리고 치료적인 창의성을 사용하며 관계적이고 상호적인 접근법을 다양화시키고 치료자와 사용된 기법의 오류 없음에 대한 회의감을 유지하는 것 등을 강조하려고 했다. 그런 주의할 사항들과 경고들은 적극적이고 지시적인 REBT와 그 외 다른 형태의 치료들이 언제나 유용하고 안전하지는 않다는 것을 말해준다. 하지만 상당한 도움을 줄 수도 있다.

결국, REBT의 구성주의적인 철학은 다른 정신건강 목표 혹은 성취나 승인에 대한 필요라기보다는 무조건적인 자기수용, 강한 인내심 및 타인에 대한 무조건적인 수용의 필요라는 점에서 종교를 가진 많은 내담자들의 철학과 유사하다. 결론적으로 말하면, REBT는 여러 주요 종교적 견해들과 조화될 수 있고 신이나 종교와 관련하여 절대적인 철학을 가진 많은 내담자들에게 효과적으로 사용될 수 있다.

제 2 부

종교를 가진
내담자에게 REBT 적용하기

제3장

종교를 가진 내담자에 대한
합리적 · 정서적 평가

  REBT 치료자가 종교를 가진 내담자를 위해 치료적 개입을 할 것인지 하지 않을 것인지를 결정하기 위해서는 그를 철저하게 평가해야 하는데, 만약 개입하려고 결정했다면 어떤 치료 전략들이 가장 효과가 있을지를 검토해야 한다. 그런 평가를 하는 동안 REBT 치료자는 종교를 가진 내담자에게 서비스를 제공할 수 있는지에 관해 윤리적으로 자신의 능력을 고려해 봐야 한다. 예를 들어, 미국심리학회 윤리지침(APA, 1992)은 심리학자들에게 자신의 능력의 한도 내에서 일하라고 주의를 주고 있고, 종교적 신념을 포함하여 인간의 개인차를 존중하고, 종교를 가지고 있는 사람과 같이 전통적인 평가도구나 기법에 적합할 수도 있고 그렇지 않을 수 있는 특별한 대상자에게는 그가 평가 상황에 적절하게 반응하는지 살펴보고 대응하라고 권하고 있다. 이와 비슷하게, 미국심리학회지침(APA, 1993)은 다양한 사람들에게 심리적인 서비스를 제공하는 이들에게는 그들이 내담자들에게 대인관계 혹은 공동체적인 지지를 제공하고 그들의 어려움과 혼란을 표현하는 데 영향을 주며 내담자들의 여러 가지 다양한 반응들을 살펴야 한다는 점에서 그들이 내담자들의 종교적 헌신과 영적인 면을 고려하는 것이 중요하다는 것을 강조하고 있다. 그런 지침과 마찬가지로 정신건강 분야에서 일하고 있는 사람들은 내담자의 종교적인 신념을 존중하는 것이 얼마나 중요한지를 강조하고 있으며, 신앙적 헌신을 수용하기 위해 평가나 치료적 개입을 조정하고 있다. REBT 치료자들은 종교에 헌신적인 내담자를 평가하는 데 종종 어려움을 겪고 있는데, 만약 치료자가 종교를 가진 내담자를 치료하는 방법에 대해 수련을 받은 적이 없거나 내담자가 지지하는 종교의 일반적인 신념이나 의식(儀式)들에 대해 잘 모르고 있다면 더 큰 어려움에 봉착하게 된다(Rowen, 1996). 많은 전문가 지침서들이 종교를 가진 내담자들을 능숙하게 치료하기 위해 훈련과 수련을 받아야 한다고는 주장하고 있지만, 각 종교들의 독특한 표현양식과 종교체험들은 제쳐두고라도 너무 많은 종교단체가 있다는 사실이 심리치료 전문가들로 하여금 종교를 가지고 있는 내담자들을 꺼리게 만든다. 게다가 특정 종교단체에 대해 공통된 치료적 주제를 다룬 자료들도 거의 없다.

　REBT에서 종교를 가진 내담자를 평가해야 한다면, 이 장(章)에서는 조심스러우면서도 종교적으로 세심하게 접근을 하는 방법을 추천하고 있다. 이 장에서는 일반적이고 전통적인 REBT의 평가를 요약하면서 시작하지만 내담자의 종교적이고 영적인 상태에 대한 개인적이고 치료적인 특징들에 더 초점을 맞추었다. 그리고 내담자의 종교적 신념에 대한 평가에 있어서의 실용성과 위험성을 강조하면서 결론을 맺는다.

1. REBT에서의 일반적인 평가

　비록 REBT가 현시대의 심리치료들에서도 가장 효과적인 접근들 중에 하나인 것으로 널리 알려져 있지만, 유능한 REBT 치료자는 모든 내담자들을 신중하게 평가해야 한다. 일례로, 뉴욕에 있는 앨버트 엘리스(Albert Ellis)의 REBT 연구소에는 디기우셉(DiGiuseppe, 1991)이 고안하여 모든 내담자들에게 행하는 표준화된 초기접수면접 평가과정이 있다. 내담

자는 평가지를 완성하기 위해 첫 번째 회기 시간에 조금 일찍 도착하도
록 권유받는다.

내담자들은 자신과 가족에 대한 자료 서식(書式)인 네(4) 페이지 정도
의 밀리온의 임상다축 목록 II(Million Clinical Multiaxial Inventory II : Mil-
lion, 1987), 벡의 축약된 우울증 척도(Beck Depression Inventory : Beck &
Beck, 1972: Beck, Rial & Rickels, 1974), 일반 심리적 복지감 척도(The Ge-
neral Psychological Wellbeing Scale: DuPuy, 1984), 일반건강 질문지(The
General Health Questionnaire : Goldberg, 1972), 삶의 만족도 척도(The Sati-
sfaction with Life Scale : Diener, Emmons, Larsen & Griffen, 1985), 태도
및 신념 척도 2(The Attitude and Beliefs Scale 2: DiGiuseppe, Exner, Leaf
& Robin, 1988) 등과 같은 평가지를 완성해야 한다.

그런 평가에서 얻은 수치들은 컴퓨터에 의해 계산되고 분석되며, 보통
두 번째 회기에는 치료자가 평가결과를 볼 수 있게 된다. 그리고 벡의 우
울증 척도, 일반 심리적 복지감 척도, 일반건강 질문지, 삶의 만족도 척도
는 4주마다 반복 시행되어 치료자와 내담자가 개선 정도를 검토해 볼 수
있다(pp. 152~153).

비록 이 연구소에서 사용하는 평가도구들이 그리 특별한 것은 아니지
만, REBT를 하기 전에 내담자로부터 다방면에 걸쳐 평가 자료들을 수집
하는 것은 현명한 일이다. 그런 평가들은 전형적으로 자세한 개인력뿐만
아니라 성격의 기능, 불안 증상, 관계양식 등을 포함한다. 더 나아가, 우
울과 불안 혹은 분노의 작은 증상에 초점을 맞춘 검사들을 활용하라고
추천하는 바인데, 그런 평가나 검사에 대한 선택은 내담자가 표현하는
주요 문제들에 의해 이루어져야 한다. 평가에서 사용할 도구를 선택할 때
는 매우 신중해야 한다. 치료자들에게 헤이즈와 그의 동료들(Heyes, Nel-
son & Jarrett, 1987)은 치료적 평가에서 사용할 도구들을 선택하는 데
있어서 신중해야 한다는 것을 재차 강조하고 있다. 불필요한 중복과 가
치 없는 자료의 수집을 피하는 것은 좋은 치료관계를 유지하고 평가과정
의 효율성과 효과를 높인다는 점에서 중요하다. 따라서, 투사적 평가나
한 가지 이상의 성격과 증상의 전체적 기능을 평가하는 것은 그리 바람

직하지 않다.

REBT 치료자는 심리적 기능에 관한 일반적인 평가 외에 평가적 신념과 혼란을 야기하는 신념을 포함하여 내담자의 핵심신념을 빠르게 인식하는 것에 관심을 가지고 있다. REBT 치료자는 심리적 혼란이 자기 자신이나 삶에서 지각된 사건에 대해 극단적이고 절대적인 평가를 내리고 있는 것과 큰 관련이 있다는 가정 아래 심리치료를 시작한다.

다음 장(章)에서는 REBT 회기의 순서들을 요약하여 제시할 것이다. 그런 단계들 중에 어떤 단계는 특히 종교를 가진 내담자들에 대한 평가와 관련이 있다. 비합리적이고 평가적인 신념을 측정하고 그 회기에서 표적이 되는 문제에 대해 동의해야 하는 것에 있어서 그렇다. 이 장에서 특별히 기억해야 하는 것은 내담자의 종교에 초점을 맞추기 위해 치료자들이 평가과정을 증대시키는 방식들이다. REBT는 내담자의 종교성에 대한 예비 평가와 중간 평가를 위한 한 가지 전략을 제시하고 있다(W. B. Johnson & Nielsen, 1998). 앞서 언급한 것처럼 내담자의 종교적 헌신과 신념은 치료 단계에서 다양한 요소들과 유기적 관계를 맺게 될 것이다. REBT의 평가과정에서 종교적 특성을 평가할 때도 두 단계로 나누어 접근하는 것이 좋다.

2. 내담자의 종교성에 대한 예비 평가

유능한 REBT 치료자는 정기적으로 내담자의 삶에서 나타나는 종교적 특성에 주목한다. 사실상, 내담자의 종교성을 평가하는 과정에서 "내담자에게 종교적 성향이 있고, 그것이 현재의 문제를 이해하고 치료하는 것과 관계가 있는가?"라는 질문은 가장 중요하다. 워싱턴(Washington, 1988)은 종교성이 강한 내담자는 어떤 종교에 찬성하거나 반대할 소지가 있는 사람이라고 주장했다. 종교성이 강한 내담자들은 자신이 접하고 있는 세계를 평가할 때 지도자의 권위와 역할, 경전 혹은 교리 및 종교단체의 규준들이 포함된 적어도 세 가지 중요한 가치 차원에서 평가하는 경향이 있다. 신앙심이 강한 내담자가 종교적 신념과 일치하지 않는 행동을 하거나 그런 방식으로 생활한다면 심리적 고통이나 갈등을 경험하게 될 것이다(Shafranske & Malony, 1996). 더 나아가 내담자의 종교적 전통에서 매우 특이하고 괴이한 신념은 심리적 혼란과 비논리적인 사고를 유발할 수 있다. 내담자가 소속되어 있는 종교단체만을 놓고 내담자에 대해 평가하는 것을 피해야 한다. 같은 신앙을 가지고 있거나 같은 종교단체에 소속되어 있는 사람들과 비교해서 내담자는 얼마나 헌신적일까?

REBT는 내담자의 종교적 신앙이 그의 경험이나 공동체의 경험에 중요한 요소라고 판단되어지면, 즉 내담자에게 개인적으로 중요한 종교라고 여겨지면, 반드시 치료자는 종교적 요인이 내담자의 주요 문제와 어느 정도 관련되어 있는지를 판단해야 한다. 이럴 때 할 수 있는 질문은 다음과 같다. "내담자가 종교에 참여하는 정도가 현재 겪고 있는 고통과 얼마나 관련이 있는가?" 종교적 신념이나 행동이 독특한 병리적 특성과 명백하게 관련되어 있다면, 그것을 '임상적으로 중요한 종교'라고 부를 수 있다. 종교적으로 핵심적인 가설에 대한 도전에 여러 번 맞닥뜨리고 실존적인 '신앙 위기'의 경험을 표현하고 있는 종교를 가진 한 대학생과 가정보다는 종교가 더 우선되어야 한다는 신념으로 인해 실제적인 결혼생활이 파탄에 이른 한 중년의 여인 모두는 임상적 징후가 농후(濃厚)한 신앙을 가진 내담자들로 여겨질 것이다.

최상의 치료적 효과를 결정할 수 있는 예비 평가의 마지막 관건은 "내담자의 종교적 문제를 어떻게 드러내 놓고 다루느냐"에 있다. 다시 말해, 종교가 내담자에게 중요한 것으로 여겨지고 내담자가 표현하는 고통과 관련이 있다고 생각되면, REBT 치료자는 치료 목표를 성취하기 위해 종교성에 대한 더 많은 평가가 필요하고 의도된 종교적 개입을 해야 할지 판단해야 한다. 또한 표준화된 REBT 평가를 사용할 것인지, 아니면 최상의 치료 효과를 얻기 위해 내담자의 종교적 신념과 행동의 본질에 초점을 맞춘 평가를 할 것인지를 결정해야 한다. 만약 후자를 선택하고자 한다면, 치료자가 그런 평가를 실시할 능력을 갖추고 있는지가 중요하다. REBT 치료자 입장에서 내담자의 종교가 임상적으로 중요하다는 판단이 섰다면, 내담자의 종교성에 대한 심도 깊은 탐색이 있어야 하고 그럴 때만이 치료의 진전이 있을 수 있다. 우리는 다음에 제시하고 있는 종교적 차원의 몇 가지 평가들을 추천하는 바이다.

3. 내담자의 종교성에 대한 심도 있는 평가

1) 종교지향

알포트와 로스(Allport & Ross, 1976)는 외적 종교성과 내적 종교성을 분리시켜 다음과 같이 해석하고 있다.

> 외적 가치는 언제나 기능적이고 실용적이다. 이런 태도를 가진 사람은 종교의 다양한 측면 중에서 유용성을 발견할 것이다. 예를 들어, 안전감, 위안, 사교, 열정, 지위, 자기정당화들을 제공하는 것으로 종교의 역할을 생각한다···. 종교적으로 내적 지향을 하는 사람은 자신의 행동의 주된 동기를 종교 안에서 찾으며···, 그것을 내면화하고 개인적으로 완전하게 그것을 따르려고 노력할 것이다.

종교지향 척도(Religious Orientation Scale : ROS, Allport & Ross, 1967)는 20문항으로 구성되어 있는데, 내적 지향을 나타내는 9문항과 외적 지향을 나타내는 11문항을 포함하고 있다(Donahue, 1985). 종교지향 척도는 REBT 치료자가 내담자들이 외적인 이유 때문에 '종교'를 활용하는 경향이 있는지, 내적으로 종교적인 삶을 사는 경향이 있는지를 결정하는 데 도움을 줄 것이다. 양쪽 모두에서 높은 점수가 나왔다면, 그것은 무조건 종교에 이끌리는 성향이 있다는 것을 알려주는 것이다. 반대로, 양쪽 모두에서 낮은 점수를 나타냈다면, 자신의 삶을 종교와 결부시키기 싫어하는 것을 의미한다. 현재 종교와 관련된 심리학 분야에서 이것보다 더 적절하게 구조화되고 많이 연구된 평가 도구는 없다.

2) 영적 복지감(Well-being)

삶의 행복과 만족에 대한 전통적인 측정은 대부분 물질적인 행복이나 심리적 행복에 초점을 맞추는 경향이 있었다. 이런 이유 때문에 영적인 복지감(Spiritual Well Being, SWB)에 대한 측정은 영적인 만족과 행복이라는 차원이 통합되어 발전되었다(Bufford, Paloutzian & Ellison, 1991). 이 영적 복지감 척도는 20개의 문항과 두 개의 하위척도를 포함하고 있다. 첫 번째는 종교적인 행복이라고 할 수 있는 영성의 수직적 차원 또는 신과 사람과의 관계를 측정하는 것이고, 두 번째는 실존적인 행복이라고 할 수 있는 인생에 대한 만족과 인생의 목표에 대한 감각을 포함한 행복의 수평적인 차원을 평가하는 것이다. 이 척도는 강한 신비주의적 특성을 나타내 보여주고, 내담자가 신 혹은 종교단체와의 관계에서 만족을 느끼는 정도와 그런 관계에 적응하고 있는 정도를 평가하는 데 아주 유용하게 사용될 것이다.

3) 갈등의 정도

REBT 치료자는 종교적인 내담자가 다음의 영역에서 어느 정도 갈등을 경험하고 있는지 알게 되면 추가적인 이득을 얻을 수 있다. (a) 입증된 경험의 실제, (b) 장·단기 목표, (c) 내적 평화와 행복, (d) 가족, 친구 및 종교 공동체를 포함한 환경, (e) 건전한 자아통합의 과정(Grau, 1977). 다시 말해, 내담자의 종교가 이런 분야에서 갈등을 유발시킨다면, 특정 종교적 신념이나 행위의 모순을 실제적으로 재고해 보고 탐색해 보는 것이 중요하다.

4) 피상적 견해와 비(非)융통성

내담자가 제한적으로 정의된 종교적 교훈이나 교리를 절대적으로 고수하는 수준은 어느 정도인가? 인지적으로 융통성이 없는 정도와 수용 가능한 생각이나 행동에 대해 흑백논리를 가지고 독단적으로 판단하는 종교성은 고통이나 역기능과 상관이 있다. 비록 로케이어취(Rokeach, 1960)와 그의 동료들이 이런 독단주의를 측정하려 시도했지만, 그런 목적을 만족시킬 수 있는 척도는 아직 알려진 바 없다. 내담자가 고집 세고 융통성 없는 신념체계를 보인다면 그를 폐쇄적이라고 간주해도 무방하다(Rokeach, 1960). 대안적인 견해들에 대해 반대하는 폐쇄적이고 완고한 정도는 다른 특성들과도 정적 상관이 있다. 구체적으로 표현하면, 믿음이 있는 것과 없는 것 사이의 명확한 차이, 믿음 없음에 대한 적나라한 반감, 세상이 위협적인 것이라는 견해, 권위에 복종한다는 의미에서의 종교단체 안에서의 역할, 다른 분파의 권위에 동의하거나 반대하는 기준 등을 포함한 절대적이고 권위주의적 견해와 같은 특성과 정적 상관이 있을 수 있다(Meissner, 1996). 다시 말해, 치료적인 견해에서 볼 때 평가는 그런 견해의 광범위함과 편협함의 정도를 결정하고 단호함과 융통성의 정도를 결정하는 것이다. 비록 어떤 종교단체나 신념체계가 본질적으로 폐쇄적이고 완고하다 할지라도, 단순히 어떤 단체에 속해 있다는 것 하나만으로 건전한 신앙을 가졌거나 그렇지 못한 신앙을 가지고 있다고 결론내릴 수는 없다. 우리는 아주 독단적이고 권위주의적인 종교단체에 속해 있는 사람들 중에 오히려 더 건전하면서 인지적으로 개방되어 있고 융통성 있는 남녀들을 개인적으로 많이 보아왔다. REBT 모델에서는 내담자가 속해 있는 교단이 고수하고 있는 특정한 신념들과는 상관없이 내담자 개인의 종교적 신념에 기초한 결과와 활동에 초점을 맞출 것을 요구한다.

5) 종교와 관련된 병리적인 면의 잠재적 표시

숙련된 REBT 치료자들은 종교라는 것이 다차원적이며 종교적이 '되기' 위한 방식들이 무수히 많다는 것을 잘 인식하고 있다(Hood, Spilka, Hunsberger & Gorsuch, 1996). 특정 종교적 신념과 정신병리적 행동을 짝지으려는 시도는 치료자, 특히 내담자에게 아주 위험하다. REBT 치료자는 내담자의 종교를 존중하며 그것과 관련된 문제들을 조심스럽게 다루어야 한다. 그러나 경험이 많은 치료자는 잠재적인 문제를 포함하고 있는 종교성도 쉽게 알아차린다. 비록 병리적인 면의 잠재적 표시 중에 그 어떤 것도 내담자의 어떤 문제를 지적하는 것이 아니지만, 그런 것에 더 주의를 기울일수록 내담자를 더 잘 도울 수 있고 내담자가 표현하거나 보고하는 것들을 더 주의 깊게 평가할 수 있게 된다. 후드 등(Hood, et al., 1996)과 로빙거(Lovinger, 1984, 1996) 및 프루이저(Pruyser, 1971, 1977)의 연구에서 나타난 문제가 될 수 있는 소지가 있는 종교성에 대한 잠재적 표시들은 다음과 같다.

① 자기중심적 행동 : 내담자가 자신만의 방식으로 의사표현을 하고 종교적인 헌신과 열정을 공공연하게 보여주는가? 자신이 많은 사람 앞에서 보여지는 면에만 역점을 두는 것은 자아도취적 성격이라고 할 수 있고. 때로는 치료자나 다른 사람에 대한 뿌리 깊은 경쟁심이나 원천적인 분노에 기인되어 있을 가능성도 있다.

② 보상으로서의 종교 : 내담자는 살면서 맞닥뜨릴 수 있는 평범한 사건들을 헤쳐나가는 데 종교가 계속해서 도움을 준다고 생각하고 있는가? 종교를 가지는 것이 내담자가 어떤 것에 비교적 잘 적응하고 있는 것으로 보이는가, 아니면 잠재적인 대인관계 욕구나 공허함의 반영처럼 보이는가?

③ 용의주도 : 죄 혹은 그 외의 실수에 대한 강한 두려움을 내담자가 호소한다면, 그것은 강박이나 불안의 반영일 수 있다. 만약 내담자가 죄를 짓지 않으려는 것에 너무 집착하고 있다면, 그런 회피 행동은 사회적인 결과나 직업적인 결과를 유발하거나 신앙공동체의 경전이나 교리의 지지를 받지도 못하는 특이한 관계 신념(예 : 분노하는 하나님, 죄로 인해 자신이 완전히 무가치하다고 느끼는 것)에서 비롯되는가?

④ 책임 회피 : 책임감을 회피하기 위해 내담자가 종교를 반사회적인

태도로 사용하는 것처럼 보이지는 않는가? 이것은 '마귀가 나를 그렇게 하도록 만들었다' 라는 식의 자기합리화를 하기 위해 어떤 사람들은 종교를 사용한다는 오래된 믿음과 관련이 있다.

⑤ 황홀경 : 내담자가 정신적 기능장애로 보여질 정도로 통제할 수 없는 강한 감정적 혹은 영적 표현을 경험한 적이 있는가? 그런 행동이 내담자가 속해 있는 종교단체 안에서 일반적인 것이고 다른 사람들도 그렇게 하는가? 그런 표현의 사회적이고 직업적인 결과들을 이해하는 것이 중요하다.

⑥ 끊임없이 교회 바꾸기 : 내담자가 계속해서 교회를 바꾸고 교회에 만족하지 못하고 잘 소속되지 못하는 것처럼 보인다면, 치료자는 대인관계에서의 갈등, 거부에 대한 저항감, 강박증세, 회피에 대한 공포를 내담자가 가지고 있지 않은지 고려해 보아야 한다.

⑦ 종교 행동의 수동공격성 : 내담자가 종교적 언어나 문맥 속에 은폐되어 있으면서 명백하게 해로운 행동의 가해자나 수해자가 된 적이 있는가? 예를 들어, 한 내담자가 종교단체로부터 추방되고 그로 인해 자신이 영적으로 적절하지 못하다고 생각하고 죄책감이나 수치심을 느끼며 이혼이나 약물중독을 경험한 적이 있는가?

⑧ 진리에 대한 지침서인 성서 : 종종 내담자는 의존적인 태도(반사회적인 것에 대항하여)로 책임감을 회피할지도 모른다. 이 때 내담자는 건전하고 보편적인 자아방향성(self-direction)을 잃고, 인생에서 요구되는 다양하고 복잡한 것들을 해결하기 위해 경전이나 구체적인 행동 규율 및 규제들을 따르려고 시도할 수 있다. 여기서 주목할 것은 내담자가 합리적인 수준의 책임감, 자유 및 자아방향성을 포기한다는 것이다.

⑨ 신들림 : 우리가 경험한 바로는, 마귀나 귀신 혹은 그 외 다른 악한 힘에 의해 지배받고 있다고 자신의 문제를 토로하는 내담자들은 아주 극소수이다. 인기 있는 문학 작품들에서 흔히 귀신들렸다고 묘사되는 있는 증후군에는 신경학적 질병, 정신병, 해리 상태, 내분비

적 역기능 등이 포함된다. 치료자는 귀신들렸다는 것에 대한 신념
이 내담자의 신앙공동체와 문화적 배경에 존재하는지를 반드시 평
가해야 한다.

⑩ 갑작스런 개종 : 종교심리학에 관한 문헌들에는 갑작스런 개종은
높은 불안 수준이나 만성적 적응문제와 관련이 있다고 묘사되어 있
다. 그런 갑작스런 개종은 계속 유지되기보다는 유동적인 것이 대
부분이고 만성적인 불안으로부터 구원받고 싶은 욕구와 만성적인
불안에 대한 취약성의 반영일 수 있다.

⑪ 방언 : 내담자가 성령이나 하나님에 의한 직접적인 지도로 믿어지
는 특정 종교 언어나 '방언'을 한다면, 치료자는 그런 행동이 내담
자의 종교집단에서 받아들여지는 것이고 그 종교집단의 규준에 맞
는 것인지 여부에 대해 다시 한 번 주의를 기울여야 한다. 예를 들
어, 오순절 교도, 신앙부흥운동가 및 교조주의 집단은 방언을 상당
히 바람직한 종교적 표현의 한 형태로 인정하고 있다.

⑫ 신비주의적 경험 : 내담자가 신비주의적 영적 경험을 보고하였는
가? 만약 그렇다면, 그것이 내담자의 신앙공동체나 상황과 어느 정
도 일치하는지 평가해 보는 것이 중요하다. 어떤 종교단체에서는
구성원들이 그런 경험을 하고 집회에서 그것을 발표하기를 촉구한
다. 하지만, 그런 경험이 내담자의 종교와 상황에 일치하지 않는다
면, 치료자는 망상이나 그 외 정신병적 상태에 대해 관심을 가져야
한다. 과격한 정서적 반응과 환각에 의한 장애행동 등은 이형(異形)
의 신비주의 경험이다.

4. 종교적 신념에 대한 REBT의 평가

1) '오만함' 대 '협력적임'에 대한 평가

앨버트 엘리스(Albert Ellis) 연구소의 전문가 교육 담당인 레이먼드 디기우셉(Raymond DiGiuseppe)은 REBT 치료자들에게 내담자의 신념을 평가하는 데 있어 '자기중심적 인식론'을 피해야 한다고 경고하고 있다. 본질적으로 평가에 있어서 '자기중심적 인식' 혹은 오만한 접근(Miller, 1988)은 내담자에 대해 우리 치료자들이 인식하고 있는 가정(假定)을 먼저 주의 깊게 점검해 보지 않고 내담자와 그의 종교를 우리가 이해하고 있다고 생각하는 것을 의미한다. 이 때 치료자들은 "내담자와 그의 종교에 대해서 내가 추측하는 것이 확실히 옳다"는 맹목적인 믿음을 가진다. REBT 치료자가 이런 오만한 접근을 시도할 때 건전하지 않고 어리석으며 일반적으로 병리적 문제를 유발하는 신념을 금지하는 것과는 반대로 건전하고 합리적이며 바람직하다고 정의되는 일련의 신념들에 대하여서는 아무런 근거 없이 처방하게 될지도 모른다. 그런 오만한 접근은 바람직한 치료 작업이나 기본적인 전문가 방침에 위배될 뿐만 아니라 모두는 아니라도 종교를 가진 대부분의 내담자들과 좋지 않은 관계를 가지게 되는 데 기여할 것이다.

그와는 반대로, 내담자의 종교성과 내담자 개인의 삶에서 경험되고 이해되며 표현되는 종교의 방식을 이해하는 협력적인 접근을 추천한다. 여러 학자들은 심리치료에서 이런 접근법이 바람직하다고 추천하고 있으며(Lovinger, 1984; Richards & Potts, 1995; Rowan, 1996), 특히 인지행동치료에서는 더욱 그렇다(DiGiuseppe, 1991; McMinn & Lebold, 1989; Miller, 1988). REBT 치료자는 내담자의 종교적 견해에 대한 올바른 이해와 포용력을 계발해야 그들에게 좋은 서비스를 제공할 수 있다. 밀러(Miller, 1988, p.45)는 협력적 접근에서, "내담자의 신념체계의 통합을

존중하고 무언가 고치려고 하기보다는 탐구하면서 시작한다"고 언급했
다. 평가를 위한 협력적 접근은 특정 교단이나 교파뿐만 아니라 내담자
의 종교적 경험의 틀에서 개인을 이해하는 것이다(Lovinger, 1984). 리차
드와 포츠(Richards & Potts, 1995)가 내담자의 종교적 세계관 안에서 효
과적인 평가와 개입을 하기 위해서는 효과적인 라포(rapport) 형성, 종교
적 주제를 탐구하는 것에 대한 내담자의 동의, 자신의 독특한 종교적 신
념과 교리적인 헌신을 이해하려는 협력적 시도 등이 요구된다고 한 것에
대해 우리는 전적으로 동의한다.

2) 어떤 종교적 신념이 비합리적인가?

프로이트는 종교적 신념을 명백하게 망상이라고 간주하였다. 당연히
그렇게 말할 수 있었던 것은 종교적 신념을 입증하거나 반박할 수 있는
아무런 증거도 없기 때문이다. 엘리스(Ellis, 1971)도 한때는 비합리적이고
입증할 수 없다는 이유로 종교적 내용이 포함되어 있는 내담자의 신념을
논박하는 것을 장려했다. 물론, 특정 신념이 현재의 정보수집과정을 통해
서는 증명될 수 없다고 해도 반드시 그것이 망상적이라고 결론 내릴 수는
없다. 메이스너(Meissner, 1996, p.249)는 "종교적 신념체계를 평가하는
데 있어서 문제가 되는 것은 그것을 증명할 만한 확실한 증거가 없을 뿐만
아니라 그것에 반대할 만한 확실한 증거도 없다는 데 있다"고 강조했다.
특정한 종교적 신념을 병리적이라거나 혹은 건전하다고 평가하려는 시도
는 아주 위험하고 비윤리적인 행동이다(W. B. Johnson & Nielsen, 1998).
종교에 대한 치료자의 경험과는 관계없이 특정한 종교적 신념의 병리적인
정도를 평가하려면 반드시 주관적인 기준에 의존하게 될 수밖에 없다. 종
교적이든 그렇지 않든 간에 거의 모든 인간의 신념들은 문제를 일으키는
데 어떤 역할을 할 소지가 있으며, 특정 신념의 유용성이나 진실을 측정하
려고 시도하는 것보다는 내담자의 신념 양식을 이해하고 그런 양식이 사
회적이고 직업적인 기능에 어떤 영향을 주는지를 이해하려고 시도하는 것
이 더 유익하다.

비슷한 맥락에서 메이스너(Meissner, 1996)는 내담자의 종교적 신념에 대해 치료적 평가를 할 때 '진리의 가치'에 대한 평가가 아니고 병리적 평가를 하는 것이 왜 중요한지에 대해 논의했다. 본질적으로 '진리의 가치'에 관한 질문은 신념체계가 주장하는 것이 진리인가 아닌가에 대해 묻는 것이다. 종교적인 내담자와 심리치료를 할 때 그런 질문은 비윤리적일 뿐더러 바람직한 REBT 수행과도 거리가 멀다. 그 대신에 메이스너가 주장하는 것처럼 치료자는 반드시 신념과 관련하여 병리적인 면을 묻는 데 초점을 맞추어야 한다. 결국, 치료자는 "내담자의 독특한 인지적인 구조와 성격 구조를 통해 표현되는 종교적 신념체계가 잠재적으로 문제를 일으키는가"를 묻는 질문을 해야 한다. 일례로, 널리 퍼져 있는 내세(來世) 혹은 사후세계에 대한 종교적 신념을 생각해 보자. 신약성서(마태복음 25장 31~46절)에서는 널리 인정받고 있는 '인간이 천국으로 갈지 혹은 지옥으로 갈지'가 정해지는 마지막 심판날에 관해 확실하게 언급하고 있다. 그렇지만 이런 신념의 유용성과 진리의 가치에 대한 질문은 좋은 심리치료에 포함될 수 없다. 그 대신에 REBT 치료자는 그런 특정 신념이 내담자가 표현하는 현재의 문제와 어떤 관계가 있는지에 대해서 많은 관심을 가진다. 심판날에 대한 그런 신념이 내담자를 괴롭히고 있는가? 내담자가 영원한 파멸과 실패에 대한 두려움과 관련하여 자신을 쇠약하게 하는 염려를 표현하는가? 미래나 사후세계의 세세한 사실들은 알 수 없기 때문에 좌절에 대한 약한 포용력을 가지고 있는가? 그것과 반대되는 많은 성경 구절들이 있음에도 불구하고, 내담자가 인간적인 약점으로 인해 영원한 파멸이 이르게 될 것이라고 믿고 있는가? 그 이후에 뒤따라야 하는 궁극적인 질문은, "그런 내세에 대한 신념이 적응성이나 장애와 관계가 있는가(혹은 없는가)" 하는 것인데, 아마 그보다 중요한 것은 "그런 신념의 어떤 점이 적응성이나 장애에 기여하는가" 하는 점이다.

장애에 대한 A-B-C 모델의 핵심은 심리적 장애의 이유가 사람들이 자신의 삶에서 지각된 사건에 대해 행하는 절대적인 평가(absolute evaluation)에 있다고 설명하는 데 있다. 이런 평가적인 사정(査定)은 언제나 강요하는 특성이 있고, 그런 요구는 대개 독단적으로 '반드시 해야 한다', '꼭 그래야 한다', '마땅히 해야 한다' 는 식으로 표현된다. 그런 독단적인 요구는 그것을 실천하려는 이들에게 만족을 주기 힘들기 때문에 자신이나 다른 사람들을 평가절하하고 두렵게 만들며 쉽게 좌절하게 하고 이분법적인 사고를 하게 하는 등 다른 형태의 혼란을 가져오게 한다. 종교를 가지고 있는 내담자와 심리치료를 할 때, REBT 치료자는 내담자의 비합리적이고 절대적인 평가와 강요를 신속하게 가려내려고 해야 한다.

종교를 가진 내담자를 평가할 때 그가 소유한 종교적이거나 비종교적인 신념들이 반드시 정신건강에 영향을 주는 것은 아니라는 점을 인식하는 것도 중요하다. 독실하고 보수적인 종교적 신념을 가졌으면서도 심리적으로 잘 적응하는 수백만의 남녀들이 있다. 그보다도 그들의 정서적 건강은 종교적 신념을 포함한 특정 형태의 신념에 크게 영향을 받는다(Ellis, 2000a). 본질적으로 비합리적인 사고와 정서적 혼란을 야기하는 것은 대부분 독단적인 태도이다. 전형적으로 내담자를 위한 수준 높은 치료적 해결책은 그 자신이나 타인들 혹은 세상에 더 융통성 있게 대처하고 독단적이지 않게 하는 것이다. 엘리스(Ellis, 1994)는 "정서적 혼란을 야기하는 것은 특정 종교적 신념이라기보다는 그런 신념에 대한 독단적이고 절대적인 애착"이라고 했다.

두 가지 본질적인 평가 과제가 있다. REBT 치료자는 종교적 신념에 대해 내담자가 가지고 있는 완고하고 독단적인 자세를 고수하는 정도를 고려해야 한다. 이와 관련된 주요 질문들은 다음과 같다. "내담자가 인지적으로 어느 정도 폐쇄적이고 완고한가?" "그런 완고함은 내담자의 신앙 방식의 반영인가?" "내담자의 신앙에 대한 강요가 어느 정도 완고한가?" 치료자는 내담자가 언제나 초인적으로 행동해야 한다는 강요 없이 자신의 신앙과 일치된 생각과 행동을 하는 것을 선호할 때 고무적이 된다. 이와 비슷하게, 강요에 대비되는 바람과 관련된 건전한 철학은 종교적인 내담자가 천국과 내세(來世)를 믿을 수 있고 꼭 그래야 한다는 강요 없이 죽은 후에 자신들이 천국에 갈 수 있다고 믿을 때 생겨난다. 종교적으로 건강한 사람은 내세에 대한 자신의 견해만이 확실히 옳고 아무도 자신의 신념에 감히 이의를 제기할 수 없으며 내세에 대한 다른 견해란 있을 수 없다고 주장하지 않는다.

두 번째 평가 과제는 내담자의 특이한 종교적 신념의 내용에 대한 몇 가지 평가들과 관련이 있다. 물론, 그것은 자극적이고 잠재적으로 문제를 일으킬 수도 있는 시도이다. 그렇지만 우리는 비록 REBT 치료자가 개인적으로 종교적인 배경을 가지고 있지 않고 종교를 가지고 있는 내담자를 치료하는 방식에 대해 훈련을 거의 받지 못했을지라도, 이런 점과 관련해서는 기본적 능력을 가지고 수행할 수 있기 때문에 윤리적으로 문제가 없다고 생각한다. 내담자가 가진 종교적 신념의 내용을 고려할 때는 치료자가 그런 신념의 진위를 살피고 그 가치를 따지거나 확인하려고 하는 것이 아니라 정서적이고 행동적인 문제에 직접적인 영향을 주는 내담자의 종교적 신념이 그가 믿고 있는 종교의 다른 모습들과 얼마나 일치하는지를 살펴보려는 것이다. 이 때 다음과 같이 질문할 수 있다. "경전이나 교리에 대한 불완전하고 특이한 해석과 관련되어 있는 내담자의 종교적 신념이 문제를 일으킬 가능성은 어느 정도인가?"

디기우셉 등(DiGiuseppe, et al., 1990, p.358)은 "사람들은 종교에 대한 신념 때문에 장애를 가지게 되는 것이 아니고, 오히려 그들의 장애는 다른 사람들과 의견을 달리하기 위해 종교의 어떤 요소만을 선택적으로 축약하여 사용하는 성향과 관련이 있다"고 주장하고 있다. 다시 말해, 평가를 하려고 할 때 종교를 가진 어떤 내담자는 불완전하고 왜곡된 종교적 신념들과 관련된 명백한 형태의 정서적 혼란을 보일 것이다. 평가과정에서 치료자는 장애를 일으키는 일차적 신념이 내담자가 속한 종교단체가 고수하는 종교적 요소들과는 전혀 일치하지 않는다는 것을 종종 알아차릴 수 있다. 예를 들어, 한 남성 내담자가 심각한 우울증(C)을 호소하는데, 치료자는 그것이 일시적 사건인 자위행위(A)와 관련이 있음을 바로 눈치챌 수 있었다. 내담자의 우울과 가장 관계가 있어 보이는 신념(B)은 자위행위가 영원히 지옥에 있어야 하는 벌을 받을 만한 죄라고 믿는 것이었다. 비록 REBT 치료자가 내담자의 전반적인 종교적 헌신이나 죄에 대한 그의 종교적 신념을 고수하려는 바람과 그것에 일치하는 행동을 하고자 하는 것에 이의를 제기하는 것은 적절하지 않지만, 혹시 내담자가 선택적 축약을 하는 경향이 있는지를 살펴보는 것은 매우 적절한 것이다. 첫째, 만약 그 내담자가 유대교나 기독교 신앙을 믿고 있다면, 단지 자위행위는 인간이 저지를 수 있는 무수히 많은 잘못 중에 하나라는 것을 간과했을 수 있다. 왜 그런 일로 인해서 그와 같은 우울증을 겪고 있는 것일까? 은혜와 용서는 도대체 무엇이란 말인가? 만약 기독교인이라면 예수가 그의 자위행위에 대한 용서를 위해 목숨을 버렸다는 사실을 그가 간과하고 있는 것은 아닐까? 아담과 하와(이브)도 죄를 짓기 전에 에덴동산에서 겨우 며칠만을 살았을 뿐인데, 왜 그가 완전해야 하고 절대로 자위행위를 해서는 안 된다는 말인가? 게다가 자위행위가 죄악인지 아닌지에 관해서는 성서학자들 사이에서도 논란이 많다. 자위행위에 대해 언급하고 있는 구약의 성서구절들은 그 목적이 하나님에 대한 불순종을 언급하기 위해서인 경우가 많다.

앞에 제시된 예(例)에서도 알 수 있듯이 주의를 기울여 행해지는 REBT 평가에서는 종교적 신념의 완고성과 유연성 모두에 초점을 맞추고 신념 자체가 불완전한지, 내담자가 선택적인 축약을 하고 있으며 그것이 특이한지, 그것이 내담자가 속한 종교단체의 포괄적인 교리와 일치하는지 등을 살핀다. 평가를 해서 만약 그렇다면 내담자의 비합리적인 신념은 실제로 다음과 같을 수 있다. "자위행위를 했기 때문에 나는 영원히 지옥에서 고통받을 것이 틀림없다. 그런 죄를 지은 것을 보면 나는 정말로 가치가 없는 존재이고, 자위행위는 모든 죄악 중에서도 최악의 경우로 나는 용서받을 수 없을 것이다. 나는 자위행위를 그만 둘 수 없을 것 같기 때문에, 그것은 내가 불경하고 의도적으로 순종하지 않는 것을 의미하는 것이고 하나님은 틀림없이 크게 분노하실 것이다. 정말 너무 끔찍한 일이다…." 이런 경우, REBT 치료자는 내담자의 신념체계의 특성, 선택적 추론, 일관성 없음, 주관적인 평가 및 강요하는 철학에 근거한 사고(思考)들을 조심스럽게 논박하기 시작할 것이다. 물론, 이런 점에서 적절한 접근은 치료자가 내담자의 신앙을 존중한다는 것을 나타내 보이면서 동시에 가능하다면 때에 따라서 내담자의 이익을 위해 심지어 내담자의 신앙적인 면을 지지해 주는 것이다.

다음 장(章)에서는 종교를 가진 내담자를 평가하는 단계에서 가장 중요한 요소들과 REBT 치료 순서에 대해 논의하고자 한다(Dryden, DiGiuseppe & Neenan, 2000). 내담자의 종교성을 고려해서 신중히 이루어지는 평가에 뒤이어서 REBT 치료자는 논쟁의 여지는 있지만 REBT 치료의 핵심인 논박하는 과정을 시작한다. 계속되는 장들에서는 종교를 가지고 있는 내담자들이 가장 빈번하게 드러내는 문제들과 신념에 대해 REBT가 어떻게 개입해야 하는지를 탐구하려고 한다.

제 4 장

합리적 · 정서적 사례의 개념화와
회기에 대한 계획의 개요

REBT 치료자가 초기접수 평가와 내담자에 관한 예비자료 수집은 물론, 주요 문제와 핵심 불만 사항들과 관련된 종교적 신념 및 행동 간의 관련성을 조심스럽게 탐구하는 일을 마쳤다면, 치료의 초점은 내담자의 합리적 신념과 비합리적인 신념에 맞추게 된다. 이 장(章)에서는 내담자와 함께 사례 개념화와 회기 계획을 위한 전략을 세우는 데 있어서의 합리적 · 정서적 접근에 초점을 맞출 것이다.

1. 절대적인 평가적 신념을 평가하고 수정하기

REBT와 다른 심리치료와의 근본적인 차이는 REBT는 평가적 신념 (evaluative belief)에 초점을 맞춘다는 데 있다(Ellis, 1994b; Walen, et al., 1992). 합리적 · 정서적 이론에서는 평가적 신념이 우리 자신과 타인들은 물론 우리가 사는 세상에서 일어나는 일들에 대한 감정, 사고 및 그 뒷면에서 동기를 제공하는 정서들과 아주 밀접한 관계가 있다고 주장하고 있다. 가장 목표지향적인 인간의 사고, 행동 및 정서는 평가적 신념, 다시 말해 약간은 의식적이면서 많은 부분은 무의식적인 경향이 있는 신념으로부터 나온다. 평가적 신념은 우리가 하고 있는 것과 하기를 원하지 않는 것, 좋아하는 것과 싫어하는 것, 선과 악에 대해 믿는 것 혹은 우리가 선호하는 것과 거부하는 것에 대한 핵심적 인지요소이다. 평가적 신념은 REBT의 A-B-C 모델에서 B와 관련이 있다. 절대적이고 견고한 평가적 신념이 자기패배적 정서를 일으키는 반면에, 선택적인 평가적 신념은 효과적이고 건전한 정서를 이끌어낸다. 따라서 절대적인 평가적 신념은 REBT에서 변화시켜야 할 주요 목표인 것이다.

1) 선호하는 것

선호하는 것은 상대적이고 실제적인 평가이다. 그것은 한 사람이 영향을 줄 수 있는 실제적 영역과 관련되어 제시되고 유지된다는 점에서 상대적인 것이다. "나는 밀크 초콜릿보다 적당하게 단 초콜릿이 더 좋다"고 말하는 것은 어떤 것을 선호한다는 것이고 상대적이며 실제적이다. 하지만 "밀크 초콜릿보다 적당하게 단 초콜릿이 모든 사람에게 항상 더 좋다"고 믿는 것은 비합리적이고 절대적인 평가이다. 왜냐하면, 그 사람이 싫고 좋음과 같이 자신이 선호하는 문제를 절대적이고 보편적인 수준으로 끌어 올렸기 때문이다.

비록 선호하는 신념이 언제나 유쾌한 감정을 일으키는 것은 아니지만, 도움이 될 때가 많다. 예를 들어, 한 내담자가 친밀한 관계가 깨진 것에 대해 슬퍼하고 있다고 생각해 보자. 그 내담자는 자신의 여자친구는 운동을 아주 좋아하는데 자신은 운동을 필요악으로 생각하고 있다고 말한다. 여자 친구는 여가 시간에 산악자전거를 타거나 조깅을 하고 헬스클럽에 가고 소프트볼, 스쿼시, 농구 등을 하거나 TV나 경기장에서 운동 경기를 관람하기를 좋아했지만, 그는 책을 읽거나 연극, 오페라 혹은 발레를 보고, 장기를 두거나 TV에서 영화 보기를 더 선호했다. 여가시간을 함께 즐기는 것에 따른 갈등으로 인해 그녀는 그에게 결별을 선언했다.

만약 "이런 관계에 대해 자신에게 어떻게 말합니까"라고 묻는다면, 그는 "우리의 관심사가 좀더 일치했으면 정말 좋았을 텐데!" 혹은 "그녀가 내가 좋아하는 것을 좀더 이해해 주었으면 정말 좋았을 텐데!"라고 응답할지 모른다. 이런 것이 〈그림 4-1〉에서 묘사하고 있는 A-B-C 모델에 적용될 수 있는 선호하는 평가적 신념이다.

인간의 경험은 불안과 혼란에서 완전히 자유로울 수는 없다. 우리는 우리가 원하는 것, 특히 진심으로 정말 원하는 것을 얻지 못했을 때 좋지 못한 감정을 경험할 것이다. 예를 들어, 사랑하는 사람을 잃은 것 혹은 좋아하는 활동(장기, 오페라, 스쿼시, 소프트볼 등)을 할 수 없게 된 것에 대해 슬프고 당혹스런 감정을 경험할 수 있다. 이런 것들은 매우 합리적이고 때에 따라서는 잠재적으로 유용할 수 있다.

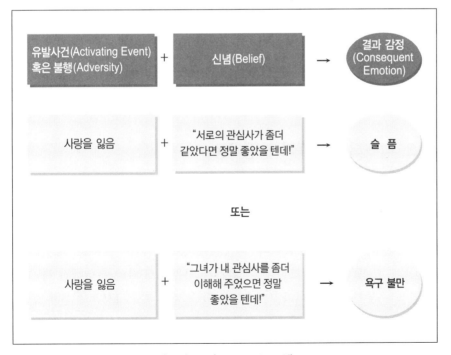

〈그림 4-1〉 A-B-C 모델

2) 유익한 혼란 대(對) 자기패배적인 혼란

자신이 선호하는 것들이나 습관이 자신이 사랑하는 배우자가 선호하는 것들이나 습관과 양립할 수 없다는 것을 알게 되었을 때 느끼는 슬픔은, 사랑하는 사람의 기호나 습관에 맞추기 위해 자신이 좋아하는 것의 범위를 늘리고 습관을 변화시키려는 동기를 유발하게 한다. 실연에 대한 좌절감은 자신과 동일한 취미를 즐기는 배우자를 찾음으로써 해결될 수 있다.

그러나 이런 비슷한 상처로 인해 분노, 수치심, 실망감 혹은 좌절감을 느끼고 우울해진다면 문제가 될 수 있다. 분노는 왜곡된 생각을 하게 하여 충동적인 격노의 폭발로 이끌 수 있다. 수치심은 아마도 한 사람으로 하여금 다른 사람을 피하고 숨게 만들 것이다. 실망감은 인간의 행동을 무력하게 하고 행동의 지속을 방해하며 절망감은 계획되지 않은 난폭한 행동을 하게 한다. 우울은 이와 같은 자기패배적 정서들과 행동들의 해로운 혼합물을 만든다. 합리적 · 정서적 이론에서는 바로 절대적인 평가적 신념 때문에 이와 같은 자기패배적 정서가 자연스럽게 생기게 되는 것이라고 설명하고 있다.

2. 절대적 평가들의 정신역동

인간은 종종 복잡하면서 논리적으로 모순이 되는 평가적 신념을 포함해 수많은 생각들을 한꺼번에 하기도 한다. 더 나아가 인간의 인지적 영역은 역동적으로 상호작용한다. 그것들은 상호간에 무시하거나 제한하기도 한다. REBT를 수행하는 것은 회기가 진행됨에 따라 분명해진 평가적 신념을 구분하는 작업이라고도 할 수 있다. 합리적 · 정서적 이론은 인지 활동의 역동에 초점을 맞추기 때문에 정신역동적인 치료라고도 부를 수 있다. 평가적 신념은 인간의 심리영역에 있는 내용들 중에서 가장 역동적인 것이다. 따라서 REBT는 소문자 p로 시작하는 정신역동(psychodynamics)이라고 할 수도 있다. 이것은 정신분석, 자아심리학, 대상관계 이론 및 그 외 다른 정신역동적 치료에서 주장하고 존중하고 있는 인간 발달의 구성개념이나 그와 관련된 법칙들의 대부분을 강조하지는 않는다. REBT의 근본적인 역동적 개념은 바라는 것과 강요하는 것 사이의 차이를 말한다. REBT의 가장 중요한 목적은 그런 요구들을 없애고 내담자가 바라는 것은 더 많이 얻게 하고 내담자가 원하지 않는 것은 더 적게 얻도록 내담자를 돕는 것이다.

평가적 신념의 역동성은 한 사람이 자신이 좋아하고 선호하는 평가(소망, 바람 등) 수준을 넘어 절대적인 평가(극단적 생각, 강요, 좌절에 대한 포용력 부재, 인간에 대한 평가 등)를 하면 자기패배적 정서를 가지게 될 가능성이 많다고 가정하고 있다. 종종 사람들은 합리적인 이유에서 자신이 처한 상황을 싫어하기도 한다. 예를 들어, 짜증나고 불편한 것과 자신의 약점을 싫어할 수 있다. 하지만 사람들은 그런 상황과 자신을 수용할 수 없을 정도로 '끔찍하다'고 평가함으로써 그런 것들을 절대적인 수준으로 만든다. 그렇게 해서 비합리적으로 되어 버린다.

운동이나 스포츠 때문에 여자친구가 자신을 버렸다고 생각하는 내담자는 〈그림 4-2〉에서 나타내고 있는 선호하는 신념을 넘어서 절대적인 신념들 중에 몇 가지 혹은 모두를 가지고 있을지 모른다. 〈그림 4-2〉에 제시되어 있는 마지막 네 가지 문장들은 강한 편애를 넘어서 극단적으로 생각하기, 강요하기, 좌절에 대해 포용하지 못함, 인간에 대한 평가와 같은 절대적인 평가들을 나타내 주고 있다.

내담자가 한 사건에 대한 불쾌한 감정을 새로운 관계에서 미래에 있을 수 있는 일에 대한 잠재적인 불안과 같은 경우로 극대화시킬 때 그것은 '바람직하지 않다'라는 수준에서 참을 수 없는 분노 혹은 공포의 수준으로 변하게 된다. 어떤 것을 요구하는 것은 원하지 않는 상황(예 : 여가시간을 보내는 데 있어서 여자친구가 자신의 의견만을 주장하는 것)을 불편한 수준을 넘어서 절대로 용납할 수 없는 끔찍한 수준으로 평가하게끔 한다. 그리고 이것이 분노를 일으키는 '해야만 한다'라는 생각을 갖게 하는 것이다.

좌절에 대한 포용력 부재(Frustration intolerance)는 과외로 하는 육체적 활동은 불쾌할 수도 있다는 합리적인 평가적 신념을 절대적인 수준으로 끌어올려 "너무 불쾌할 거야"라고 생각하게 만든다. '너무'라는 절대성은 절망감을 느끼게 한다. 실제로 일이 '너무' 힘들 수도 있다. 예를 들어, 물리적인 도움 없이 수천 킬로그램의 물건을 들어올린다든지 높은 빌딩에서 몸을 던지는 것이 그런 일이다. 하지만 주목해야 할 것은 사람들은 기꺼이 그런 일도 시도한다는 것이다. 그런데 좌절에 대한 포

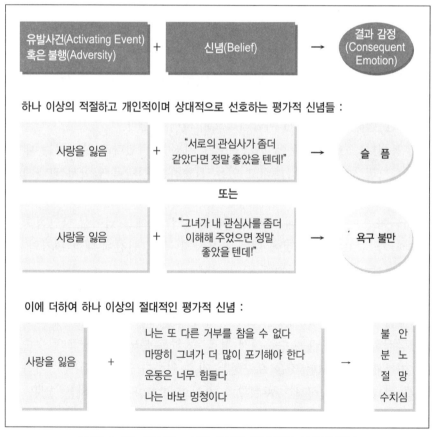

〈그림 4-2〉 선호하는 신념 대(對) 절대적인 신념의 결과

용력이 없을 때 '너무 힘들다' 는 것은 자신이 바라는 것보다 더 힘들기 때문에 수용할 수 없을 정도로 힘들다는 것을 의미하는 것이며, 절대로 그렇게 힘들어서는 안 된다는 생각을 하게 만든다.

인간에 대한 평가(human rating)는 개인적인 특성에 대한 합리적인 평가를 비합리적이고 절대적인 수준으로 만든다. 자신의 잘못으로 인해 일어나는 혼란을 싫어하고 일을 잘하지 못하는 자신의 약점을 싫어하는 것은 합리적이라고 할 수 있다. 그러나 인간에 대한 평가는 자신을 전혀 다른 종류의 사람으로 평가하여 자신을 일도 잘 못하는 멍청이나 다른 열등한 존재로 생각하게 한다. 한 가지 특성에 대한 평가는 그 사람의 전체 혹은 본질에 대한 평가를 하기 전까지는 과장되고 과잉일반화된 것이다. 자신을 열등한 존재로 평가하는 것은 수치심을 유발하고 우울하게 만든다. 또한, 다른 사람을 열등하게 평가하는 것은 상대를 우롱하고 분노하게 만드는 것이다.

3. REBT 과정

1) REBT 회기 구성

비합리적인 평가적 신념은 대개 심리치료 첫 회기 초기에 내담자가 자신의 문제를 이야기할 때부터 명백해진다. 심리적 혼란을 동반하는 평가적 신념은 내담자가 자신을 어떻게 설명하고 있는지, 그가 자신의 행동을 어떻게 정당화하는지 혹은 자신의 문제를 어떻게 설명하는지를 알면 명백해진다. 평가적 신념은 다음과 같은 질문에 대답하는 것을 보면 분명해진다. 왜 심리치료를 받으러 왔는가? 이 회기 중에 어떤 종류의 문제를 다루기를 원하는가? 지금 겪고 있는 상황은 어떠한가? 지금 상태는 어떠한가? 첫 회기와 그 이후의 각 회기들을 통해 평가적 신념이 명백해지면 바로 실제적 치료가 시작된다.

내담자가 자신의 비합리적인 평가적 신념을 이해하고 그것을 변화시킬 수 있도록 도우려는 합리적 · 정서적 치료의 목적은 아래와 같은 단순한 패턴을 반복해서 제시하는 것이다(이런 것들은 거의 모든 내담자에게 적용할 수 있다).

① 본 회기에서 언급된 문제와 관계가 있는 비합리적인 신념 찾기
② 내담자가 그런 평가적 신념의 본질과 효과를 이해할 수 있도록 돕기
③ 내담자가 비합리적이고 절대적인 평가적 신념에서 선호하는 평가적 신념으로 바꿀 수 있도록 돕기

더 나아가 평가적 신념이란 내담자 자신과 자신의 생활에 대한 추상적 개념이기 때문에 한 특정 회기에서 나타난 문제에 대한 평가적 신념을 변화시키는 것은 전반적인 변화에 기여할 수 있다. 자기패배적 정서는 그 문제가 무엇이든 간에 심지어 전혀 다른 문제에 관련하여서도 대개 네 가지 동일한 비합리적인 신념들 중에 한 가지 이상으로 인해 생겨난다. 매 회기를 통해 비합리적인 평가적 신념이 합리적인 신념으로 대체되게 되면, 내담자는 다양한 문제와 상황들에 새롭게 선호하는 합리적인 신념들을 적용할 기회를 가지게 되어 삶에 대한 새롭고 유용한 일반적인 철학을 발전시키고 깊은 정서적인 변화를 경험하게 된다.

드라이덴과 그의 동료들(Dryden, et al., 2000)은 내담자가 평가적 신념을 변화시키도록 도울 수 있는 기회를 극대화시킬 수 있는 REBT 회기의 치료방법 순서를 제안하고 있다(〈표 4-1〉 참고).

첫 번째 단계에서 다섯 번째 단계까지는 내담자와 상담자가 내담자의 자기패배적 정서와 행동을 다루도록 회기들이 구성되어 있다. 여섯 번째 단계에서 여덟 번째 단계까지는 내담자와 치료자가 평가적 신념과 고민 사이의 연결고리를 찾는 것을 돕는 것으로 구성되어 있다. 아홉 번째 단계에서 열세 번째 단계까지는 절대적 평가를 상대적으로 선호하는 것으로 대체하는 것에 초점을 맞춘다.

목표 명료화 드라이덴 등(Dryden, et al., 2000)이 제시한 REBT 치료 순서의 첫 단계와 두 번째 단계에서는 치료자가 내담자와 협력하여 치료 중에 다루어야 할 표적 문제를 신속하게 결정해야 한다. 특히 이 단계들에서는 회기에 대한 내담자의 견해에 초점을 맞추면서 계속해서 회기에 초점을 맞추는 것이 좋다. 정서적으로 불안하거나 혼란스러운 회기에서는 "어떤 문제를 다루기 원하나요?"라고 묻는 것이 명료화하는 데 효과가 있다. 이와 비슷한 질문들은 변화에 대한 책임감을 강조하며 회기마다의 주요 목표들은 내담자가 도달해야 하는 것이지 상담자가 도달해야 하는 것이 아니라는 것을 강조함으로써 치료에서의 내담자의 역할을 고양시킬 수 있다. 치료자가 회기의 목표에 대해 내담자와 함께 협상하는 것은 내담자를 실제로 도울 수 있고 다른 종류의 문제들에 어떻게 변화를 줄 수 있는지 쉽게든 어렵게든 이해하게 할 수 있으며 내담자가 목표를 달성하기 위해 치료를 수용하도록 준비시키는 데 치료적 경험에 있어서 유익하다.

종교를 가진 내담자가 토로하는 문제는 본질적으로 종교 때문일 가능

〈표 4-1〉 합리적 · 정서적 행동치료에서 제안하는 회기 순서

① 내담자에게 문제에 대해서 질문하라.
② 회기의 표적이 되는 문제를 정의하고 그것에 동의하라.
③ C(결과로서의 정서)를 평가하라. 건전한 정서적 고민과 자기패배적인 고민을 구별하라.
④ A(유발사건)를 평가하라.
⑤ 이차적인 정서적 문제들과 스트레스 증상을 확인하고 평가하라.
⑥ 내담자에게 B(신념)와 C(결과로서의 정서) 사이의 관계를 가르치고 그가 이해하도록 도와라.
⑦ 신념, 특별히 비합리적인 평가적 신념(IB)을 평가하라.
⑧ 내담자에게 비합리적인 신념(IB)과 자기패배적인 정서(C) 사이의 관계를 가르치라.
⑨ 비합리적인 신념(IB)을 논박하라.
⑩ 비합리적인 신념(IB)을 위한 합리적인 대안에 관한 확신을 깊게 하라.
⑪ 내담자가 합리적인 신념(RB)을 실행하도록 도와라. 과제를 부여하라.
⑫ 이전의 과제를 점검하라.
⑬ 내담자가 매일의 삶에서 합리적인 신념(RB)을 배우고 실행하도록 조장하라.

자료 : Dryden, et al., 2000의 내용으로부터 각색.

성이 있다. 예를 들어, "내가 저지른 죄는 하나님이 용서해 주실 수 없는 것이기 때문에 나는 죽는 것이 더욱 두렵다" 내지는 "나는 하나님의 존재에 대해 더 이상 확신이 없으며 그런 내 마음을 어느 누구도 이해하지 못할 것"이라고 생각할 수 있다. 하지만 대개 내담자가 말하고 있는 문제들만 듣고서는 내담자의 개인적인 종교적 성향과 그 성향이 심리치료와 어떤 관계를 가지는지에 대한 많은 정보를 얻기 힘들다. 그러므로 잠재적으로 관련이 있는 내담자의 변인들 중에서 종교성을 고려하는 치료 초기의 확실한 평가가 중요하다.

디나(Dinah)가 바라는 것 디나(Dinah)는 집단상담 첫 회기에 초등학교 일 학년 때 수위 아저씨가 자신의 옷을 벗기고 애무했다고 말했다. 어떤 집단원들은 분노를 표현했고 다른 사람들은 어떻게 그녀가 그것을 견디어 왔는지 궁금해했다. 나는(SLN) "이 집단상담에서 무엇을 다루기 원하나요?"라고 그녀에게 물었다. 그녀는 최근에 자신의 남자 친구에게 그 사건에 대해서 이야기했고, 그는 그녀가 상담소에 가야 된다고 말했다고 했다. 그녀에게 집단상담은 가장 신속하게 받을 수 있는 치료 수단이었다. 나는 다시 그녀에게 어떤 문제를 다루기 원하는지 물었다. 이번에는 그녀가 "잘 모르겠다"고 대답했다.

그녀가 혼란스러워했던 것일까? 그녀는 "그렇지 않다"고 말했다. 오히려 남자 친구가 혼란스러워했다. 그녀는 어떻게 느끼고 있었는가? 그녀는 남자친구의 반응에 대해서 염려하고 있었다. 나는 그녀의 남자친구도 집단상담에 참여해야 할 것 같다고 제안했다. 그녀 자신은 그 사건에 대해서 어떻게 말하는가? 자주는 아니지만 그녀는 뉴스에서 성적 학대에 관한 새로운 이야기들을 듣게 되면 그 때만 그 사건에 대해 생각한다고 했다. 그럴 때면 보통 그녀는 "음, 저런 일이 나에게도 일어났었지"라고 생각했다고 했다. 디나는 자신의 남자친구가 그 일 때문에 혼란스러워하기 때문에 "나도 마땅히 그래야 하는 것이 아닌가" 하고 고민하고 있었다. 정서적 상처에 대한 토론을 포함하여 어린 시절 성적 학대가 얼마나 끔찍한 일이며 어떤 일들이 행해져야 하는지에 대해 집단원들이 자신들의 생각을 표현하면서 활발한 토론이 진행되었다.

그러나 디나는 그런 요구들 중에 어느 것도 표현하지 않았고 극단적으로 생각하지도 않았다. 그녀는 그 수위 아저씨가 잘못을 저질렀고 자신에게 신체적으로 상처를 줄 수 있었다고 말했다. 그러나 그녀는 신체적인 상처를 입지 않은 것에 대해서 감사해 했다. 그녀는 그 사건이 자신의 성생활에 영향을 주지 않았다고 믿었다. 남자친구와의 관계에서 성적인 흥분을 느낄 때 그녀는 그 사건에 대해서 생각하지 않았다. 경험에 근거해서 그녀는 남자친구와 끝까지 함께 행복할 수 있다는 확신이 있었다. 그녀는 자신이 상처를 입었다고 생각하지 않았다.

다음 집단상담 회기에서 그녀는 그 사건에 대해 깊이 생각해 보았다고 말했다. 그녀와 남자친구는 그 사건에 대해 오랜 시간 이야기를 나누었으나 그 사건에 대해 분노하지 않기 때문에 다음부터는 집단상담에 참여하지 않을 것이라고 했다. 비록 그녀는 미래에 있을 자녀들의 안전에 대해 약간 두려움이 생긴다고 했지만, 지금 당장은 문제가 되지 않는다고 했다. 그녀가 반드시 분노를 느껴야 하고, 만약 그녀의 남자친구도 분노를 느끼고 있다면 그도 집단상담에 참여해야 하고 그럴 경우에는 남자친구를 위해 그녀도 다시 집단상담에 참여할 수도 있다는 것에 그녀는 동의하지 않았다. 그녀는 남자친구를 데리고 그 집단상담에 돌아오지 않았다.

디나가 원하는 것에 초점을 맞추면서 나는 집단원들이 그녀에게 필요한 것이라고 생각하는 것에 그녀가 주의를 기울이지 못하게 했다. 어떤 동료들과 집단원들은 디나가 계속 상담을 받을 수 있도록 그녀를 독려했어야 한다고 주장하면서 내가 그 상황을 잘못 처리했다고 생각하고 있었다.

표적이 되는 문제와 회기의 계획을 수립하기 위한 내담자와의 세심한 제휴(提携)는 내담자의 종교적 신념을 이해하고 그것을 수용할 수 있는 기회를 제공한다.

2) 정서적 변화

드라이덴 등(Dryden, et al., 2000)이 제시하고 있는 REBT 치료 순서의 세 번째 단계는 치료자가 주요 결과로서의 내담자의 상태(C)와 어려움에 대해 조심스러운 평가를 시작하는 것이다. 그런 것들은 대개 분노, 불안, 우울 등과 같은 건강하지 못한 부정적 정서들이다. 종교를 가지고 있는 내담자라고 해서 정서적이고 행동적인 결과들이 종교를 믿지 않는 내담자들의 그것들에 비해 그리 특별한 것도 아니다. 하지만 우리는 종교를 가진 내담자들이 종종 자신의 주요 문제를 이차적인 문제로 발전시키는 것을 발견했다.

결과(C)를 확인하는 세 번째 단계에서는 일반적으로 내담자에게 각 회기와 치료에 대한 합리적인 목표와 기대를 명확하게 한다. 이 때 치료자들은 대개 내담자의 실제적인 삶의 경험이나 유발사건(A)들을 변화시키는 데는 개입하지 않는다. 한 가지 예외로 내담자가 배우자나 가족들과 어떻게 의사소통 할 것인지에 대해서는 치료자가 개입할 수도 있지만, 의사소통에 있어서의 변화에 대한 책임은 여전히 내담자에게 있다. 실제적인 문제해결을 위한 내담자의 효율성을 개선시키는 합리적인 목표와 문제에 대한 공상적(空想的)인 생각이나 문제를 과잉일반화시키는 비현실적인 목표를 구분하는 것은 내담자와 치료자 모두에게 중요하다. 합리적 · 정서적 이론에서 REBT의 목표는 내담자가 자기장애적인 요소를 제거함으로 더 효과적으로 자신의 삶을 영위할 수 있도록 개입하여 내담자를 돕는 것이다. 그런 과정은 인내를 가지고 내담자의 삶에서 일어나는 불행한 일들(As)을 제거하거나, 그것들을 전혀 혼란스럽지 않게 하는 것에는 아무래도 치료적 한계가 있다는 것을 시인하면서 인내를 가지고 접근할 때 최상의 효과를 낸다.

비록 REBT가 내담자의 정서들 중에 슬픔, 좌절, 분노, 염려 혹은 도움이 되기도 하지만 불쾌한 감정들을 제거할 수 있다고 하더라도, 중요한 목표를 성취하거나 삶의 반전(反轉)에 적절히 대응하는 것을 방해할 수도 있다. 인지행동치료(CBT: Cognitive Behavioral Therapy) 뿐만 아니라 REBT에서도 자기패배적인 고뇌와 문제들을 경감시키는 과정에 대한 기록이 있지만, 모든 성공적인 치료기법들도 내담자의 회복을 느리게 하거나 회복을 방해하는 제한점들을 가지고 있다.

3) 최근의 유발사건(A) 찾기

네 번째 단계에서 유발사건(A)을 구체화하고 다섯 번째 단계에서 이차적 고뇌를 점검하는 것은 내담자의 고뇌와 가장 밀접하게 관계되어 있는 단서들에 대한 윤곽을 그릴 수 있도록 돕고 치료자와 내담자가 어디에서부터 치료를 시작해야 하는지를 알 수 있게 해준다. 유발사건은 관찰 가능한 사건이고 추론이며 실재에 대한 해석일 수 있다. 다시 한 번 우리의 경험에 비추어 볼 때 내담자가 종교와 관련이 있는 특이한 유발사건(예 : "나는 고해성사를 할 때마다 극도로 예민해져요" 혹은 "남편을 위한 나의 기도를 하나님께서 응답해 주시지 않을 때면 나는 정말 우울해져요")을 이야기하는 것은 자주 있는 일이 아니다. 하지만 종교에 초점을 맞추고 있는 유발사건(A)은 어떤 특정한 신앙공동체에서는 더 보편적일 수 있다.

드라이덴 등(Dryden, et al., 2000)이 제시한 REBT 치료 순서의 다섯 번째 단계는 혼란에 대한 내담자의 반응을 탐색하는 것이다. 사고, 감정 및 행동이 상호작용하는 속도가 종종 탐색을 어렵게 하는 경험의 혼미상태를 야기하기도 한다. 불행한 유발사건(A)과 정서적인 결과(C)는 경험의 혼미상태 속에서 내담자들이 가장 이해하기 쉬운 요소들이다. 유발사건도 식별하기 쉽지만 강한 정서적 반응은 내담자들에게 유발사건보다 더 두드러지게 인식된다. 자신의 정서적 반응, 특히 흐느낌, 떨림, 얼굴이 빨개짐, 숨 가쁨과 같은 반응이 조절되지 않고 외부로 나타나게 될 때 내담자는 쉽게 당황하거나 수치심을 느낀다. 이런 이차적인 고통은 매우 심각할 수도 있다. 만약 내담자가 자신의 정서에 대해 절대적이고 강한 신념을 가지고 있다면, 이차적인 고통은 부정적인 상승작용을 하는 큰 동요, 즉 고통이 크게 증가된 상태로 나타날 수도 있다.

베스(Beth)의 외상후 스트레스 장애(PTSD) 베스는 미국에서 종교학 교로서는 가장 규모가 큰 브리검영대학(BYU : Brigham Young University)의 2학년 학생이었다. 그녀는 BYU의 다른 대부분의 학생들과 마찬가지로 BYU를 소유하고 운영하는 말일성도 교회의 교리에 강한 믿음을 가지고 있다고 말했다. 초기접수면접을 하는 동안 베스는 지난 봄 남자친구였던 데이비드(David)가 창문을 통해 자신을 엿보고 있는 것을 어머니가 붙잡았다고 설명했다. 그런데 데이비드는 지난 수개월 동안 이 행동을 계속해 왔다고 자백했다. 그녀는 너무 충격을 받았고 바로 그와의 관계를 정리했다. 당시는 그로부터 7개월이 지난 11월 중순이었다.

베스는 마치 누군가가 기숙사 창문을 엿보고 있는 것처럼 느껴지는 그녀가 자신이 경험한 최근의 환각을 표현했고, 그것은 자신이 기숙사방 창문의 블라인드를 내리지 않고 옷을 갈아입는다는 것을 처음 깨달은 이후에 생긴 일이었다. 그 사건 이후로 그녀는 자신이 옷을 벗고 걸어 다니고 있는 것을 데이비드가 지켜보는 생생한 악몽을 꾸고 있다고 말했다.

내가(SLN) 베스에게 그녀가 어떻게 느끼고 있는지 물어 보았더니, 그녀는 자신이 공황상태에 빠져 있다고 했다. 내가 그녀에게 환상이나 악몽에 대해 자신은 어떻게 생각하고 있는지 물었더니, 그녀는 "바보 같고 미쳐가고 있다는 느낌이 든다"고 했다. 왜 그럴까? "데이비드가 창문 너머로 들여다보는 것을 내가 본 적이 없고 단지 엄마만 그것을 보았을 뿐이에요!" 그녀는 예전 남자친구의 관음증이 이럴 것이라고 생각되는 것과 일치되는 장면들을 자신이 만들어내고 있다는 사실을 깨달았다. 그녀는 자신의 증상들을 계속해서 재앙화하고 악화시켜 온 것 같았다. 악화시키는 것은 초기 유발사건과 관련하여 일련의 과정을 거치는데, 주요 유발사건(A)에 대한 플래시백(flashback)*은 불안을 야기하고, 그런 다음 그런 불안은 추가적인 유발사건(A)을 만들고, 그런 또 다른 유발사건은

---

* 역자주 : 충격의 기억이 영상처럼 떠올라 괴로워하는 것.

조절능력을 잃었다는 것에 대한 끔찍함을 경험하게 하여 더욱더 불안해지고 그런 불안은 조절능력을 잃었다는 것에 대한 더 비극적인 끔찍함을 느끼게 하고, 그로인해 더 큰 불안이 생기는 악순환이 계속되는 것이다. 나는 이런 것이 그녀가 느끼는 공황상태의 원인이라고 가정했다. 그녀는 그 순간 매우 혼란스러워 보였고 정서에 대한 A-B-C 모델에 집중하지 못하는 듯 했다.

나는 베스에게 환상이나 악몽이라는 것이 그렇게 놀랄 만한 일은 아니며, 끔찍한 경험을 한 많은 사람들이 그런 경험에 대한 환상이나 악몽을 경험한다고 설명했다. 나는 그녀에게 군인, 경찰, 응급요원, 사고 희생자, 강간을 당한 사람 등이 자주 그런 증상을 호소한다고 이야기했다. 환상이나 악몽은 외상후 스트레스 장애(PTSD)라고 불리는 것의 일부분이라고 하면서 관음증의 희생자인 여성들은 공통적으로 그런 증상을 경험하고 있다고 말했다. 베스는 "그럼 나는 바보가 아닐 수도 있겠네요"라고 했으며, 그 때 그녀는 조금 진정되어 보였다.

드라이덴 등(Dryden, et al., 2000)이 제안하고 있는 치료 순서의 네 번째 단계는 아직 성취되지 않았다. 회기를 기록하면서 초점을 맞추어야 할 것이 어떤 유발사건(A)이고 어떤 결과적인 정서(C)인지 아직 명확하지 않았다. 모든 회기들이 그녀의 외상후 스트레스 장애(PTSD) 증상들에 관한 이차적인 고통들을 다루는 데 쓰여진 것 같았다.

우리의 경험에 비추어 볼 때 종교를 가지고 있는 내담자들은 그렇지 않은 내담자들보다 이차적인 정서적 혼란을 경험할 잠재성을 다소 더 많이 가지고 있는 듯 하다. 예를 들어, 종교를 가진 내담자가 하나님, 교회 혹은 종교적으로 독실한 자신의 부모에 대해 강한 분노를 느끼는 것은 그리 특별한 일이 아니다. 종교를 가진 내담자들은 담대해지고 신(神)을 신뢰하라는 경전의 훈계에도 불구하고 자신이 사회적 불안을 극복하지 못하는 것에 대해 우울하다고 말할지 모른다.

첫 번째 장(章)에서 자신의 어려움을 호소했던 탐(Tom)은 건전하지 못한 독단적인 종교적 헌신과 관련되어 있는 이차적인 고통 때문에 어려움을 겪고 있었다. 종교에 대한 기복이 심한 헌신 때문에 그가 자신을 비하하고 있었다는 것을 기억하라. '흔들리는 신앙'이라고 불렀던 것은 일반화된 불안으로 인해 유발된 우유부단함이었다. 그의 불안정한 우유부단함 때문에 자신에게 '가치 없는 위선자'라는 꼬리표를 붙였다. 탐이 자신을 가치 없다고 생각한 것은 불안으로 인한 우울증에 이차적인 고통을 더한 것이었다. 우울증에 더해진 불안과 우유부단함은 반복해서 증상을 악화시키는 경향이 있는 해로운 복합물이었다.

4) 내담자에게 그가 겪고 있는 혼란의 정신적 역동성을 보여주기

REBT만의 독특한 목표는 내담자가 자신의 신념, 특히 비합리적인 신념의 영향과 고통들 간의 상호작용을 이해하도록 돕고 자신의 비합리적인 신념(IB)을 어떻게 변화시키는지 내담자에게 이해시키는 것이다. 드라이덴 등(Dryden, et al., 2000)이 제시하고 있는 다음 단계들은 내담자가 자신을 어떻게 패배적으로 만드는지를 내담자와 치료자가 이해하도록 돕는 것을 기본으로 하고 있다. 여섯 번째 단계의 목표는 신념과 결과로 나타나는 정서와의 관계와 그런 REBT의 본 모습을 이해할 수 있는 내담자의 수용 능력을 평가하는 것이다. 만약 치료자가 추구하고 있는 것을 내담자가 이해하고 있다면 내담자의 신념에 대한 평가는 쉬워진다. 만약 내담자가 어떻게 신념이 고통을 유발하는지를 이해하고 있다면, REBT를 하는 동안 있을 수 있는 질문이나 해설 그리고 대립들에 더 잘 적용할 수 있을 것이다.

일곱 번째 단계에서 내담자와 치료자는 내담자가 무엇을 어떻게 믿고 있는지를 탐색한다. 비록 내담자들이 합리적인 신념(RBs)에서 비합리적인 신념(IBs)을 확실하게 분별해내지 못할지는 모르지만, 내담자들은 그들의 세계 속에 합리적인 신념과 비합리적인 신념 모두를 가지고 있다. REBT를 하는 사람들에게는 비합리적인 신념을 확인하는 것이 비교적 쉬운 일이다. 왜냐하면 비합리적인 신념(IB)은 내담자가 자신이나 다른 사람들을 자주 동요하게 만들고 부정적인 과잉일반화를 하게 하거나 '반드시', '마땅히', '꼭', '해야 하는', '끔찍한', '무서운' 등과 같은 단어들을 아무렇지도 않게 사용하게 하기 때문이다. 비합리적인 신념(IB)은 합리적인 신념(RB)과는 다르다는 것을 내담자가 알게 될 때 여덟 번째 단계에서는 여섯 번째 단계를 다시 한 번 재현하게 된다고 볼 수 있다. 내담자가 신념의 영향, 특히 자신의 문제에 대해 합리적인 신념을 가지게 됨으로써 얻게 되는 이익과 비합리적인 신념의 결과를 비교하여 볼 수 있게 될 때 비합리적인 신념을 합리적인 신념으로 변화시키므로 얻게 되는 이익들로 명백하게 다음 단계에 이른 것을 알 수 있게 된다.

물론 자신의 경험에 대해 생각하는 내담자들의 능력에는 차이가 있다. 어떤 내담자들은 이런 순서에서 초기 몇 단계를 통과하는 데도 많은 어려움을 겪는다. 비록 베스(Beth)는 강한 이차적인 고통을 경험했지만, 의외로 그녀는 첫 회기 동안 아주 잘 해냈다. 그녀가 이차적인 고통을 언급한 후에, 우리는 회기의 목표를 설정하는 두 번째 단계로 다시 돌아갔다.

그런 후, 우리는 드라이덴 등(Dryden, et al., 2000)이 제시한 그 이후의 모든 단계들을 빠르게 진행할 수 있었다.

SLN : 공황상태에 관해서 다루기를 원하나요?

베스 : 데이비드를 생각할 때마다 당황스러워요. 옷을 갈아 입으면서 블라인드가 올라간 것을 보았을 때만큼은 아니지만요. 여러 달이 지났는 데도 저는 여전히 계속 울기만 해요. 잠도 잘 못자고요. 나는 이런 상태를 극복하고 싶어요.

SLN : 물론, 그럴 수 있습니다. 당신의 고뇌에 관해서 좀더 이야기해 주세요.

베스 : 글쎄요, 창문 앞에서 옷을 갈아입었다는 것을 알게 되었을 때면 제가 얼마나 당황했는지 말씀드렸죠. 그런데 그전에는 단지 데이비드 생각이 나면 울곤 했어요.

SLN : 울때면 어떤 느낌이 드나요?

베스 : 잘 모르겠어요. 슬프다고 할까요? 정말 너무 슬픈 상태, 그런 상

태를 절대로 극복할 수 없을 거예요.

우리는 세 번째 단계로 다시 돌아갔고, 그 회기에서 우리의 목표가 될수 있는 정서를 구분해 내려고 노력하였다. 내담자들은 종종 정서에 대한 미약한 단어나 이상한 정서적 단어를 사용한다. 베스도 자신의 고통스런 감정을 정의하거나 명확하게 묘사하는 데 어려움을 겪었다. 합리적 · 정서적 이론에서 정서는 신념에서 떼어낼 수 없는 것이다. 신념과 정서는 내면적으로 밀접하게 관계되어 있다. 고통받고 있는 내담자가 말하는 모든 경험, 사고, 정서 및 행동들을 고려할 때 정서의 본질과 정체성을 가장 잘 이해할 수 있다. 특히 정서 경험과 관계되어 있는 신념이 밝혀지면 그 정서를 알 수 있게 된다.

SLN : 데이비드와 그의 관음증에 대해 당신은 자신에게 어떻게 말하나요?

베스 : 그는 좋은 사람 같았어요! 왜 그가 그런 행동을 해서 모든 것을 이렇게 망쳐 버렸을까요? 저는 그가 그립거든요. 그가 그런 어리석은 행동을 하지 않았으면 얼마나 좋았을까요!

SLN : 그렇습니다. 만약 진정으로 그 사람을 좋아했고, 함께 하길 원하는 사람을 잃는다는 것은 슬픈 일이기 때문에 그런 느낌을 가지게 되는 것은 당연한 일입니다. 그런데 당신은 데이비드에게 분노를 느끼는 것 같은데요?

베스 : 예, 약간 화가 나요. 저는 엄마가 그를 보지 않았다면 좋았을 것을 하는 마음이 들 정도예요. 왜 그가 그렇게 멍청한 행동을 했을까요?

SLN : 혹시 그 질문에 대한 답을 알고 있나요?

베스 : 뭐라고요?

SLN : 혹시 이런 질문에 대답할 수 있습니까? 왜 그가 그런 실수를 하기 위해 그 곳에 갔을까요? 무슨 생각으로 그가 당신을 창문으로 엿보았을까요?

베스 : 저도 모르죠! (그녀는 매우 당황한 모습이었다)

SLN : 그런 질문이 당신을 아주 당황하게 만들었군요. 무엇이 두렵습니까?

베스 : 글쎄요, 아마 제가 어떤 행동을 했기 때문인지도 모르죠.

SLN : 아하! 그가 당신을 훔쳐보도록 자신이 무언가 했다는 뜻인가요?

베스 : 만약 제가 블라인드를 올려진 채로 내버려두지 않았다면 그가 볼 수 없었겠죠!

SLN : 아니요, 그렇지 않을 거예요. 블라인드를 그대로 올려놓은 것에 대해 왜 그런 생각을 하십니까? 고의로 그렇게 블라인드를 그대로 놔두었습니까?

베스 : 아마, 저도 그가 보길 원했을지도 모르죠.

SLN : 정말 그랬습니까?

베스 : 그렇게 생각하지는 않아요. 그를 좋아했지만 일부러 그렇게 한 기억은 없습니다.

SLN : *그점이 당신에게 아주 중요한 것 같군요.*

베스 : 그렇습니다. 내가 그가 나를 보길 원했는지 안 원했는지가 나에게는 정말 중요해요!

베스는 다시 매우 당황해 했다. 그녀는 여전히 자신의 정서를 분리해 내는 일을 해내지 못했지만, 우리가 다룰 신념과 정서에 대한 좋은 해답을 가지고 있었다. 그녀는 자신의 세 가지 다른 감정과 관계되어 있을지 모르는 세 가지 다른 성질의 신념을 표현했다. 또한, 그녀가 이차적인 고통에 대해 묘사한 것도 그녀가 자신의 정서에 대해 어떤 믿음을 가지고 있는지에 대한 해답을 제시했다.

SLN : 보세요, 당신은 몇 가지 일들을 아주 훌륭하게 해냈어요. 당신은 A-B-C 모델에서 하는 것처럼 당신의 반응들을 잘 이해하면서 그것을 적절하게 묘사하고 있습니다. 우리는 유익한 반응과 유익하지 않은 반응을 알아냈어요. 첫째, 당신은 환상과 악몽 때문에 자신을 정말 어리석다고 했어요. 자신을 그렇게 부를 때 어떤 느낌이 듭니까? 만약 다른 사람이 당신을 그렇게 부른다면 어떻겠습니까?

베스 : 기분 나쁘겠지요.

SLN : 그렇습니다. 그것에 대한 이해는 A-B-C 모델을 통해서 간단해집니다. 유발사건(A)은 블라인드가 올라가 있는 것을 당신이 본 것에 대한 반응이고, 신념(B)은 자신을 어리석다고 생각한 것이고, 결과(C)는 자신을 어리석다고 한 것 때문에 불쾌해진 것입니다. 그렇지 않습니까?

베스는 고개를 끄덕였다. 그녀는 여덟 번째 단계로 곧바로 넘어갔다. 보편적인 인간에 대한 평가의 한 형태인 '명명하기' 가 커다란 고통을 유발시킨다는 것을 이해시키는 것은 그리 어렵지 않다. 또한 비합리적인 신념(IB)과 결과(C) 사이의 연결고리를 보여줌으로써 합리적인 신념(RB)과 도움이 되지만 불쾌한 정서 사이의 관계를 탐색해 나갈 수 있다.

베스 : 또 다른 A-B-C를 생각해 볼 수 있습니다. 데이비드는 서로의 관계를 끊는 행동을 했습니다. 그의 행동과 당신들의 관계가 끝난 것은 또 다른 유발사건(A) 입니다. 그런데 당신은 서로의 관계가 좋았기 때문에 그가 모든 것을 망쳐버린 그런 어리석은 행동을 하지 않았으면 좋았을 것이라고 말했죠. 그렇다면 그에 따른 신념(B)은 정말 좋아하고 원하는 것을 잃었다고 생각하는 것인데, 정말로 원하는 것을 잃었다고 생각하기 때문에 당신은 슬퍼하게 된 것입니다. 슬프다고 느끼는 것은 당신이 좋은 관계를 잃게 되었다는 신념(B)에 대한 결과(C)라고 할 수 있습니다. 이것이 당신이 슬퍼하는 것에 대한 A-B-C 모델입니다. 만약 당

신이 정말로 좋아했던 것을 잃었다고 믿는다면 그 상실에 대한
건전한 감정은 애석함이나 슬픔이겠지요. 그러나 우리는 또 다
른 하나의 신념(B)을 가지고 있습니다. 당신은 데이비드가 몰래
숨어들어서 창문을 통해 당신을 엿본 어리석은 행동을 했다고
믿고 있죠. 그것은 어리석은 행동이며 동시에 불법적인 행동이
죠. 우리는 관계가 끝이 났다고 하는 같은 사건에 대해 다른 신
념을 가지고 있습니다. 당신이 가지고 있는 신념은 그가 어리석
고 불법적인 행동을 했다는 것이고 그가 매우 어리석었다는 그
신념이 화가 나는 정서(C)를 야기한 것입니다. 그런데 당신은 약
간의 분노만 느낀다고 말했어요.

베스 : 예, 약간요.

SLN : 따라서 하나의 유발사건(A)에 좋아하는 어떤 것을 잃었다는 믿
음과 그가 어리석게 행동했다는 믿음 두 가지 신념(B)이 있습니
다. 서로 다른 두 가지 신념은 서로 다른 두 가지 정서, 슬픔 혹
은 분노가 생기게 하지요. 제 생각으로는 이 두 가지 정서 모두
건전한 것 같습니다. 또한 당신은 고의로 블라인드를 올린 채 그
대로 내버려두었을지도 모른다는 말을 했었죠. 무엇이 당신을
가장 혼란스럽게 합니까? 그와의 관계가 끝나지 않았었으면 하
고 바라는 것이 당신을 혼란스럽게 합니까? 아니면 그가 어리석
은 행동을 했다는 믿음이 당신을 혼란스럽게 합니까? 혹은 그가
당신의 벗은 몸을 보았으면 하는 마음에 고의로 블라인드를 올
려 두었던 것은 아닌가 하는 생각이 당신을 혼란스럽게 합니까?

베스 : 정말 고의로 그랬을지도 몰라요!

SLN : 무엇 때문에 그렇게 했겠습니까?

베스 : 저는 착한 여자가 아닌가 봐요. 그렇죠?

SLN : 지금 우리는 정말 중요한 이야기를 하고 있는 겁니다. A-B-C
모델 중에서 가장 중요합니다. 당신은 고의로 그렇게 했기 때문
에 자신이 나쁜 사람이라고 믿고 있는 것 같습니다. 동일한 유

발사건(A)인 헤어짐에 대해 아주 다른 신념(B)을 가지고 있는 것입니다. 바로 모든 것들이 당신이 나쁜 사람이라는 것을 증명하고 있다고 믿는 신념입니다. 사람들은 자신이 무언가 잘못했기 때문에 나쁜 사람이라고 생각하면 대개 불안, 우울, 수치심, 아니면 이 세 가지 정서가 복합된 감정을 가지게 됩니다. 당신도 이런 감정을 느꼈습니까?

베스 : 그런 것 같아요. 그 일이 일어난 이후에 부모님과 함께 있으면 아주 불편해요. 그리고 다른 어떤 사람도 이 일에 대해 알지 않았으면 하고 바라죠. 이 상담소에 와서 누군가에게 이야기한다는 것도 저에게는 아주 힘든 일이었어요.

SLN : 그런 감정에 집중할 수 있겠어요? 고의로 블라인드를 그대로 두었다는 것을 생각할 때 어떤 느낌이 드나요?

베스 : 저는 제가 정말 그랬다고 생각하지 않아요. 그런데도 여전히 혼란스럽습니다(고개를 끄덕임).

비록 여섯 번째, 일곱 번째 그리고 여덟 번째 단계까지도 도달했었지만, 이것은 세 번째 단계에서의 일이었다. 바로 전 우리는 슬픔과 분노에서 수치심을 분리시켰다. 그리고 우리는 주요 목표를 결정했다. 그러므로 두 번째 단계도 이 회기에서 점검한 것이다.

SLN : 그래요, 부모님과 같이 있을 때 어색해서 힘들었겠군요. 부모님도 당신이 고의로 그랬다고 의심하시나요?

베스 : 그런 것 같지는 않아요. 그분들은 저에게 아주 잘해 주세요. 하지만 전 그분들과 함께 있으면 정말 불편해요.

SLN : 부모님과 함께 있을 때 무슨 생각을 하나요?

베스 : 그분들이 저에 대해 어떻게 생각하실까 궁금해요.

SLN : 그렇군요, 우리는 같은 종류의 부정적인 정서를 유발시키는 같은 종류의 신념을 가지고 있는 것 같군요. 만약 부모님께서 당신이 무엇을 잘못했다고 생각하신다면 당신도 그렇다고 생각할 것이고, 만약 부모님께서 당신이 나쁘다고 하신다면 당신은 나쁜 사람이 되는 것이군요.

베스 : 만약 부모님께서 제가 고의로 그 일을 했다고 생각하시거나 우리가 성적인 관계나 뭐 그런 비슷한 관계를 가졌다고 생각하실 것이라고 생각하면 정말 끔찍해요.

SLN : 그렇습니다. 그것은 아주 끔찍한 일이고 아주 나쁜 상황이 될 수 있지요. 그렇다고 하더라도 그것이 당신을 실제로 나쁜 사람이 되게 하지는 않을 겁니다. 당신은 원하는 것을 잃었기 때문에 슬퍼하고 있는 것입니다. 데이비드가 어리석은 행동을 했다고 생각하기 때문에 화가 나는 것이고요. 그러나 당신은 자신에게 데이비드가 한 일과 당신이 한 일에 수치심을 느끼고 있고, 당신이 나쁜 사람이라고 부모님과 다른 사람들이 생각할 것에 대해 당황하고 있는 것입니다. 이런 것들에 대한 당신의 신념을 제가 제대로 이해하고 있는 것입니까?

베스 : 그러신 것 같습니다.

SLN : 수치심과 당혹감을 느끼고 있기 때문에 자신이 나쁜 사람일 것이라고 자신에게 말하고 있는 거죠. 그런 수치심과 당혹감이 당신의 삶을 방해하고 있는 것 아닙니까?

베스 : 예!

우리는 베스의 신념에 대해 아주 명확하게 이해하게 되었다. 베스는 이제 사람에 대한 자신의 총체적인 평가가 고통스러운 정서와 어떤 관계가 있는지도 알게 될 것이다. 여섯 번째, 일곱 번째 및 여덟 번째 단계가 성취된 것 같았지만 그것은 단지 베스의 정서에 대한 추측이나 가설일 뿐이었다. 내담자와 치료자 모두에게 있어서 내담자의 비합리적인 신념에 대한 가설을 점검해 보는 가장 좋은 방법은 A-B-C에서 D(논박), 다시 말해 비합리적인 신념들을 논박하는 것으로 옮겨가는 것이다.

5) 내담자가 비합리적인 신념을 변화시킬 수 있도록 돕기

베스가 그녀의 당혹감을 계속 다룰 것을 권유받은 것은 논박을 통해 비합리적인 신념(IB)에 변화를 주려는 치료의 목표를 위한 단계에 들어선 것을 의미한다. 아홉 번째 단계에서 열세 번째 단계까지는 이의제기에 초점을 두고 내담자가 자신이 믿는 것에 이의를 제기하도록 돕는다.

SLN : 첫 번째로 우리가 다루어야 할 것은 "당신이 나쁜 사람일 수 있다"는 가정인 것 같습니다. 그것도 하나의 신념이죠. 언제나 A-B-C 모델에서는 B(신념)가 가장 문제가 되죠. 자신을 나쁜 사람이라고 믿는 한 당신은 계속해서 혼란스러울 거예요. 어떻게 사람이 자신을 평가하지요?

베스 : 자신의 행동이나 생각을 통해서요.

SLN : 자신에 대해 생각하는 것에 의해서요? 당신의 경우에는 부모님이 당신에 대해 어떻게 생각하실까를 아주 염려하고 있는 것 같은데요.

베스 : 예, 맞습니다.

SLN : 만약 사람을 평가하는 것이 사실상 가능할 수 없는 일이라면 어떻겠어요?

베스 : 그래요?

SLN : 자신이 종교적이라고 생각하시나요? (베스가 고개를 끄덕임). 만약 하나님도 사람을 평가하지 않으신다면요?

베스 : 그분이요?

SLN : 저는 당신이 이 문장을 완성할 수 있을 것이라고 믿어요. "기억하라, 영혼의 가치는 …."

베스 : "… 하나님 보시기에는 귀하다"(교리와 서약(D & C) 18장 10절 : 말일 성도들은 하나님께서 조셉 스미스와 그 후의 다른 예언자들에게 드러내신 교리와 언약을 믿는다.).

SLN : 당신은 이것을 믿나요?

베스 : 예.

SLN : 당신에 대해서도 이런 진실을 믿습니까? 당신이 자신에게 말하는 것에 대해서도요? 당신이 어떤 것을 했기 때문에 혹은 부모님께서 당신에 대해 어떻게 생각하는가에 따라 영혼의 가치는 달라질지 모르죠. 여기(경전을 그녀에게 건네며) 교리와 서약(D & C) 18장 10절을 읽어 주실래요?

베스 : "내가 죄를 지었다고 하더라도 내 영혼의 가치는 하나님 보시기에는 귀하다. 보라, 우리의 구원자 주 예수 그리스도께서도 육체를 입고 죽음의 고통을 당하셨다. 그러므로 그는 모든 인간을 위해 고통을 겪으셨다. 모든 사람들은 회개하고 그에게 오라"

SLN : 회개의 필요성에 대해 뭐라고 하시나요? 누가 회개할 필요가 있다고 하지요?

베스 : 모든 사람이요.

SLN : 단지 남자만 그런가요? 아니면 여자도…?

베스 : 아니요. 여자도 회개할 필요가 있지요.

SLN : 회개할 필요가 있는 모든 영혼들의 가치에 대해서는 하나님은 뭐라고 하시죠?

베스 : 아주 소중하다고 하시네요.

SLN : 죄를 절대 짓지 않은 사람만 소중할까요?

베스 : 아니요, 죄를 지은 사람도요.

SLN : 그렇다면 당신도요?

베스 : 예, 저도요.

SLN : 그렇다면, 지금 당신은 자신에게 당신의 가치에 대해 어떻게 말할 수 있나요?

베스 : 하나님이 보시기에 소중하지요.

SLN : 아…, 그런데 만약 당신의 부모가 당신과 데이비드 사이에 무슨 일이 일어나는가를 의심하신다면 어떻죠? 당신이 정말로 고의로 블라인드를 올려두었다면요? 만약 데이비드가 정말로 당

신을 몰래 엿보기를 원했다면 어떻하죠? 당신이 블라인드를 그
대로 둔 것이 사실이고, 그가 정말로 당신을 보기를 당신이 원
했는가에 대해서는 기억이 나지 않는다고 했는데, 정말 그것이
사실이라면 하나님 앞에서 당신의 가치가 떨어지지 않을까요?

베스 : 아니요.

SLN : 그러나 만약 자신의 가치가 내려간다면…?

베스 : 제가 읽은 것에 따르면 그렇지 않습니다.

SLN : 실험을 하나 해 보고 싶은데, 제가 이 명함 뒤에 쓴 것을 좀 읽
어줄 수 있겠어요? 그것이 쓰여진 대로 읽어야 해요. 할 수 있겠
습니까? 쓰여진 대로 읽어보세요, 제가 강조한 것을 강조하면
서… ("교리 및 서약(D & C) 18장 10절에 따르면, 내가 죄를 지
었다고 하더라도 내 영혼의 가치는 하나님 보시기에는 귀하다!"
라고 나는 나의 명함의 뒷면에 썼다.)

베스 : 내가 죄를 지었다고 하더라도 내 영혼의 가치는 하나님 보시기
에는 귀하다!

SLN : 어떤 느낌이 드나요?

베스 : 기분이 좋아지는데요.

우리는 드라이덴 등(Dryden, et al., 2000)에 의해 제안된 치료 순서의
아홉 번째 단계와 열 번째 단계를 거쳤다. 나는 베스가 BYU의 학생이었
기 때문에 그녀가 말일성도 교회 경전에 친숙할 것이고 그것을 믿을 것
이라고 생각했다. 그녀의 반응은 나의 추측을 확인해 주었다. 그리고 경
전을 기초로 해서 그녀의 신념을 강하게 자극하므로 진전이 있을 수 있
다는 것을 발견하였다.

첫 회기(12단계)라 점검해 볼 과제가 없었기 때문에 우리는 어려운 시
간들을 예견하려고 시도했고, 열한 번째 단계와 열세 번째 단계에서 성
취되었고 성취될 신앙적이며 새로운 합리적인 신념을 어떻게 실행에 옮
길 수 있는지 예견하려고 노력했다. 우리는 신약성서 누가복음 15장을

포함하여 죄인의 가치에 대해 말하고 있는 성경의 내용들을 논의함으로 새로운 합리적인 신념에 대한 확신을 가질 수 있도록 하였다. 누가복음 15장은 전체 장(章)을 통해 죄인의 가치에 대해서 말하고 있으며 잃은 양과 잃어버린 동전 그리고 탕자의 비유로 이루어져 있다. 이 회기의 전반적인 목표는 그녀의 총체적인 인간에 대한 평가에 이의를 제기하는 것이었다. 베스가 데이비드를 위해 옷을 벗었으며 고의로 블라인드를 약간 올려 둔 채로 내버려두었다는 명백한 증거는 없었지만, 그녀가 그런 신념을 자신에게 계속 주입시키는 것은 어떤 도움도 주지 않는다. 문제의 핵심은 비록 그녀가 고의로 그런 행동을 해서 문제가 되었다고 하더라고 그것이 그녀를 곤경에 빠뜨리지도 않으며 그것이 그녀가 나쁜 사람이라는 증거도 아니라는 것이다. 또한 나는 베스에게 그녀의 공황상태는 그녀가 자신을 어리석다고 생각하여 자신이 나쁜 사람일 수도 있다고 생각하는 것과 관계가 있다는 것을 이해시키려고 노력하였다.

나는 베스에게 명함 뒤에 쓴 내용을 하루에 여러 번씩 읽고 누가복음 15장을 매일 읽으라는 과제를 내주었다(11단계). 그녀는 이 과제에 쉽게 동의했다. 우리는 이 과제의 효과를 점검할 계획을 세우고 다음 회기에 다룰 그녀의 악몽과 부모님과의 관계에 대해 토의하면서 회기를 마쳤다.

제5장

논 박

변화를 위한 A-B-C-D 공식에서 D로 표시되는 논박(disputation)은 REBT의 가장 독특한 치료적인 개입 방법이고, 각 REBT 회기의 가장 주된 목표이다. 합리적 · 정서적 논박은 내담자의 절대적이고 비합리적인 평가적 신념을 자극하고 적절하고 합리적인 평가적 신념으로 대체하는 인지적 재구성의 특별한 한 형태이다. 내담자가 자신의 비합리적인 신념에 도전하고, 특히 그것에 대안이 될 수 있는 자신만의 합리적 신념과 합리적인 인생 철학을 형성할 수 있을 때 REBT는 가장 성공적일 수 있다.

1. 논박 대(對) 다른 심리치료적 개입

합리적 · 정서적 논박은 내담자가 자신의 신념뿐 아니라 그런 신념과 관련되어 있는 역기능적인 사고, 정서 및 행동들에 변화를 줄 수 있게 돕도록 고안된 적극적인 중재 혹은 개입이라는 점에서 기본적으로 지지(support), 반영(reflect), 해석(interpretation)에 초점을 맞추고 있는 다른 심리치료들에 비해 아주 독특한 치료방법이라 할 수 있다. REBT는 1955년

현대 심리치료에 인간의 인지를 수정하는 기법들을 소개했다(Ellis, 1958, 1975). REBT의 뒤를 잇는 REBT와 관련된 또 다른 형태의 인지행동치료들로는 인지치료(Beck, 1976), 인지행동치료(Mahoney, 1974), 인지행동수정(Meichenbaum, 1977), 논리적 행동치료(Linehan, 1993) 등이 있다. 많은 전문가들이 종종 REBT의 선구적인 이런 공식화에 대해 인식을 하거나 인식 없이 이런 인지적 개입을 인지적 재구성이라고 인용해 왔다.

물론 논박은 대화를 통해서 가능하지만 그것의 주요 목표는 특정한 역기능적 사고를 변화시키는 것이다. 그러나 합리적 · 정서적 이론에서는 강력하고 활발하게 진행되는 논박은 대화치료(talk therapy)를 통한 약한 변화보다는 더 깊고 광범위한 변화를 이끌어 낸다고 주장하고 있다. 합리적 · 정서적 논박은 내담자 자신이나 그가 속한 세계에 대한 비합리적 핵심 신념을 다루기 때문에 더 심오하고 강력하다. REBT에서는 그런 신념은 정서적이고 행동적인 면을 지녔다고 보기 때문에(Ellis, 1962), 그런 신념을 경험적이고 정서적이며 행동적이고 관념적인 방식으로 논박한다. 그러므로 REBT는 논박에 인지적이고 정서적이며 행동적인 여러 개입들을 통합하였기 때문에 실제로 최초의 다양식적(multimodal)인 치료라고 할 수 있다(Lazarus, 1968). REBT가 언제나 많은 종류의 적극적인 치료법들을 포함한다는 것을 보여주는 논박의 경험적이고 정서적이며 행동적인 양식들은 다음 장(章)에서 더 자세히 논의될 것이다. 결론부터 말하면, REBT는 최초의 통합적 심리치료라고 할 수 있다. 내담자들이 정서적으로 환기시키는 과제나 행동적 과제를 하기 힘들어할 수도 있다. 하지만 REBT의 목표는 인지적 · 정서적 · 행동적으로 통합된 접근을 하는 것이다. 내담자가 확신을 가지고 자신의 삶에 대해 통합된 합리적인 평가적 신념을 가지고 있는가를 알아 볼 수 있는 가장 좋은 방법은 그가 새로운 합리적인 인생철학에 기초하여 행동하는지를 평가하는 것이다.

1) 논쟁으로서의 논박

논박과 논쟁은 유사한 단어이지만 합리적·정서적 논박은 화내거나 다투는 과정이 아니다. 합리적·정서적 논박도 논쟁적이라고 할 수 있지만 추론에 근거한 논쟁이고 더 올바른 사고(思考)를 위해 경험적이고 논리적인 증거를 제공하는 논쟁이며 조심스러운 협의와 함께 설득하는 논쟁이다.

합리적이고 정서적인 논박을 하면서 내담자와 REBT 치료자는 신념에 찬성하는 식의 논쟁인지 신념에 반대하는 식의 논쟁인지 조심스럽게 판단해야 한다. 합리적·정서적 논박에서는 화를 내지는 않지만 대개 아주 집요하고 강력하며 명확하고 간결하게 접근한다. 그리고 정서를 환기시키는 단어를 현실적으로 퉁명스럽게 내뱉는 식의 의사소통 방식을 선택할 수 있다. 그러나 논박하는 과정에서 나타나는 내담자의 반응과 가장 알맞게 조화될 수 있도록 인내를 가지고 실행되어야 한다.

치료자의 논박은 내담자 자신의 재앙화, 강요, 좌절에 대한 포용력 부재, 포괄적으로 나타나는 인간에 대한 평가와 투쟁하고 그런 습관을 버리거나 변화를 주기 위한 자기직면(self-confrontation)에 대한 모본을 보여주는 것이다.

2) 과정으로서의 논박

내담자 자신의 비합리적인 신념을 논박할 수 있도록 돕는 목표는 치료의 초기, 심지어 첫 회기에도 성취될 수 있는데, 그것은 내담자가 사고(思考)와 생활을 위한 새로운 원칙을 이해하고 그것을 실험 삼아 실행해 보고 채택할 수 있는 능력에 달려있다. 4장(章)에서 언급한 것처럼, 내담자가 자신의 비합리적인 신념을 논박해 나가는 과정은 대개 간단하다.

먼저 치료자는 내담자에게 치료 목표를 표현하도록 유도한다. 내담자가 치료 목표를 공식화(公式化)하는 데 어려움을 가진다면, 그것은 대개 내담자가 직접적으로 자신의 문제를 설명하고 정서적 고통을 드러내는 것을 피하려고 하는 것을 의미한다. 치료 회기의 목표를 세우기 위한 합리적 · 정서적 평가는 내담자와 치료자 모두에게 내담자의 비합리적인 신념과 정서적인 고통, 즉 B-C 또는 신념과 결과로서의 정서 사이의 관계를 드러내 보여준다.

내담자가 비합리적인 신념과 정서적 고통 사이의 관계를 알게 되면, 그는 비합리적인 신념을 합리적인 신념으로 대체하여 얻을 수 있는 이득도 이해할 수 있게 된다. 합리적인 신념을 수용할 때 얻을 수 있는 이득을 이해하게 되면 내담자는 비합리적인 신념을 합리적인 신념으로 대체하길 원할 것이다. 합리적인 신념을 수용하기 원하는 내담자는 인생에 대한 자신만의 새롭고 개인적이며 합리적인 철학을 가질 수 있도록 도움을 주는 REBT의 가르침, 지도, 실험적 시도, 자문, 과제 등을 수용할 것이다.

물론, 그런 목표를 성취하는 것을 방해하는 복잡한 문제(complication, 混化)들이 발생할 수 있다. 그런 복잡한 문제들의 관계를 이 책에서 설명하기에는 그 범위가 너무 광범위하다. 대부분의 심리치료가 여러 요인들에 의해서 방해를 받듯이 논박에서의 진전도 심리치료에 대한 비합리적인 신념, 문제에 대한 비합리적인 신념, 내담자와 치료자의 비합리적인 신념에 의해 자주 방해를 받는다. 효과적인 논박에서는 이런 신념을 논의하는 것에 대한 내담자의 반응과 조화를 이루려는 시도를 끊임없이 시도한다. 내담자의 비합리적인 신념에 대한 치료자의 효과적인 논박은 첫 번째 회기에도 시작될 수 있다.

3) 의미 대(對) 깊이

논박을 하는 동안 REBT 치료자들은 내담자가 자신이나 자신의 문제에 대해 표현하고 설명하는 것에 주의를 기울이는데, 특히 자신의 문제에 대해 자신에게 어떻게 말하는가에 집중한다. REBT 치료자들이 내담자가 자기대화에 대해 설명하고 자신의 생각이나 신념을 표현할 때 사용하는 단어들에 주의를 기울이기 때문에 논박과 REBT 자체가 너무 의미론

(semantics)에 의존한다고 비웃는 사람들이 있다. 이렇게 말할 때의 '의미론'은 의미의 사소한 차이 혹은 차이가 없는 단어 속에서 어떤 차이점을 찾아내는 것으로 더 부정적으로는 "고의적으로 의미를 왜곡시킨다"는 뜻으로 사용된 것이다(Guralnik, 1982. p.1293; 의미론에 대한 네 번째 정의이고 문제가 될 소지가 있는 정의이다). 합리적·정서적 논박은 "본질과 구조, 특히 담화 형태의 의미 발전이나 변화와 관련된 것(Guralnik, 1982, p.1293)"이라는 의미론의 첫 번째 정의에서 기계적 감각에 초점을 맞춘 것이다. 아이러니하게도 때로는 의미론적인 차이는 아주 사소한 것이라고 정의되는데, 영어의 '의미론(semantics)'이라는 단어는 고대 그리스어(희랍어 혹은 헬라어) 세만티코스(semantikos)에서 유래된 것으로 원어적 의미는 '중요한'이라는 뜻이다. 이 단어의 원어적 의미는 REBT가 의미론에 초점을 두고자 하는 것과 너무 일치하는 것이다. 왜냐하면, REBT는 내담자의 경험에 대해 내담자가 표현한 것들의 중요한 차이에 초점을 맞추기 때문이다.

합리적·정서적 논박은 현존하는 의미에 초점을 맞춘다. 다시 말해, 현재의 의미에 집중하고 내담자의 현재의 모습에 초점을 맞추며 치료회기 동안에 내담자 자신과 자신의 삶을 어떻게 묘사하고 있는지에 초점을 맞추고 치료회기에서 나타난 문제들에 관해 자신에게 어떻게 말하고 있는지에 대한 설명에 집중한다. 다시 말해, REBT 회기 동안에 자신의 문제에 대해 설명하기 위해 내담자가 만들어낸 의미에 초점을 맞춘다. 왜냐하면 내담자를 탐색하고 이해하며 필요하다면 논박하고 변화시키기 위해서 내담자의 신념이 REBT 치료자에게 가장 필요한 것이기 때문이다.

2. 왜 논박하는가? 왜 사용하는 단어를 논박하는가?

내담자가 자신에 대해 설명할 때 사용하는 특정한 단어들에 왜 초점을 맞추는가? 내담자 자신이 믿고 있는 것에 대해 표현할 때 사용하는 단어들을 왜 변화시키려고 노력하는가? 그가 사용하는 단어의 형태 속에 스며들어 있는 핵심적이고 중요한 비합리적인 신념에 초점을 맞추는 것은 내담자의 비합리적인 신념을 이해하고 조정하거나 변화시킬 수 있는 힘을 주기 때문에 유용하다. 비합리적인 신념에 대한 세밀한 묘사, 특히 특정 단어나 구절은 내담자의 마음 깊은 곳에 존재하는 신념과 내담자의 신념의 본질을 알 수 있게 한다. 이렇게 더 명확하게 정의된 신념은 더 효율적으로 잘 수정할 수 있다. 정확하게만 표현된다면 상징적인 단어나 구절로 설명된 비합리적인 신념은 치료적 수정을 위해 더 유용하게 사용될 수 있다.

우리는 음악에서 유사점을 찾을 수 있다. 논박은 내담자를 혼란시키고 자기패배적으로 만들며 비합리적으로 만드는 신념의 곡조를 음악적 기호로 내담자에게 보여주고, 명확한 기호의 사용을 통해 혼란을 일으키는 신념의 곡조들을 이해하도록 돕고, 그런 후 연주를 위한 연습으로 합성된 기호들의 사용을 통해 어떻게 하면 자신의 자기패배적인 곡조를 새롭고 혼란을 덜 주며 더 유용한 합리적 신념의 곡조로 바꿀 수 있는지를 내담자에게 보여주는 방식과 같다. 이런 식의 작업에서 사용되는 음조, 보표(譜表), 강세와 조음 기호, 반복 기호, 꾸밈음, 빠르기 기호, 강약 기호는 음악을 가장 잘 연주할 수 있도록 돕는 음악의 본질적 요소이다.

물론 음악 기호가 음악은 아니다. 이와 유사하게, 합리적·정서적 논박에서 사용된 단어나 구절들이 실제신념은 아니다. 비록 음악 기호들이 음악은 아니지만, 명확하게 기술된 악보는 연주된 음악을 명료하게 하고 변화시키고 창작하고 연주하는 데 사용될 수 있는 아마도 가장 유용한 도구일 것이다. 이와 유사하게, 비록 단어나 구절이 신념은 아니지만 내담자의 신념을 간결하게 묘사한다. 그리고 의사소통을 통해 사용된 명확하고 의미가 정확한 단어와 구절은 내담자의 핵심신념들을 명료하게 하고 문제를 해결하는 데 사용될 수 있는 가장 좋은 도구이다.

음악 기호 그 자체가 음악은 아니며 음악은 기호와 관계없이 생겨나는 것은 분명하다. 음악 기호 없이 사람들은 휘파람과 콧노래를 부르며, 재즈 음악가들은 귀로만 듣고도 즉석에서 복잡한 음악을 연주한다. 그리고 어떤 문화에서는 음악 기호를 전혀 사용하지 않으면서 음악을 만들어 내고 재현해 낸다. 게다가, 음악 기호 체계는 문화에 따라서 매우 다양하다. 그럼에도 불구하고 그런 음악 기호들은 음악의 핵심을 찾아 완벽하게 재현할 수 있게 한다. 연주 수준을 넘어서 음악 기호는 음악의 범위를 확장시킬 수 있다. 음악과 음악적 재능은 기호의 사용을 통하여 확장되고 개선되며, 특히 음악 기호는 음악 이론에 기여한다. 예를 들어, 민속 음악(folk music)은 음악 기호를 통해 새로운 청취자들에게 전수될 수 있고 다른 음악과 통합될 수 있다. 새로운 음악은 기호를 통해 작곡되고 전달될 수 있다. 음악 이론을 이해함으로써 작곡자들과 편곡자들은 새로운 장르의 음악을 도입하고 창조할 수 있다. 이와 유사하게, 합리적·정서적 이론은 신중한 단어의 사용 없이도 자기패배적인 정서와 행동에 변화를 모색할 수 있지만, 치료자는 내담자가 가지고 있는 신념의 본질적 의미를 정확하고 명료하게 묘사하는 단어로 구성된 기호를 사용함으로써 치료가 가장 효과적으로 진행될 수 있게 한다.

그런 유사점을 좀더 강조하면, 음조, 보표(譜表), 강세와 조음 기호, 반복 기호, 꾸밈음, 빠르기 기호, 강약 기호 등과 같은 음악 기호들만으로는 새로운 음악가들을 전문가적 수준으로 훈련시키기에 충분하지 않다. 대개 그런 기호들은 음악 악보를 읽거나 연주하는 방법들을 모르는 사람들을 가르치는 숙련된 교육자들(예 : 음악교사나 지휘자)이 가장 유용하게 사용할 수 있다. 효과적인 음악교육에는 운지법(雲脂法), 호흡법 및 그 외 다른 연주법의 기술적인 지도와 그것에 대한 평가, 각기 다른 악기들을 가지고 다양한 장면에서 연주하도록 자극하는 것, 학생이 솔로, 듀엣, 트리오 혹은 더 큰 앙상블에서 연주할 수 있도록 지도하는 것 등이 포함된다. 가장 효과적인 음악교육은 선율을 읽는 것 같은 간단한 기초단계부터 복잡한 조호(調號 : key signature)를 인식하는 것까지 음악기호에 대한 여러 단계를 거쳐 수련을 하도록 구성되어 있다. 그런 다음, 음악 기호와 음악 이론은 음악에 대한 이해, 연습 및 연주로 통합된다.

이와 유사하게, 합리적이거나 비합리적인 신념들의 본질을 설명하는 단어와 구절의 명확한 이해만으로는 내담자의 사고를 변화시키기 위해서 충분하지 않을 수 있는데, 그것이 삶을 살아가는 데 필요한 기술들을 가르치는 숙련된 지도와 연합될 때 가장 큰 효과가 있다. REBT는 새로운 행동에 대한 모델링, 심상훈련, 합리적이거나 비합리적 신념들과 연합된 정서들을 환기시키는 개입이 개인치료, 부부치료, 가족치료 혹은 집단치료에 포함될 때 가장 효과적이다.

기술을 연마하여 향상시키고 음악 이론에 대한 이해를 넓히면 음악적 재능에서 공동상승 효과가 나타난다. 이와 유사하게, 확대된 행동시연, 새로운 경험 및 조절된 정서 표현과 함께 합리적이고 비합리적 신념을 묘사하는 단어와 구절들이 충분하면, 내담자는 인생에 대한 합리적 철학과 자유롭고 더 즐거운 생활방식에 대한 깊은 확신을 가지게 된다.

3. 비합리적인 신념을 논박하는 방법

다른 치료 체계들과는 달리 REBT는 치료적 관계의 어떤 특정 형태나 질적인 면이 변화를 위해 필수적이라고 주장하지 않는다. 많은 사람들이 자조적으로 사용할 수 있는 서적이나 바그바드 기타(Bhagavad Gita), 성서, 몰몬경, 코란, 불교의 수트라서 등과 같은 경전의 주요 내용을 읽음으로써 깊고 지속적으로 삶을 변화시키는 정서 변화를 경험할 수 있다고 자신있게 주장한다. 게다가 종교적으로 아주 독실한 사람들은 고립된 수도원 생활을 통해서도 만족을 얻고 깊고 지속적으로 삶을 변화시키는 정서 변화라고 여기는 것을 성취한다. 그런 사람들은 신비주의적인 경험을 위해 대인관계를 회피하려고 하는 경우가 있다. 그럼에도 불구하고 내담자에게 치료 회기 동안에 인내를 가지고 융통성 있게 유머를 사용하여 반응하는 것은 비합리적인 신념을 설득력 있게 논박하는 가장 효과적인 방법이 된다.

치료 회기 동안 내담자의 비합리적 신념을 논박하는 것은 심리학적 이론 혹은 과학에서 심리치료의 기예(技藝 : arts)와 기교(技巧 : craft) 차원으로 이해전환을 필요로 한다. 음악에 관한 비유로 다시 돌아가서, 음향과학, 생리학 및 의학은 성악가가 자신의 목소리를 잘 보존하고 노래할 때 만들어내는 소리를 적절하게 조절할 수 있도록 돕는다. 음악 이론은 성악가나 가수에게 스타일 혹은 방식과 목표를 알려준다. 그러나 노래 부르는 것 자체는 예술적 기교의 통합적 산물이다.

합리적 · 정서적 이론에서는 비합리적인 신념을 버리고 합리적인 신념을 수용하도록 설득하거나 가르치는 방식으로 의사소통을 하는 것도 효과적인 논박이 될 수 있다고 주장한다. 그런데 그런 것에 어떤 최고의 전략이나 방법이 있는 것은 아닌 것 같다. 논박 과정에서 내담자들에게 대안으로 채택할 수 있는 합리적인 신념이 덜 혼란을 일으킬 것이라고 말해주는 것만으로도 강력한 효과를 낼 수 있다. 효과적인 논박을 위해서는 내담자가 자신의 사고에 변화를 일으킬 수 있는 방법을 발견할 수 있도록 치밀한 책략이 포함된 다양한 접근법들을 실험적으로 실행해 보는 것이 좋다.

1) 논박 전략과 의사소통 방식

인지과학은 합리적 · 정서적 논박의 길잡이가 될 수 있는 논증에 관한 중요한 정보들을 제공하고 있다(Chapman, 1993; VanEemeren, Grootendorst & Kruiger, 1984). 우리 인간은 이미 실제로 우리 입장을 믿게 된 반대측에 속해 있는 사람들이 있다는 것을 알려 줌으로써 상대측을 설득하려고 한다. 이것은 상대편이 강력하게 주장하는 견해들이 그들의 입장보다 우리의 입장에 더 알맞고 대안적인 견해에 더 잘 맞는다는 것을 보여주려는 것이다. 우리 인간은 우리와 논쟁하는 이들에게 그들이 이런 저런 사실들을 수용하는 것이 우리가 전제하는 것이고 그들이 전제하는 것과는 모순된 것이라는 것을 보여주고 싶어한다.

예를 들어, '달팽이를 먹어, 웩!'이라며 달팽이를 먹는 것이 역겨운 것이라고 말하고 나서 누군가에게 식용 달팽이를 먹도록 설득하려 한다고 상상해 보라. 동시에 이 사람은 해물 스파게티를 즐길 수 있고, 그러므로 그 사람은 오징어는 먹기에 좋다고 생각한다. 달팽이와 오징어는 모두 연체동물이라고 지적하는 것은 역겨운 것과 그렇지 않은 것에 대한 그의 견해를 변화시키는 데 도움을 줄 수 있는 논쟁을 위한 책략이다. 결국 만약 하나의 연체동물이 맛이 있다는 것을 알았다면 다른 연체동물도 맛있을 수 있다고 왜 생각하지 않느냐고 논쟁하거나 특정 연체동물은 더 맛이 있을 수도 있다고 논쟁할 수도 있는 것이다. 그러므로 달팽이를 먹는 것은 역겨운 것이라고 생각해 온 사람에게 흐느적거리고 끈적끈적한 연체동물이 맛있다는 것을 느끼게 해 줌으로써 자신의 논리에 의문을 가지게 하고 더 나아가서 달팽이가 맛있을 수도 있다는 논리를 가지게 한다.

신념에 변화를 주는 것은 사람이 가지고 있는 무수하게 많은 문제들에 대한 포괄적이고 다양한 견해를 제공하기 때문에 강압적인 작업으로 보일지도 모른다. 그러나 합리적 · 정서적 목표는 내담자가 오직 한 가지 신념, 다시 말해 절대적인 평가적 신념만을 변화시키는 것이기 때문에 훨씬 단순하다. REBT에서 변화를 추구하는 비합리적인 신념은 재앙화, 강요, 좌절에 대한 포용력 부재 및 인간에 대한 총체적인 평가 등인데, 이런 것들은 자기패배적인 정서와 행동을 유발하는 주요 원인이다.

많은 합리적 · 정서적 치료자들과 이론가들은 효과적인 합리적 · 정서적 논박을 위해 융통성 있게 사용할 수 있는 기술을 개발하는 기법들을 제안해 왔다(Beal, Kopec & DiGiuseppe, 1996; Dryden, et al., 2000; Kopec, Beal & DiGiuseppe, 1994). REBT 치료자가 내담자의 반응에 적절한 태도와 방식으로 대응할 수 있는 포괄적이고 다양한 전략들을 준비하고 있을 때 논박이 제대로 이루어질 수 있다. 논박을 하는 전략과 방식의 레퍼토리가 많으면 많을수록, 내담자의 비합리성에 더 융통성 있게 반응하게 되고 치료자는 내담자가 사물을 다르게 볼 수 있도록 더 잘 도울 수 있다.

논박 전략이란 내담자를 설득해 가는 단계들이다. REBT를 하는 사람들은 내담자가 비합리적인 신념을 버리고 합리적인 신념을 수용하도록 돕는 다음과 같은 적어도 다섯 가지의 전략들을 확인했다. 논리적 논박, 경험적 혹은 증거 논박, 실용적 혹은 기능적 논박, 발견적 논박 혹은 인지적 불일치에 의한 논박 및 합리적인 대안을 자극하는 논박이 그것이다. 이런 전략들은 적어도 다섯 가지 방식, 다시 말해 교훈적으로, 소크라테스식 토론을 통해, 치료자의 자기노출을 통해, 비유적으로, 유머를 사용해서 의사소통되고 전달된다. 먼저 전략들에 대해 논의하고 그 다음에 방식들을 논의할 것이다.

2) 다섯 가지 논박 전략

논리적 논박 논리적 논박을 하면서 REBT를 하는 사람은 내담자들이 자신의 비합리적인 신념의 부당하고 독단적인 본질을 이해할 수 있도록 돕는다. 내담자가 자신의 비합리적인 신념이 자신이 가지고 있는 다른 원칙들과 논리적으로 맞지 않다는 것을 알게 될 때 자신의 비합리적인 신념에 대해 의문을 가지게 되어 논리적인 신념들을 수용하기 시작한다.

경험적 논박 경험적이고 증거에 입각한 논박에서는 REBT 치료자가 내담자로 하여금 객관적인 세상을 보도록 하여 세상이 비합리적인 자신의 신념을 지지하지 않는다는 것을 수용하도록 돕는다. 내담자는 오히려 합리적인 신념을 지지하는 좋은 증거들을 얻게 될 것이다. 과학적이고 경험적인 것들은 좋은 증거에 대한 가장 명확한 자료를 제시한다. 하지만, 과학도 엄밀히 말하면 확률적이고 회의적이라고 할 수 있기 때문에 절대성에 대한 경험적이고 과학적인 근거는 실제로 있을 수 없다. 그리고 모든 사람들이 과학이 가지고 있는 경험적인 접근들을 받아들이고 수용하는 것은 아니다. 심지어 어떤 내담자는 과학에 대해 반감을 가지고 있을 수 있다. 따라서 다른 형태의 증거들, 다시 말해 종교 경전의 권위 있는 증거가 과학적 증거를 비하하고 거부하는 종교를 가지고 있는 내담자에게 더 설득력이 있을 수 있다.

기능적 논박 기능적이고 실용적인 논박은 비합리적인 신념 그 자체가 내담자 자신에게 유해한 결과들을 가져온다는 것을 깨닫게 한다. 비합리적인 신념 그 자체가 자기패배적인 정서를 유발하고 자기패배적인 행동을 자극한다. 내담자는 수많은 정서적이고 행동적인 문제들이 비합리적인 신념 때문에 생긴다는 것을 알게 된다. 실용적인 논박은 내담자가 합리적인 신념을 수용하므로 덜 고통받게 될 것이라는 것을 알게 한다. 따라서 내담자는 실용적으로 비합리적인 신념을 버리고 그것과 상반되는 합리적인 신념을 수용하는 것이 더 바람직하다는 것을 알게 된다.

발견적 논박 발견적 논박 혹은 인지적인 불일치를 통한 논박은 내담자가 이전에 겪었던 일련의 상황 속에서 자신의 비합리적인 신념을 자극하여 그것을 버렸고 그로 인해 이득을 얻은 적이 있었다는 것을 깨닫도록 돕는 것이다. 대부분의 내담자들은 살아가기 위해 자신의 비합리적인 신념의 어떤 부분들을 무시하거나 격하하여 그것들을 버렸어야 했을 것이다. 그렇게 하는 것이 현재 가지고 있는 자기패배적인 신념을 버리도록 하는 데 도움이 된다. 예를 들어, 시속 90km 속도제한 구역에서 주로 95km나 그보다 빠르게 운전하는 내담자가 있다고 하자. 그가 그렇게 하는 데에는 수긍이 가는 몇 가지 이유들이 있을 수 있다. 예를 들어, 그 내담자는 다음과 같이 변명할 수 있다. "속도 측정기가 정확할 수 없고 오차 범위가 있기 때문에 95km 정도는 속도제한을 지키는 것이나 마찬가지야." 혹은 "모든 사람들이 제한속도보다 더 빨리 운전하기 때문에 다른 사람보다 천천히 운전하는 것은 위험해." 혹은 "속도제한을 너무 정확하게 지키는 것은 별로 큰 의미가 없다." 이런 추론들은 내담자가 운전하면서 지켜야 하는 것을 무시하게 했고, 이것은 내담자가 문제에 대한 비합리적인 강요들을 버리는 데 도움이 될 수 있도록 발견적으로 익숙하게 된다. 내담자로 하여금 자신이 이미 인생의 한두 영역에서 합리적인 접근법을 채택했다는 것을 깨닫도록 돕는 것은 현존하는 비합리적인 신념이 가지고 있는 인지적인 불일치를 느끼게 하여 현존하는 문제와 관련된 합리적인 신념을 채택할 가능성을 증가시킨다.

합리적인 대안을 자극하는 논박 현존하는 내담자의 비합리적인 신념에 대한 합리적인 대안들은 내담자가 자신의 비합리성을 버렸을 때의 효과를 실험적으로 알 수 있게 해 준다. 내담자가 자신의 비합리적인 신념을 위한 합리적인 대안을 자신에게 말함으로써 자신이 힘들어했던 문제에 대해 다르게 느낄 수 있다. 내담자가 곧바로 안도감을 느낄 수도 있다. 합리적인 대안들은 비합리적인 신념에 대한 대책이 될 수 있기 때문에 심리적 고통을 감소시키고 바람직한 정서와 행동을 증가시키는 경험을 하게 할 수 있다.

이런 다섯 가지 전략들은 서로 배타적이지 않기 때문에 각각 다른 논박 형태를 중복하여 함께 사용할 수 있다. 각각의 논박은 다섯 가지의 독특한 방식으로 행해진다. 그리고 어떤 것이 내담자에게 더 효율적인지를 결정하는 것은 REBT 치료자의 몫이다.

4. 다섯 가지 논박 방식

교훈적 논박 교훈적인 논박 방식은 가장 단순하고 직설적인 접근으로 비합리적인 신념이 어떤 자기패배적인 결과를 유발하는지, 비합리적인 신념을 바꾸는 것이 왜 바람직한지, 어떻게 이런 비합리적인 신념들을 변화시켜 합리적인 신념들로 전환시키는지에 대해 내담자에게 직접적으로 설명해 주거나 지도해 주는 것이다. 교훈적인 것은 너무 매정하다거나 심지어 바람직한 심리치료를 위해서는 피해야 한다고 비판을 받기도 하지만, 많은 내담자들은 그것에 대해 매우 감사하면서 그것으로부터 무엇인가를 배우고 그런 교훈이 설명하는 것에 부합되게 행동한다. 많은 내담자들은 자신의 치료자가 문제를 극복할 수 있도록 도울 수 있는 정서적 문제들에 대한 엄청난 양의 지식을 가지고 있는 전문가라고 믿고 있다. 그리고 그런 내담자들의 믿음이 진실일 경우가 많다.

소크라테스식 논박 소크라테스식 논박 방식은 협력적인 질문법을 사용하여 내담자가 비합리적인 신념을 이해하고 논박의 목표를 성취할 수 있는 과정을 내담자와 협력해서 탐색하고 발견해 나가는 것이다. 이 방식은 내담자가 비합리적인 신념을 발견하고 그 신념을 버릴 수 있는 방식을 공식화(公式化)하도록 돕는다. 질문을 통해 내담자가 발견하는 과정에 참여하도록 하고 조금 더 깊이 그런 과정 속에 개입하도록 한다. 소크라테스식 협력은 많은 이점들을 제공한다. 만약 내담자가 자신을 위해 논박을 할 수 있게 되고 논박을 자신의 언어로 표현할 수 있으면 논박은 더 의미 있게 되고 친숙해질 것이다. 내담자 자신의 말로 이루어지는 논박의 의미와 즉시성(immediacy)은 논박을 더 생생하게 하고 설득력 있게 한다.

비유적 논박 비유적이고 유추적인 방식을 사용하면 치료자는 내담자에게 친숙하고 관련성이 높은 비유의 형태를 사용하여 의사소통 할 수 있다. 비유적인 방식은 내담자가 유추를 통해 문제와 문제 상황에 직면하는 것과 같은 것으로 생각하게 하는 반면에, 실제 상황과 그와 관련하여 현존하는 문제에 따르는 혼란으로부터 내담자 자신이 다소 거리를 둘 수 있는 이점을 가지고 있다. 유추적 상황을 고려하는 것은 내담자가 상황과 거리를 두게 하지만 내담자에게 여전히 혼란을 유발시키는 신념의 역할을 고려하게 하고 그것을 명료화하게 해준다. 비유를 통해 해결책을 깨닫는 것은 비합리적인 신념에 대한 내담자의 확신을 약화시키고 합리적인 신념을 채택하도록 한다.

치료자의 자기노출을 통한 논박 자기노출을 통해서 치료자는 자신을 합리성과 비합리성에 대한 모델로 제시할 수 있다. 내담자는 치료자와 치료자가 이전에 경험했던 비합리적인 신념이나 그런 신념에서 유발된 정서적 혼란을 자신의 것으로 동일시하고, 더 중요한 것은 치료자의 새로운 합리적 신념과 합리적인 신념을 수용함으로써 얻은 정서적 이득에 대해서도 동일시하게 된다는 것이다. 치료자의 자기노출은 비유적 방식의 특별한 한 형태인데, 치료자와 치료자의 경험은 내담자에게 한 가지 형태의 비유로 사용될 수 있다. 내담자가 치료자와의 관계에서 느낄 수 있는 정서적인 연결은 자기 개방의 중요성을 강조하고 다양한 배움의 기회를 창출한다. 치료자의 경험은 합리적인 신념에 대한 중요한 증거 자료나 비합리적인 신념에 대항하는 증거 자료가 될 수 있으며 비합리적인 신념에 어떻게 도전할 것인지를 보여주는 모델이 될 수 있다. 치료자가 자신이 이전에 가지고 있었던 비합리성과 그 비합리성으로부터 유발된 고통을 보여주고, 그 이후에 합리적인 신념을 채택하여 얻은 이득과 인생철학을 묘사하게 되기 때문에 치료자의 자기노출은 하나의 극복 모델을 제시하는 것이다. 합리적·정서적 치료는 내담자들이 제어 모델(mastery model)보다 대처 모델(coping model)에서 더 쉽게 배운다는 여러 증거들을 제시하고 있다.

  해학적 논박 유머를 통한 논박 방식은 내담자가 자신이 처한 상황에서 유머를 되찾게 한다. 만약 내담자가 논박을 하는 동안 웃을 수 있다면 그는 더 이완될 것이다. 유머는 치료에 활기를 불어넣을 수 있을 뿐 아니라 변화를 위한 힘든 작업을 덜 고통스럽게 한다. 해학적 제시는 내담자가 비합리적인 신념의 어리석음에 대해 더 잘 인식하도록 돕기 때문에 자신의 비합리적인 신념의 비합리성을 더 철저히 인식하도록 돕는다. 만약 내담자가 논박하는 동안 합리적이고 정서적이며 행동적인 혼합에서 나온 웃음을 웃을 수 있다면, 내담자는 논쟁 속에서 자신의 어리석음을 이해하고 유머를 느끼며 자신이 이해한 것과 웃으면서 느꼈던 것을 바탕으로 행동할 것이다.
  본질적으로 유머란 청취자가 곧바로 유쾌함을 자발적으로 경험해야 하기 때문에 해학적 방식을 개발하는 것은 쉬운 일이 아니다. 유머는 듣는 사람에게 약간은 놀라운 일이기 때문에 듣는 당사자가 조절할 수 없는 것이다. 하지만, 원래 해학적인 사람에게는 그것이 그리 즉흥적인 일은 아니다. 암기하여 사용되는 농담은 그것을 듣는 새로운 관객들에게는 신선하게 유머를 느끼게 할 수 있다. 논박을 제시하는 몇 가지 접근들을 통해서도 대부분의 내담자들에게 웃음을 자아내게 할 것이다. 그런 것을 미리 계획하고 연습해본 후에 약간의 과장을 포함하거나 풍자를 사용하며 기대하지 않는 상황에서 사용하게 된다. 논박을 하는 동안 활용할 유머를 개발할 수 있는 가장 좋은 방법은 잠재성이 있는 해학적 개입을 때때로 조금씩 시험해 보는 것이다. 해학적 방법을 시도하고 나서 정색을 하고 반응을 기다려라. 만약 내담자가 웃기 시작하면 다음과 같은 종류의 유머를 조금 더 시도해 보라.

1) 어떤 논박이 가장 효과적인가?

이 책에서 제시하고 있는 논박에 대한 간단한 정의와 설명은 어떻게 논박을 구성하고 실시한 것인지에 대한 정보를 전달하기에 충분하지 않다. 연마된 논박 기술들을 획득하기 위해서는 연습을 하고 그 이후에 실험적으로 시도해 보고 또다시 더 많은 연습을 해야 하는 등 많은 노력이 필요하기 때문에 효과적인 논박에 기여하는 모든 것들을 가르친다는 것은 아마 불가능할 것이다. 〈표 5-1〉부터 〈표 5-4〉를 통해 논박을 실행하는 각 전략에 대한 사례들을 제시하였다. 각각의 표에는 절대적인 평가적 신념에 의해 발생할 수 있는 네 가지 비합리적인 신념인 재앙화, 강요, 좌절에 대한 약한 포용력 및 포괄적인 인간에 대한 평가를 논박할 때 사용할 수 있는 다섯 가지 전략들과 다섯 가지 방식들이 제시되어 있다. 효과적인 논박은 회기 중에 공식화(公式化)가 잘 되고, 치료적 개입에 대한 내담자의 반응에 주의를 기울일 때 가능하다. 가장 효과적인 논박은 어느 순간에 가서는 내담자 자신이 스스로 실행할 수 있어야 한다.

어떤 한 전략이나 한 방식 혹은 전략과 방식의 합성 그 어느 것도 그것

하나만으로 모든 내담자들에게 효과적일 수는 없다. 대부분의 치료적 개입처럼 논박도 내담자와 문제에 적절하게 효과를 발휘할 수 있는지를 결정할 임상적 판단에 의해 실행될 때 최상의 효과를 낳는다. 따라서 논박에 대해 일반적인 충고를 할 수 있는 경우는 극히 드물다.

해학적 방법은 가벼운 수준이지만 논박 중에서 가장 위험할지 모른다. 왜냐하면 정신적 고통을 겪는 내담자들은 현재 자신에게 일어나고 있는 것들에 대해 자주 혼란을 느끼기 때문이다. 혼란스러워 하는 내담자들은 풍자, 과장된 표현, 웃음을 자아내는 실제적이지 않은 농담을 이해하는 데 어려움을 갖는다. 그런 내담자의 혼란 때문에 더 많은 정신적 고통과 짜증을 유발할 수도 있다. 따라서 눈에 바로 띄지 않는 유머로 시작하는 것이 안전하다. 만약 내담자가 치료자의 그런 유머에 웃는다면 내담자의 상황과 조금 더 비슷한 유머를 사용하면 조금 더 안전해진다.

교훈적인 방식은 적어도 두 가지 이유에서 위험을 가져올 수 있다. 첫째, 치료자는 내담자가 실제로 믿고 있는 것에 대해 접할 수 없게 될 수도 있는 위험을 감수해야 한다. 그런 위험은 치료자가 전제하는 것을 확인할 수 있는 질문을 함으로써 간단히 피할 수 있다. 예를 들어, 다음과 같은 질문을 할 수 있다. "제가 볼 때 당신은 지금 자신을 비하하고 있군요, 제 말이 맞나요?" 혹은 "제 생각에는 당신 자신보다 당신의 행동에 대해 평가를 한다면 기분이 훨씬 나아질 것 같은데, 당신의 생각은 어떻습니까?" 대개 내담자들은 이와 같이 개방적으로 권유하는 질문에 기꺼이 응한다. 어떤 내담자들은 치료자의 접근법에 대해 싫다고 또는 동의할 수 없다고 말하는 것을 힘들어 하지만, 내담자들이 어떤 특정 방식의 치료에 반응할지 하지 않을지 혹은 어떻게 반응할지 미리 결정하고 설명하기는 어렵다. 개방적인 질문에 자신의 불편함을 보고하는 데 힘들어하는 내담자들은 어떤 치료방식에도 좋은 반응을 하기 힘들다.

논박에 대한 교훈적 접근의 두 번째 위험은 심리치료 그 자체에 대한 대중적인 인식으로부터 생겨난다. 만일 내담자들이 심리치료에 관한 글을 자주 읽었거나, 대학에서 심리학 개론 수업을 들었거나 혹은 다른 형태의 심리치료에 관해 훈련을 받은 적이 있다면 심리치료는 반드시 어떠해야 한다는 선입견을 가지고 있을지 모른다. 그런 내담자는 치료자에게 심리치료는 특정한 방식으로 행해져야 한다고 요구할지도 모른다. 내담자는 광범위한 개인력에 대한 정보를 모으고 내담자의 상황에 대해 정확히 공감을 해야 하며 내담자와 함께 특정한 종류의 소크라테스식 대화를 하는 것이 심리치료의 유일한 방식으로 믿고 있을지 모른다. 교훈적 접근은 "아무것도 할 수가 없어!"라고 믿고 있는 내담자를 분노하게 할지도 모른다. 유머와 함께 간단하게 직접적으로 행하는 논박을 실험적으로 실행해 보면 교훈적인 방식에 내담자가 어떻게 반응할지 알 수 있다.

내담자들 자신의 비합리성과 자신만의 해결책을 발견하도록 자극하는 소크라테스식 방식은 인지치료와 인지행동치료에서 가장 널리 사용되고 있는 인기 있는 접근법이다. 소크라테스식 방식과 합리적인 대안을 찾는 전략을 함께 사용하는 것은 아마 논박들 중에 가장 효과적인 방법일 것이다. 예를 들어, 내담자에게 자신의 비합리적인 신념에 대한 자신만의 합리적 · 정서적 대안을 찾아보도록 하는 것인데, 내담자들은 다음과 같은 절차에 의해 큰 이익을 얻을 수 있다. 첫째, 내담자는 실제로 자신의 설득적인 논박 대안들을 만들어낸다. 내담자 자신의 언어로 구조화되고 형성된 비합리적 신념에 대한 합리적인 대안들은 가장 잘 고안된 치료자의 논박보다 더 설득력 있게 작용할 것이고 더 즉각적인 효과를 가져온다. 둘째, 비록 내담자가 합리적인 대안 신념을 만들어낼 수 없더라도 논박에 대한 자신의 무능력은 자신의 사고(思考)에 대한 정보와 REBT에 대한 자신의 일반적 반응에 대한 정보 그리고 논박에 대한 자신의 특정한 반응에 대한 정보를 제공한다.

치료자는 내담자에게 다음과 같이 질문할지 모른다. "당신은 자신에게 그 대신 무엇이라고 말하겠습니까?" 이런 질문에는 단지 얼마 안 되는 내담자들만이 비합리적인 신념에 대한 효과적인 합리적인 대안을 즉각적으로 만들어낼 수 있다. 만약 내담자가 "잘 모르겠습니다"라고 반응한다면, 그 반응은 내담자의 이해 수준에 대한 정보와 자신의 비합리성을 이해하지 못한 수준에 대한 정보 그리고 내담자의 사고(思考)에 대한 정보를 실시간으로 제공한다. 논박에 대한 훈련 이후에 반복해서 하는 그런 간단한 질문은 더 훌륭한 합리성을 모색하기 위해 노력해 온 결과로서 진보된 수준을 드러낸다.

반복해서 말하지만, 어떤 하나의 방식이나 하나의 전략 혹은 어떤 방식과 전략이 통합된 한 가지 치료적 개입이 모든 내담자들에게 효과적인 것은 아니다. 드보라를 생각해 보라. 첫 회기에서 나(SLN)는 그녀를 도우려는 목적으로 소크라테스식 탐색을 통해 그녀를 정신적으로 고통스럽게 하는 신념을 그녀가 이해할 수 있도록 질문하기 시작했다. 회기를 시작하고 약 20분 정도가 지나자 그녀는 "저는 다른 사람들이 저에게 질문을 하면 그냥 얼어 붙어 버려요. 머릿속이 텅 비는 것 같습니다. 당신은 그렇게 해서 제가 무언가를 얻었으면 하고 바라시는 것 같은데 저는 아무것도 얻을 수가 없을 거예요. 만약 제가 무엇인가를 얻을 수 있게 되기를 원하신다면 차라리 그냥 말로 해 주십시오"라고 말했다.

그녀가 그렇게 솔직하게 말한 것은 치료를 위해 아주 귀중한 것이었다. 그녀는 소크라테스식 방식이 그녀에게 맞지 않다는 의사를 전달한 것이다. 그녀는 자신에게 효과가 있는 것과 효과 없는 것을 명확하게 했다. 그녀의 문제와 상황을 도울 수 있는 방법에 대해 자신이 원하는 것을 명백하게 했다. 나는 만약에 나의 치료 방식이 자신에게 맞지 않는다면 계속해서 불만을 이야기하라고 그녀를 격려했다.

소크라테스식 방식의 사용을 지지하는 사람들은 교훈적 의사소통은 무례하고 지시적이며 거의 필연적으로 내담자로 하여금 상담에 저항하도록 한다고 주장한다(Overholser, 1995, 1999). 이런 견해에도 불구하고, 소크라테스식 질문은 드보라를 몹시 당황하게 했다. 열성적으로 소크라테스식 방식을 추종하는 사람들은 드보라의 문제는 서투른 소크라테스식 질문 때문이라고 설명할지도 모른다. 그런데 그 당시 나는 드보라가 상담할 수 있는 유일한 치료자였으며 그녀는 직접적인 진술과 간단한 훈계 그리고 지시적인 과제들을 원했다. 드보라의 상황과 나의 논박에 대한 그녀의 반응은 나중에 더 자세히 논의될 것이다.

5. 종교를 가진 내담자의 신념을 논박하는 방법

전문가 치료 지침과 뛰어난 치료 감각을 통해서 우리는 종교를 가지고 있는 사람들, 특히 3장에 제시하였던 사례처럼 임상적으로 두드러지게 종교적 근심을 가지고 있는 사람들을 치료하게 될 때 두 가지 기본적인 문제들이 생길 수 있다는 것을 알 수 있다(Johnson). 그런 기본적인 문제들이란 종교와 관련된 내담자의 근심을 아예 무시하는 것 혹은 고의로 내담자의 종교적 신념을 논박하는 것을 의미한다. 종교와 관련된 내담자의 근심을 무시하는 것은 라포를 형성하고 바람직한 치료 결과를 얻는 것 모두를 방해한다. 이와 유사하게 내담자의 종교적인 신념이나 헌신을 드러내놓고 공격하는 것은 원활한 치료의 진행을 위협하는 것은 물론이고 더 나아가 비윤리적인 것이다(APA, 1992).

후자에 대한 한 사례로서 〈표 5-1〉부터 〈표 5-4〉를 통해 강조하고 있는 하나님 앞에서 죄라고 여겨지는 혼전 성관계의 결과로 우울증과 불안을 겪고 있는 한 젊은 남성의 종교적 신념과 행동을 논박하기 위해 사용할 수 있는 여러 가지 논박들을 생각해 보라. 내담자의 증상(C)을 최대로 줄이기 위해 노력하면서 REBT 치료자는 다음과 같이 논박할지 모른다. "하나님이 존재한다는 증거가 어디에 있나요? 당신과 당신의 의지를 저주하는 어떤 초인적인 존재가 있다는 것을 증명해 보십시오. 저에게는 자신의 몸을 '성전(聖殿)'이라고 믿는 것이 미친 것처럼 보이고 그것이 당신을 더 비참하게 하는 것 같아요. 저는 당신이 계속 우울할 것인지 아니면 당신이 믿고 있는 종교의 가르침과는 상관없이 서로 동의하여 두 성인(成人)이 가진 성관계는 정상적이고 건전하다는 것을 받아들이든지 둘 중 하나를 선택해야 한다고 생각해요!" 나의 견해로 볼 때 기술적으로는 문제가 없을지 모르지만, 이런 논박은 평가적이거나 강요하는 식의 내담자의 사고방식을 논박하기 보다 내담자가 믿고 있는 종교의 내용을 공격하고 과소평가 하는 잘못된 시도이다.

우리는 4장에서 내담자가 가진 종교성의 여러 다른 요소들에 대한 평가에 관해 논의하였다. 종교를 가지고 있는 내담자와 논박을 시작할 때 합리적 · 정서적 치료는 유발사건과 관련하여 종교의 역할이 무엇이고 내담자의 평가적 신념과 관련하여 종교의 역할이 무엇인지를 고려해야 한다고 강조하고 있다. 이것은 간단히 A(유발사건)에 있어서의 종교와 B(신념)에 있어서의 종교로 표현된다. 종교를 가지고 있는 내담자의 비합리적인 신념을 논박하려는 접근을 유발사건에 대해 할 것인지 아니면 신념에 대해 할 것인지 구별해야 한다. 그리고 비합리적인 신념의 근원이 종교적 유발사건으로 밝혀졌다면 종교적 신념은 조절되어야 하고, 비합리적인 핵심신념 속에 종교가 포함되어 있으면 논박 속에 종교적 내용이 통합되어야 한다.

REBT 치료자가 내담자의 종교성을 조절(accommodate)할 때는 다른 유발사건들에 상응하는 내담자의 종교적 근심과 문제들을 다루게 될 것이다. 비록 REBT 치료자는 내담자가 표현하는 문제의 특정 부분까지 관심을 가질 수도 있지만 그런 것들은 내담자의 신념이 가진 평가적이고 강요하는 본질보다는 덜 중요하다.

이와 대조적으로 어떤 REBT 치료자는 논박을 하면서 의도적으로 내담자의 종교적 신념을 통합한다. 그런 치료자는 내담자가 믿고 있는 종교와 관련된 신념의 전통들이 내담자가 가지고 있는 비합리적인 신념의 잠재적인 해결책이 될 수 있다고 생각하기 때문이다. 특히, 절대적이고 평가적인 것에 상반되는 내담자의 종교적인 신념요소는 모든 종류의 신념들을 논박할 때 활용될 수 있다. 이것은 유발사건이 종교적으로 관련이 있든지 없든지 상관없이 그렇다. 종교를 가지고 있는 내담자들을 치료하는 합리적 · 정서적 접근의 핵심은 절대적이고 평가적인 신념에 변화를 주는 것이다.

1) 종교적 신념을 조절하기

〈표 5-1〉부터 〈표 5-4〉를 통해 제시되어 있는 논박들은 내담자의 종교적 신념과 강하게 연결되어 있는 유발사건은 물론 유발사건과 비합리적인 신념이 결합된 것에도 활용될 수 있다. 내담자가 당면한 유발사건의 특정 사항들은 그 유발사건에 대한 내담자의 평가적 신념보다는 덜 중요한 것이다. REBT는 유발사건이 실제로 내담자가 보고한 것과 일치하는가 보다는 유발사건에 대한 내담자의 평가가 절대적이고 비합리적인가에 초점을 맞춘다.

조절한다는 견지에서 REBT를 실행한다는 것은 치료자가 내담자의 종교적 신념을 존중한다는 것을 나타내고 내담자의 종교적 가치관, 신념 및 헌신에 대해 이해하려는 노력으로 의도적으로 협조적이고 겸손해지는 것이다. 신, 신과의 관계, 영적 개입의 가능성과 현실 혹은 그것이 인생에 미치는 영향에 대해 내담자가 어떤 독특한 견해를 가지고 있던 간에, REBT 치료자는 그런 신념들을 존중해야 하고 변화시키려는 어떤 시도도 하지 않아야 한다. 이런 견해는 버르긴(Bergin, 1980)이 저술한 유신론적 현실주의(theistic realism)에 잘 묘사되어 있다. 조절을 추구하는 치료자는 특정 종교신념을 언급하기보다는 종교를 가진 내담자의 신념이 지닌 강요하는 성향과 평가적 성향을 논박한다. 따라서 치료자는 "신 혹은 신과의 관계에 관한 내담자의 사고방식이 어떻게 그를 힘들게 하는가"에 대한 것을 묻는다.

다른 모든 심리치료사들과 마찬가지로 REBT를 하는 사람들도 물론 내담자가 보고하는 유발사건에 관한 의견을 가지고 있다. REBT를 실행하는 치료자들은 유발사건에 대해 다음과 같이 자신에게 말할지 모른다. "나는 내담자가 말한 것처럼 그 일이 발생했다고는 믿지 않는다." 그러나 이것이 논박의 중심이 되지는 않는다. REBT 치료자는 내담자가 제시한 것을 정말 정직한 것일 때 유발사건에 대해 실용적인 제안을 할 것이다. 다시 한 번 언급하지만, REBT는 유발사건에 대해서는 논쟁하지 않으며

〈표 5-1〉 재앙화를 논박하기 위한 전략과 방식의 실례

논박 방식	논박 전략				
	논리적	경험적-증거	기능적	발견적/인지적 불일치	합리적 대안
교훈적	어떤 일이 원하지 않았던 것이고 불쾌하며 매우 슬프고 고통스럽다고 해서 그것이 '끔찍하고', '무서우며', '비극적'이라고 하는 것은 이치에 맞지 않는다.	이 순간 당신이 끔찍하다고 여기는 것이 다른 장소나 미래에서는 다르게 생각되어질 수 있다. 우리가 어떤 것에 끔찍하다라고 딱지를 붙일 수 있는 어떤 기준도 없다.	끔찍한 어떤 것에 대해 말해보라. 그러면 그것이 더 불안하게 할 것이다. 불안하고 끔찍한 것을 말하는 것은 더 많은 불안과 비극을 가져온다. 공포는 이렇게 생겨난다.	당신이 끔찍하고 재앙이라고 생각하는 것이 어떤 것이든 간에 그보다 훨씬 더 힘든 일이 적어도 1,000가지는 더 될 것이다.	내가 싫어하는 것들이 사실상 더 불쾌할 수 있기 때문에 그것을 정확하게 '나쁜' 것이라고 말하는 것이 '재앙'이라고 과장된 표현을 쓰는 것보다 더 유익하다.
소크라테스식	어떻게 이 사건이 정말 비극적일 수 있는지 이해할 수 없다. 이것이 100% 나쁜 것이 아니라 단지 열악한 상황이라는 것을 내가 알 수 있게 해 주시오.	당신의 상황이 재앙이라는 것을 증명할 자료가 있는가? 만약 실제로 재앙을 측정할 수 있는 척도가 있다면 당신의 상황은 어느 정도일 것 같은가?	어떤 것을 끔찍하고 무섭다고 말하는 것이 어떻게 그 상황을 더 효과적으로 다룰 수 있도록 하는지 내가 이해할 수 있게 해 주시오.	나는 당신이 상황을 가장 끔찍하다고 생각한다는 것을 안다. 하지만 제3세계에 있는 감옥에서 50번이나 무시무시한 고문을 받은 죄수도 그렇게 생각할 것이다. 누가 옳은가?	당신이 처한 상황이 비극적이고 끔찍하다는 신념을 내면화하기보다는 자신이 덜 우울하게 느낄 수 있도록 어떻게 말할 수 있는지 궁금하다.
비유적	휴일의 폭설은 아이들에게는 기쁨을 주고, 비행기 승객들에게는 분노를 느끼게 한다. 같은 눈이지만 관점이 다를 뿐이다.	노숙자 보호소는 어떤 사람에게는 끔찍한 곳이지만, 다른 이에게는 위안이 되는 곳이다. 환경 자체가 끔찍한 것이라는 증거는 없다. 다만 그런 것들에 대한 우리의 평가가 그럴 뿐이다.	다리를 절단한 두 사람이 있다. 한 사람은 "마침내 아픈 다리가 없어졌군!"이라고 하고 다른 사람은 "정말 끔찍해!"라고 한다면 어떤 사람이 차후에 더 효율적으로 적응할 수 있을까?	만약 어떤 사람이 당신이 경험한 것을 100억 원을 받고 경험하기로 자원했다면, 그는 당신이 참을 수 없는 것을 참을 수 있을까?	어떤 다른 사람이 다른 곳에서 이와 비슷한 일을 참아냈다면, 이 일을 더 잘 관리할 수 있는 것처럼 보이게 하기 위해 그 사람은 이 사건에 대해 어떻게 말했을까?
치료자의 자기노출	나는 내 인생에서 일어났던 몇 가지 일들을 저녁 뉴스를 보기 전까지는 '비극적'이라고 생각하곤 했다. 하지만 이제는 나에게 일어났던 대부분의 일들은 아주 불쾌했던 일 정도로 생각하고 있다.	내 인생에서 어떤 것이 정말 끔찍하다고 생각할 때마다 나는 그 상황이 더 나빴을 수도 있다고 상상할 수 있게 되었다. 이것은 처음부터 절대적으로 비극적인 일이 없다는 것을 보여주는 것 같다.	내가 연설하는 동안 말을 더듬고 떤다는 것을 다른 사람들이 봤다는 것은 끔찍한 일이 될 것이다. 결국 나는 그것이 사실이 아니고 오히려 그런 생각이 나를 무척 불안하게 만들었다는 사실을 알게 되었다.	내 동료 중 한 사람이 직업을 잃고 이혼하였으며 일주일 내내 감옥에 갇혔다. 이제야 더 열악한 상황이 있을 수 있고, 내가 견뎌야 하는 것은 견딜 수 있는 일이라는 것을 알게 되었다.	앞으로 생길지도 모르는 일로 인해 불안을 느낄 때마다 나는 '가장 끔찍한 일이 일어난다면 어떤 것일까?'라는 질문을 한다. 지금까지 내가 상상했던 가장 끔찍했던 일이 실제로 결코 치명적이지는 않았다.
해학적	내 이웃에게 나는 그가 집에 칠한 페인트 색깔이 '황당하다'라고 했지만 그는 그 색을 좋아하는 것 같았다. 어떻게 그럴 수 있을까?	당신의 불쾌감이 인류 역사상 정말 비극적이고 끔찍했던 사건들에 비해 어느 정도인지 내가 이해할 수 있게 해 주시오.	'이건 무섭고 두렵고 끔찍해'라고 자신에게 반복해서 말함으로써 더 효율적인 삶을 살 수 있다는 당신의 새로운 발견을 다른 사람들에게도 알려줍시다.	만약 당신의 현재 상황에 고통스러운 종기와 문둥병, 고문 혹은 독방 감금과 같은 것을 추가시킨다면 그 상황이 더 열악해질 수 없다고 할 수 있을까?	그래 이건 정말 재수 없는 일이야. 아니 그렇지만 다른 더 나쁜 일 보다는 재수 없는 일이 아닐 수 있다.

〈표 5-2〉 강요를 논박하기 위한 전략과 방식의 실례

논박 방식	논박 전략				
	논리적	경험적-증거	기능적	발견적/인지적 불일치	합리적 대안
교훈적	당신이 어떤 것을 선호한다고 해서 반드시 그렇게 되어야 한다는 것은 이해할 수 없다. 실제가 아닌 것을 강요하는 것은 말이 안 된다.	주변의 사람들과 세상이 내가 원하는 대로 되어야 한다는 것에 대한 어떤 좋은 증거도 없다. 내 요구가 반드시 이루어져야 한다는 것에 대한 기록이 어디에 있는가?	삶이 달라져야 한다는 독단적인 요구는 자신이나 현실을 수용하도록 돕지 않으며, 반드시 변화시켜야 할 것을 변화하도록 도울 것 같지도 않다.	당신은 삶의 모든 것들이 정확히 자신이 원하는대로 되어야 한다고 요구하지 않는다. 그래서 이것이 완벽하고 달라야 한다는 것은 독선적이고 조금은 어리석어 보인다.	바라는 대로 되어야 한다고 강요하기 보다 강한 신념을 가지고 자신이 바라는 것을 얻을 수 있도록 열심히 일하는 것이 자신에게 더 좋을 것 같다.
소크라테스식	당신이 어떤 것을 선호하기 때문에 반드시 무엇인가 달라져야 한다면 어떤 일이 일어날까?	나는 당신이나 다른 사람들 혹은 세상이 지금과는 반드시 달라져야 한다는 개념을 지지할 어떤 확실한 증거를 보게 될까봐 두렵다.	생활이나 현실이 반드시 어떠해야 한다고 강요하는 것이 어느 정도 당신의 기분을 좋게 하고 당신이 바라는 변화를 얻게 하는지 내가 이해할 수 있도록 도와주시오.	때때로 당신은 아침에 좀더 잠을 잤으면 하고 바라는가? 만약 그렇다면, 지금이 일어나야 할 시간이라는 현실을 받아들이기 위해 자신에게 어떻게 말하는가?	현실이 반드시 꼭 달라져야 한다는 것에 대한 대안으로 자신의 환경에 대해 덜 불평할 수 있도록 자신에게 어떻게 말할 수 있을까?
비유적	한 천문학자는 오직 자신의 눈으로만 온 우주를 보고 싶다고 했다. 그렇다고 해서 그가 그런 시각적인 힘을 가졌다고 억지를 부리는 것에 동의할 수 있는가?	나는 술 취한 운전수가 절대로 나를 다치게 해서는 안 된다고 강하게 주장할 수 있지만, 이것이 내가 사고 당할 확률을 낮출 수 있다는 어떤 절대적인 증거가 없다.	죽음을 눈앞에 둔 사람이 죽지 않아야 한다고 억지를 부린다고, 그의 죽음을 막을 수 있을까?	두 살배기 아이가 자신이 정확히 원하는 것을 얻지 못할 때 고집을 부린다. 그 아이의 그런 강요하는 생각이 어떻게 자신을 힘들게 만드는가?	장애를 가지고 있는 수백만의 사람들이 더 잘 적응하고 그들의 삶에서 기쁨을 가지기 위해 자신에게 어떻게 말할 수 있을까?
치료자의 자기노출	나는 한때 내 아내는 정확히 내가 원하는 여자라야 된다고 생각했다. 이상하게도 그녀는 반드시 그녀 자신이어야 한다고 믿고 있는 지금이 더 행복하다.	크로스컨트리 경기에서 달리기 시작했을 때 나는 모든 경기에서 꼭 1등을 해야 한다고 생각했다. 그러나 1등을 한 적은 없고 꼭 그럴 필요도 없다. 나는 1등 하지 않고도 잘 살고 있다.	나는 연주를 하기 전에 불안해 하지 않아야 한다는 요구를 했다. 그런데 이런 요구가 나를 더 불안하게 했다는 것을 알게 되었다. 그래서 그런 요구를 하지 않게 되었고 놀라울 정도로 연주를 즐기고 있다.	만약 마틴 루터 킹 목사가 다른 사람들이 자신을 좋아해야 한다고 강요했다면 사람들이 그를 추종했을지 의심이 간다. 그를 모델로 하여 나는 내가 옳다고 생각하는 것을 행하고 다른 사람들이 나에 대해 생각하기 원하는 대로 생각하도록 내버려 둔다.	편집자가 나의 모든 기사들을 좋아하고 받아들여야 한다고 생각하기보다는 나는 이제 "내 생각에는 이것은 좋은 글인 것 같고 편집자가 받아 주었으면 좋겠지만 꼭 그러지 않아도 좋아"라고 말한다.
해학적	"나는 강요한다. 고로 존재한다." 하지만, 강요하지 않는 사람도 존재한다. 그리고 그들이 더 행복해 보인다.	장미는 반드시 빨간색이어야 하고, 바이올렛 꽃은 꼭 파란색이어야 하지만 뭔가를 강요하는 것이 당신에게 도움이 된다는 증거가 있는가?	당신이 알다시피 당신은 자위행위를 아주 자주한다. 내가 내릴 수 있는 유일한 결론은 자위행위가 실제로 당신이 원하는 것을 얻을 수 있도록 한다는 것이다!	당신은 고집을 아주 잘 부리니까 5시까지 내가 백만 달러를 벌게 고집을 부려 볼래요? 그렇게 할 수 있다면 이 회기는 끝내고 나는 은퇴할까 해요.	우주의 첫 번째 법칙은 내가 원하는 대로 우주가 돌아가야 된다는 것이다! 하지만 우주는 대부분 이 법칙을 무시하는 것 같다는 것을 알게 되었다.

〈표 5-3〉 좌절에 대한 포용력 부재를 논박하기 위한 전략과 방식의 실례

	논박 전략				
논박 방식	논리적	경험적-증거	기능적	발견적/ 인지적 불일치	합리적 대안
교훈적	당신이 의식을 잃거나 죽지 않는다면 당신은 그것을 참을 수 있다. 논리적으로 당신에게는 선택의 기회가 없다. 당신이 죽지 않는다면 참을 수 있다.	사람들은 힘든 것들을 잘 참아왔다. 세계대전 동안 마취도 하지 않고 수술했고, 수족을 절단하고 수용소에 갇혀 있었다. 그들이 그것을 인내했다면 나도 지금 이 상황을 참아낼 수 있다.	당신이 어떤 것을 참아내기를 원치 않는다면 자신에게 참을 수 없다고 말한다. 만약 당신이 그것을 참아내기 원한다면 자신에게 참을 수 있다고 말할 것이다.	매일 수백만의 사람들이 "이건 참을 수 없어"라고 말하면서도 대부분의 사람들이 자신이 할 수 없다고 한 것을 해 나가면서 살아간다.	나는 만약 의식을 잃거나 목숨을 앗아갈 정도가 아니라면, 나는 당신이 그것을 좋아하지는 않지만 참을 수 있다고 자신에게 말하라고 권하고 싶다.
소크라테스식	당신이 그것을 참아낼 수 없는 이유를 내가 납득할 수 있게 해 달라. 그대신 당신은 무엇을 할 수 있겠는가?	당신이 그것을 인내할 수 없다는 과학적이거나 실제적인 증거가 어디에 있는가?	당신이 계속해서 자신에게 할 수 없다고 말하는 것이 당신을 위해 무엇이 도움이 되겠는가?	고문 당하고 큰 상처를 입은 사람들이 그것을 참기 위해 자신에게 어떻게 말했는지 궁금하다.	자신에게 참을 수 없다고 말하는 대신 어떻게 말할 수 있을까?
비유적	에베레스트 산을 오르는 사람들은 극심한 추위와 피로를 참거나 그렇지 않으면 누워서 얼어 죽거나 둘 중 하나를 선택할 수밖에 없다는 것을 안다. 그래서 그들은 단지 살기 위해 참는 것이다.	철인 경기를 하는 선수들이 종종 10시간의 격렬한 경기를 계속할 수 없다고 생각할 수 있지만 실상은 경기를 끝까지 해낸다. 이것은 우리도 우리가 생각하는 것보다 많은 것을 참을 수 있다는 것에 대한 좋은 증거이다.	고통스러운 질병을 앓고 있는 쌍둥이를 상상해 보라. 한 사람은 "이건 참을 수 없어."라고 하고 다른 사람은 "불쾌하지만 참을 수 있어."라고 한다면 누가 더 힘들겠는가?	만약 지금 당신이 처한 상황을 참아내어 10억 원을 벌 수 있다면 당신이 그것을 이겨낼 수 있을까? 견디기 위해 자신에게 어떻게 말할까?	어린 아이들 중에는 고통스러운 암 치료를 겪어야 하는 아이들이 있다. 이런 아이들은 그것을 참기 위해 자신에게 무엇이라고 말할까?
치료자의 자기노출	나는 사람들 앞에 서는 것은 너무 불안해서 참을 수 없다고 내 자신에게 말하곤 했다. 그러나 나는 내가 여러 번 그 상황을 참아낸 것을 깨달았다. 내가 생각했던 것은 사실이 아니고 내가 단지 그런 것을 싫어한다고 결론을 내렸다.	나는 한 때 데이트를 신청해서 거절당하면 참을 수 없을 거라고 생각했는데, 이제 그것을 참을 수 있을 뿐 아니라 그런 상황이 반복되는 것도 참을 수 있다.	장거리를 뛰면서 자신에게 "달리기는 너무 힘들어"라고 하는 것이 얼마나 더 피곤하게 하고 힘들게 하는지를 알게 되었다.	나는 어렸을 때 이를 뽑으려고 하지 않았다. 그러나 아버지는 내 이를 뽑았고, 나는 내가 그 고통을 참아낸 것을 자축했다.	연설하기 전에 나는 불안하지만 그 극심한 불안감을 이겨나갈 수 있다는 것에서 많은 것을 배웠다. 이제 나는 연설하는 것이 때때로 불쾌하지만 결코 참아낼 수 없는 것이라고는 생각하지 않는다.
해학적	당신이 지금 참고 있는 것을 얼마나 계속 참을 수 없다고 하겠는가?	만약 이것이 정말 당신이 말하는 대로 참을 수 없는 것이라면 죽을 확률이 100%라는 것을 보여주는 증거를 찾을 수 있을 것이라고 확신해요.	치과 병원 대기실에 있으면서 이렇게 말하는 것이 나에게 도움이 된다. "나는 드릴 소리가 싫고 냄새가 싫다. 턱받이가 싫고 간호사도 마음에 안 든다. 하여간 모든 것이 다 싫다."	만약 테러분자들이 당신이 사랑하는 모든 사람들을 인질로 잡고 당신이 그 상황을 참지 않으면 그들을 다 죽인다고 한다면 당신은 참아낼 수 있을까? 어떻게 참아낼 수 있을까?	참을 수 없는 모든 것을 참아내는 내 자신에 대해 이제 더 이상 참을 수 없어!

〈표 5-4〉 자신에 대한 평가를 논박하기 위한 전략과 방식의 실례

논박 방식	논박 전략				
	논리적	경험적-증거	기능적	발견적/인지적 불일치	합리적 대안
교훈적	당신이 실수했기 때문에 당신 자체가 실패작이라고 판단하는 것은 정당하지 않다. 그것은 최악의 과잉 일반화이다.	인간의 가치가 변할 수 있다는 어떤 증거도 없다. 과학이 크기, 온도 및 다른 어떤 것은 측정할 수 있어도 가치나 선(善)은 측정할 수 없다.	만약 당신이 자신을 비하하면 당신이 하는 노력들이 모두 위험에 처할 것이다. 위험에 처하게 될 뿐 아니라 당신의 가치관이 변할 위험도 있다.	당신은 자신의 성공적인 행동을 긍정적으로 평가하지 않는다. 그러니까 당신이 한 실패에 관련하여 자신을 비하시키는 것도 그만 두어라.	당신을 좋은 사람 혹은 나쁜 사람이라고 부르는 대신 단지 당신은 좋은 일과 나쁜 일 모두를 할 수 있는 나약한 인간이라고 생각하라.
소크라테스식	사람의 행동으로 그의 존재가치를 판단하는 일반화 논리를 내가 납득할 수 있을 정도로 설명해 보시오. 자신의 행동으로 얼마나 자신의 가치를 바꿀 수 있나요? 1%? 51%? 90%?	인간됨을 측정할 수 있다는 어떤 증거가 있는가? 인간의 가치를 측정할 수 있는 과학적, 법적 혹은 경제적 방법이 있는가?	끊임없이 당신 자신을 비하하는 것이 당신에게 어떤 유익을 가져다 줍니까?	당신은 운전하면 때때로 과속하죠? (만약 그렇다고 대답한다면) 그렇게 계속 과속하고도 지금까지 살아 있는 당신에 대해 뭐라고 할 수 있을까?	당신 자신에게 할 수 있는 다른 말 표현은 없을까?
비유적	덩치 크고 공격적인 개는 좋은 지킴이가 될 수 있지만, 좋은 애완견은 될 수 없다. 작고 귀여운 개는 좋은 애완견이지만, 좋은 지킴이는 아니다. 둘 다 좋은 것도 나쁜 것도 아니다. 사람도 이렇게 단지 다른 특성을 지니고 있을 뿐이다.	금은 1온스(약 31g)에 100만 원이었던 적이 있지만 지금은 40만 원 이하이다. 하지만 금의 본질 자체가 변하는 것은 아니다. 인기가 있다는 것이 사람의 본질을 변화시키지는 않는다.	당신과 같은 문제를 가진 일란성 쌍둥이가 있다고 상상해 보라. 한 사람은 자기를 비하하고, 다른 사람은 단지 자신의 행동과 결과만을 비판했다. 누가 더 힘들어 하겠는가?	만약 당신이 NBA(미프로농구 리그)의 가장 못하는 팀에서 일 년 내내 벤치에만 있다면, 그걸 어떻게 참을 수 있을까? 그걸 벗어나기 위해서 계속 자기를 비하하고 있을까?	수백만의 아주 똑똑한 미국인들은 그들의 대통령이 어리석고 비도덕적이며 유능하지 않다고 생각한다. 그들의 의견에 대해 대통령은 자신에게 어떻게 말해야 할까? 당신도 자신에게 그렇게 할 수 있겠는가?
치료자의 자기노출	나는 평가할 수 있는 일에서는 모두 다 잘해야 한다고 믿었다. 그러나 팔굽혀 펴기, 학교 성적, 키 등에서 어떤 것이 평균인지 결정할 수가 없었다. 그래서 내 모습대로 살기로 했다.	결혼한 후에 나는 1년에 0.5kg씩 체중이 증가했다. 23년이 지났으니 체중이 많이 늘었다. 그러나 나는 내 가치가 조금이라도 변했다고는 결코 생각하지 않는다.	나는 시험보기 전에 공포를 느끼곤 했고, 혹시 시험을 잘 못보면 우울해지곤 했다. 시험을 잘 보았을 때는 아주 교만해졌다. 어느 쪽이든 간에 자기비하는 나와 타인들에게 상처를 주었다.	나는 골프를 잘 치지 못할까봐 늘 걱정하곤 했다. 그리고 나는 결코 잘한 적이 없었다. 그것이 나에게 어떤 의미도 없다고 내 자신에게 말했다. 그런 것에 상관 없이 나는 계속 골프를 치고 있다	모든 게임 전에 코치는 이렇게 말하곤 했다. "이기고 지는 것보다 게임을 즐겨라." 우리는 일 년에 한번 정도 이겼지만 늘 재미있었다.
해학적	미국 농구선수 마이클 조던(Michael Jordan)은 미국 의사 월급의 200배 정도의 돈을 번다. 그렇다고 그가 200명의 의사들보다 더 귀중한 사람일까?	당신이 인간의 가치를 잴 수 있는 저울을 만들었으면 좋겠다. 저울 바늘을 움직이게 할 수 있는 것이 무엇인지 생각해 보라. 그것을 팔면 당신은 부자가 될 것이다.	당신은 숨쉬기 시험을(BREATH) 통과하였는가? 하루에 21,400번 숨쉬는 것을 매번 점검하라. 인간을 위한 기본적인 합리적·정서적 적응 시험(Basic Rational Emotive Adequacy Test for Human)을 말이다.	당신의 셔츠가 주름져 있다. 당신은 FHB이다! 그리고 당신의 바지에도 주름이 있다. 고로 당신은 FHB이다! 실수할 수 있는 인간 : Fallible Human Being	당신은 웅장하고 격렬한 CSA와 USA 간의 전쟁에 참전하고 있는 CSA병사이다. CSA : 조건부 자기 수용(Conditional Self Acceptance) USA : 무조건적 자기 수용(Unconditional Self Acceptance)

그렇게 하는 것이 REBT의 목표도 아니다. 치료자들은 내담자가 보고하는 사건을 있는 그대로 받아들일 때도 있고 그렇지 않을 때도 있다. 하지만 치료자가 내담자의 종교성이나 식성 혹은 정치적 견해 등에 대해 동의하든 안 하든 간에 상관없이 치료자는 유발사건에 대해 내담자가 재앙화하고 그 사건에 대해 강요하며 그 사건이 주는 좌절감을 이겨내지 못하여 자신이나 타인을 평가절하 하는 정도에 큰 관심을 갖는다. 조절적인 견해의 초점은 유발사건이 아니라 신념에 맞추어진다.

　유추해서 한 가지 예를 들어보자. 한 지역 정당에 속해 있는 REBT 치료자는 자신이 속해 있는 정당과 반대되는 경쟁 정당의 한 지역모임에서 발생한 사건에 대한 불만을 토로하는 내담자를 상담할 때 치료자의 논박에 정치적인 견해를 반영하지 않을 것이다. 비록 그 치료자가 정치에 대해서 강한 열정을 가지고 있다고 할지라도 치료의 초점은 정치적 술책이 아니라 그것에 대한 내담자의 평가적 신념에 두게 된다. 평가적 신념에 초점을 맞추게 되면, REBT는 거의 모든 종류의 사건들을 조절할 수 있다. 예를 들어, 매일의 실제적인 어려움에서 마음 깊은 곳의 실존적인 고뇌까지 조절할 수 있을 뿐 아니라 일반적인 두려움에서 증상이 심한 환자들의 망상까지 혹은 내담자들이 신성하게 여기는 종교적 문제에서부터 종교를 가지고 있는 내담자들이 비속(卑俗)하다고 여기는 성적인 문제까지 모두 조절할 수 있다.

　다음과 같이 사고(思考)를 시험해 보는 것은 어떻게 REBT가 종교에 관한 문제들을 비교적 쉽게 조절하는지를 보여준다. 일란성 쌍둥이가 태어나자마자 입양된 후 서로 따로 양육되어 서로의 존재에 대해서도 모르고 있다고 가정해 보자. 쌍둥이 중에 한 사람은 무신론자 집에서 자라났고 다른 한 사람은 감리교인 집안에서 성장했다. 이 쌍둥이 두 사람은 부모의 신념을 완전하게 수용하였다. 멀리 떨어져 살고 있던 이 두 사람이 심한 불안 때문에 심리치료를 받으러 왔다. 이 두 사람은 각각 서로 다른 REBT 치료자를 만났다. 그런데 치료자들은 종교에 대해 다른 견해를 가지고 있었다. 한 사람은 무신론자였고 다른 한 사람은 심리치료사로 일하면서 동시에 한 기독교 교단에서 안수받은 자급 사역자로 아주 신앙적인 사람이었다. REBT 치료자들끼리는 서로 아는 사이였지만 그들이 치료하고 있는 내담자들의 개인적 정보나 그 내담자들이 쌍둥이라는 것은 모르고 있었다. 무신론자 치료자는 기독교 신자인 내담자를 치료했고 종교를 가지고 있는 치료자는 무신론자인 내담자를 치료했다.

쌍둥이인 두 내담자가 거의 동일한 어려움을 호소하고 있다고 상상해 보자. 두 사람 모두 회계사였고 공금을 횡령하여 어떤 것에 돈을 투자했는데 잘못되어 자신들이 일하고 있는 회사의 공금을 많이 잃어버렸다. 이 두 사람은 심한 불안으로 고통받고 있었다. 쌍둥이 중에 무신론자인 내담자는 체포되어 재판을 받고 구금될지도 모른다는 생각에 불안했고 기독교인인 내담자는 자신이 지옥에 가게 될 것이라고 불안해했다. 두 치료자는 각각의 쌍둥이 형제에게 자신의 불안에 대한 A-B-C 분석을 하도록 하였다(〈그림 5-1〉 참고).

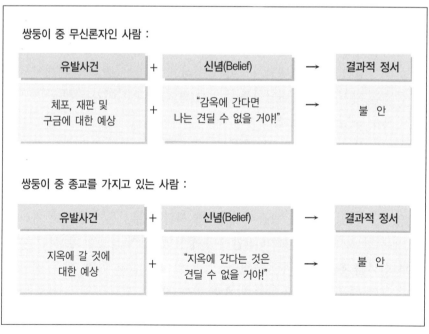

〈그림 5-1〉 일반 A-B-C 분석과 종교적 A-B-C 분석

  대부분의 불안 증세들이 그렇지만 불안은 이미 일어난 사건에 대한 것이 아니고 일어날 사건에 대한 것이다. 불안은 극단적인 사고에서 발생한다. 가설을 검증하는 기능적 논박과 합리적인 대안에 대한 논박을 생각해 보자. 소크라테스식 논박을 처음에 시도할 수 있고 내담자가 합리적인 대안을 생각해 내지 못하면 합리적인 대안 문구들을 사용하도록 지도한다. 아래의 내용은 실제 대화기록이 아니고 많은 REBT 사례에서 나타나는 대화이다.

REBT 치료자 : 아시다시피 당신은 자신에게 불안을 야기시키는 ×에 가는 것은 견딜 수 없다고 말하고 있습니다.

쌍둥이　　　: 물론 저는 제 자신에게 그렇게 말하고 있어요. 나는 ×를 참아낼 수 없어요!

REBT 치료자 : 그것을 당신이 어떻게 알 수 있어요? 당신은 ×에 가 본 적도 없잖아요. 그렇죠?

쌍둥이　　　: 예. 그렇지만 ×에 간다는 것을 생각할 때마다 저는 정말 무서워요!

REBT 치료자 : 맞습니다. 하지만 당신은 ×에 대하여 잘못된 결론을 내렸어요. 당신은 ×에 간다는 생각을 할 때마다 고통을 느끼고 있습니다. ×에 가는 것을 생각할 때마다 당신은 그것을 정말로 견딜 수 없을 것이라는 것이 분명하다고 자신에게 말하고 있어요. 당신은 ×에 대해서 생각할 때마다 그런 믿음을 자신에게 주입을 하는 거예요. 그래서 당신은 계속해서 자신에게 ×는 참을 수 없는 것이라고 말하게 되는 것이죠. "내가 ×에 간다는 것은 견딜 수 없는 일이야!"라고 하는 대신 다른 어떤 말을 자신에게 할 수는 없을까요?

쌍둥이　　　: 어떤 말을 해야 할지 잘 모르겠습니다.

REBT 치료자 : 이것은 어떻습니까? 자신에게 "×에 가는 것은 내가 처한 상황 중에 가장 불쾌한 일일 것이고 내가 해 본 것 중에 가장 불쾌한 경험일 거야"라고 하는 것보다 합리적으로 표현해 보세요. 그리고 "그렇지만 ×에 가 본적이 없기 때문에 거기가 어떨지는 잘 몰라!"라고 덧붙여보세요. 만약 ×가 당신을 파멸시키지만 않는다면 그것을 좋아하지는 못하겠지만 견뎌낼 수는 있을 겁니다.

쌍둥이 : 그렇게 하는 것이 나에게 무슨 이익을 가져다 주죠?

REBT 치료자 : 만약 당신이 자신에게 그것을 강력하게 말하려고 노력한다면 당신이 불안을 덜 느낄 것이라고 제가 장담합니다. 당신이 자신에게 "×는 견딜 수 없어"라고 말하게 되면 불안을 덜 느끼게 되나요?

쌍둥이 : 아니요, 더 불안해요.

REBT 치료자 : 만약 당신이 ×에 있는 것은 불쾌하겠지만 그것이 당신의 목숨을 잃게 하지 않는 이상 당신은 그것을 견딜 수 있을 것이라고 생각한다면 어떻게 되겠습니까?

쌍둥이 : 잘 모르겠습니다.

REBT 치료자 : 한번 그렇게 말해보십시오.

쌍둥이 : 그런데 저는 그렇게 믿지 않거든요.

REBT 치료자 : 그렇습니다. 하지만 마치 당신이 그것을 정말 믿는다고 생각하면서 말해보십시오.

쌍둥이 : ×에 있는 것은 힘든 일이지만 죽지만 않는다면 견뎌낼 수 있을 거야.

REBT 치료자 : 아주 좋습니다. 이번에는 당신이 정말로 그것을 믿는 것처럼 말해보십시오. "×에 있는 것은 힘들지만 그것이 나의 목숨을 빼앗아가지만 않는다면 나는 견뎌낼 수 있을거야"라고 말해보세요.

쌍둥이 : 알았어요. ×에 있는 것은 힘들지만 그것이 나의 목숨을 빼앗아가지만 않는다면 나는 견뎌낼 수 있을 거야.

REBT 치료자 : 더 불안하십니까? 아니면 덜 불안하십니까?
쌍둥이   : 조금 덜 불안한 것 같아요.

이런 논박은 치료자와 내담자가 종교를 믿고 있든 그렇지 않든지 간에
×가 감옥이든 지옥이든 간에 동일하게 느껴진다는 것에 주목하라. 만약
치료자가 회기 동안에 내담자의 반응에 민감할 수만 있다면 거의 모든
유발사건들을 다룰 수 있다. 왜냐하면 유발사건의 본질은 내담자에게 고
통을 일으키는 비합리적인 평가적 신념을 논박하는 REBT의 주요 목적
에 부수적인 것이기 때문이다. 〈표 5-1〉부터 〈표 5-4〉를 통해 나타나 있
는 논박의 전략들과 방식들은 종교적 암시가 농후한 유발사건에도 잘 작
용될 뿐 아니라 내담자의 종교적 신념과는 아무 상관도 없는 사건에도
잘 적용될 수 있다.

더 나아가 위의 대화에서 볼 수 있듯이, 하나님이나 지옥 혹은 천국에
대한 치료자의 견해도 아무런 상관이 없다. 만약 치료자가 감옥이나 천
벌(天罰)의 위험에 대한 개념을 논박하려고 시도한다면 그것은 필요하지
않은 언쟁이 될 뿐이다. 지옥에 갈 천벌이나 감옥에 갈 중죄(重罪)나 범법
(犯法)의 가능성에 대한 의견은 변호사나 목사와 같은 전문가들의 몫이
다. 안수받은 목사이기도 한 치료자가 지옥에 관한 전문적인 의견을 제시
할 수도 있지만 그것도 치료자가 내담자와 같은 교단에 속해 있을 때나
내담자가 종교적인 견해를 알고 싶어했을 때만 가능한 일이다. 다른 한편
으로 비합리적인 평가적 신념에 대한 논박은 종교의 실체에 대해 중립적
이고 내담자의 종교적 신념이나 목표의 필요에 따라 대응하는 것이다.

2) 논박에 종교적 내용을 통합하기

어떤 경우에는 REBT 전문가들이 내담자의 종교를 단순히 조절하는
수준을 넘어서 조심스럽게 REBT 논박 과정에서 내담자가 믿고 있는 종
교를 의도적으로 활용하기도 하고 논박 과정에 종교적 내용을 포함시키
기도 한다. 논박의 이런 진보적이고 전문화된 접근은 종교를 가지고 있

는 내담자를 위험에 더 노출시킬 수도 있고 효과적이고 지속적인 변화를 위한 더 강한 잠재력을 가질 수도 있다(Johnson; Nielsen, et al., 2000). REBT 치료자가 종교를 가지고 있는 내담자들을 치료하는 데 전문가이 거나 내담자가 믿고 있는 종교에 대해 어느 정도 알고 있다면 논박에 종 교적인 내용을 통합시켜 나갈 것이다.

경전, 성서적 사례 및 신앙에 기초한 헌신적인 행동은 종교를 가지고 있는 내담자가 이런 것들을 통하여 잘 학습하기 때문에 논박의 도구로 사 용하면 효과적이고 특별한 권위가 있다. 이런 통합적인 논박은 내담자의 신앙을 위협하거나 축소시키기보다 내담자의 신앙을 실제적으로 강화시 킨다. 통합적인 논박에서는 내담자가 자신의 신앙에서 소홀히 다루었던 요소들을 재확인할 수 있는 기회를 제공하고(DiGiuseppe, et al., 1990), 정확하지 않거나 완전하지 않은 경전 해석을 재해석할 수 있게 하며, 내 담자가 표현하고 있는 이상한 종교적 신념들에 의문을 제기한다. 일례로 기독교인 내담자의 '완전해야만 한다'는 신념은 "모든 인간은 불완전하 다"는 성서에서 제시하고 있는 증거와 "예수를 믿는 자들에게 은혜를 조 건 없이 부여한다"는 성서적 언급 등에 근거하여 의문이 제기될 수 있다.

〈표 5-5〉부터 〈표 5-8〉까지에는 앞선 표들에서 제시했던 다섯 가지 논박 전략과 다섯 가지 논박 방식을 종교적으로 통합한 내용이 제시되어 있다. 각 경우에 따라 기독교인 내담자의 종교적 신념에 알맞은 성서 내 용이나 성서에서 영감을 받은 내용이 통합된 논박 전략과 방식들이 제시 되어 있다. 종교에 근거한 논박에 앞서 REBT 치료자는 종교적인 내용들 을 사용하는 데 있어 내담자 자신의 신앙 혹은 경전과 함께 할 수 있는 REBT 모델을 강조를 해야 한다. 예를 들어, 잠언 23장 7절의 "대저 그 마음의 생각이 어떠하면 그 위인도 그러한즉"이라는 성서 구절을 심리치 료에 포함시킬 수 있다는 것을 인식하게 해 주어야 한다. 이 때 내담자는 자신의 비합리적인 기본신념이 자신이 믿고 있는 종교에 의해서도 지지 되지 않는다고 생각하도록 자극받게 된다. 더 나아가 그런 신념들은 신 (하나님)과 다른 사람들을 도우면서 인생이 행복하고 풍족하기를 바라는

신의 바람과도 상반되는데, 위의 성서 구절을 수정해 보면 다음과 같다. "네 자신에게 거짓을 말하면 너의 인생의 열매와 정서는 썩게 된다."

통합적 논박 과정에서는 REBT 치료자들이 문제를 일으키는 신념에 직접적으로 모순을 나타내 보일 수 있는 내담자의 평가적이고 강요하는 신념과 내담자 자신의 신앙에서 찾을 수 있는 영적이고 교리적인 증거와 일치하지 않는 점을 끊임없이 자극하도록 요구한다. 따라서 우울증 증세가 있는 기독교인 내담자에게 다음과 같은 질문들을 할 수 있다. "죄 때문에 우울해 하는 것이 어떻게 당신이 죄 짓는 것을 피하게 하고 하나님을 더 잘 섬기는 데 도움을 주는지 제가 이해할 수 있게 설명해 주시겠어요?" "당신이 우울해 하는 것에 대한 하나님의 뜻이 무엇일까요?" "왜 당신은 매일 짓는 다른 죄들이 아닌 특별히 그 죄에 대해서 우울해 하나요?" 혹은 "그렇다면 '모든 사람들이 죄를 범하였으매 하나님의 영광에 이르지 못한다'고 했는데, 제가 듣기로는 당신은 예외라고 하신 것 같은데 정말 그런가요?"

종교를 가지고 있는 내담자를 치료하면서 논박의 과정에 종교적인 내용을 통합할 때는 REBT 치료자에게 내담자의 독특한 종교적 요소와 가치관에 대해 동시에 생각할 기회를 줄 수 있는 논박 전략과 방식이 선택되어야 한다. 〈표 5-1〉부터 〈표 5-4〉에는 그런 논박의 실례들이 잘 나타나 있지만 숙련된 REBT 치료자는 언제 조절적인 기법과 통합적인 기법을 사용할 것인지를 고려해야 한다. 혼전 성관계로 인해 불안과 우울증을 경험하고 있는 젊은 기독교인 내담자의 경우를 다시 한 번 생각해 보자. 이 내담자는 자신의 행동을 아주 엄청난 죄로 생각하고 자신의 종교적 수행에 임상적으로 큰 문제가 있는 것으로 간주되어야 한다는 견해를 가지고 있다. 이런 경우에 REBT 치료자는 다음과 같은 통합적인 논박을 사용할 수 있다. "한 번의 부도덕한 성적인 행위로 인해 기독교인이 될 수 없다는 것이 성서 어디에 씌어져 있습니까?"

그런 다음 치료자는 어떤 죄가 다른 죄보다 더 크다거나 한 번 지은 죄로 인해 하나님으로부터 배척당한다는 비합리적인 신념(IB)과 명백하게

상반되는 성서 구절들을 제시할 것이다. 예를 들어, 그런 성서 구절들로
는 "만일 우리가 우리 죄를 자백하면 저는 미쁘시고 의로우사 우리 죄를
사하시며 모든 불의에서 우리를 깨끗케 하실 것이요(요한 일서 1장 9절)"
혹은 "그러므로 이제 그리스도 예수 안에 있는 자에게는 결코 정죄함이
없나니(로마서 8장 1절)" 등이 있다.

만약 그래도 내담자가 자신의 죄가 다른 사람의 죄보다 더 무거운 죄
라고 주장하면 REBT 치료자는 다시 한 번 그런 신념에 반대되는 성서
구절을 활용할 것이다. "그래요, 저는 당신이 그런 종류의 죄악이 특별히
중(重)하다고 믿고, 그 결과 당신은 다른 사람들보다 더 힘든 상황에 있다
는 것을 이해합니다. 하지만 성서에서 말하기를 '모든 사람이 죄를 범하
였으매 하나님의 영광에 이르지 못한다(로마서 3장 23절)'고 하잖아요.
이것을 보면 하나님께서는 우리들 중 누구도 우리가 지은 죄 때문에 특
별하다고는 생각하시지 않는 것 같아요." 다음에 제시되는 사례에는 여
러 가지 통합적인 논박이 많이 포함되어 있다.

앤드류(Andrew)의 좌절에 대한 약한 포용력을 종교적으로 논박하기
앤드류는 18세의 대학교 1학년 학생이다. 앤드류는 죽고 싶다는 말을 룸
메이트에게 하였고 그가 앤드류에게 대학 상담소에 가볼 것을 권유했기
때문에 상담소를 찾았다. 첫 회기 동안 앤드류는 아주 우울해 보였으며
땅만 쳐다보고 있었다. 잘 생긴 용모에 운동으로 다져진 몸매를 가진 앤
드류는 치료자와 눈도 잘 마주치지 않았고 얼굴에는 바로 전 눈물을 흘
린 자국이 남아 있었다. 처음 몇 가지 질문들이 오고 간 후에 결국 앤드
류는 3일 전 5년 동안 사귀어 오던 여자친구와 헤어졌다고 했다. 두 사람
은 고등학교 1학년부터 사귀기 시작해서 같은 대학에 입학했다. 앤드류
와 그의 여자친구 사라(Sarah)는 고등학교 내내 붙어다녔고 여가 시간도
거의 함께 보냈다. 그들은 작은 교회에 함께 다녔으며, 가족들끼리도 아
주 친한 사이였다. 두 사람이 결혼하는 것에 대해서 의심하는 사람이 거
의 없을 정도였고, 특히 앤드류의 집안에서는 더욱 그랬다. 대학에 와서

〈표 5-5〉 재앙화를 종교적 내용과 통합하여 논박하는 실례

논박 방식	논박 전략				
	논리적	경험적-증거	기능적	발견적/ 인지적 불일치	합리적 대안
교훈적	수천 년 동안 인간들이 행한 온갖 악한 일들을 신께서 보아 오신 것을 생각해 보라. 그렇다면 당신이 당한 일이 진정 비극적으로 보이지는 않을 것이다.	내가 확신한 바로는 성서의 어느 곳에서도 당신이 처한 상황이 정말 재앙이라고 지지하는 구절을 찾아볼 수 없다.	자신에게 상황은 비극적이라고 말하는 것은 단지 당신이 비참함을 느끼게 하고 심지어 더 힘든 상황도 극복할 수 있게 돕는 하나님의 은혜도 잊게 할 것이다.	당신은 자신이 행한 일이 끔찍하다고 믿을 것이다. 하지만 하나님은 "모든 사람이 범죄하였으매 하나님의 영광에 이르지 못하더니"라고 하셨으므로 당신의 죄가 하나님이 보기에 끔찍하게 보이지는 않을 것이다.	잠언에서는 사람이 생각하는 대로 된다고 말한다. 그러므로 당신이 자신에게 그것이 끔찍하다고 말하면 끔찍하다고 느낄 것이고, 불쾌하다고 생각하면 불쾌하게 느낄 것이다.
소크라테스식	이것이 정말 비극적인지 이해하는 데 문제가 있다. 하나님이 정말 재앙이라는 것을 알려주는 특별한 메시지를 보냈는가?	나는 당신이 경험하고 있는 것이 비극적이라고 성서의 어느 곳에서 지적하고 있는지 궁금하다. 나는 십계명은 들어본 적이 있어도 열 재앙을 들어본 적은 없다.	상황을 열악하게 평가하는 것이 어떻게 당신이 하나님에게 시선을 고정하도록 돕고, 하나님을 더 잘 섬기게 하는지 설명해 주시오.	욥은 아내와 자녀들은 물론 재산도 모두 잃었다. 그리고 그의 몸은 고통스러운 종기들로 뒤덮였다. 그래도 당신의 상황이 끔찍하다고 할 수 있는가?	만약 지금 하나님이 당신 바로 곁에 있다면(실제로도 그렇다), 당신의 상황에 대해 어떻게 표현하실까? 당신도 하나님과 같은 표현을 할 수 있을까?
비유적	십자가에서의 예수의 죽음은 처음에는 비극적으로 보였으나 지금 우리는 그것을 중요한 선물로 본다. 처음에 비극적인 것이 나중에는 그렇지 않을 수도 있다.	초대교회의 순교자들은 하나님께 영광이 된다면 고통을 감수했다. 아마 그들은 당신이 비극적으로 보는 것을 기회나 특권으로 생각했던 것 같다.	유대인들이 애굽의 종이 되었을 때 어떤 이들은 "이건 재앙이다."라고 했고 다른 이들은 "하나님께서 우리를 구원하실 거야"라고 했다. 당신은 어떤 사람들이 더 행복했을 것이라고 생각하는가?	만약 온 땅을 뒤덮던 홍수가 재난이 아니라 하나님의 계획이었다면, 당신이 처한 상황이 정말 재앙이라고 할 수 있을까?	사자굴에서 다니엘은 자신과 하나님에게 "이것은 정말 끔찍해"라고 말하는 대신에 뭐라고 했는가?
치료자의 자기노출	나는 하나님이 그의 목적을 위하여 그것들을 그런 방법으로 고안하신 것을 깨닫기 전에는 많은 것들에 대해 비극적이고 재앙이라는 말을 자주 하곤 했다.	사실상 100% 나쁘거나 100%보다 더 나쁜 것은 없다. 그것이 얼마나 잘못되었든지 간에 하나님과 함께 하지 않는다면 그 자체가 최악이다.	내가 자신에게 나의 삶은 엉망이고 비극적이라고 말했을 때 나는 무기력해지고 화가 났으며, 하나님으로부터 멀어지는 느낌을 받았다.	무언가 두렵다고 느껴질 때 나는 눈을 감고 하나님과 함께 걷는 모습을 상상한다. 그러면 갑자기 그것이 무엇이든지 간에 그것이 덜 비극적으로 느껴진다!	무언가 나에게 끔찍하게 느껴질 때 나는 예수께서 나의 어깨를 꼭 붙잡으시고 부드러운 미소를 지으시는 모습을 상상한다. 그러면 내가 처한 어떤 상황도 특별히 비극적이지 않다는 것을 깨닫게 된다.
해학적	갈릴리 바다의 큰 폭풍 중에 제자들이 안달을 하는 동안 예수께서 평안히 주무셨던 것처럼, 당신 자신의 "비극"도 예수의 수면을 방해할 수 없는 수준이 아닐까?	나는 순교자들이 당면한 상황이 어떤 기독교인들이 당했던 것보다 가장 나빴을 것이라는 의견에 당신도 동의할 것이라 믿는다. 그렇다면 당신은 항상 비극적인 사람들에게 주는 상을 받아야겠네요. 하하하!	"끔찍해, 끔찍해 이것은 재앙이야"라고 부르는 당신의 비극적인 노래가 당신을 성령과 동행하게 하고 하나님에 대한 믿음을 더욱더 강하게 하는가?	만약 그것이 끔찍하다면 더 이상 악화될 것이 없다는 것을 의미한다. 그래서 나는 그것이 지옥불에서 영원히 타는 것보다 더 끔찍한 것이라고 생각한다.	하나님! 저는 어떤 일이 나쁘고 더 심각해질 수 있다는 것을 알고 있습니다. 그러나 성장을 위해 이와 같은 일이 잠시 동안 더 이상 없다면 얼마나 좋겠습니까?

〈표 5-6〉 강요를 종교적 내용과 통합하여 논박하는 실례

논박 전략					
논박 방식	논리적	경험적-증거	기능적	발견적/ 인지적 불일치	합리적 대안
교훈적	하나님은 성서 어느 곳에서도 우리가 바라고 있는 모든 것을 들어주신다고 보장한 적이 없다. 그러므로 그분이 그렇게 해야 한다고 강요하는 것은 정상적인 행동이 아니다.	성서에는 많은 남녀들이 반드시 가져야 한다고 믿었던 것을 얻지 못한 실례들이 많다.	하나님이 당신의 명령에 따르고 당신이 원하는 대로 정확히 주신다면(하나님이 아닌 당신의 종으로 만든다면), 당신 기분이 더 좋아지거나 원하는 것을 얻을 수 있을 것 같지 않다.	성서는 삶은 힘들고 고통은 삶의 일부라고 말한다(예: 욥). 우리가 원하는 대로만 살고자 하는 것은 성서와 일치하지 않는다.	하나님은 우리를 사랑하시고 우리가 잘 되기를 원하신다. 하지만 여전히 삶은 예상할 수 없고 우리가 원하는 대로 항상 그렇게 되지는 않는다.
소크라테스식	존엄하고 우주의 창조주이며 위대하고 존재하시는 하나님이 당신이 그래야만 한다고 주장하는 대로 세상이 존재해야 하도록 해야 하는지 그 이유를 내가 이해할 수 있도록 설명해 보시오.	당신이 세상과 당신의 삶에 혹은 만나는 사람들과 당신 자신에게 강요해야 한다고 표현하고 있는 성서 구절들을 보여줄 수 있는지 나는 궁금하다.	모세는 바로왕이 하나님에게 즉시 순종하도록 독단적으로 강요한 적이 있거나 그것으로 어떤 효과를 보았는가? 왜 그렇게 하지 않았는가? 강요해서 도움을 얻는 것이 가능할까?	십자가에 매달리시기 전에 왜 예수는 하나님께 자신을 구해 달라고 강요하지 않았는지 궁금하다.	지금과는 달라야 한다고 강요하는 말대신 하나님께서 당신에게 어떤 말을 듣기를 원하고 계실까?
비유적	하나님은 자신의 아들의 죽음과 욥의 고통을 통하여 선(善)이 이루어지는 것을 보았다. 하나님께서는 우리가 좋아하지 않는 상황 속에서도 어떤 일이 일어날지 보고 있다.	성서는 우리에게 겸손히 우리의 문제들과 요구들을 하나님께 가져오라고 말하지 "강요하라, 그리하면 주실 것이요"라고 하지 않는다.	고래 뱃속에서 요나가 소리 지르고 배를 차고 그 속에 있을 수 없다고 고집 부렸다면 그런 것들이 그의 상황을 변화시키는 데 도움이 되었겠는가?	성서는 우리 형제의 눈에 있는 티에 대해서 걱정하기 전에 우리 자신의 눈에 있는 들보를 제거해야 한다고 표현하고 있다. 우리 자신은 불완전하면서도 다른 사람들에게는 왜 강요하는 것일까?	비록 나는 현재의 이런 상황이 아주 싫지만 겟세마네 동산에서 "나의 뜻대로 하지 마시고 아버지의 뜻대로 하소서(마태복음 26장 39절)."라고 했던 예수처럼 되려고 노력할 것이다.
치료자의 자기노출	나는 내가 완벽해야 한다고 생각하곤 했다. 그러나 나는 하나님이 창조하신 인간이 아닌 다른 존재가 되도록 내게 강요했는지 모른다. 그리고 지금은 그것이 옳지 않다는 것을 깨달았다.	내가 아이였을 때 나는 하나님이 나의 모든 희망사항을 들어주신다고 믿었다. 어른으로서 나는 하나님이 내가 강요하는 것에 반응하지 않는다는 것을 배웠다.	내가 지금과 달라져야 한다고 억지를 부렸을 때 나는 화가 났고 우울했으며 불안했고 하나님에게서 멀어지는 느낌을 받았다. 강요하는 것은 나에게 도움이 거의 되지 않았다.	어느 날 나는 세계평화 혹은 인간의 고통 근절과 같은 것에 대해 구하지 않으면서 일상의 작은 것들을 위해 고집을 부리고 있는 내 자신을 발견했다.	나는 그렇게 독실한 신앙인은 아니기 때문에 명령하고 강요하는 것은 하나님께 맡기기로 결정했어. 나는 희망을 가지고 지금 가진 행복을 더 누릴 거야.
해학적	당신이 어떤 것을 강요하는 것처럼 지옥에 갈 모든 사람들도 자신이 천국으로 가야 한다고 고집부리는 것은 아닐까? 당신이 그렇게 하는데 그들이라고 안 될 것은 없지 않은가!	당신이 원하는 대로 세상이 그래야 한다는 것을 증명해 주던 성서 구절들은 노아의 홍수 때 물에 잠겨 버린 것은 아닐까?	성서에서 "강요하라, 그러면 주실 것이요"라고 했는가? 성서 어느 곳에 행복을 위해 그들의 길을 고집했던 사람의 사례가 제시되어 있는가?	우리가 원하는 대로 삶이 그렇게 되어야 한다고 강요하는 자신을 발견할 때 우리는 십자가에서의 예수님의 고통을 기억해야 한다.	하나님이 제자를 모집하는 광고를 내시면 난 지원할 거야. 그때까지는 나는 나 자신과 타인과 혹은 세상에 대해 강요를 하지 않는 것이 더 나을 것이다.

〈표 5-7〉 좌절에 대한 포용력 부재를 종교적 내용과 통합하여 논박하는 실례

	논박 전략				
논박 방식	논리적	경험적-증거	기능적	발견적/ 인지적 불일치	합리적 대안
교훈적	하나님은 당신을 창조하셨고 당신의 능력을 알고 계시면서 당신이 지금의 상황에 이르도록 허락하셨다. 그러므로 하나님은 당신이 그것을 견녀낼 수 있다고 확신하고 계신다.	하나님의 자녀들은 많은 힘든 일들을 견디어 왔다. 예를 들어, 노예생활, 고문, 박해, 방랑생활 등이 그것이다. 만약 하나님이 그들을 도우셨다면 당신도 도우실 것이다.	자신에게 "이것은 참을 수 없어"라고 말한다면 틀림없이 힘들게 될 것이다. 자신에게 "이것이 하나님의 뜻"이라고 말하면 하나님께서 견딜 수 있도록 힘을 주실 것이다.	당신은 하나님이 어떤 일을 잘못하신다고 말할 수는 없을 것이다. 그러므로 당신이 이 상황을 이겨낼 수 있을 것이라고 하나님이 말씀하신 것이 잘못 되었다고 할 수는 없을 것이다.	하나님! 제가 변화시킬 수 없는 것은 은혜로 수용하게 하여 평안을 얻게 하시고 변화시킬 수 있는 것은 실천할 수 있는 용기를 주소서.
소크라테스식	하나님은 당신의 머리카락 하나까지 다 알고 계신데 그분이 어떻게 당신이 인내할 수 있는 것과 그렇지 못한 것을 분별하실 수 없다는 말인지 제가 이해할 수 있도록 말해 보시오.	하나님은 "세상에서 너희가 환란을 당할 것이다(요한복음 16장 33절)."라고 하셨다. 그렇다면 당신이 그렇지 않을 것이라고 했는데 그것은 정확히 성서 어디에 쓰여 있는가?	어떤 것이 더 잘 인내할 수 있도록 도울 수 있을까? "이것을 이겨내기 위해서 나는 어떤 것도 할 수 없어" 아니면 "예수님이 나를 도우시면 나는 모든 것을 할 수 있다(빌립보서 4장 13절)." 이 중 어떤 것일까?	욥은 자녀와 가족 그리고 모든 재산을 잃고도 그것을 이겨낼 수 있었는데, 당신이 참을 수 없다는 것에 대해 나에게 설명해 보시오.	하나님이 실수하시어 당신이 해낼 수 없는 것을 허락하셨다고 말하는 대신에 어떻게 다르게 표현할 수 있을까?
비유적	예수님은 자신을 믿고 따르는 자들이 세상의 증오와 고통을 받을 것을 말씀하셨다(요한복음 15장 18-25절). 그런데 어떻게 당신만 고통 당하지 않을 수 있는가?	사도 바울은 하나님에게 그의 육체의 가시를 제거해 달라고 간구했다(고린도 후서). 그는 고통받았으나 하나님을 섬기기 위해 그의 고통을 참아냈다.	만약 모세가 바로왕이 유대인들을 풀어주는 것을 거부할 때마다 "더 이상 참을 수 없어"라고 했다면 어떤 도움이 되었을지 궁금하다.	한번 상상해 보라! 하나님이 당신에게 나타나셔서 중요한 이유 때문에 당신이 이 상황을 참아낼 필요가 있다고 설명하신다면 그 때는 참아낼 수 있겠는가?	"어떠한 형편에든지 내가 자족 하기를 배웠노니(빌립보서 4장 11절)"
치료자의 자기노출	고통스러운 상황에서 나는 하나님이 나를 버렸다고 생각하곤 했다. 하지만 나의 창조주가 내가 참을 수 있는 것을 알지 못한다는 것은 결코 있을 수 없는 일이다.	나는 하나님께서 사람들이 정말 참아낼 수 없는 고통을 경험하게 하신 사례를 성서에서 찾아볼 수 없었다.	십자가에서 돌아가시기 전에 예수가 하신 말씀은 늘 감명적이다. "아버지, 나의 뜻대로 마옵시고 아버지의 뜻대로 하옵소서." 이런 표현이 참을 수 없는 상황을 참을 수 있도록 예수를 준비시킨 것 같다.	내가 아는 한 남자는 하나님에 대한 그의 헌신을 보여주기 위해 성인이 된 후에 할례를 받았다. 그 고통은 아주 크다. 이제 나는 참지 못할 것이 거의 없다는 것을 알게 되었다.	솔직히 나는 무엇을 잃는다는 것을 싫어하고 인간관계에서 고통받고 싶지 않지만 인간을 위한 하나님의 계획의 일부로 수용하고 그분이 견딜 수 있는 힘을 주시길 기도한다.
해학적	"내게 능력주시는 자 안에서 내가 모든 것을 할 수 있느니라(빌립보서 4장 13절)."라는 바울의 말 뒤에 "이것만은 빼고"라는 말을 집어넣고 싶은 마음이 굴뚝같지요?	혼란스럽다. 성경에서는 모든 사람들이 힘든 일을 겪을 것이라고 하는데 당신은 "이 세상에서 난 힘든 일을 겪을 수 없어!"라고 하니 어느 쪽이 옳은가?	만약 노아가 "죄송합니다 하나님, 더 이상 목재, 망치, 배, 동물, 나를 조롱하는 이웃들과 같은 문제를 참을 수 없어요."라고 말했다면 당신과 나는 지금 여기 있지 못할 것이다.	"능력 주시는 자 안에서 모든 것을 할 수 있느니라, 예외도 있다"라고 써야 할 것을 성서 저자가 잘못 썼다고 생각하면 화가 납니까?	하나님! 나에게 오셔서 이 힘든 상황을 견딜 수 있도록 저를 도우소서!

〈표 5-8〉 자기비하를 종교적 내용과 통합하여 논박하는 실례

논박 전략					
논박 방식	논리적	경험적-증거	기능적	발견적/ 인지적 불일치	합리적 대안
교훈적	만약 당신이 하나님의 창조물이라면 자신에게 바보, 멍청이 등과 같이 모욕적인 여러 표현들을 하는 것은 옳지 않다.	예수는 "지극히 작은 자 하나에게 한 것이 내게 한 것이라(마태복음 25장 40절)."고 말씀하셨다. 이것은 그분은 모든 사람들을 자신과 동등하게 여기신다는 것을 보여준다.	당신이 선악과 관련하여 자신을 부정적인 호칭을 사용하여 부르면 당신은 교회 가기 더 싫어지고 십계명을 더 어기게 될 것이다.	당신은 예수를 부인한 베드로를 용서한다. 베드로가 기적들을 본 것을 기억하라. 그러므로 그런 용서를 자신에게도 적용하여 자신에게 공평해져라.	나는 당신이 베드로처럼 자신에게 다음과 같은 말을 계속 반복했으면 한다. "하나님께서 내게 지시하사 아무것도 속되다거나 깨끗하지 않다 하지 말라(사도행전 10장 28절)."
소크라테스식	성서에서는 "모든 사람이 범죄하였으매 하나님의 영광에 이르지 못하더니(로마서 3장 23절)"라고 했는데, 어떻게 특별히 당신이 지은 죄만 비난 받을 만한지 나는 이해할 수 없다.	죄인의 가치에 대해 예수는 어떻게 말씀하셨나? 잃은 양, 잃어버린 동전 혹은 탕자에대한 누가복음 15장에 있는 이 비유들은 당신의 가치에 대해 어떻게 표현하고 있는가?	당신이 자신을 비하하면 그것은 하나님과 당신에게 어떤 유익이 되는가? 그것이 당신을 자신과 다른 사람들을 위해 더 기도하게 하거나 회개하게 하는가?	"너희 중에 죄 없는 자가 먼저 돌로 치라 (요한 복음 8장 7절)."고 예수가 말씀하신 것을 믿는다면 왜 자신을 그렇게 비하하는가?	당신이 선하지 않다거나 가치 없다는 비성서적인 생각 대신에 당신이 죄지었을 때 자신에게 말할 수 있는 더 진실되고 성서적으로 옳은 것은 어떤 것일까요?
비유적	하나님께서 아돌프 히틀러와 같은 사람도 창조하시고 사랑하셨다면 당신이 지은 죄 때문에 당신을 사랑하시지 않는다는 것은 말이 되지 않는다.	성서는 반복하여 목자는 잃은 양을 무시하지 않고 항상 찾는다고 강조하고 있다. 예수의 눈에는 우리 모두가 소중하다.	지옥에 있는 일란성 쌍둥이를 상상해 보라. 한 사람은 그의 행동과 환경만을 탓했고, 다른 사람은 자기 자신을 비하했다. 한 사람은 뜨거워 괴롭겠지만 다른 한 사람은 뜨거운데다가 자기 비하에 의한 고통 때문에 더 힘들다.	탕자가 그의 아버지의 재산을 탕진하고 죄로 가득 찬 삶을 살았는데도 그의 아버지는 여전히 성실한 큰아들 만큼이나 그를 사랑했다. 이 일이 당신에게 무엇을 암시해 주는가?	자기를 비하하는 대신 당신은 하나님에 의해 창조 되었고 은혜로 구원받았다는 진실에 초점을 맞출 수 있다. 당신의 행동과는 상관없이 그렇게 할 수 있다.
치료자의 자기노출	내가 어떤 잘못을 했어도 하나님이 나를 사랑하신다는 것을 알게 된 후 나를 실망시키고 낙담하게 한 사람들보다 나를 더 낮은 수준의 인간으로 평가하는 것이 옳지 않다는 것을 나는 깨달았다.	만약 내가 완벽하게 행동한다면 하나님의 눈에 더 가치 있게 보일 거라고 나는 생각하곤 했다. 하지만 아쉽게도 이런 생각을 지지하는 성서 구절을 찾을 수가 없었다.	선하지도 악하지도 않대(마가복음 10장 18절)는 구절은 나는 선한 일도 하고 악한 일도 하는 평범한 사람이라는 것을 일깨워 준다. 나는 선한 일을 더 하고자 하고 악한 일을 덜 하고자 할 때 기분이 좋아진다.	나는 어떤 일에 실패했을 때 내가 인간 이하의 존재라고 생각했다. 그러나 나를 위해 십자가에 매달려 돌아가신 예수님을 생각했고 그분께서 나보다 나의 가치를 더 잘 판단하실 것이라는 것을 알게 되었다.	내가 자신을 비하하기 시작할 때 나는 늘 이 노래를 떠올린다. 예수 사랑하심은 거룩하신 말일세… 성경에 쓰셨네."
해학적	당신은 하나님이 무능하다고 생각하고 있는 것이 틀림없다. 자신에게 너무 가혹하게 해서 하나님이 당신을 심판할 필요를 못 느끼신다. 하나님이 그분의 일을 하도록 하는 것도 괜찮다. 왜 그분이 급여를 받지 못하게 하는가?	정말 재미있군요. 하나님이 당신을 비하하도록 임명하신 그분의 가까운 측근이 있다고 말하는 성서 구절을 보여줄 수 있겠어요?	만약 자기비하가 그렇게 도움이 된다면 왜 하나님은 그것을 십계명으로 만들지 않았을까? "자신을 가치 없게 여기고 우울해져라!"와 같은 계명을…	당신은 교회에 앉아 있으면서 딴 생각을 해 본 적이 있나요? 그렇다구요? 이런 어쩌죠? 그것이 바로 당신이 전혀 가치 없는 인간이라는 것을 말해주는 증거 아니에요?	실수하거나 원하는 것을 이루는 데 실패하면 하나님의 은혜로운 용서를 경험할 더 많은 기회를 가지게 된다고도 볼 수 있지요.

첫 학기에 사라는 그녀의 기숙사 룸메이트와 더 많은 시간을 보내기 시작했고, 여러 남녀 친구들과 함께 하는 모임을 좋아했다. 앤드류는 점점 불만이 쌓여갔고 그와 함께 시간을 보내는 것에 흥미가 없어져 가는 사라에게 자신과 같이 있어 달라고 강요했다. 상담 약속이 있기 3일 전 사라는 더 이상 데이트 하는 일은 없을 것이라고 앤드류에게 통보했다. 그것은 그에게 충격이었고 3일 동안 잠도 제대로 못 자고 극도로 우울해져 마침내 자살을 생각하게 되었다. 앤드류의 임상적 접수면접 자료를 통해 나(WBJ)는 그가 아주 독실한 기독교 신앙을 가지고 있고 대학 내 종교 동아리 활동에도 아주 적극적이라는 사실을 알게 되었다.

WBJ　：지금 당신은 아주 우울한 것 같습니다.

앤드류：예, 맞습니다.

WBJ　：우울할 뿐만 아니라 자살을 생각하고 있고, 스스로 목숨을 끊지 말아야지 하는 결심은 아직 하지 않았군요.

앤드류：저는 제가 자살할 것이라고는 생각하지 않습니다. 단지 그것에 대해 생각하기 시작했을 따름이죠… 저는 제가 이 문제를 잘 이겨낼 수 있을 것 같지 않아요. 이런 모든 것 때문에 아주 괴롭습니다. 예전에는 이런 적이 없었는데요.

WBJ　：그럼 당신은 여자친구와 헤어져 우울하게 사느니 차라리 죽는 편이 더 낫다고 생각하는군요.

앤드류：때때로 그런 생각을 하곤 해요.

이 시점에서 앤드류는 실연과 관련된 반응인 좌절에 대한 약한 포용력의 결과로서 부수적인 정동장애를 경험하고 있다는 것이 명백해졌다. 우리는 우울과 관련된 좌절에 대한 약한 포용력을 다루고자 했는데, 그것이 자살 충동과 깊은 관계가 있는 것으로 보였기 때문이다.

WBJ　：이봐요, 앤드류! 나는 당신의 여자친구가 더 이상 혹은 당분간 당신과 만나지 않기로 결정했기 때문에 당신이 우울해 한다는 것은 이해가 됩니다. 하지만 당신이 그냥 우울하기보다는 우울함을 넘어 자살을 결심할 정도의 우울함을 어떻게 스스로 갖게 되었는지 이해가 가질 않는군요.

앤드류 : 저도 모르겠어요(긴 침묵). 이런 느낌을 참을 수 없어요. 정말 모든 것이 엉망진창입니다.

WBJ : 나는 당신이 사라와 헤어진 것에 대해 우울해하지 않도록 돕고 싶어요. 하지만 우리가 그것에 대해 이야기하기 전에 나는 왜 당신이 죽어야만 된다고 생각하는지 그것을 이해하는 데 좀더 시간을 쓰고 싶어요. 괜찮겠습니까?

앤드류 : 예.

WBJ : 글쎄, 저는 3일 동안 고통을 겪었기 때문에 더 이상 참을 수 없다는 것에 확신이 가지 않는군요. 그런 점에 대해서 저를 좀 이해시켜 주시겠습니까?

앤드류 : 제가 그것을 참을 수 없는 것에 관해서 말씀이십니까?

WBJ : 예. 당신은 얼마간 혹은 필요하다면 더 오랜 시간 동안 불행하거나 우울한 것을 견딜 수 없을지 모릅니다.

앤드류 : 모르겠어요… 아마 우리가 아주 오랫동안 데이트 해 왔기 때문일 겁니다.

WBJ : 그래요, 그런 관계가 깨어진다는 것은 매우 힘들고 그것 때문에 우울했을 거예요. 하지만 당신이 그런 우울한 느낌을 이겨낼 수 있을 것이라고 생각합니까?

앤드류 : 예, 하지만 얼마나 오래갈지는 모르는 일이지요.

WBJ : 성서에서 정말로 고통을 겪었던 사람들 중에 누가 생각납니까?

앤드류 : 욥 같은 사람을 말씀하시는 것인가요?

WBJ : 맞습니다. 욥이 아주 대표적인 사례입니다. 다른 사람들도 많지만 욥에 대해서만 잠시 생각해 봅시다. 그에게 무슨 일이 일어났습니까?

　나는(WBJ) 의도적으로 논박의 과정에 종교적인 신념을 통합하려고 한다면 종교를 가지고 있는 내담자의 성서에 대한 친밀도와 이해 정도를 측정하는 것이 바람직하다는 것을 발견했다. 이 사례에서는 고통을 경험하고 있는 예로 내담자가 성서에 나오는 인물을 제시했다. 비록 좌절을 잘 이겨낸 많은 성서인물들이 있지만 그 중에서 욥은 가장 훌륭한 모델이고 해서 나는 앞으로 수행할 논박에 욥을 사용하기로 결정했다. 비록 치료자가 욥의 이야기에 대해 잘 모른다고 하면 내담자에게 욥에 대해서 설명해 달라고 부탁할 수도 있다.

앤드류 : 욥은 모든 것을 잃었어요. 그의 모든 재산이 없어졌고 그 자신도 허물어졌죠.

WBJ　 : 맞습니다. 그는 모든 것을 잃어버린 부자였죠. 모든 재산은 물론 자녀들까지 모두 잃었습니다. 모든 재산을 잃은 바로 그 날에 욥의 모든 자녀들이 사고로 다 죽은 것 기억하십니까?

앤드류 : 그런 식이었죠.

WBJ　 : 그 다음에 욥에게 무슨 일이 일어났는지 아십니까?

앤드류 : 피부병에 걸렸죠.

WBJ　 : 그렇습니다. 그의 온몸에 상상할 수 없을 정도로 고통스런 악창(惡瘡)이 생긴 것을 한번 상상해 보십시오. 성서에서는 발바닥에서 정수리까지 고통스런 악창으로 덮었다고 표현하고 있어요. 그리고 나서 그는 잿더미 위에 앉아 있었어요. 하루 아침에 모든 자녀들을 포함해 그가 가진 것을 모두 다 잃고 악창까지 생겨 잿더미 위에 혼자 앉아 있습니다. 욥의 삶이 엉망진창이 되었다고 말할 수 있을까요?

앤드류 : (처음으로 약간 미소를 지음) 예, 엉망진창이었겠군요.

WBJ　 : 그렇습니다. 욥의 하루는 정말 엉망진창이었고, 그는 아주 우울했을 것이 틀림없습니다. 그는 자살을 할 수도 있었지만 그렇게 하지 않았어요. 욥은 자신이 태어난 날을 저주 할 정도로 우울했지만 그는 삶을 포기하지 않았죠. 대신 무엇을 했습니까?

앤드류 : 그는 그 곳에 앉아 그의 친구들이 밉살스런 행동을 하는 것을 보고 있었죠.

WBJ : 예, 그렇습니다. 그는 극도의 고통 속에서 매일 그를 조롱하는 친구들의 이야기를 들었어요. 그런 극도의 고통 속에 있다는 것은 자살을 해야 하다는 걸 의미하는 것은 아닐까요? 욥은 왜 자살하지 않았을까요?

앤드류 : 아마도… 예, 그렇게 하지 않았던 것 같아요(다시 약간 웃음).

WBJ : 그렇다면 엉망진창이고 나락으로 떨어지는 기분이겠지만 당신도 사라와 헤어진 것을 극복할 수 있을까요?

앤드류 : 예, 무슨 말씀을 하시는지 알겠습니다. 저도 이겨낼 수 있다는 것과 자살하지 않을 것이라는 것을 알아요.

WBJ : 비록 당신이 아주 불행하고 아주 비참해져도 말씀입니까?

앤드류 : 예.

WBJ : 좋습니다. 하지만 제가 말하고자 하는 것은 헤어진 것 때문에 다음 번에 다시 우울해지면 "나는 너무 많이 상처 받았어, 참을 수 없어 죽는 게 더 나아"라고 말하는 대신 자신에게 뭐라고 말할 수 있겠습니까?

앤드류 : (약간 미소지으며) … 잘 모르겠어요. "이런 상황이 싫지만 난 자살은 하지 않을 거야", 이런 비슷한 표현을 할 수 있을 것 같습니다.

WBJ : 좋아요. "혼란스럽지만 나는 이 일 때문에 더 이상 우울해지기를 원치 않아. 지금 당장은 약간 우울하고 이런 기분을 원치 않지만 견뎌낼 수는 있어", "혼란스럽지만 나는 죽지 않을 거야" 혹은 "만약 욥이 그것을 할 수 있었다면, 나라고 그렇게 할 수 없겠어!"라고 하면 어떨까요?

앤드류 : 마지막 두 문장이 더 좋은 것 같습니다.

　이 시점에서 앤드류는 점점 눈을 들어 나를 바라보기 시작했고 감정도 적절한 수준에 이른 것 같았다. 그에게는 성서의 실례와 관련된 덜 전통적이고 간단한 인지적 논박의 자기진술이 가장 효과적인 것으로 나타났다.

WBJ　　: 좋습니다. 앤드류! 당신이 그런 상태를 참을 수 있다는 것에 저도 동의합니다. 당신이 자살하지 않을 것이라는 것을 알고 나니 아주 안심이 되네요.

앤드류 : (미소 지음)

WBJ　　: 그럼, 이제 마지막으로 기억해야 할 것이 있습니다. 제가 말하고 싶은 것은 성경의 욥기서 끝에 욥에게 어떤 일이 일어났다고 쓰여 있는가 하는 것입니다. 마지막에 욥에게 어떤 일이 일어났는지 기억하십니까?

앤드류 : 아주 좋아졌어요. 모든 것을 다시 돌려받고 그 후로 아주 행복하게 살았죠.

WBJ　　: 그렇습니다. 저는 그 모든 고통과 함께 만신창이가 된 채로 잿더미 속에 앉아 있었던 날을 그가 결코 잊지 않았을 것이라고 확신해요. 저는 성경에 하나님이 자녀와 재산을 예전의 두 배로 주셨다고 쓰여 있는 것을 보았습니다. 공평하다는 생각이 드십니까?

앤드류 : 예.

WBJ　　: 만약 욥이 자살했다면?

앤드류 : 모든 것을 놓쳤겠죠.

WBJ　　: 맞습니다. 당신이 자살한다면 어떤 것을 놓칠 것 같습니까?

앤드류 : 사라와 다시 사귀는 것 등 여러 가지가 있겠죠!

WBJ　　: 글쎄요, 그것이 사라일 수도 있고 더 좋은 누구일 수도 있겠죠. 저는 하나님께서 당신에게 그런 것을 보여주시기 전에 당신이 없어진다면 하나님이 당황해 하실 것 같아요.

앤드류 : (고개를 끄떡거림)

이 회기와 계속된 회기들에서 유발사건에 따른 주요 정서장애인 우울과 강요하고 재앙화하는 몇 가지 비합리적인 신념들을 다루었다.

드보라(Deborah)가 강요하는 것에 대해 종교적으로 논박하기 나(SLN)의 소크라테스식 질문법이 자신에게 맞지 않는다고 말했던 바로 그 드보라는 자신의 종교적 배경과 종교적 신념에 대한 자신의 열성적인 헌신에 대해서는 개방적으로 표현했다. 첫 회기 동안 그녀는 자신이 선교여행에서 6개월 먼저 돌아온 사연에 대해 이야기했다.

그녀의 문제는 선교여행을 떠날 때보다 돌아왔을 때의 체중이 10kg나 증가했다는 것이었다. 그녀는 선교여행을 하는 동안 체중이 증가할 것을 그 이전에 예상했다고 설명했는데, 그것은 선교에 대한 열정이 체중조절에 신경 쓰는 것보다 우선이었기 때문이었다. 그녀는 식사조절을 하거나 운동하는 것에 신경을 쓰기에는 너무나 바빴기 때문이라고 말했다. 선교여행에서 집으로 돌아왔을 때 그녀의 체중이 증가한 것에 대해 그녀의 어머니가 비난하기 전까지는 비교적 큰 문제가 아니었다. 드보라의 어머니는 그녀의 그런 모습 때문에 자신이 수치스럽기까지 하다고 말했다. 또한 그녀의 어머니는 그녀보다 날씬한 여동생 룻(Ruth)을 훨씬 더 좋아했다. 선교여행을 가기 전에 옷을 나누어 입던 두 자매는 이제 더 이상 같은 크기의 옷을 함께 나누어 입을 수가 없었다. 드보라가 브라질 여행에서 돌아온 후에 어머니는 그녀가 입던 대부분의 옷을 여동생에게 주어 버렸다. 어머니가 룻에게는 용돈을 한 달에 400달러씩 보내면서 자신에게는 살을 빼기 전에는 어떤 도움도 줄 수 없다는 말을 했다고 하면서 드보라는 아직도 몹시 화가 나있는 듯 했다.

드보라는 자신이 어떤 도움을 받기 원하는지 잘 설명하지 못했다. 그녀는 유타 주에 살고 있고 어머니는 다른 주에 살고 있었기 때문에 그녀가 어머니를 변화시킨다는 것에 어려움이 있다고 생각했다. 그녀는 어머니와 여동생을 향해 몹시 분노하고 있다는 나의 평가에 동의했다. 또한 매우 절망하고 있지 않느냐는 말에도 동의했다. 그녀는 어머니와 여동생에게 화가 나 있었기 때문에 자신을 수치스럽게 여겼다. 나는 분노를 적절하게 관리하려고 노력하는 것이 도움이 될 것이고 절망감을 덜 경험하면 좋아질 것이라고 제안했고 그녀도 동의했다.

나는 드보라가 자신의 어머니는 언제나 공평해야 하고 자신에게 살을 빼라고 요구하지 말아야 한다고 강요하는 것처럼 생각된다고 교훈적으로 말했다. 드보라는 자신이 어머니가 더 공평하게 행동해야 된다고 믿고 있다는 데 동의했다. 이것은 적어도 한 가지 이상의 문제를 더 유발했다. 첫째, 그녀의 어머니가 그녀를 잘 대해 주지 않았다. 둘째, 그녀는 분노를 느끼고 있었고, 그런 분노는 불필요한 고통을 경험하게 하는 원인이 되고 있었다.

나는 그녀에게 다음과 같이 말했다. "이삭(Isaac)도 에서(Esau)보다 야곱을 더 사랑했습니다. 그런데 아이러니 하게도 야곱도 불공평하게 다른 열 명의 형제들보다 요셉(Joseph)을 더 사랑해서 그에게만 채색 옷을 입혀 주었지요. 기억하십니까? 다른 형들이 그런 불공평함에 너무 분노해서 요셉을 노예로 팔아 버렸던 것을 말입니다. 당신은 자신의 어머니가 꼭 공평해야 된다고 주장하고 있는데, 특별히 예언자적인 자질을 가졌던 이삭과 야곱 같은 부모들도 자신의 자녀들에게 때때로 불공평하게 대했습니다. 이삭은 에서에 비해 야곱을 더 사랑했고 야곱도 다른 형제들에 비해 요셉에게 불공평하게 더 많은 사랑을 주었습니다. 당신의 어머니도 당신을 불공평하게 대하고 있습니다. 제 생각에는 어머니께서 불공평하게 대할 때나 불공평하게 대하는 것처럼 보일 때에 어머니는 반드시 공평하게 자신을 대해야 된다고 당신이 자신에게 말함으로써 분노를 느끼게 되어 고통을 받고 있다는 생각이 듭니다."

드보라의 종교는 "어머니가 그녀에게 강요하는 것을 멈추어야 한다"는 그녀의 강요를 논박할 수 있는 여러 기회들을 제공했다. 그녀가 서로 일치할 수 없는 두 가지 신념을 동시에 강하게 믿고 있다는 것을 이해시키기 위해 성서를 사용할 수 있었다. 비록 그녀의 어머니가 자신에게 절대로 불공평하게 대해서는 안 되지만 성서에 나오는 위대한 사람들도 때때로 그들의 자녀들에게 불공평하게 대했으며 그녀도 그럴 수도 있다고 믿

고 있었다. 이런 불일치를 드보라가 이해하기 시작하였고, 나는 이런 시
도를 계속했다.

"저는 당신이 자신에게 이렇게 말했으면 합니다. 당신의 어머니가 자
신에게 공평하게 대해 주시기를 정말로 바라지만, 이삭이나 야곱이 그들
의 자녀들에게 했던 것처럼 당신의 어머니도 당신에게 비합리적으로 행
동할 자유가 있다는 것을 자신에게 말했으면 해요. 어떤 자녀들은 약간
엉망인 가정교육을 받지만 어떤 자녀들은 전적으로 엉망인 가정교육을
받는 경우도 있죠." 나는 그녀가 자신에게 이전과는 다르게 말하도록 권
유했다. 비록 그녀가 공평하게 대접받기를 원하지만 그것이 꼭 필요한
것은 아니라고 자신에게 말하도록 권했으며 다가오는 일주일 동안에 어
머니에게 여러 번 전화를 걸어 통화하면서 그녀의 어머니가 자신을 불공
평하게 대할 것 같은 내용을 미리 '예언'하여 적어놓을 것을 제안했다.
그리고 나는 그녀에게 전화를 걸기 전, 전화통화를 하는 동안 그리고 전
화통화를 하고 난 후에도 자신에게 자신의 어머니는 자신이 원하는 대로
엉망으로 행동할 것이고, 심지어 이삭이나 야곱이 자신들의 자녀들에게
했던 것보다 심하게 행동할 것이라고 자신에게 말하라고 요구했다.

드보라는 어머니와의 전화통화가 거의 언제나 그녀를 아주 화나게 했
기 때문에 일부러 어머니에게 전화를 하는 것은 자신에게 도움이 되지
않을 것이라며 회의적인 태도를 보였다. 우리는 그런 전화통화에 대한
역할놀이를 했다. 처음에는 드보라가 어머니 역할을 맡아 어머니가 그녀
에게 말할 것 같은 최악의 내용이라고 생각되는 것들을 말한 후, 나와 함
께 어머니가 말하는 것에 대한 합리적이고 주장적인 반응들을 생각해 보
았다. 그리고 우리는 역할을 바꾸어 내가 그녀의 어머니가 말할 것이라
고 추측한 내용들을 드보라에게 말했고 드보라는 어머니가 말한 내용에
대한 합리적인 대처 문장들과 새로운 반응들을 모두 연습해 보았다. 드
보라는 그녀가 전화하기 전에 그 전보다는 덜 화가 나는 것을 느끼기 시
작했고, 실제로 그녀가 예상했던 것을 그녀의 어머니가 말했을 때에는
웃기까지 했다고 보고했다. 그녀의 어머니가 말한 것 중 어떤 것은 드보

라가 예상한 것과 글자 한 자까지 딱 들어맞았다.

나는 드보라의 웃음을 자아내기 위해 두 가지 시도를 했다. 첫째, 나는 그녀 어머니의 어리석은 불공평함이 호두나무에 달려 있는 호두 같다고 과장된 표현을 사용했다. 둘째, 그녀의 신앙에 대해 알고 있었기 때문에 그녀에게 추측하거나 예상하라고 하기보다는 '예언' 하라고 제의했다. 그녀는 이 두 가지에 대해 크게 웃었다. 웃음을 자아내려는 이 두 가지 시도는 내담자에게 간혹 상처를 줄 수도 있는 위험이 존재한다. 어떤 내담자는 자신의 어머니의 행동을 어리석다고 말한 것에 대해 무시당했다는 생각을 할 수도 있고, 종교를 가지고 있는 어떤 내담자는 이런 인간적 예측을 신성한 '예언'과 비교한 것이 신성한 내용을 부적절하게 표현한 것으로 생각할 수도 있을 것이다. 드보라는 이미 나의 몇 가지 가벼운 농담에 웃은 적이 있었으며, 내 방법이 마음에 들지 않으면 그 사실을 나에게 기꺼이 말하겠다고 약속했었기 때문에 그런 위험은 거의 없었다. 그리고 그녀의 웃음이 그런 위험에서 나를 해방시켰다. 논박을 위해 다른 전략과 방식을 통합하려는 시도는 내담자가 자신의 비합리적인 신념을 변화시킬 수 있는 의미 있고 설득력 있는 결합된 구조를 발견할 수 있는 기회를 극대화시킨다.

드보라의 비합리적인 신념은 어머니가 자신에게 반드시 공평하게 대해야 한다는 것이었다. 그녀의 종교적인 신념은 이삭이나 야곱과 같은 위대한 인물들도 자녀들에게 불공평하게 대했다는 것을 받아들였다. 만약 하나님이 그녀가 믿고 존경하는 믿음의 두 족장(이삭과 야곱)들을 인정하고 심지어 자녀들에게 불공평하게 대했을지라도 그들을 수용했다면, 그녀의 어머니와 같이 예언자적 자질이 부족한 영혼에게 반드시 공평하게 행동하도록 강요하는 것은 그녀의 신학적 감각을 약화시키는 것이었다. 족장들에 대한 그녀의 신념이 강했기 때문에 그녀의 어머니가 반드시 공평해야 한다는 생각과 심지어 두 족장들도 자신의 자녀들에게 불공평할 수 있다는 인식 사이의 모순에서 야기된 부조화가 그녀의 어머니가 자신에게 반드시 공평하게 대해야 한다는 그녀의 강요를 감소시켰다.

제 6 장

종교를 가진 내담자를 위한 행동적이고 정서적인 중재

　행동적이고 정서적인 접근이 필요할 때 REBT는 인지적인 측면(이성적 추론)을 너무 강조한다고 자주 비난을 받아왔다(Guidano, 1991; Mahoney, 1991; G. Neimeyer, 1993; R. Neimeyer, 1993). 그러나 REBT는 인간의 경험을 전인적으로 해석하는 관점에 기초하여 다양식(多樣式 : multimodal) 심리치료로 발전되어 왔고, 나(AE : Albert Ellis)는 이전에 다른 곳에서 이것을 분명히 밝혔다.

　인간은 서로 밀접하게 관계되어 있는 네 가지 기본 작용들―지각(perception), 운동(movement), 사고(thinking), 정서(emotion)―을 소유하고 있는 것으로 알려져 있다. 그러므로 뇌세포의 생전기적(bioelectric) 변화는 별개 문제이고 기억, 학습, 문제해결 등과 같은 심리적 작용들을 포함한 사고(thinking)는 감각적이고 동적이며 정서적이다. 그렇다면 우리는 "존스가 이 수수께끼에 관해 생각하고 있다"라고 하기보다는 "존스가 그의 수수께끼에 관해 지각하고 - 움직이고 - 느끼고 - 생각하고 있다"고 더 정확하게 말할 수 있다. 그러나 수수께끼에 관련된 존스의 활동 대부분이 그 문제를 푸는 데 초점을 맞추게 될 가능성이 크고 단지 부수적으로 보고, 조작하고, 감정표현을 하기 때문에 우리는 아마 그의 사고만을 당연히 강조하게 되는 것일지 모른다(Ellis, 1958, p.35).

위의 문장과 다른 REBT 이론들을 읽고 라자러스(R. S. Lazarus)는 REBT가 "정신활동을 독립적 체계들로 분리하려고 시도하는(즉 분리주의자; 1999, p.58)" 다른 정서 이론들과 비교할 때 '전인적 범주(p.60)'에 꼭 맞는다고 결론내렸다. 정서와 행동 그리고 관념을 분리된 인간의 경험 구성요소로 보거나 이것들을 따로따로 분리시킬 수 있다고 보는 관점(〈그림 6-1a〉)은 아마도 분석적이고 인위적인 언어 체계에서 생겨났을 것이다. 특히 특정한 중재 전략이 다른 중재 전략보다 더 탁월하다는 것을 정당화하려고 할 때(L. S. Greenberg, Rice & Elliott, 1993) 다른 작용들보다 특정한 작용이 제일이라고 주장하는 것(정서 vs. 행동 vs. 인지)은 경험의 구성요소들을 분리해서 보는 비현실적인 견해를 불멸의 진리인 것처럼 보이게 하고 치료 양식을 통합시키기보다는 오히려 분리시킨다.

편의에 따라 정서적 견지, 행동적 견지, 인지적 혹은 관념적 견지를 포함하여 어떤 특정 시각으로 보는 것처럼 보일지 모르지만, REBT 이론은 심리적 경험은 분리할 수 없다는 믿음을 언제나 고수해 왔고 현재도 마찬가지이다(〈그림 6-1b〉). 사실상 모든 경험은 하나의 관념이고 하나의 행동이며 하나의 감정이기 때문에 인지적, 행동적 혹은 정서적으로 환기시키든지 간에 효과적인 중재는 관념, 행동 및 정서를 교차해 가면서 일반화한다(〈그림 6-2a〉, 〈그림 6-2b〉, 〈그림 6-2c〉).

한 가지 중재가 특정한 한 가지 견지를 두드러지게 할지 모르지만, 내담자 경험의 전체는 또 다른 쪽으로부터 영향을 받을 수 있다. 예를 들면, 독서치료(bibliotherapy)는 명백히 관념적이라고 할 수 있는데, 그 이유는 독서가 기호(symbols)의 의미를 해석하는 방식을 취하기 때문이다. 게다가 독서는 대개 조용히 앉아 있는 '행동'을 포함하고 있다. 동시에 읽은 내용이 '정서'를 일깨우게 될 것이다. 또 다른 예로, 내담자들은 치료자들의 무조건적인 수용을 접하면 대개 긍정적인 정서 체험을 할 것이다. 그리고 이런 정서들은 행동과 생각들을 포함한다. 한 내담자가 "나에게 심리치료를 해주는 치료사가 나를 받아들여 주기 때문에 나는 가치가 있다"는 생각과 관련하여 유쾌한 감정을 경험할 수도 있다. 그런 감정은

"나에게 심리치료를 해주는 선생님은 내가 존재하고 있다는 그 자체 하나만으로도 가치가 있다는 것을 정말 믿고 있는 것처럼 행동한다. 그렇다. 나는 존재하고 그러므로 가치가 있다!"는 생각과 관련된 감정과는 다를 것이다. 내가(AE) 내담자중심 심리치료에 관해 논의하면서 지적해 왔듯이(Ellis, 1994b, 1996b), 위의 두 가지 중에 "나에게 심리치료를 해주는 치료사가 나를 받아주기 때문에 나는 가치가 있다"라는 생각과 관련된 긍정적인 정서는 뿌리가 깊지 못하기 때문에 위험하다.

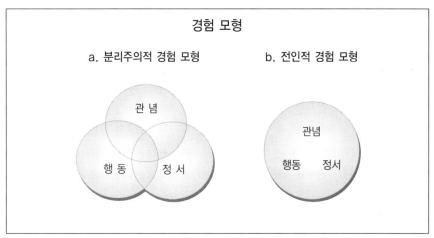

〈그림 6-1〉 (a) 경험에 대한 분리주의적 모형 (b) 경험에 대한 전인적 모형

4장에서 소개했던 베스(Beth)를 기억하는가? 베스는 남자친구의 관음증에 대한 피해를 입었고, 외상후 스트레스 장애(PTSD)의 플래시백(flashback)*, 불안 및 죄책감을 경험하고 있었다. 그녀의 첫 과제는 심리치료사의 명함 뒤에 있는 인간 가치의 평등에 대해 쉽게 풀어 놓은 경전의 인용문을 계속 읽는 것이었다. 말일성도 경전(LDS 경전 : 몰몬경)을 쉽게 풀어 놓은 구절은 죄인인 사람들도 하나님 보시기에는 모두 귀한 가치가 있다고 말하고 있다. 그녀에게 과제로 읽도록 요청된 성구(聖句)

---

* 역자주 : 충격의 기억이 영상처럼 떠올라 괴로워하는 것.

는 이런 식으로 쓰여졌다. "교리 및 서약(D & C) 18장 10절에 따르면 내가 죄를 지었다고 하더라도 내 영혼의 가치는 하나님 보시기에는 귀하다." 이런 구절은 무조건적인 자기수용에 관한 합리적 신념을 지원하는 관념을 가지게 한다. 하지만 이것은 또한 정서적으로 환기시키고 행동적으로 좀더 활기 있게 하는 방식을 취한다. 합리적 정서적 행동 이론에 따르면 정서를 더 많이 환기시키는 관념일수록 더 핵심이 되는 신념과 관련될 가능성이 높다. 무조건적인 자기수용이라는 것은 정서를 환기시키는 관념이다(〈그림 6-3a〉). 베스가 자기 자신을 종교적으로 독실하다고 주장해 왔었기 때문에 나는(SLN) 그녀의 인간에 대한 평가를 논박하기 위해 경전을 사용하는 것이 무조건적인 자기수용의 관념이 그녀의 정서를 더 환기시킬 수 있게 할 것이라고 판단했다(〈그림 6-3b〉). 주요 단어들을 강조하는 방식으로 쉽게 풀어놓은 구절을 글로 쓰게 하는 것은 이런 관념

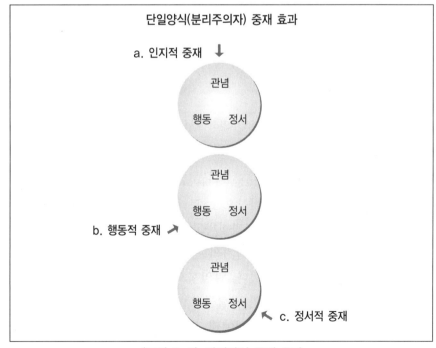

〈그림 6-2〉 단일양식 중재 효과

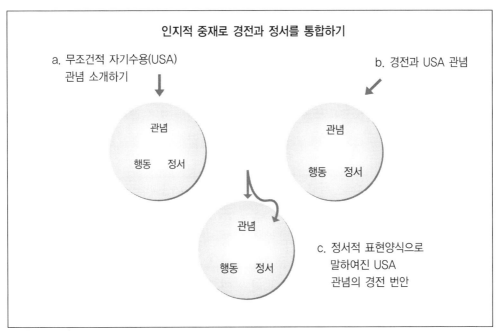

〈그림 6-3〉 (a) 무조건적 자기수용(unconditioned self-acceptance : USA) 관념
(b) 경전 번안에서 얻은 USA 관념
(c) 정서적 표현양식으로 말하여진 USA 관념의 경전 번안

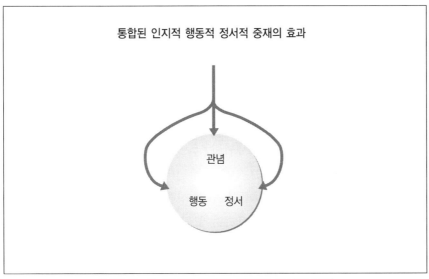

〈그림 6-4〉 통합된 인지적 행동적 정서적 중재

이 가진 정서를 환기시키는 특성을 더욱더 증가시키려는 시도였다. 쉽게 풀어 놓은 성서 구절을 베스에게 적힌 그대로 큰 소리로 읽게 하는 것, 특히 구절이 쓰여진 방식에 맞추어 감정적으로 강조하는 목소리로 읽게 하는 것은 그렇게 읽는 것이 실제 음성을 통해서든 아니든 간에 관념이 정서를 환기시키는 특성을 더욱더 증가시키려는 시도이기도 했으며, 정서를 환기시키려는 생각과 힘차게 읽는 행동 양식을 통합시키려는 시도이기도 했다(〈그림 6-3c〉).

REBT를 하는 사람들이 광범위한 인지적 전략들에 더하여 행동적 · 정서적 기법들을 사용하지 않는 경우는 거의 없다(Ellis & Dryden, 1997; Ellis & Harper, 1997). 그런 통합된 다양식적 접근은 경험의 중다 견지(multiple perspective)들을 취급한다(A. A. Lazarus, 1989).

예를 들어, 베스는 첫 치료회기 이후 치료회기에서와 치료회기들 사이에서 일련의 과제들을 수행했다. 그녀가 플래시백을 경험한 후에 공황상태에 빠졌고 전(前)남자친구가 그의 알몸을 보는 광경을 목격하는 악몽을 두려워했으며, 그녀의 부모가 자신을 어떻게 생각할까 걱정했기 때문에 부모와 대화하는 것에 불안을 느꼈다는 것을 기억하라. 계속되는 회기들에서 그녀는 플래시백에 의한 공황장애를 겪고 있는 자신을 바라보는 합리적 · 정서적 심상법을 실행했다. 그녀는 자신이 방에서 알몸인 상태로 돌아다니는데 그것을 전에 사귀던 남자친구가 창문 너머로 몰래 훔쳐보는 광경을 마음 속에 그려보았다. 베스는 창문의 블라인드를 열어 놓은 상태로 기숙사 방에서 공부하려는 계획을 세웠다. 그녀는 마음 속에서 원하는 것보다 더 자주 더 규칙적으로 부모에게 전화를 걸어 이야기했고, 심지어 몇 차례나 예전에 사귀던 남자친구에게 어떤 일이 일어났었는지 아느냐고 부모에게 물었다. 그녀는 만약 꿈을 꾸고 있지 않은 상태에서 자신을 괴롭혀 왔던 악몽들과 같은 상황에 처한 자신을 발견한다면 어떻게 반응할 것인가에 대해 궁리하기 시작했다. 특히 그녀는 잠자리를 준비할 때 그런 시도를 했다. 〈그림 6-4〉에 묘사된 것처럼 정서적 · 행동적 · 인지적 양식들이 통합된 그런 종류의 선택은 그녀의 증상들에 대해 광범위한 효과와 더 전인적인 영향력을 발휘할 수 있으리라고 판단되었다. 그런 중재들의 핵심은 그녀의 자기평가와 재앙화로 귀속되었다.

광범위한 표적 문제(target problem)를 변화시키기 위한 중재들의 복합체를 사용하는 것 외에도 선택 차별적(preferential) REBT는 내담자의 혼란 상태를 악화시키는 핵심적인 신념들 위에 그런 중재들을 통합시킨다. 게다가 선택 차별적 REBT는 내담자에게서 심오한 철학적 변화가 일어나게 하려는 본질적인 목표를 달성하기 위해 정서적 중재들과 행동적인 중재들을 결합시킨다. 종교를 가진 내담자들을 위한 선택 차별적 REBT는 합리적인 생활 철학들을 지지하는 종교적 관념들을 통합시킨다. 이것이 베스의 외상후 스트레스 장애(PTSD)치료를 위한 다양식적 접근이 성공하는 데 필요한 열쇠였다. 남자친구가 창문으로 그녀를 볼 수 있었다고 믿었다면 그녀가 자신을 남자나 유혹하는 헤픈 여자로 볼 수도 있었기 때문에 우울을 경험했고, 그녀의 남자친구가 그랬던 것 때문에 부모가 자신에 대해 어떻게 생각할까 불안해하고 있었다는 것을 기억하라. 베스의 우울과 불안 모두는 자기평가와 관계가 있는 것처럼 보였다. 또한 베스는 PTSD의 증상과 관련하여 공황상태를 경험했다. 공황장애는 그녀의 증상들 중에 재앙화와 관계가 있는 것처럼 보였는데, 자신의 감각과 불안반응들을 조절할 수 없다면 그것은 아주 무시무시한 것이 될 수 있는 것이다.

남자친구가 그녀를 쳐다보는 것을 상상하는 합리적·정서적 심상법을 베스가 실행하면서 불완전한 인간인 자신이 실수를 할 수도 있다는 것을 상기시킴으로써 그녀는 자신의 느낌들을 우울에서 걱정과 슬픔으로 변화시킬 수 있었다. 사실 그녀가 남자친구 앞에서 고의로 스트립쇼를 했더라도(그녀가 그렇게 하지 않았었다는 것이 확실하지만), 그것은 그리스도가 속죄를 위해 죄값을 치른 죄스런 실수들 중 하나이지 그 이상도 그 이하도 아니다.

그녀는 이런 심상을 떠올리는 동안 데이비드를 향한 분노가 가라앉는 것을 발견했다. 왜냐하면 그녀는 소름끼치는 성도착자로 그를 보기보다

는 오류에 빠지기 쉬운 죄인으로 보았기 때문이다. 자신의 부모에게 전
화를 하기 전후에 베스는 "하나님의 자녀들은 평등하다"는 것에 초점을
맞춘 성서 구절을 큰 소리로 읽었다. 또한 그녀는 이삭이 야곱보다 에서
를 더 총애했다는 것을 자신에게 상기시키고 부모의 의견이 자녀들을 특
징 지우지는 않는다는 것을 유념했다. 그러므로 베스의 핵심적인 불합리
한 신념들에 도전하면서 주위에 형식화된 조직적 원칙들이 그녀의 치료
를 위해 공식화되었다.

　5장에서 다루었던 인지적 논박 기법들은 철학적 설득, 교훈 제시, 소크
라테스식 대화법 및 기타 언어적 중재들을 통하여 내담자의 잘못된 신념
들을 변화시키는 데 목적이 있다. 행동적·정서적 기법들은 비합리적 핵
심 신념들 쪽에서 조직화되며 서로 교체되기도 하는 치료적 경로들을 통
하여 위와 같은 목적을 성취한다. 이런 접근법들은 실제적인 행동의 변화
와 정서반응의 수정을 강조하는데, 내담자들의 불합리한 신념들에 반대
되는 경험들을 그들에게 제공한다(Ellis, 1998, 1999; Walen, et al.,
1992). 대부분의 행동적 기법들과 정서적 기법들은 치료회기 중에 효과

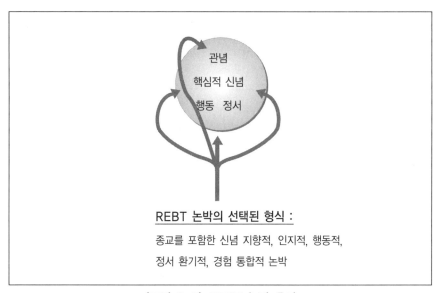

〈그림 6-5〉 REBT 논박 효과

적으로 실행되어질 수 있다. 그 외의 것들은 회기와 회기들 사이 내담자의 생활에 적용되면 가장 효과적일 수 있다. 〈그림 6-5〉에 묘사된 것처럼 베스에게 적용되었던 REBT 이론은 핵심적인 신념들을 변화시키는 것에 초점을 맞춘 통합된 기법들이 다른 중재들보다 더 효율적이고 효과적이라는 것을 예언한다.

이 장(章)에서는 논박을 위한 REBT의 고전적인 인지적 접근과 결합하여 사용되는 행동적 개입과 정서적 개입들을 설명할 것이다. 다음 단락들에서는 종교를 가진 내담자들에게 사용하는 방법들과 몇 가지의 기법들이 종교적 신념과 행동에 어떻게 부합되는지를 설명하고 있다(Lasure & Mikulas, 1996). 대부분의 사례들에 나타난 것을 보아도 단지 필요에 따라 협조적(accommodative)이라기보다 사실상 통합적(integrative)이라는 것을 알 수 있다. 종교를 가진 내담자들을 위한 REBT의 협조적 접근법은 심리적으로 개입하면서 내담자의 신념에 대한 의도된 존중을 수반하는 반면에 통합적 REBT는 심리치료를 하면서 영적 혹은 종교적인 토론, 답변 및 자원들의 직접적이고 계획적인 활용을 수반한다. 예를 들어, 그런 것들은 성서, 성구(聖句), 기도, 그 외의 종교의식을 포함한다. 탄 (Tan, 1996)도 협조적 접근들을 "맹목적인 통합(implicit integration)"으로, 통합적 접근들은 "명백한 통합(explicit integration)"으로 표현하면서 이와 유사하게 구분했다(p. 368).

이 장에서 논의할 몇몇의 중재들은 주로 행동적이거나 정서적일 수도 있지만, 그 외 다른 중재들은 정서적이고 행동적인 요소들을 모두 포함하고 있다. 본 저자(AE)가 아주 자주 사용해 온 수치심 공격하기 훈련 (Ellis, 1969)을 예로 들어보자. 수치심 공격하기란 내담자의 불쾌함에 대한 포용력을 증가시키고 외부의 사건에 대한 다른 정서적인 반응을 계발하게 하기 위한 수단으로서 일반적으로 창피함을 느낄 수 있는 이상한 행동을 대중들 앞에서 의도적으로 하게 하는 것이다. 사실, 수치심 공격하기는 일명 홍수법(flooding)으로 불리는 과잉노출 및 노출과 같은 행동기법과 아주 유사하며, 정서적인 중재이며 행동적인 중재이다. 많은 중재들이 행동적인 요소와 정서적인 요소 모두를 포함하고 있고 그것들이 인지논박적 기법(cognitive disputational techniques)과 결합될 때 가장 효과적이라는 것을 인식하는 것이 중요하다.

1. 합리적 · 정서적 심상법

수십 년 전부터 지금까지 합리적 · 정서적 심상법은 REBT(Maultsby, 1975; Maultsby, Ellis, 1974)나 그 외 다른 인지행동적 접근들(Beck & Emery, 1985; A. A. Lazarus, 1968; Meichenbaum, 1977; Wolpe, 1958)에 중요한 요소로 간주되어 왔다. 심상법들은 정서, 사고 및 행동에 커다란 효과가 있고 치료에서 적극적으로 활용되고 있다. 특히 종교를 가진 내담자들은 기분을 바꾸고 힘든 스트레스(distress)에 대처할 목적으로 계획된 심상법에 잘 반응하는데, 특별히 종교적인 심상들에 더욱 그렇다. 기도, 묵상 및 종교적 의식에는 심상적(心想的)인 요소가 풍부하기 때문에 종교를 가진 내담자들에게 심상법을 치료적으로 적용하면 큰 효과를 볼 수 있고 활용하기도 쉽다.

심상법은 왜곡된 인식이나 비합리적 신념을 평가하는 데도 사용될 수 있다. 내담자들의 환상이나 심상에서의 커다란 현실 왜곡은 비합리적으로 계산된 요구들을 알아내는 하나의 단서가 될 수 있다. 나(AE)는 부적 정서들과 문제행동들을 내담자들이 수정할 수 있게 가르치면서 대개 심상법을 사용해 왔다(Ellis & Dryden, 1997; Maultsby & Ellis, 1974; Walen et al., 1992). 심상수정법(imagery modification)에는 두 가지 유형이 있다. 부적 심상법(negative imagery)은 내담자에게 불쾌함을 야기하는 경험(A)을 하고 있는 자기 자신을 가능한 한 생생하게 마음 속에 그려보게 하는 것이다. 정서적인 혼란과 불쾌함을 가능한 한 강렬하게 경험하도록 가르치는 것이다. 당황스런 느낌(C)과 함께 그런 상황에 대한 분명한 심상을 떠올리면서 내담자는 불안한 정서의 느낌을 좀더 건설적인 부적 정서(예 : 불안에서 염려로)로 변화시키도록 가르쳐진다. 이런 정서적 변화에 성공하게 되면 내담자에게 자신이 어떻게 그런 변화를 얻게 되었는지 묘사하도록 요구한다. 내담자들은 그런 상황에 대한 자기 진술을 하면서 항상 신념의 변화도 이야기한다. 정적 심상법(positive imagery)은 내담자에게 동일한 문제 상황에 있는 자신을 마음 속에 그려보게 하는 것이지만, 다르게 행동하고 느끼는 자신을 상상하게 하는 것이다. 예를 들어, 자기 주장을 나타내는 것을 두려워하는 내담자에게는 자신이 원하는 것이 무엇이고 자신이 어떻게 느끼는지를 타인에게 강하고 분명하게 말하는 자신을 상상하게 하는 것이다. 그런 후에 회피행동을 완전히 떨쳐내기 위해 심상법 연습을 하면서 자신에게 어떤 말을 하게 될지를 내담자에게 묻는다.

시간 투영(time projection)을 포함하여 유용하게 사용할 수 있는 여러 가지 다른 심상법들이 있다. 시간 투영이란 내담자가 자기 자신을 미래에 투사하도록 격려하는 것인데, 곧 발생할 것 같은 두려운 상황이 지나간 몇 개월 후나 몇 년 후를 상상하게 하는 것이다(A. A. Lazarus, 1968). 특히 이 방법은 모든 것이 끝장인 것처럼 생각하는 비합리적 사고(예 : "만약 내가 구술시험에서 아무 대답도 못하게 되면 나는 죽는다")에 대한 논박을 위해 매우 유용하다. 심상법의 반복적 접근을 활용하는 것은 내담자들이 불안, 분노 혹은 우울을 유발해 온 심상들을 의도적으로 마음 속에 그려보는 것을 반복하게 하면서 더 현실적이 되게 하기 위해 그 때마다 신중하게 심상의 구성요소들을 수정하게 하는 것이다(Beck & Emery, 1985). 예를 들어, 많은 사람들 앞에서 말하는 것에 공포를 느끼는 내담자에게는 얼마 지나지 않아서 있을 연설하는 장면이 좀더 확실하게 마음 속에 떠오를 때까지 반복해서 상상하게 요구한다(예 : 내담자는 기절할 정도가 되고 단체들로부터 영원히 추방되는 느낌 대신에 그런 상황에서 단지 강한 불쾌감과 불안을 느낄 것이다). 물론 내담자는 최악의 경우로 생각하는 인지적 평가를 아주 비극적인 것에서 단지 불쾌한 정도로 수정해야만 한다. 이것은 라이미(Raimy, 1975)의 정서적 회고(emotional review) 전략과 아주 유사한데, 정서적 회고 전략이란 내담자들이 A(불쾌함을 야기하는 경험)에 관해서 어떻게 생각하는지는 상관하지 않고 A를 반복해서 상상하게 하는 것이다. 반복적인 심상의 노출은 비통함(distress)의 수준을 낮추는 결과를 가져온다는 가정하에 시도하는 것이다. 고뇌(distress)의 강도가 낮게 되면 심상의 장면을 논박하는 데 더 효과적일 수 있다.

켈리의 고정역할(Kelly's fixed-role) 치료는 자주 사용되는 또 다른 REBT 심상법 중의 하나이다(Ellis & Dryden, 1997). 여기에서는 내담자에게 그가 실제로 행동했고 좋아하게 될 것 같은 방식으로 보고 행동하고 느끼는 것을 아주 상세하게 상상하도록 요구한다. 예를 들어, 배우자에게 화가 난 여성에게 남편의 행동이 무시무시한 것이나 견딜 수 없는 정도는 아니고 단지 화가 나게 하는 정도라고 그녀가 실제로 믿게 되었을 때 그녀 자신이 남편에게 어떻게 반응하게 될지를 상상하게 한다. 고정역할 치료는 대처 심상법(Meichenbaum, 1977)과 유사하다. 대처 심상법(coping imagery)은 내담자에게 불쾌함을 유발시키는 상황(A)에서 IB(비합리적인 신념)를 적극적으로 논박하는 자신을 상상하도록 요구하여 이전에 당황하게 만들었던 상황에 효과적으로 대처할 수 있게 하는 것이다.

프롭스트(Propst, 1980, 1996; Propst, Ostrom, Watkins, Dean & Mashburn, 1992)는 종교를 가진 내담자들의 세계관에 심상법을 고안하여 적용하기 시작한 선구자이다. 통합적 전략을 사용하면서 프롭스트는 내담자들이 어려운 상황에 봉착했을 때마다 그들 옆에 있는 그리스도의 모습을 심상에 그려봄으로써 그들의 우울한 이미지를 수정하도록 격려하였다. 기독교인 내담자들은 그들의 외상적 기억을 다시 되살리면서 그들과 함께 하는 예수를 상상함으로써 더 적절하게 그 사건을 평가하고 반응할 수 있게 될 것이다. 이런 전략은 여기에서 간단히 설명하고 있는 각각의 심상적 접근에서 활용할 수 있다. 자신을 힘들게 만드는 기억을 다시 체험하고 두렵게 만드는 미래의 사건에 직면하면서 하나님, 예수, 성

자 및 사도 혹은 그들의 경전에 나오는 중요한 인물과 함께 하고 있다고
상상하면 좋은 느낌이 드는지를 내담자에게 물어보아야 한다. 치료자가
심상법 훈련을 시작할 때 내담자에게 하나님(God)이나 신앙과 관련된 다
른 인물들이 그들과 함께 하고 있는 것을 상상하도록 지시하라. 그들이
힘든 시간을 겪고 있을 때 하나님이 그들을 편안하게 하는 것을 상상하
게 하라. 신(God) 혹은 신앙과 관련된 인물들이 무엇을 말하고 어떻게 행
동하는가? 내담자에게 일상에서 정기적으로 이런 심상법을 연습하도록
격려할 수 있다.

이런 하나님 임재 심상법(God-present imagery) 외에도 한 사건에 대
한 내담자들의 사고 변화와 그들이 회피해 왔던 행동들에 대해 관여하는
것을 지원하는 성구(聖句)들에 추가하여 부적·정적 심상법을 사용하면
이익을 얻을 수도 있다. 사람이 무엇을 생각하고 그것에 관하여 어떻게
평가할 것인지 선택하는 데에 신중하여야 한다는 것을 지지해 주는 성서
의 구절들은 많이 있다. 예를 들어, "종말로 형제들아 무엇에든지 참되며
무엇에든지 경건하며 무엇에든지 옳으며 무엇에든지 정결하며 무엇에든
지 사랑할 만하며 무엇에든지 칭찬할 만하며 무슨 덕이 있든지 무슨 기
림이 있든지 이것을 생각하라"는 빌립보서 4장 8절을 숙고하라.

2. 강화와 처벌

기독교 신앙을 가진 대부분의 내담자들은 '씨 뿌리고 수확하는' 개념
이나 개인의 행동에 대한 직접적인 결과(좋거나 나쁜)를 부여받는 개념에
익숙하고 편안해 할 것이다. 사실, 성서는 조작적 조건화, 다시 말해 결과
에 대한 적절한 사례들로 가득하다(Lasure & Mikulas, 1996). 물론 천국
은 기독교 신앙을 가진 내담자들의 마음 속에 기본적인 강화로 작용할
수 있지만, 성서는 하나님에 의해 준비된 공의, 하나님의 율법에 충실함,
순종에 대한 강화물(예 : 번영, 많은 자녀, 기쁨 등)의 사례들로 가득하다.

그것들은 REBT에서 내담자가 매일 과제를 끝낸 후에나 두려워하는 행동에 관여한 이후에 자기 강화를 하는 데 도움이 된다(Wilson, 1995). 그런데 이 때 내담자의 다양한 실행보다는 표적행동을 조건으로 하는 것이 중요하다. 물론 내담자는 자신의 강화물들을 선택해야 하는데, 그것은 일용품에서 활동 및 사회화까지 다양한 것일 수 있다. 종교를 가진 내담자들도 종교를 믿지 않는 사람들과 같은 종류의 보상들을 선택할지도 모르지만 치료자는 내담자가 강화물들을 선택할 수 있게 허락해야 하고 내담자의 가치관을 거스르는 쪽으로 권유해서는 안 된다(예 : 매력적인 낯선 사람과의 동침).

벌(罰)은 기독교 신앙을 가진 내담자들에게 아주 친숙하다. 그 이유 중 하나는 경전(經典)안에 벌에 대한 언급이 널리 퍼져 있다는 것이다. 성서에서는 사도 바울이 간음한 자를 그가 회개하거나 내세(來世 : after life)에서의 벌을 피할 수 있게 하기 위하여 교회 밖으로 쫓아내라고 권고하고 있다(고린도전서 5장 5절). 기독교인들에게는 벌 혹은 징벌을 보살핌과 연결해서 경외하는 마음을 가지고 생각하도록 가르쳐진다(예 : 주께서 그 사랑하시는 자를 징계하시고, 히브리서 12장 8절). 종교를 가진 내담자가 사용할 수 있는 자기적용 벌칙 기법은 그들이 얼마의 돈(예 : 2만원)을 반종교적(anti-religious) 단체나 교회와 상충하는 목적으로 일한다고 생각되는 단체에 보내게 하는 것이다. 일례로 한 침례교인 여성은 그 다음 주에 하기로 한 과제를 못하게 된다면 20달러를 래리 플린트(Larry Flint : 잡지 Hustler의 소유자)*나 점술가 단체에게 보내기로 결정할 수 있다. 많은 내담자들이 자기처벌적 생각이나 행동을 하는 경향이 있기 때문에 REBT 치료자들은 실패에 따른 자기적용 처벌이 과제를 완성하기를 기대하는 데 적당한지 혹은 내담자가 너무 많이 자신을 처벌하기 쉬워서 자기비하 인식(self-downing cognitions)이 생기게 되지나 않을지를 판단해야 한다.

---

* 역자주 : 래리 플린트는 도색잡지의 발행인이면서 유명하고 신실한 목사들을 성적 농담거리로 기사화해 잡지 판매량을 늘리고 있다고 알려져 많은 기독교인들이 경멸하는 사람임.

3. 수치심 공격하기 혹은 과잉노출

합리적·정서적 기법의 수치심 공격하기(ashame attacking : Ellis, 1969; Ellis & Becker, 1982)는 행동기법의 과잉노출(flooding : Wolpe, 1990)과 매우 유사하다. 두 가지 모두 부적응 행동이나 반응을 적응 행동이나 반응으로 대체하는 기법이다. REBT는 좌절에 대한 포용력과 두려운 상황이나 물체에 대한 실제 노출(vivo exposure)을 강조하기 때문에 점진적 둔감법보다 이 기법을 더 선호한다(Ellis & Dryden, 1997). 특히 수치심 공격하기는 객관적으로 중성이거나 심지어 긍정적인 상황이나 물체에 대해 비현실적이고 과장된 부정적인 반응(예 : 불안, 역겨움, 자기패배적 회피)을 보이는 내담자에게 유용하게 사용될 수 있다. 수치심 공격하기는 내담자가 고의로 대중들 앞에서 부끄러운 행동을 하도록 격려하는 것인데, 그로 인해 자기 자신을 받아들이고 불쾌함에 대한 포용력을 키우기 위함이다. 내담자 자신과 타인들에게 해가 되지 않게 하는 것이 중요하기 때문에, 수치심 공격하기는 전형적으로 내담자가 사소한 사회적 관례들 만을 위반하게 하는 수준이다. 예를 들어, 사람들이 많은 상점에서 시간을 크게 말한다든지, 이상한 옷차림을 한다든지, 약국에서 굉장히 작은 콘돔을 큰 소리로 찾는다든지 하는 것이다. 가장 중요한 것은 자기 자신이 불안과 수치심을 유발하는 상황에 노출시키는 것을 내담자가 솔선해서 선택하고, 자기수용과 불쾌함에 대한 포용력에 초점을 맞추어 인지적 논박을 하는 동안 그 상황에 남아 있겠다고 동의해야 한다는 것이다.

유대인이나 기독교인 내담자들은 다음과 같은 성서 구절들을 사용해서 두려운 상황을 정면으로 맞닥뜨리도록 장려되어진다. "여호와는 나의 피난처시라 하고 지존자로 거처를 삼았으므로 화가 네게 미치지 못하며 재앙이 네 장막에 가까이 오지 못하리니(시편 91편 90절)" 또는 "내가 사막의 음침한 골짜기를 다닐지라도 해(害)를 두려워하지 않을 것은 주께서 나와 함께 하심이라 주의 지팡이와 막대기가 나를 안위하시나이다(시편 23장 4절)." 어떤 내담자들은 종교적 교육이나 훈육의 직접적인 결과로 특별히 쉽게 수치심을 느낄 수 있다. 그들은 지각된 특정한 결점들에 인하여 심하게 자기비하를 할 수도 있고 자기 자신이나 남들이 종교집단의 표준으로부터의 작은 탈선을 하더라도 그것을 참지 못한다. 특히 이런 내담자들에게 수치심 공격하기가 유용하게 사용되어질 수 있는데, 교회에서의 완벽하지 못한 행동과 관련하여 더욱 그렇다. 예배를 드릴 때 괴이하고 상황에 적절하지 못한 의복을 입는 것, 다른 사람들보다 찬송을 남들보다 빨리 시작하는 것, 고의로 헌금 접시를 떨어뜨리는 것 등이 좋은 훈련이 될 수도 있다. 단순히 개인적 문제들을 같은 종교를 가진 사람들과 함께 나누는 것도 많은 내담자들에게 수치심을 유발할 수 있지만 치료를 위해서는 좋은 출발점을 제공할 수도 있다.

4. 무조건적인 자기수용

종교를 가진 내담자들은 대개 무조건적으로 자기 자신들을 수용할 수 있는 이유를 가지고 있다. 다시 말해, 종교의 신학적 교의(敎義)는 개개인의 인간은 신성한 창조물이고 그들의 죄는 신(神) 앞에서 완전하게 용서되었다는 견해를 받아드릴 것이다. 예를 들어, 기독교인 내담자들은 오로지 그들만을 위한 십자가 위에서의 그리스도의 죽음으로 현세와 내세에서의 삶이 구원되었고 보장되었다고 믿게 될 것이다. 그들은 자신의 선한 행동을 통해서 천국으로 가는 길을 '얻을' 수는 없다. 만약 그리스도가 그들을 위해 십자가 위에서 기꺼이 죽었다고 한다면 어떻게 그들 자신의 결점 때문에 자기 자신들을 받아들일 수 없겠는가?

REBT 심리치료사들은 내담자들에게 무조건적인 수용을 가르칠 뿐만 아니라 본질적 실존이 아니라 활동과 행동양식을 평가하는 방법을 가르칠 기회도 찾는다(Ellis, 1962, 1973a, 1973b). 그들이 과거부터 들어왔고 믿어왔던 것들과는 다르게 어떤 방식으로든 자신들을 나쁘게 만들거나 가치 없게 만드는 것은 어느 곳에도 없다. 단지 그들이 나쁜 일을 하는 것을 선택할 뿐이다. 그래서 어떤 기독교인 내담자가 "음탕한 생각들(lustful thoughts)"을 하고 그것들에 관한 비합리적인 신념들(즉 "나는 그 따위 생각들은 절대로 해서는 안 된다")을 가질 때 REBT 심리치료사는 그의 머릿속에 있는 그런 생각은 한 인간으로서의 그의 가치와는 전혀 상관이 없다는 것을 강조함으로써 내담자에 대한 무조건적인 수용을 나타낼 것이다. 또한 심리치료사는 "만약 하나님께서 그런 사실을 알게 된다고 하더라도 당신을 나쁜 사람이라고 생각하실까요?" 또는 "지금 예수는 당신을 어떻게 평가할까요? 당신을 위해 도대체 왜 십자가에서 죽었어야 했는가를 생각할까요?"와 같은 인지적 논박을 덧붙일 수도 있다. 대부분의 기독교인 내담자들은 그런 비합리적인 진술들이 은혜와 믿음으로 인한 구원의 개념과 일치하지 않는다는 것을 바로 알아차릴 것이다.

5. 강렬한 논박

REBT는 활발하고 강렬한 논박의 활용을 배운 내담자들이 그렇지 않은 내담자들보다 더 쉽게 비합리적인 신념들을 극복한다는 믿음을 오랫동안 고수하고 있다(Ellis, 1979). 비록 많은 내담자들이 자신을 불안하게 하는 것들에 대한 사리에 맞는 인지적 이해(지적 통찰력)를 하게 될지라도 그런 이해가 정서적 통찰력으로 바뀌어 점진적으로 자기 자신을 위해 사용되지 않는다면 변화는 그리 오래가지 않을 것이다. 많은 REBT 심리치료사들은 내담자가 자기패배적인 신념을 논박하면서 극적이고 활기차게 '합리적인' 자기역할을 취하도록 가르친다.

대부분의 유대인과 개신교인 내담자들은 심리치료에서 활발하고 적극적인 논쟁을 사용하는 것을 잘 받아들인다. 구약성서에 나오는 선지자들은 목소리를 높여 대립적인 예언과 설교를 했던 것으로 유명하고 그로 인해 그들 주위에 있는 사람들을 아주 불쾌하게 만들었다. 듣는 모든 이들에게 소리 높여 하나님의 말씀을 외치는 것이 그들에게 주어진 가장 중요한 사명이었다. 많은 위대한 유대인 순교자들은 심지어 죽음 앞에서도 그들의 믿음을 강렬하게 재확인했다(예 : "오! 이스라엘, 우리 주 하나님, 주는 오직 한 분이요…"). 또한 많은 개신교 종파들도 "불과 유황(fire and brimstone : 천벌)"을 선포하는 설교양식에 가치를 두고 있다. 설교단이나 그 외 다른 장소에서 직접 큰 목소리로 타협하지 않고 하나님 말씀을 선포하는 것은 흔히 있는 일이다. 많은 흑인 회중(會衆)들은 특히 예배를 들이는 동안 성서적 진리에 대한 활발한 상호작용과 확인을 하는 것을 매우 좋아한다. 이런 이유 때문에 종교를 가진 내담자들은 강렬하고 활발한 논박의 사용에 익숙하고 그로 인해 그것으로부터 도움을 받을 가능성이 높다.

예를 들어, 자신의 부모로부터 자치권을 얻기 원하는 유대인 내담자가 있다고 생각해 보자. 과거로부터 그는 "나는 내 부모님들을 실망시켜서는 안 된다. 부모님이 내가 그분들을 거부한다고 생각하시게 된다면 그분들에게는 아주 잔인한 일이 될 것이다. 내가 부모님에게 순종하지 않는다면 아들로서 나는 실패자가 될 것이다"와 같은 신념을 종교와 관련하여 자신에게 주입시켜 왔다. 치료자가 이런 신념을 논박하여 내담자가 비합리적인 본질을 이해하는 수준에 이르면 그런 허위성을 여호수아, 다니엘, 이사야 및 예레미야의 음성으로 '공격'하는 방식을 통해 내담자에게 지시하기도 한다. 부가적인 효과로 내담자는 마치 비합리적인 신념에 정면으로 맞서기 위해 두 팔을 걷어부치고 주먹을 불끈 쥘 수 있도록 하는 힘을 얻기도 한다. 내담자와 치료자 모두가 납득이 될 때까지 내담자가 강렬하고 활발한 논박을 연습하는 동안, 치료자는 그의 비합리적인 신념 그 자체의 역할수행(role-play)을 해줄 수도 있다. 또한 종교를 가진 내담자들은 먼저 비합리적인 신념들을 토로한 후에 논박적 접근을 순서대로 하나씩 강력하게 논쟁하는 방식을 집에서도 연습하면 이득을 얻을 수 있다는 것을 알게 될 것이다. 치료자로부터의 피드백을 얻기 위하여 그렇게 연습한 것을 녹음하여 치료 회기에 가지고 오는 것도 도움이 된다(Ellis & Becker, 1982).

6. 활동 과제

처음부터 REBT는 행동적 과제가 내담자를 변화시킬 수 있고 그렇게 변화된 것이 지속되는 데 도움이 된다고 주장해 왔다(Shelton & Levey, 1981). 거의 모든 경우에 내담자들은 예전에 불안, 분노 및 우울 때문에 피하여 왔던 상황, 사람 혹은 일들에 직면해야만 한다. REBT 심리치료사들은 "고통 없이 얻을 수 있는 것은 거의 없다(little gain without pain)." 고 배워 왔기 때문에 대개 내담자들이 피하고 싶어하는 바로 그것을 실행하도록 요구한다(Ellis & Dryden, 1997). 활동 과제에는 REBT 치료 회기를 녹음한 것을 듣기, 유익한 관련 자료들을 읽기, 치료회기에서 배운 다양한 논박기법을 연습하기, 합리적 · 정서적 심상 훈련, 다양한 행동들에 대해 보상하거나 벌칙을 부여하기 등이 포함된다. 그런데 가장 효과적인 과제라고 할 수 있는 것은 두려워하는 상황에 의도적인 노출(self-induced exposure)을 포함하고 있는 것들이다. 이 장의 서두에서 다루었던 수치심 공격하기 기법이 노출 기법의 좋은 예이다. 또한 자기감시 절차(self-monitoring procedures : Bandura, 1997)도 유용하게 사용할 수 있는 과제이다. 이 절차는 내담자의 주관적 평가들을 더 객관적인 횟수와 비교하는 수단으로서 사고, 행동 및 정서를 조심스럽게 모니터링하게 한다. 모니터링 자체만으로도 종종 상당히 큰 치료적 변화를 얻을 수 있다.

치료회기들 사이 일상생활 중에 하는 활동과 과제를 끝까지 최선을 다해 마치는 것이 가치가 있다는 것을 내담자들에게 납득시키는 일은 REBT 심리치료사에게는 가장 중요한 도전 과제이다. 벡과 에머리(Beck & Emery, 1985)는 과제 활동들을 제공하는 것은 두려워하는 사건이나 자극들 혹은 내담자들이 종종 예측하는 재앙적 결과들에 대해 객관적인 평가를 하게 하는 목적으로 내담자들을 실제로 노출시키는 "현실세계 실험"이라고 하며 권장하고 있다. 많은 학자들은 자신들의 책을 통해 과제에 대한 동기를 서서히 키우고 순응을 증진시키기 위한 다음과 같은 전략들을 제공하고 있다(Beck & Emery, 1985; Ellis, 1985; McMinn & Lebold, 1989). (a) 내담자들은 과제를 복습하면서 회기를 시작하고 성공과 실패의 원인을 탐색한다. (b) 권위적으로 내담자에게 과제를 부여하는 것이 아니라 함께 협력해서 특별한 과제를 개발한다. (c) 내담자가 실제적으로 과제를 수행할 능력이 있다는 것이 확실해야 하고 과제가 파괴적이거나 위험하지 않다는 것이 보장되어야 한다. (d) 과제는 실제 치료 회기에서 다루는 자료 및 기술들과 관련하여 논리성이 확실해야 한다. (e) 내담자에게 각 과제들을 맡겨야 한다. (f) 과제를 완전히 마쳤을 때의 보상 체계와 과제를 완전히 마치지 못했을 때의 벌칙 체계를 수립해야 하는데, 그 체계는 내담자가 자신이 수여하거나 내담자와 협력하여 치료자가 수여하는 방식을 따른다. (g) 과제에 대한 저항의 잠재적 근원을 예견해야 한다(7장 참조).

　종교를 가진 내담자들은 활동 과제를 다른 일상적인 의식(儀式)들과 연결시켜 유익을 얻기도 하는데, 특히 종교적인 본질을 띤 의식들과 연결될 때 더욱 그렇다. 이슬람교인 내담자에게는 10분 동안의 합리적·정서적 심상법 연습을 그들이 매일 하는 기도와 연결시키라고 요구할 수 있다(하루 다섯 번 이상이 가능하고, 실질적인 연습을 제공한다). 만약 그가 알라신이나 마호메트의 이미지와 통합된 형태로 연습하면 특히 그에게 도움이 될지 모른다. 또는 천주교인 내담자에게는 고해성사를 하면서 수치심 공격하기 연습을 수행하도록 요구할 수도 있는데, 그것은 신부(神父)에게 부끄러운 고해를 하는 방식일 수도 있다. 우리는 기독교인, 유대인, 말일성도 교인 내담자들에게 서약(covenant)의 원칙을 사용하면 효과가 있다는 것을 발견했다. 여기서 서약이란 신·구약성서 모두에 기록되어 있는 하나님과 그의 백성들 간에 협정을 의미한다. 또한 그것은 사람과 사람 사이에 엄숙한 계약을 의미할 수도 있는데, 이런 계약들을 하나님이 보고 있고 하나님이 이 계약에 영광을 부여한 것이란 의미가 함축되어 있다. 종교를 가진 내담자들은 대개 '서약'은 깨져서는 안 되는 엄숙한 것으로 간주한다. 치료 회기에서 독실한 내담자에게 "이런 어려운 과제를 완전히 마치겠다고 서약하려고 하는 당신이 놀랍지 않습니까? 과제를 완전하게 마치겠다고 하는 이런 진지한 약속을 하는 것은 어려울지라도 당신의 인생에 어떤 변화를 모색하려는 시도를 의미합니다."라고 묻는 것이 도움이 될 수 있다. 물론 내담자가 과제를 실제로 마쳤는지 못 마쳤는지와는 상관없이 치료자는 그를 무조건적으로 수용해야 하고, 내담자의 서약 의지와 과제 활동의 시도에 대해 강화를 해주어야 한다.

7. 모델링

의도적 모델링, 특히 역할수행(role-play)과 함께 하는 의도적 모델링은 REBT의 행동적·정서적 기법의 중요한 구성요소이다. 반두라(Bandura, 1997)는 심리치료에서의 의도적 모델링은 내담자에게 새로운 행동들의 예시를 제공하고, 이미 어떻게 수행할지를 알고 있는 행동이라면 그것을 자극할 수 있는 계기를 제공하며(예 : 사회적인 상황에서 언제 웃고, 언제 경청해야 하는지), 수행할 수는 있지만 불안해서 하지 못했던 행동들을 촉진하므로 억제를 중단하는 데 기여한다. REBT에서의 행동 시연(behavioral rehearsal) 혹은 역할수행은 모델링의 일반적인 접근이다. 여기에서는 치료자가 내담자의 주요 비합리적 신념들에 대한 다양한 논박의 형태들을 모델로 제시한다. 그런 다음에 내담자가 가장 효과적이라고 느껴지는 논박을 사용해서 자신의 비합리적 자기 진술들을 논박하도록 가르친다. 이 시점에서 치료자는 거의 매번 내담자의 비합리적인 신념들의 역할을 수행할 것이고, 내담자는 치료자의 진술을 활발하게 논박하도록 격려된다. 이런 연습이 끝나면 내담자는 자신의 논박 수행을 비평하고 치료자로부터 강화를 받으며, 치료자가 다시 제시하는 아주 미세한 것까지 조절이 이루어져야 하는 기법들의 모델을 관찰한다.

종교를 가진 내담자들은 모델링이 심리치료에서도 유용하게 사용될 수 있으며 신앙과도 일치한다는 것을 알게 될 것이다(Lasure & Mikulas, 1996). 십계명에 따라 성서에서는 "네 자녀에게 부지런히 가르치며 집에 앉았을 때에든지 길에 행할 때에든지 누웠을 때에든지 일어날 때에든지 이 말씀을 강론할 것이며(신명기 6장 7절)"라고 말하고 있다. 이와 유사하게 예수는 그의 사도들에게 의도적으로 모델이 되었고, 기독교인들은 타인을 위해 올바른 행동의 모델이 되도록 격려되고 있다. "내가 너희에게 행한 것같이 너희도 행하게 하려 하여 본을 보였노라(요한복음 13장 15절)", "그러므로 내가 너희에게 권하노니 너희는 나를 본받는 자 되라(고린도전서 4장 16절)". 이 점에 있어서 REBT 치료자가 하나님이나 관심이 되는 표적행동을 수행한 다른 종교적 인물의 특별한 성서적인 예를 언급할 수 있다면 종교를 가진 내담자에게 큰 도움을 줄 수도 있을 것이다. 그러므로 두려운 구술시험을 앞두고 있는 내담자로 하여금 사자 앞에 선 다니엘을 생각하게 하면 용기를 얻을 수 있고, 천주교인 내담자에게는 어떻게 겁먹지 않고 두려운 사건을 참고 견디어낼 수 있었는지를 강조하면서 힘들고 괴로운 상황(예 : 고문)에서 그가 가장 좋아하는 성자나 사도의 행동을 묘사하게 한다. 여기서 치료자는 "그렇다면 다니엘은 사자굴에서 겁을 먹고 불안해하지 않기 위해 자기 자신에게 어떤 말을 했을까요?"와 같은 질문을 할 수 있다.

8. 기술 훈련

REBT 심리치료사들은 치료과정의 한 부분으로 특별한 기술에 대한 직접적인 훈련을 제공한다. 예를 들어, 사회 불안을 경험하고 있는 내담자는 사회적 상황에서 말하는 것에 대한 비합리적인 신념들을 논박하는 것으로 도움을 받을 수도 있지만, 치료자는 사회적으로 대응하는 기술과 대인관계 기술은 물론 심지어 이력서 작성 요령과 같은 직접적인 기술 훈련도 제공한다(Ellis & Dryden, 1997). 종교를 가진 내담자들은 대개 그런 교육적 중재들을 아주 잘 받아들인다. 예수는 그가 활동하던 당시에 '선생'으로 불리었고 실제로 그의 활동의 많은 부분이 군중과 개인 모두를 위한 지도와 가르침으로 묘사되고 있다. 또한 다른 종교에서도 영적 기능과 수양뿐만 아니라 경전과 신학에 대한 배움을 상당히 강조하고 있다. 그리고 내담자들은 '심리치료'보다도 '기술 훈련'을 더 잘 받아들이는 경향이 있다. 그것은 특히 기독교인 내담자들에 있어서 더 그러한데, 그것은 그들은 정신건강 전문가들은 너무 세속적이고 인간중심적이라서 두려워 해야 하고 믿지 말아야 한다고 배워왔기 때문일 수 있다.

어떤 특별한 REBT 사례에 적용해도 좋은 여러 종류의 기술들이 있다. 대인관계 기술(예 : 적극적인 청취), 사회적 기술, 발표 기술, 자기주장 기술 등이 바로 그런 기술들이다. 또한 기술 훈련은 기초적인 교육적 접근법들을 포함시켜야 한다. 예를 들어, 불안 반응이 있는 내담자들에게는 불안 반응을 일으키는 신념들에 대한 논박적 기법뿐 아니라 불안의 생리(physiology)에 대한 정보도 유익할 수 있다. 이런 경우에는 치료자가 적응적 반응 등을 포함하여 불안 반응에 대한 생물학적 정보들을 설명한다. 그런 정보들은 내담자가 증상 자체를 객관화하고 표준화하는 데 도움이 된다. 예를 들어, 대중 연설을 하다가 심장마비로 죽은 사람은 거의 없다는 것을 알게 되는 것만으로도 아주 큰 도움을 얻을 수 있다. 종교를 가진 내담자에게는 심지어 공포라는 것도 단순히 하나님이 부여한 신체의 중요한 한 기능이라는 것을 말해주면 더 도움이 될 것이다. 더 나아가서 공포가 비록 우리를 살아남게 하는 데 도움이 되지만, 불안은 우리의 목적은 물론 하나님의 목적과도 거의 언제나 상반된 결과를 가져온다는 것에 주의를 기울여야 한다. 예를 들어, 성서에서는 "아무것도 염려하지 말고… 모든 지각에서 뛰어난 하나님의 평강이 그리스도 예수 안에서 너희 마음과 생각을 지키시리라(빌립보서 4장 6~7절)"고 말하고 있다.

기술 개발에 있어서 종교를 가진 내담자들과 폭넓게 관계하려고 시도하는 것이 중요하다. 예를 들어, 원칙이 서 있는 기독교인 여성의 '적당한' 주장적인 표현이 남편 혹은 친구들 사이에서는 물론 교회에서도 눈에 띠는 갈등을 유발할지 모른다. 또 다른 예로, 연구를 통해 밝혀진 자위행위를 하는 사람들에 대한 비율과 그런 행위로 인해 신체적으로나 정서적으로 어떤 해를 입는다는 것을 입증할 만한 연구가 많지 않다는 정보를 말일성도교인 청소년 내담자에게 제공하는 것이 내담자의 부모나 교회 장로들에게는 자위행위에 대한 종교적인 금기사항을 경시하는 행위로 여겨질 가능성이 있다. 요점은 교육적이고 기술 중심의 중재를 할 때는 내담자의 종교와 관련하여 주의를 기울여야 한다는 것이다.

9. 그 밖의 정서적 행동 기법들

그 밖에도 REBT에는 종교를 가진 내담자들에게 사용할 수 있는 다양한 정서적 행동기법들이 있다. REBT 심리치료사들은 논박기법들의 보조물로 이야기, 표어, 비유, 익살스런 경구(警句) 및 시(詩)를 종종 활용한다(Wessler & Wessler, 1980). 게다가 논박적 과업의 효과를 향상시키기 위해 전통적 REBT 중재들에 종교적인 시, 비유, 이야기 혹은 의식(儀式)들이 더해질 수 있다. 예를 들어, 각 회기를 묵상으로 시작하는 것이 특히 불교인, 힌두교도, 퀘이커교도들에게는 도움이 될 수 있다. 나는 좋은 효과를 보기 위해 몰몬교인 내담자들에게 비유들을 많이 사용해 왔다. 특히 누가복음 15장에 나오는 탕자, 잃은 양, 잃어버린 동전과 같은 비유들은 자신의 죄를 자신이 가치 없는 존재라는 증거라고 보는 종교적으로 독실한 내담자의 자기비하 신념을 논박하는 데 도움이 된다.

앨버트 엘리스(Albert Ellis)는 재미있고 기억하기 쉬운 방식으로 REBT 원리들을 소개하기 위하여 고안한 많은 합리적 · 해학적(rational humorous) 노래들을 만들어 왔다(Ellis, 1977b, 1981, 1989b). 종교를 가진 많은 내담자들이 찬송 혹은 찬미와 그 외 종교적인 음악들을 의례적으로 예배나 일상생활에 접목하기 때문에 합리적 · 해학적 노래를 활용하는 것은 특별히 도움이 될 수 있다. 나는(SLN) 나와 같은 종교를 믿고 있는 내담자들을 위해 합리적 · 해학적 노래들을 몇 가지 만들어 보았다. 여기에 한 가지 예를 소개한다.

> **필연(The Must)은 강한 감옥이요**
> (곡조 : 내 주는 강한 성이요)
>
> 필연은 강한 감옥이요!
> 고함 그칠 날 없으니
> 의무와 필연 가득하면
> 우리의 기쁨은 없으리
>
> '해야만 한다'를 '원한다'로
> 필연을 소망으로
> 멍청이 짓은 그만
> 자기만족을 평화로*

마지막으로, 심리치료에서 자기노출을 적절하게 활용하는 것은 종교를 가진 내담자들에게 아주 유익할 수 있다. REBT는 치료자 자신의 결점이나 약점 혹은 비합리적 성향들을 내담자들에게 털어놓는 것을 옹호한다. 그런 치료자의 자기노출이 효과적인 대처 모델을 제공한다는 가정 하에서 옹호하는 것인데, 그것은 비합리적 성향들에 대해 다른 사람이 어떻게 대처해 나가는지(극복은 아니다. 실제로 100% 제어는 거의 불가능하다!)에 대한 실례를 제공하기 때문이다. 예를 들어, 나는(WBJ) 내가 대학생이었을 때 경험했던 말하기 불안(speaking anxiety)에 관해 이야기하

---

* 역자주 : 저자들 중의 한명인 Nielsen이 기독교인 내담자가 가지고 있는 '해야만 한다'는 강박관념을 논박하는 데 유용하게 사용할 수 있도록 제작한 것으로 찬송가 곡조에 맞추어 부를 수 있는 노래가사이다. 한글로 곡조에 맞추어야 하기 때문에 직역을 할 수 없었음을 밝히는 바이다.

고, 더 자주 말하도록 나 자신에게 강요하는 기법과 종교적인 합리적·정서적 심상법(내가 이야기 할 때 예수께서 내 어깨 위에 그의 손을 얹고 조용히 서 있다는 생각)이 어떻게 나의 불안을 효과적으로 감소시켜 왔는지를 내담자들에게 표현해 왔다. REBT 심리치료사가 내담자와 같은 종교를 믿고 있다면 이런 종류의 노출은 더 효과적일 수 있다. 예를 들어, 내가(SLN) 교회의 지도자가 아닌 것보다 말일성도예수그리스도 교회 감독으로서 브리검영(Brigham Young) 대학 학생들에게 자기노출과 대처에 대한 나의 실례를 제시하는 것이 더 효과적일 것이다.

제 7 장

종교를 가진 내담자를 위한
효과적인 REBT의 장애물

내담자들이 REBT로부터 실제로 이득을 얻기 위해서는 다음의 세 가지 통찰력을 획득하는 것이 매우 중요하다(Ellis & Dryden, 1997). (a) 대개 심리적 문제는 자신이나 타인들 혹은 세상에 대해 융통성 없이 유지해 오던 비합리적이고 절대적인 신념으로부터 생겨났다. (b) 비록 이런 신념들이 인생의 서로 다른 시점에서 다양한 방식으로 생겼을지라도 현재 그것들을 재확인하고 그것에 힘을 실어주기 때문에 정신적인 장애가 계속되고 더 악화되는 것이다. (c) 앞으로 계속 그런 비합리적인 신념들에 대항하여 생각하고, 느끼며, 행동하는 것을 연습하는 것으로만이 오직 자신의 장애를 실제로 완화시킬 수 있을 것이다.

불행하게도 인간들은(적어도 우리가 치료했던 사람들은) 대개 이런 중요한 통찰력들 중에 한 가지 이상을 거절하거나 획득하지 못한 채 남아 있게 된다. 사실 많은 내담자들이 독특한 형태로 변화와 성장에 저항하려고 준비되어 있는 것이 분명하다. REBT나 그 외 다른 심리치료를 실행하는 심리치료사들의 근본적인 패러독스(paradox)는 내담자들이 자신의 문제들을 극복하려는 바람을 얼마나 진심으로 말하느냐와는 상관없이, 내담자들은 불쾌함과 고통을 경험하는 것을 악착같이 피하려고 하고 치료자의 중재에 대항하며 변화와 성장에 저항하는가 하면 부적응적 신념과 행동에는 필사적으로 집착한다는 것이다(Narramore, 1994). 대부분 내담자의 저항은 현재 겪고 있는 혼란이 고통스럽거나 좌절감을 주는가와는 상관없이 저항을 그만두면 내담자 자신이 정신적 장애를 만들었다는 사실에 직면해야만 하기 때문에 어떤 식으로든 자신이 두려워하는 것을 경험하는 것보다 오히려 낫다는 신념에 의해 동기화되고 유지된다.

전통적 정신분석가들은 변화에 저항하려는 인간의 경향성을 자신들의 저술에 기록해 왔다. 프로이트(Freud, 1912)는 저항이 치료의 모든 단계에서 계속해서 나타난다고 묘사했다. 메닝거(Menninger, 1961, p.102)는 "정신분석가와 환자의 저항 사이에는 끝없는 관계가 존재한다"고 표현했다. REBT 심리치료사들도 내담자의 저항에 의해 생기는 어려움들을 묘사해 왔다(Ellis, 1962, 1985; Wallen, et al., 1992). 그러나 다른 접근들과는 다르게 REBT는 내담자의 저항에 의해 생길 수 있는 치료적 장애를 신속하고 직접적으로 활발하게 논박하는 것을 장려한다.

저항은 대부분의 정신적 장애를 가지고 있는 사람들의 한 가지 생활방식이며 그들의 타고난 인간성에 깊이 뿌리를 두고 있다. 모든 인간은 '장애'를 가질 수 있는 존재로 태어나며 자기를 장애에 빠지게 하는 생물학적 성향을 가지고 있는 듯하다(Ellis, 1987a). 사실 대부분의 내담자들은 어려운 일을 피하고 장기적으로 그들에게 좋은 것이라도 그것을 하기를 거절하며 즉시 하면 좋은 일도 뒤로 미루는데 놀라울 정도로 숙달되어 있다. 우리 인간은 좌절에 대해 지독하게 약한 포용력을 소유하고 있으며, 변화가 쉽고 재미있으며 빨리 이루어지면서 불쾌함이 없는 중재를 바란다. 또한, 우리는 늦장 부리며 회피하고 굼뜨게 행동하는 데 능통해 있고 독립적으로 무언가를 실행하는 것에 강력하게 저항한다. 심지어 우리 자신의 저항과 회피를 인식하게 되면 그런 자각을 우리 자신을 더 헐뜯고 망치는 데 사용할지 모른다.

종교를 가진 내담자들도 다른 인간들 만큼 변화에 저항하는 데 숙련되어 있다는 것은 놀랄 만한 일이 아니다. 종교를 가진 내담자들은 갈등,

불안 및 저항을 종종 그들이 가진 신앙적 언어로 표현하곤 한다(Lovinger, 1979; Meissner, 1996; Narramore, 1994; Nielsen, 1994). 종교에 근거한 저항들은 대개 약해지는가 하면 바로 다시 원상태로 돌아가곤 하여 없애기 어렵기 때문에 REBT 치료자들이 각별히 주의해야 한다. 특히 종교적 배경과 경험이 없는 치료자들은 더욱 그렇다. 종교를 가진 내담자들을 위한 효과적인 REBT에 대한 장애물과 저항을 극복하기 위한 접근들을 이 장(章)에서 탐구하려고 한다. 먼저 내담자에 기초한 장애물들을 살피고, 그런 다음에 치료자의 행동으로부터 생긴 장애물들을 탐구하고, 마지막으로 치료자와 내담자 사이의 관계에 근거하여 나타나는 장애물들을 살펴보기로 하겠다. 그런 후에 우리는 REBT에서 저항이 진전되는 것을 최소화하는 전략을 제공하고, 종교를 가진 내담자들에게 REBT나 그 외 다른 인지행동적 접근들을 사용할 때 주의해야 하는 윤리적 사항도 논의할 것이다.

1. 내담자에 기초한 장애물

비록 종교를 가진 대부분의 내담자들이 유난히 REBT를 잘 받아들이고 그것을 사용해서 성공적으로 그들의 다양한 정신적 장애들을 극복하지만, 깊이 죄를 자각하고 있는 내담자에게 REBT나 어떤 다른 접근으로 도움을 주기란 너무도 어렵다. 이유가 무엇이든 간에 내담자들이 치료에 강하게 저항하면, 그런 사람들은 종종 곤란한 내담자들(DCs : difficult customers)로 묘사된다(Ellis & Dryden, 1997). 종교적 신념이나 관습에 근거하여 저항을 나타내거나 치료관계를 악화시키는 내담자들은 곤란한 신앙인 내담자들(DRCs : difficult religious customers)로 간주된다. 치료에 대한 저항의 일반적인 이유들 외에도 종교를 가진 내담자들은 유신론적 신념과 종교적 생활 양식에 속박되어 변화를 회피하려는 다양한 동기들을 가지고 있을 수 있다(Greenberg & Witztum, 1991; Lovinger,

1979; Rayburn, 1985). REBT 치료자들은 그런 원인과 내담자가 보이는 저항의 표시들을 가장 잘 인식하고 있어야만 종교를 가진 내담자들과 성공적인 상담과 심리치료를 할 수 있다.

1) 종교를 가진 내담자들에 의한 저항의 일반적인 이유

불쾌함에 대한 두려움 어느 시점에 이르면 거의 모든 내담자들이 좌절에 대한 약한 포용력과 변화를 위해 요구되는 노력이나 그에 따른 불쾌함에 대해 불안을 나타낼 것이다(Ellis, 1962, 1985). 본질적으로 인간은 변화와 성장에 대항하는 성향을 가지고 있는 것 같다. 많은 내담자들은 단기적 쾌락주의(hedonism) 철학을 가지고 산다. 그리고 그런 쾌락주의는 "변화를 위해 열심히 노력하는 것이 불쾌하고 심지어 고통스럽기까지 하기 때문에 나는 문제들을 쉽고 가장 빨리 할 수 있는 기분 좋은 해결책을 찾아야 한다"는 생각을 고수하게 한다. 엘리스와 드라이덴(Ellis & Dryden, 1997)은 REBT 치료에 '실패'할 가능성이 가장 많은 내담자들은 인지적 논박과 관련된 과제들을 완성하는 것에 계속해서 실패하고 자신들의 불안한 정서에 대한 책임의 수용을 거절하며 신념과 행동을 변화시키려고 열심히 노력하는 것도 거절하고 좌절에 대한 약한 포용력 때문에 행동과제를 거의 잘 수행하지 않는 사람들이라고 설명하고 있다.

종교를 가진 내담자들이 과제의 수행과 변화에 저항할 때 REBT 심리치료사들은 변화하는 데 얼마나 힘든가와는 상관없이 아무것도 하지 않는다면 그들이 훨씬 더 힘들어질 것이라는 것을 빠르게 납득시키려고 할 것이다. 치료자는 자신의 종교적 신념이나 대부분의 다른 종교의 신념들이 고통 없이 획득하는 것에 대한 개념을 지지하지 않으며 힘든 일과 헌신을 숭고한 미덕으로 여기고 있다는 것을 내담자에게 주지시킬 것이다.

예를 들어, 좌절에 대한 약한 포용력을 가진 기독교인이나 유대인 내담자는 부부문제를 야기하는 신념과 행동들에 변화를 주기 위하여 요구되는 REBT 기술 연습과 과제에 저항할지 모른다. 이런 내담자는 삼촌의

딸인 라헬과 결혼하는 특권을 얻기 위해 부정직한 삼촌의 일꾼으로 14년 동안 고생한 구약성서의 야곱 이야기(창세기 29장)와 비교된다. 내담자가 심리치료와 관련된 힘든 일을 피하려고 할 때 그에게 과제로 읽을 여러 가지 격언들을 제공할 수도 있다(예 : "모든 수고에는 이익이 있으니", 잠언 14장 23절). 펙(Peck)은 대단한 인기를 얻고 있는 그의 책 『The Road Less Traveled(1978)』를 인상적인 문구 "인생은 힘들다"는 것으로 시작하고 있으며, 그는 부처의 4대 고전 진리 중의 하나가 "인생은 고통이다"는 것을 강조하고 있다. 사실 대부분의 종교들 중 어느 것도 '편한' 삶을 보장하거나 심지어 권하지도 않는다. 유대-기독교인(Judeo-Christian) 경전에 있는 중심인물들은 대개 고통을 당했으며 굉장히 힘들고 신체적으로 고통스러운 처지에 놓였었다(예 : 예수, 욥, 요셉, 바울 등). 종종 어떤 내담자는 자신의 불쾌한 경험이나 고통의 경험은 누구도 이해할 수 없고 심지어 하나님도 이해하지 못할 것이라고 말한다. 이 때 치료자가 자신의 모든 소유와 사랑하는 모든 사람을 잃은 욥의 이야기를 언급하면 도움이 될 수 있다. 친구들도 모두 떠나가 버린 상태에서 욥은 온몸을 덮은 고통스런 종기와 함께 재(滓) 위에 놓여졌다. 치료자는 내담자에게 자신의 어려움을 그런 욥의 곤란과 비교해 보라고 요구할 수 있다. 예수도 고통과 아주 밀접하게 관계되어 있었다는 것을 지적하는 것도 도움이 될 수 있다("그는 멸시를 받아서 사람에게 싫어 버린 바 되었으며 간고를 많이 겪었으며 질고를 아는 자라 마치 사람들에게 얼굴을 가리우고 보지 않음을 받는 자 같아서 멸시를 당하였고 우리도 그를 귀히 여기지 아니하였도다, 이사야 53장 3절). 히브리서 12장 1~3절과 로마서 5장 3~5절도 또 다른 예들을 포함하고 있다.

완벽주의와 수치심 종교를 가진 내담자들 중에 어떤 사람들은 행동, 정서 및 사고에 관하여 지나치게 완고하고 완벽주의적인 표준을 가지고 있다. 이런 내담자들은 생활에서는 물론 REBT 치료에서도 '실행 혹은 성취'에 근거하여 끊임없이 자신의 가치를 평가한다. 이런 내담자들은 우선 첫째로 강한 강박적 경향들을 가지고 있거나 불안과 처벌에 대한 두려움 때문에 억지로 어떤 일을 한다. 어쨌든, 그들은 타락한 인간의 처지를 수용할 것을 장려하는 구절들(우리의 의는 다 더러운 옷 같으며, 이사야 64장 6절; 만물보다 거짓되고 심히 부패한 것은 마음이라 누가 능히 이를 알리요마는, 예레미야 17장 9절; 의인은 없나니 하나도 없으며, 로마서 3장 10절)과 타고난 불완전성을 위한 은혜를 수용하는 것에 대한 필요를 무시하고 "완전하라!" 혹은 "의에 대한 굶주림" 등과 같은 성서적 교훈에만 초점을 맞춘다. 종교를 가지고 있는 완벽주의자 내담자들은 자신들의 불완전함이 발견될지도 모른다는 것과 치료에서의 성취가 없는 것보다 못하다는 것을 두려워하며 이차적으로 REBT에 격렬히 혹은 치밀하게 저항할지도 모른다. 실력 있는 REBT 심리치료사는 모든 인간이 합리적으로 사고하기도 하고 비합리적으로 사고하기도 한다는 것, 나쁜 일을 하기도 하고 좋은 일을 하기도 한다는 것, 화가 나 날뛰고 자살할 마음이 생길 정도로 우울한 상태와 같은 정서적으로 심한 장애를 겪을 뿐 아니라 건강한 정서 반응도 한다는 것을 그런 내담자들에게 인내심을 가지고 납득시키려고 할 것이다(Wallen, et al., 1992).

때때로 신앙으로부터 내담자의 고유 가치에 대한 근거를 간단히 검토해 보는 것도 도움이 될 수 있다. 따라서 나쁜 행실을 했거나 완벽하려고 했지만 실패(이것 때문일 때가 더 많다)했기 때문에 자신이 가치가 없고 가증한 존재라고 믿는 유대인이나 기독교인 내담자들에게는 하나님에게 있어서 그들의 가치는 어떤 생각, 감정 및 행동에 근거하지 않고 그들이 가지고 있는 하나님에 대한 믿음(신앙)에 근거한다는 것을 치료자가 지적해도 좋다. 창세기는 우리에게 "아브람이 여호와를 믿으니 여호와께서 이를 그의 의(義)로 여기시고"라고 말해주고 있다(창세기 15장 6절). 이와 비슷하게 신약성서에는 은총(恩寵)이란 우리의 '수행(work)'과는 관계가 없고 오직 하나님의 은혜를 받아들이는 것이 중요하다는 언급이 무수히 많다(예 : "너희가 그 은혜를 인하여 믿음으로 얻었나니 이것이 너희에게서 난 것이 아니요 하나님의 선물이라, 행위에서 난 것이 아니니 이는 누

구든지 자랑치 못하게 함이니라" 에베소서 2장 8~9절). 그러므로 내담자
가 무엇인가를 잘 하지 못하면 자신이 가치가 없다는 식으로 생각하는
독단적인 신념은 이런 성서 구절과 일치되도록 변화되어야 한다.

　자신이나 타인 혹은 세상에 대한 완벽주의적인 요구는 수치심을 경험
하기 쉬운 종교를 가진 내담자들의 일반적 성향이다. 수치심은 자신의
개인적 약점(A)에 대한 자각과 그 때문에 자신은 형편없고 가치가 없다
는 신념(B)의 결과(C)이다. REBT에서는 수치심을 내담자가 일차적인 정
서 장애에 계속해서 초점을 맞추게 하는 이차적인 정서적 문제로 보고
있다(Dryden, et al., 2000; Ellis, 1985). 그러므로 종교를 가진 어떤 내담
자들은 자신이 우울하고 불안하며 분노해 있다는 치료자의 말에 강력히
저항하고 부인한다. 이런 내담자들은 그런 정서들이 자신들의 종교적 이
상과 일치하지 않는 부정한 일을 했거나 자신들의 가치를 유지하는 일에
실패한 증거라고 굳게 믿고 있다. 따라서 그들은 그런 장애를 가지게 되
어서는 안 된다고 강력하게 믿고 그렇게 되지 않기를 강력하게 바라고
있기 때문에 자신들이 그렇다는 것을 완강히 부인한다. 이런 이유 때문
에 그런 내담자는 어떤 생각, 행동 및 감정들을 치료자에게 '고백'하는
것에 대해 강력하게 저항하고 치료자가 그런 것들에 대해 가설을 세울
때 적극적으로 부인할 수 있다. REBT 심리치료사가 종교를 가진 내담자
들이 일차적 문제에 관한 이차적 장애(흔히 수치심)를 이겨낼 수 있게 도
움을 주기 전까지는 치료는 제대로 이루어지지 않을 것이다.

　이런 이유들 때문에 REBT 치료자는 종교를 가진 내담자가 화가 나고
불안하게 되는 것 등에 관해 어떻게 느끼는지를 조심스럽게 평가하는 것
이 바람직하다. 단순하게 "그런데 그렇게 화가 났을 때는 어떤 느낌입니
까?"라고 내담자에게 물어보며 상담이나 심리치료를 시작할 수도 있고,
내담자가 분노를 시인하지 않는다면 치료자는 "만약 당신이 이러저러해
서 화가 났다고 가정해 봅시다. 그것이 당신에게 무엇을 의미하나요? 그
러면 어떤 일이 일어날까요?"와 같은 탐구적 추론 사슬을 통해 시작할
수도 있다. 종교를 가진 내담자가 자신과 자신의 행동을 아주 싫어하고

용서할 수 없는 것으로 본다면, 그는 치료 중에 REBT 치료자에게 아주 표면적 문제나 겉도는 주제만을 소개하고 그런 결점들에도 불구하고 치료자가 내담자에 대한 무조건적인 수용을 표시하기 전까지는 수치심을 일으키게 하는 경험을 마음 속에 숨겨둘 것이다.

내담자가 일차적인 정서 장애에 관하여 불안감을 느낀다면 잘 알려진 성자나 하나님 자신이 행한 강력한 정서 반응의 예를 떠올리는 것은 유익하다. 신약성서에 있는 한 예를 들면, 예수는 성전에서 환전상들의 부도덕한 행동에 대해 무척 분노했으며 그들의 단상을 둘러엎고 성전 밖으로 내쳤다. 하나님의 친아들이 분노할 수 있었는데 우리가 왜 그럴 수 없겠는가? 만약 내담자가 "예수의 분노는 의로운 것이고 나의 분노는 그렇지 않기 때문에"라는 식으로 반응한다면, 하나님이 보시기에는 오직 믿음에만 근거하여 의로운 것이지 행함에 근거한 것이 아니라는 것을 나타내는 성서 구절을 다시 그에게 언급하면 된다. "너희는 떨며 범죄치 말지어다 자리에 누워 심중에 말하고 잠잠할지어다(시편 4편 4절)"와 같은 성서 구절도 이런 상황에서 도움이 될 수 있다. 이런 성서 구절은 사람은 때때로 화를 내는 경향이 있고 화가 났을 때는 자신이나 타인을 다치지 않게 하는 것이 최상이겠지만 분노를 유발하는 요구들을 논박함으로써 자신의 분노를 없애려고 시도하는 것이 중요하다는 것을 암시하고 있다. 마찬가지로 에베소서 4장 26절에서는 "분을 내어도 죄를 짓지 말며 해가 지도록 분을 품지 말라고" 훈계하고 있다. 또한 어떤 개인이 선하고 바람직한 생각과 행동을 하는 데 실패했더라도 하나님에게는 중요한 가치를 가진 존재이다. 심지어 베드로는 예수를 세 번이나 부인했음에도 불구하고 이후에 그리스도의 교회의 '반석'으로 묘사되었다.

완벽하지 못한 행동 때문에 자신을 가혹하게 비난하는 경향성에 내담자들을 맞닥뜨리게 하는 것도 때때로 도움이 될 수도 있다. 졸업을 일 년 앞두고 있는 신학생이며 심한 불안을 경험하고 있는 폴(Paul)을 나는 (WBJ) 치료한 적이 있다. 폴은 아주 지적이었으며 학업에서도 성공적이었고 설교도 아주 잘했다. 그는 또한 아주 친절했으며 은혜 충만하고 남을 잘 용서하는 사람이었다. 그러나 폴의 불안이 더 심해지면서 공공장소에서 공황상태를 경험하기 시작했고 심한 수치심을 갖게 되었으며 일은 거의 할 수 없게 되었다. 치료를 시작하기 전까지 그는 좀처럼 방에서 나오지 않았고 수업에 결석했으며 친구들을 피했다. 이 때 우리는 REBT 치료 회기들 동안 그의 장애 중에 일차 장애(불안)에 거의 전적으로 초점을 맞추었다. 폴을 수치심으로 모는 비합리적인 신념은 다음과 같이 작용했다. "나는 어떤 식으로든지 불안해하거나 약해져서는 안 된다. 만약 그렇게 된다면 나는 하나님께 무가치한 존재이며 교회를 위해 봉사할 수 없다. 게다가 내가 불안하다면 그것은 분명히 죄의 결과일 것이고, 내가 공황상태에 있는 것을 다른 사람들이 보게 된다면 그들은 나를 경멸할 것이며, 나는 그와 같이 거부당하는 것을 참지 못할 것이다". 폴은 자신의 수행에 대한 완벽주의적 요구를 열심히 논박한 후 그것을 포기했다. 그는 가능한 한 많은 사람들에게 그의 불안에 대해 이야기했고 목회학 수업시간에 자신이 경험한 불안에 대해 발표해야 하는 행동과제를 성공적으로 마쳤다. 불안에 대한 그의 수치심이 감소하자 나는 폴의 불안을 다소 쉽고 신속하게 치료에서 다룰 수 있게 되었다.

다른 사람들을 비난하고 처벌할 수 있는 기회들이 예수에게 주어졌을 때 그는 거절하였다. 종교적 계율에 대한 위반과 불안한 정서 때문에 수치심을 느끼고 있는 종교를 가진 내담자에게 치료자는 "(그 당시의 법에 따라) 돌로 치라고 하며 비난할 것을 기대하고 간음을 한 여인을 예수에게 데려온 사람들에 관한 성서에 나오는 이야기를 들어 본 적이 있습니까?"라고 질문할 수 있다. 대부분의 기독교인 내담자들은 이 이야기에 친숙해 할 것이며, 예수가 "너희 중에 죄 없는 자가 먼저 돌로 치라(요한복음 8장 7절)"고 말한 것을 알고 있을 것이다. 물론 그와 같은 완벽한 사람은 없었고 그 여인은 목숨을 건질 수 있었다. 일반적으로 수치심과 수치심을 유발하는 완벽주의적 요구는 "하나님이 그 아들을 세상에 보내신 것은 세상을 심판하려 하심이 아니요 저로 말미암아 세상이 구원을 받게 하려 하심이라(요한복음 3장 17절)"와 같이 널리 알려진 성서 구절과 가

장 잘 대비된다. 종교를 가진 내담자들이 사고와 감정에 나타나는 장애
들을 효과적으로 논박하고 그것을 버리게 될 때까지는 치료의 진척은 기
대하기 힘들다.

자기 처벌(고통 추구) 종교를 가진 내담자들에게서 나타날 수 있는
REBT의 또 다른 장애물은 종교적 위반이나 결점에 대해서는 사람들이
벌을 받아 마땅하기 때문에 내담자 자신이 최근에 경험한 문제들이나 증
상을 가지는 것은 당연하다고 생각하는 신념이다. 예를 들어, 원리주의자
기독교인들 중에 어떤 사람은 자신의 증상이 죄에 대한 직접적인 벌이라
고 가정하고 죄스런 행동이나 사고 혹은 감정은 자신이 인간으로서 실패
한 악인이며 신이 보기에 가치 없는 존재라는 것에 대한 명백한 증거라
고 생각한다. 엘리스(1985)는 그런 추론이 어떻게 생기는지를 이와 같이
묘사하고 있다. "나는 절대로 그런 과오를 저지르지 말았어야 했는데 죄
스런 행동을 계속해 왔기 때문에 나는 고통을 당해 마땅한 정말 가치 없
는 인간이다. 그러므로 나는 마땅히 처벌로 정신적 장애를 가져야만 하
며 장애를 극복하려는 노력을 굳이 할 필요가 없다"(p.14). 한 가지 이상
의 이유로 자신을 가치 없는 존재라고 주장하는 내담자들에게 도움이 되
는 기법들 중의 하나는 그들 자신이 선언하는 "하찮은 신분(shithood)"과
성서에 나타난 하나님 손에 의한 피조물에 대한 개념을 조화시키는 것이
다. 그러므로 치료자는 그들에게 "저는 지금 혼란스럽습니다. 당신은 자
신이 비참한 실패자라고 말하고 있는데, 성서에서는 우리 모두가 보물이
고 하나님은 사람이며 우리는 진주이고 하나님은 상인(商人)이라고 표현
하고 있습니다(마태복음 13장 44~45절). 그리고 다른 성서 구절들도 우
리는 하나님에 의해 창조되었다고 말하고 있습니다. "주께서 내 장부(臟
腑)를 지으시며 나의 모태에서 나를 조직(組織)하셨나이다 내가 주께 감
사하옴은 나를 지으심이 신묘 막측(神妙莫側) 하심이라(시편 139편
13~14절)." 그런데 하나님이 직접 손으로 당신을 훌륭하게 만드셨고 '진
주' 처럼 가치 있는 존재라고 하셨는데 어떻게 당신은 자신이 가치가 없

다고 믿고 계십니까?"라고 질문할 수 있다. 이와 같은 방식으로 말일성도교인 내담자에게는 주(Lord)가 "인간에게 불사불멸과 영생을 주는 일 이것이 나의 사업이요 영광이니라(모세서 1장 39절)"라고 말했다고 기록된 말일성도들의 모세서를 상기시킬 수도 있다.

어떤 내담자에게는 정서적인 장애가 부적절한 종교적 믿음의 증거(Lovinger, 1996)이거나 영적 실패의 표시(W. B. Johnson & W. L. Johnson, 1997)일 수 있다. 어떤 경우에는 내담자들이 일차적 증상들 위에 자기 저주와 자기 비난을 얹을 수 있기 때문에 장애를 계속 가지게 되고 치료에 잘 반응하지 않는다. 그렇기 때문에 치료자는 그만큼 은혜 개념에 시간을 더 투자할 필요가 있고 그 개념을 내담자의 자기비하적 평가에 대한 논박과 통합시킬 필요가 있다. 기독교인들은 자신의 영적 실패를 중재하기 위하여 예수가 대신 벌을 받았다는 성서적 증거들을 종종 간과하는 것 같다. 유대인 내담자들에게 유월절은 범죄를 위한 속죄의 희생양을 하나님이 수용한다는 것을 형상화한 것이다.

이런 것과 관련하여 종교를 가진 어떤 내담자들은 자기처벌을 고상하고 거룩한 것(자기속죄)으로 보는 경향이 있다. 4~5세기의 금욕주의 기독교 수도사들은 매우 엄격한 금욕생활을 살았다.

기둥의 꼭대기에 사는 "기둥 성자"들이 있었다. 초기의 기둥 성자 둘 중에 가장 유명한 성자는 시므온 스티라이트(Simeon Stylites)였는데 그는 서기 459년에 사망했다. 그는 안디옥의 동쪽 기둥 위에서 살았는데 1244번이나 자기 발을 이마에 가져가는 데 성공했다고 전해지고 있다. 몸에서 벼룩이 뚝뚝 떨어졌다고 전해지며… 다른 수도사들은 작은 방에 감금되어졌는데 그 방들 중에 어떤 방은 너무 작아 완전히 누울 수도 없고 완전하게 설 수도 없었다. 어떤 집단의 수도사들은 낫으로 벤 풀로 연명했다고 전해진다. 어떤 수도사들은 며칠밤을 잠을 자지 않고 꼬박 새었다. 또 다른 수도사들은 먹지 않고 여러 날을 보냈다. 극단적인 금욕주의자들은 통속적으로 "하나님의 운동경기 선수"라고 알려졌다(Latourette, 1975, p.228).

의도적인 고통이 덕(德)이라는 내담자들의 신념은 때때로 자신의 종교적 체제로부터 도전을 받는다. 치료자는 내담자 자신이 고통 당하는 것을 하나님이 좋아하시고 즐거워하신다는 글이 어디에 쓰여 있는지를 질문하며 그를 자극할 수 있다. 그런 내담자들은 "여호와는 자비로우시며 은혜로우시며… 우리의 죄를 따라 처치하지 아니하시며…(시편 103편 8~12절)"와 같은 구절은 어떻게 생각하겠는가? 기독교인 내담자들에게 만약 고통이 유익하다면 왜 예수가 다양한 (신체적, 정신적) 괴로움을 겪고 있는 사람들을 치유하였겠는가? 아니면 치료자가 추론 사슬을 제시함으로써(예 : "당신이 내일 아침에 잠자리에서 일어났을 때 더 이상 우울하지 않다고 상상해 보십시오. 어떤 일이 일어날까요? 어떤 느낌일 것 같습니까? 하나님은 어떻게 생각하실까요?") 장애에 관한 그들의 왜곡된 신념들을 탐구하도록 할 수 있다. 물론 내담자가 고통을 영적 순수의 표시나 신앙에 대한 헌신의 증거로 보는 관점을 고수하고 있다면 장애로부터 멀어지고 싶은 동기는 당연히 적을 것이기 때문에, REBT 심리치료사는 치료를 계속하는 것에 대한 잠재적 가치를 고려할 필요가 있다. 그런데 치료자는 고통과 불편 때문에 자신의 역기능적인 행동과 정서 반응을 정당화하려는 내담자들을 자주 발견하게 된다. 이런 경우에 치료자가 어떤 유발사건(고통의 양)이라도 정서적 장애나 다른 장애를 일으키기에 충분하지 않다는 것을 이해시키기는 비교적 쉽다. 사도 바울은 감옥에서 고통받으면서도 행복해 했고 심지어 기뻐한 것을 감안할 때 기쁨과 평화를 포함한 '영적 열매(fruits of the spirit)'는 어떤 유발사건이 존재하는지와는 상관없이 모든 믿는 자에게 가능한 것이라는 것을 알 수 있다.

이차적 획득과 숨겨진 계획들 자기처벌은 이차적 획득 개념과 관계가 있다. 그렇기 때문에 내담자들이 장애로부터 얻을 수 있는 잠재적인 이익에 관해서 탐구해 보는 것이 중요하다. 만약 이혼한 세 자녀의 아버지가 우울해 하지 않고 직장생활도 잘 하고 있다면 교회에서 특별한 보살핌과 경제적 지원을 그에게 계속해서 하겠는가? 구체적으로 말해 목회자가 기도와 상담을 위해 매주 그를 만나는 것을 계속하겠는가? 교회의 많은 목회일정 중에 그의 차례가 올 것이라고 기대할 수 있겠는가? 만약 이 슬람교인 주부가 학대하는 남편에 의존을 하지 않고 자기 주장을 많이 한다면 그녀가 배우자로부터 실제로 자유를 얻을 수 있겠는가? 그녀의 순종하지 않고 남편을 존중하지 않는 행동이 그녀의 종교 집단에서 교우 (敎友)들로부터 지원을 받게 할 수 있겠는가? 아니면 그것으로 인해 그녀가 희생양이 되고 종교집단에서 제명될 것인가? 그렇기 때문에 REBT 심리치료사는 종교를 가진 내담자를 위한 치료가 효과적이지 못하게 하는 잠재적인 이차적 획득을 탐구하여야 한다는 것이다(Ellis, 1985).

게다가 치료자와 협의된 사항과는 전혀 다른 계획이 치료를 방해하기도 한다. 예를 들어, 종교를 가진 한 부부가 겉으로는 결혼생활을 더 윤택하게 하기 위해 상담을 받으러 왔다. 그런데 상담을 통해 약간의 진전을 보고 나면 치료자는 그들이 아주 다른 계획들을 가지고 치료자를 찾았다는 것을 깨닫게 된다. 남편은 그의 아내를 책망하고 가정에서 그의 지도력에 대한 순종을 충고할 수 있는 치료자의 능력에 관심을 갖는다. 한편 아내는 이혼을 준비하고 있고 화해에는 관심이 없다. 그런 숨겨진 계획들이 있는 것이 의심되면 그것들을 적극적으로 탐색하고 치료에서 터놓고 다루어야 한다. 그런 다음 치료자는 그들이 관심을 두고 있는 것의 중요성을 강조하면서 내담자들이 그런 목적과 계획을 성취하는 데 REBT가 도움을 줄 수 있는지를 솔직하게 평가해야 한다.

2) 종교를 가진 내담자들의 저항에 대한 일반적인 증상들

나라머(Narramore, 1994)는 사실 독특한 '종교적 저항'이 있는 것이 아니며 일반적인 자아방어기제가 단지 종교적인 내용을 가지고 종교적인 언어로 표현되거나 종교 생활과 관련되어 있을 뿐이라고 설명한다. 우리는 비록 나라머가 주장하는 것처럼 일반적인 저항들이 종교적 색채를 띠고 종교적으로 강화된다는 것에는 동의하지만 종교를 가진 내담자들이 변화에 저항하는 여러 가지 독특한 표시들을 언급해 왔다.

신학적 논쟁 밀(Meehl, 1959)은 어떤 내담자들은 저항의 한 형태로, 지식화(intellectualized) 방어기제 양식으로, 아니면 인지적 논쟁을 부추기는 노력으로 종교적 자료를 제시한다고 주장한다. 종교를 가진 내담자들 중에 어떤 사람들은 신앙과 관련된 성구들과 경전에 아주 정통해 있다. 사실 내담자들이 치료 회기에 성서나 다른 경전들을 가지고 오는 것은 이상한 일이 아니다. 그런 내담자는 정기적으로 REBT 치료자와 특정 성구(聖句)나 설화의 의미에 대하여 토론하려고 시도하고, 그렇게 하면서 자신의 불합리한 신념들을 논박하고 포기해야 하는 힘겨운 일을 회피하려고 한다. 게다가 어떤 내담자는 자신의 근본적인 문제을 해결하려고 하기보다는 치료자의 '신학적 자격'을 따지는 것에 더 많은 시간을 소비하려고 할 것이다. 이런 내담자는 삶의 방식으로 방어기제를 사용하고 지식화하려는 경향이 있다. 예를 들어, 자칭 '포르노 중독자'라고 하며 힘들어 하고 있는 종교적으로 독실한 사람은 주기적으로 포르노 잡지를 보는 것에 대해 심한 우울과 수치심을 경험했을 수 있다. 이해심 깊은 REBT 치료자가 지식화하는 내담자에게 사도 바울의 '육체의 가시(thorn in the flesh : 일반적으로 여러 성서학자들에 의해 성적 욕망 혹은 정욕으로 간주되어진다)'에 관한 고백을 상기시키면 성서에 대한 이런 해석에 강하게 반대할 것이며 어떤 식으로든 강한 불쾌감을 표현하면서 그 성서 구절에 대한 다른 해석과 역사적인 전후관계에 대해 토의해 보자고 주장할 가능성이 높다. 왈렌 등(Walen, et al., 1992)은 논쟁하는 내담자를 '따지기 좋아하는(argumentative)' 내담자 혹은 '그렇지만(yes but)' 내담자로 묘사하였다. 다시 말해, 그런 내담자는 치료자 혹은 중재들이 어떻게 잘못된 길을 제시하고 있고 신학적으로 잘못되었는지에 대한 이유를 필사적으로 찾으며 치료자와 논쟁하고 자신의 장애에 대한 책임을 회피하려고 온 힘을 다 기울일 것이다. 따지기 좋아하는 내담자들에게는 "맞습니다! 포르노 잡지를 보았기 때문에 당신은 완전하게 가치가 없음이 증명되었고, 사탄은 그런 몹쓸 죄를 지은 당신이 다른 사람들보다 더 심한 고통을 당하게 하기 위해 총력을 다할 것입니다"와 같은 방식으로 대응하는 역설적 중재를 사용하면 더 효과적일 수 있다.

특정 성구(聖句)에 대한 선입견 종교를 가진 내담자들이 장애를 일으키
는 비합리적인 특정 신념을 포기하는 것에 대해 저항하는 것은 대개 특정
성서 구절에 대한 태도와 관련되어 있다(W. B. Johnson, W. L. Johnson,
1997). 성서 구절에 대한 그들의 해석은 언제나 매우 특이하고 정신을 혼
란시킨다. 또한, 그들은 '선택적 절취(selective abstraction)'를 사용하기
도 하는데(DiGiuseppe, et al., 1990), 그것은 종교적 교리나 성서 구절의
여타 내용들은 제외하고 특정한 의미만 선택하려는 성향으로 그 의미는
전체적으로 잘 조화되지 않는다. 예를 들어, 특정 행동들의 결과가 영원
하다는 것을 강조하는 성서 구절의 견해에 비추어 자신이 가치 없는 존
재라고 생각하는 역기능적인 신념을 가지는 일이 비일비재하다. 그러나
그들은 신약성서 전반에 나타나 있는 은혜와 용서에 대한 기본적인 메시
지들은 무시한다. 고린도전서 6장 9절("불의한 자가 하나님의 나라를 유
업으로 받지 못할 줄을 알지 못하느냐"), 히브리서 10장 26절("우리가 진
리를 아는 지식을 받은 후 짐짓 죄를 범한즉 다시 속죄하는 제사가 없
고"), 마태복음 7장 14절("생명으로 인도하는 문은 좁고 길이 협착(狹窄)
하여 찾는 이가 적음이니라")과 같은 구절들에는 주의를 기울이는 반면
에, 시편 103편 8절("여호와는 자비로우시며 은혜로우시며 노하기를 더
디 하시며 인자하심이 풍부하시도다"), 요한복음 3장 16절("하나님이 세
상을 이처럼 사랑하사 독생자를 주셨으니 이는 저를 믿는 자마다 영생을
얻게 하려 하심이니라"), 베드로후서 3장 9절("주의 약속은 어떤 이의 더
디다고 생각하는 것같이 더딘 것이 아니라 오직 너희를 대하여 오래 참
으사 아무도 멸망치 않고 다 회개하기에 이르기를 원하시느니라")과 같
은 구절들은 무시하거나 상대적으로 사소한 것으로 격하시킨다.

로빙거(Lovinger, 1996)는 특정한 성서 구절과 관련된 문제들에 관하
여 논쟁을 하면서 그런 구절들이 내담자에게 문제가 될 때가 언제인지를
결정하려고 시도했다. 그런 다음 그는 내담자에게 특정 구절에 대한 그

런 해석을 지지하는 구절을 제시하라고 요구했고(종종 그들은 그렇게 하지 못했음), 그런 구절에 존재하는 문맥을 평가하였다. 그리고 그런 구절에 대한 다른 견해의 해석이나 주목할 만한 다른 참고 자료에 내담자가 주의를 기울이게 했다. 이런 방식으로 치료자는 내담자를 위해 특정한 구절의 가치를 평가하는 구절들을 존중하면서 그런 구절들에 과학적이고 방법론적으로 접근하는 모본이 될 수 있다. 만약 내담자가 성서 구절이나 교리에 대한 이와 같은 객관적인 탐구에 저항한다면 그런 저항은 아주 신속하게 처리되어야만 한다.

책임 전가(轉嫁) 많지는 않지만 종교를 가지고 있는 내담자들 중에는 고의로든 고의가 아니든지 간에 자신의 종교적 믿음과 교리적 신념을 자신의 정신적 장애가 생겨난 것에 대한 책임과 자신들이 장애에서 벗어나기 위한 힘든 작업에 대한 책임을 전가하는 데 사용하는 사람들이 있다. 내담자들에게 문제가 일어나는 데 기여한 부분에 대해 추궁하면 "악마가 나를 이렇게 만들었다"와 같은 고전적인 방어 전략을 채택하기도 한다. 이런 내담자들은 불행을 유발하는 사건이나 그런 사건과 관련된 정서적 반응을 일으키는 외부의 초자연적인 힘의 역할에 대해 단호한 태도를 보이기도 한다. 예를 들면, REBT 부부치료에 참여한 한 부부는 일차적인 문제가 아내에 대한 남편의 분노에 근거한 언어폭력이라고 했다. 남편에게 아내의 행동에 관하여 화가 나게 하는 자신만의 신념이 있는가를 추궁하면(예 : "아내는 아이들 앞에서 나에게 비아냥거리지 말았어야 했고, 그녀는 그런 버릇없는 공격적 언사 때문에 한번 호되게 당해 봐야 한다"), 책임을 전가하는 내담자라면 자신의 분노는 악마의 장난이나 귀신들린 것 때문이라고 주장할 가능성이 많다. 그는 아마 그런 주제를 다룬 시중에 나도는 책이나 악마의 활동 등에 대한 목사님의 설교를 언급할 것이다. 불행하게도 자신의 신앙에 헌신해 왔을 그의 아내는 갑자기 폭발하는 그의 분노에 대한 그런 설명을 참작해야 하는 강요를 경험하게 될지도 모른다. 재치 있는 REBT 심리치료사라고 하더라고 이런 사례와 이와 비슷한 사례들에는 상당히 다루기 힘든 점이 있다. 우선, 내담자의 신앙을 존중하면서 저항을 없앨 수 있을 것이라고 기대할 수 있는 치료가 거의 없다는 것이다.

이런 경우에 한 가지 선택할 수 있는 것은 "저는 귀신들린 내담자를 치료한 적은 한 번도 없습니다. 그리고 그것이 당신의 분노 폭발에 대한 가장 좋은 설명인지도 확신이 서지 않습니다. 하지만 만약 귀신들린 자가 있다면 당신의 교회에서는 어떻게 할까요?"와 같은 질문으로 신앙과 일치하는 치료 방법을 내담자를 위해 찾는 것이다. 이 시점에서는 특별기도, 고해 등 종교의식은 물론 심지어 푸닥거리와 같은 구마 주문(驅魔 呪文) 등도 언급할 수 있다. 치료자는 내담자가 내놓을 수 있는 이런 선택들을 얕보지 말고 다음과 같이 시도해 보는 것이 좋다. "저는 그런 것들을 어떻게 하는지 확실하게 알고 있지도 않고 그런 것들이 아내를 향한 당신의 분노를 가라앉히는 데 도움을 줄 수 있는지에 관해서도 확신을 가지고 있지 않습니다. 그리고 제 생각으로는 당신이 귀신들렸다고 믿고 있는 한 당신은 정신적으로 장애를 가지게 하는 습관들을 바꿔야 하는 힘든 일을 하려고 하지 않을 것입니다. 따라서 저는 당신이 그런 일에 전문가라고 믿고 있는 사람들과 그런 시도를 하는 동안은 REBT 치료 회기를 중단할 것을 제안합니다. 만약 나중에 심리치료를 하는 것이 도움이 될 것이라는 생각이 들면 그 때 같이 치료를 계속합시다."

이런 중재만으로도 종종 내담자가 자신에 대한 책임감을 가질 수 있게 하는데 충분할 수 있다. 물론 내담자가 단지 한 사건에 의해 정신적 장애(예 : 자동차 사고, 대인관계에서의 실패)를 가지게 되었는데, 그것을 마귀나 사탄 등의 탓으로 돌리고 있다면 중재는 더욱 확실해지고 REBT 모형에 더 적합해진다. "좋습니다. 당신의 남자친구는 마귀의 장난으로 떠나갔다고 가정합시다. 아니면 사탄은 당신이 혼자되는 것을 원하고 있다고 가정합시다. 그렇다면 사탄이 당신을 우울하게 만들고 자살하고 싶은 생각을 가지게 하는 것에 관해서 당신은 자신에게 어떻게 이야기합니까? 그것이 정말 무시무시한 것일까요? 아니면 사탄이 마음만 먹으면 지금보다 당신의 삶을 더 불행하게 만들 수 있었을까요?" 치료자는 사탄이 어떤 능력이라도 다 가지고 있다는 개념을 확실하게 논박할 수 있는 적절한 성서 구절을 내담자의 마음에 떠올리게 하는 것을 생각해 보아야 한다(요한 일서 4장 4절 참조).

어떤 내담자들은 고의적으로 치료 활동을 회피하기도 한다. 또한 어떤 내담자들은 단순히 반응만 하거나 반항적인 태도를 보이고, 치료를 자신의 자유를 침범하는 것으로 본다(Ellis, 1985). 심지어 자발적으로 치료를 요청했으면서도 지나칠 정도로 치료에 저항한다. 그런 내담자들은 대개 자신의 운명이나 생존을 위해 요구되는 비합리적 신념들을 나타낼 수 있다. 그런데 만약 REBT 치료자나 다른 사람이 신념이나 행동을 수정하라고 하면 그들은 곤란을 느끼게 된다. 이런 경우에 내담자들은 성서나 그 외 다른 경전의 구절들로부터 그런 저항을 지지해 주는 어떤 도움도 찾을 수 없을 것이다. 대부분의 신앙은 적절한 권위에 복종하고 지혜에 굴복한다는 개념을 존중한다(로마서 13장 참조). 잠언에는 지혜를 멸시하거나 무시하여 이후에 크게 고통을 당하는 '어리석은 자'가 참고할 수 있는 문장들로 가득하다. 이 때 치료자는 "당신이 변화해서는 안 되고 불쾌한 경험을 계속 하라고 권하는 내용이 성서 어느 곳에 있습니까?"라고 질문해도 좋다.

막연하고 모순된 치료 목표 내담자들은 부정적인 감정을 경험하게 될 때 합리적으로 사건들에 반응하면서 중립적이고 차분해질 수 있었으면 하는 소망을 표현한다. 종교를 가진 내담자들이 그런 목표를 표현하는 것은 성서나 다른 경전의 구절을 잘못 이해했거나 온건함과 인내를 강조하는 특정 구절들에 선택적으로 초점을 맞춘 것 때문일 경우가 많다. 예를 들어, 부당하게 취급을 받을 때 '다른 뺨을 대라'는 신약성서의 언급은 아주 화가 나게 하는 사건에 침착하게 반응할 것을 암시할 수 있다. 이와 유사하게, 십자가에 매달리기 전 예수의 묵묵히 당한 고난의 예가 이상적인 정서 상태라는 것은 약간 무감각하고 초연한 상태라고 잘못 해석하게 할 수도 있다. 그런데 REBT 치료자가 그런 정서적 중립이 포함된 치료 목표들을 수용하게 되면 두 가지 문제가 생기게 된다. 첫째, 합리적 · 정서적 행동 이론은 감정을 나타내지 않는 것(emotionlessness)을 적절하고 바람직한 것으로 보지 않으며 긍정적인 정서와 부정적인 정서 모두를 포함한 인간의 광범위한 적응적 정서들을 내담자들이 수용할 것을 장려한다. 내담자가 갑작스런 폭력 행동에 대해 짜증을 내고 어떤 상실에 따른 슬픔을 경험하거나 중요한 연설을 앞두고 예기불안을 경험하는 것은 사건들에 대해 정상적으로 반응하는 것으로 볼 수 있다. REBT는 정서적 반응이 없는 삶은 있을 수도 없을 뿐 아니라, 바람직하지 않은 것으로 본다. 둘째, 내담자가 믿고 있는 종교의 경전이나 교리가 그런 로봇과 같은 기능(robotic function)을 지지하고 있지도 않다. 앞에서도 언급했듯이, 예수도 성전의 환전상들에게 화를 내었다. 또한 남을 위해 공적으로 뿐만 아니라 사적으로도 몹시 슬퍼했으며 자신의 삶의 끝이 다가왔을 때에도 슬퍼했다. 비록 예수는 자신의 그런 정서 경험으로 인해 우울증과 같은 장애를 가지게 되지는 않았지만 그가 강렬한 정서 경험을 하지 않았다고 잘못 해석될 수도 있다.

부정적인 사건에 관해 긍정적인 정서를 경험하려는 내담자의 소망을 REBT 치료자가 치료 목표로 수용하는 것은 큰 잘못이다. 예를 들어, 멀지 않은 과거에 자신을 폭행한 남자에게 순진하게 사랑을 느꼈으면 하고 바라는 내담자나 자녀를 잃은 것에 대해 기쁨을 경험하고 싶어하는 내담자는 자신들의 인간성(humanness)에 대해 불완전하고 왜곡된 해석을 하고 있는 것이다. 그리고 그들은 정서적 경험을 어디까지 수용해야 하는지 그 범위에 대한 한계에 대해서도 잘못 해석을 하고 있을 것이다. 따라서 아들이 지금 하늘나라에서 하나님과 함께 있다는 내담자의 신념에 따라 이차적으로 아이를 잃은 후에 기쁨을 느끼는 것이 틀림없이 긍정적인 느낌을 가지게 할 것이다. 그런데 그 기쁨은 내담자에게 실제 경험이 되기도 하지만 그런 생각이 이따금은 아주 커다란 슬픔을 느끼게 하고 충격적인 비탄에까지 빠지게 할 수 있다.

그렇다면 치료자의 임무 중의 하나는 내담자의 신념 체계 안에 건전한 부적정서를 허용하게 하는 것이다. 인생에서 매우 어려운 사건을 겪은 후에 아무 느낌도 갖지 않거나 심지어 즐거움까지 느껴야 하는 의무에 대한 증거를 찾는 것부터 시작하는 것이 좋다. 성서에는 그런 신념들을 논박하는 예들이 무수히 많다. 예를 들어, 전도서에는 "슬퍼할 때가 있고 춤출 때가 있으며"라고 설명하고 있고, 마태(5장 4절)는 "애통하는 자는 복이 있나니 저희가 위로를 받을 것임이요"라고 말했다. 로마서(12장 15절)에서는 "즐거워하는 자들과 함께 즐거워하고 우는 자들과 함께 울라"고 말하고 있다. 게다가 바울 서신들에서 바울은 고뇌, 분노 및 우울을 포함한 강렬한 정서를 경험했다고 설명하고 있다.

마지막으로, 치료자가 애매하거나 모순된 치료 목표들을 조율하는 것이 현명하다. 지금보다 더 '의롭고', '그리스도와 같이' 되기를 소망한다거나 '심령이 순수하게' 되기를 소망한다고 진술한 내담자는 치료자가 치료 목표를 명백하고 정확하게 표현하라고 요구하기 전까지는 분명하지 않은 문제들을 위해 애쓰는 꼴이 된다. 예를 들어, '심령이 순수한' 사람이 되기를 바라는 내담자들은 비행 청소년에 대해 살의(殺意)를 띤 분노를 느끼게 되고, 강박적인 성적 행동과 같이 수치스럽고 있을 수 없는 것이라고 생각하는 감정 혹은 행동에 대해 굉장한 수치심을 경험할 수도 있다. 이런 경우 치료자가 마음이 순수하게 되려고 하는 목표를 수용하면 그 목표는 결코 성취될 수 없는 것이다. 그리고 내담자들은 자신의 실제적인 장애에 대해서는 절대로 정확하게 표현하지 않을 것이기 때문에 치료를 통하여 긍정적인 성과를 얻을 확률은 지극히 낮아진다.

REBT나 그 외 다른 종류의 심리치료에도 정말 맞지 않는 목표들이 있다. 예를 들어, 영적 성숙, 영적 지혜 및 영적 수양은 모두 종교를 가진 내담자들에게 바람직하고 건전한 종교생활을 촉진하는 목표들이다. 그러나 내담자의 정서적 장애가 어떤 식으로든 앞에서 언급한 것들을 억제하는 것이 아닌 이상 REBT 치료자들이 내담자가 그런 목표들을 성취하는 데 도움을 주지는 못할 것이다(특히 REBT 치료자가 신부, 랍비, 목사, 교회 장로 등이 아닌 이상).

심리치료에 대한 반대 종교를 가진 어떤 내담자들은 시작부터 심리치료의 방법에 저항하고, 특히 REBT가 주장하는 적극적이고 직접적인 접근에 대해 저항한다. 이따금 그런 저항은 장애의 원인과 그 장애가 계속되는 것에 대한 책임이 환경이나 집안 내력보다는 자신에게 있다는 생각에 직접적인 근간을 두고 있다(Ellis, 1985). 게다가 이런 저항은 자신들의 신앙이 치료자나 치료 경험에 의해 위협 당하거나 타협하게 될지도 모른다는 겉으로 보기에는 합리적인 것처럼 보이는 두려움과 밀접하게 연결되어 있을지도 모른다. 그런 공포는 종교 집회에서 공공연하게 습득되고 치료에 참가하는 것에 대한 집안식구, 친구 혹은 종교 지도자들의 반대에 의해 유지되기도 한다. REBT 치료자에게 내담자들은 그런 공포나 책임에서 벗어났으면 하는 바람을 터놓고 정확히 표현하기보다 REBT가 자신들에게 도움이 되지 않는 이유들을 먼저 설명하려 할 것이다. 그들은 아마 다른 형태의 심리치료도 도움이 되지 않을 것이라고 주장할 것이다.

이런 내담자들은 자신이 믿고 있는 종교에서 행하는 것과 치료자가 행하는 일 사이에 나타나는 불일치를 강조할 것이다. 특히 치료자가 신앙적으로 독실하지는 않거나 자신과 다른 종교를 믿고 있다는 것을 내담자가 알게 되면 더욱 그럴 것이다. 그들은 치료자가 자신의 강한 믿음을 공유하지 않는 한 치료를 통하여 얻을 것이 없다고 말할지 모른다. 이런 경우에 내담자들은 변화에 대한 책임은 회피하면서 치료자의 신앙 결핍이 어떻게 전문성과 경력 및 기술들을 무용지물로 만드는지를 증명하려고 혈안이 된다. 그들은 기도만을 중재로 사용하고 성서만을 생활과 변화를 위한 유일한 길잡이로 사용하자고 요구할지 모른다(Lovinger, 1996). 만약에 치료자가 이런 요구들과 관련하여 이의를 제기하면 심리치료사가 제시하는 치료는 무익하다는 것이 그것으로 인해 확실히 증명되었다고 믿을 것이다. 이런 내담자들은 자신들이 장애에 영향을 미치는 것들을 찾아내기보다는 치료자의 조언이 신앙과 일치하지 않는 것을 증명하기 위해 외부의 지원(주로 친구, 목사, 신앙적 자료로부터의)을 얻으려고 온 힘을 기울인다. 내담자가 이런 식으로 자신의 저항에 대한 확실한 자기입장을 굳히고 세속적인 치료자나 세속적인 심리치료에는 위험이 도사리고 있다고 표현한다면, 그를 다른 곳에 의뢰하는 것이 내담자를 위해서도 가장 효과적인 방법이다. 만약 내담자들이 치료자가 자신과 완전히 동일한 종교적 신념을 가지고 있어야 한다고 굳게 믿고 있다면, 그런 관계가 이루어지기 전까지는 치료에서 의미 있는 성과를 기대하기란 어렵다.

2. 치료자에 기초한 장애물

때로는 치료자의 행동에 의해 REBT 치료 과정이 방해받거나 성과가 감소하기도 한다. 이런 '치료자에 기초한' 혹은 '치료자로부터 비롯된' 장애물은 앞에서 다룬 내담자가 일으키는 문제들보다 상당히 더 미묘하다. 한 가지 중요한 점은 REBT 치료자가 내담자의 저항을 겉으로 드러나게 할 수는 있어도 치료자가 치료에 공헌하는 것은 바로 눈에 띄지 않는다는 것이다. 그러므로 내담자에게는 도움이 되지 않는 치료가 제공되어질 수도 있고 치료자가 저항 행동과 회피 행동을 자극하거나 유도했을 경우에도 내담자는 그런 행동들 때문에 치료자로부터 비난을 받게 된다. 종교를 가진 내담자를 심리치료 할 때 나타날 수 있는 치료자에 기초한 장애물들은 크게 두 가지로 나누어서 설명되어진다. 이 책에서는 먼저 기술과 지식의 부족에 근거한 장애물들을 고찰할 것이고, 그런 후에 치료자 자신의 장애가 일으키는 치료적 문제들을 다룰 것이다. 이런 두 가지 유형 모두가 성공적인 치료 결과를 위협하는 심각한 장애물로 작용한다.

1) 치료자의 기술 및 지식에 기초한 장애물

내담자의 호전을 방해하는 또 다른 장애물로 치료자의 지식 부족과 임상적 통찰력의 결여를 들 수 있다. 기술 혹은 지식의 결핍에 기초한 장애

물은 REBT를 수행하는 데 가장 큰 영향을 줄 수 있다. REBT 치료자가
내담자의 호전을 방해하는 것의 목록을 엘리스와 드라이덴(Ellis &
Dryden, 1997)은 아래와 같이 제시하고 있다.

① 내담자를 부적절한 방식으로 심리치료에 참여하게 하고, "치료자가
   나를 위해 문제들을 대신 해결할 것이다"와 같은 비현실적 기대를
   수정하는 것에 실패했을 때.

② 내담자의 문제를 잘못 평가하고, 내담자가 가지고 있지도 않은 문
   제들을 해결하려고 했을 때.

③ 내담자들에게 그들의 문제는 관념적인(ideological) 것에 뿌리를 두
   고 있고, C는 대부분(하지만 전부는 아니고) A가 아닌 B에 의해 결
   정된다는 것을 나타내는 데 실패했을 때 전문성이 떨어지는 치료자
   들은 이런 전략들을 고집하는 데 실패하거나 비효과적인 전략들을
   고집한다.

④ 문제의 관념적인 근원들이 독실하고 절대적인 '꼭 해야 한다는 식'
   이나 '자위행위'의 주요한 파생물들 중의 하나로 가장 자주 표현된
   다는 것을 내담자들에게 나타내는 데 실패했을 때 전문성이 떨어지
   는 REBT 치료자들은 내담자의 반(反)경험적으로 혹은 추론적으로
   왜곡된 사고에 자주 집착한다.

⑤ 내담자들이 자신의 절대적인 사고를 한번 확인하고 나면 자동적으
   로 그것이 변화될 것이라고 가정할 때 전문성이 떨어지는 REBT 치
   료자는 그런 사고를 논박하는 데 실패하거나 논박 방법을 제대로
   사용하지 못한다. 전문성이 떨어지는 REBT 치료자는 (1) 내담자에
   게 비합리적 신념을 논박하는 연습의 기회를 제공하는 과제를 주는
   데 실패하고, (2) 그런 과제를 하면서 내담자가 호전되는 것을 확인
   하는 데도 실패하며, (3) 변화를 막는 철학적 장애물들을 알아내어
   내담자를 돕는 데 실패한다.

⑥ 내담자들은 종종 자신의 문제에 따른 또 다른 문제들이 있다는 것

에 대해 인식하지 못하기 때문에 치료자도 이차적 문제를 가지고 있는 내담자의 일차적인 문제에만 집중했을 때.

⑦ 주어진 치료회기 동안에 치료자가 장애에 대한 문제점과 논점들을 너무 자주 바꾸어서 내담자가 혼란스러워서 이것도 저것도 못하고 집중을 할 수 없었을 때.

⑧ 내담자의 학습 속도와 학습 수준에 부적합한 방식을 사용해 혼란이나 지루함 때문에 내담자가 치료과정에 열중하지 못했을 때(pp.58~59).

각각의 이런 치료상의 실수들은 종교를 가진 사람들을 위한 효과적인 치료를 직접적으로 방해할 수 있다. 게다가 종교를 가진 사람들을 상담할 때에만 필요한 기술의 결핍과 관련된 장애물들도 많다.

종교에 관한 경험과 지식의 부족 갤럽 조사와 그 외 여론 조사들은 꽤 많은 수의 미국인들이 종교단체에 가입하여 관계를 맺고 있으며 그런 관계가 중요한 것이라는 보고를 지속적으로 해 왔다. 이와는 대조적으로 심리학자나 정신건강관련 종사자들은 예전부터 정식적인 종교에 가장 적게 가입되어 있는 사람들로 알려져 있다(Shafranske, 1996). 비록 많은 심리학자들이 종교적 표준의 가치를 높이 평가하고 존중하지만 보통 사람들보다 초월적인 신의 존재를 웬만하면 잘 시인하지 않으면서 불특정 초월적 혹은 영적 신념들은 더 잘 표현한다. 정신건강 치료자들이 치료에서 행하는 종교적이고 영적인 문제들에 대한 접근법들은 각양각색이다. 한 조사 결과에 따르면, 25~50%의 심리치료사들이 내담자에게 종교적인 언어나 개념들을 사용한 적이 있다고 한다(Shafranske, 1996). 더욱이 대학원 수련과정에서도 종교에 관한 주제는 거의 다루지 않고 있으며 많은 임상가들이 치료 시간에 불거져 나오는 종교적 이해관계들을 자신 있게 다룰 수 있도록 준비되어 있지 않다는 점은 그리 놀랄 만한 일이 아니다. 이런 경험의 부족에 대한 그물망 효과(net effect)는 내담자의 종교성에 대한 이해 부족으로 나타날 수 있고, 종교와 관련하여 명백한 문제나 미묘한 문제를 가지고 있는 내담자와의 의사소통에서 장애로 나타날 수도 있다(Lovinger, 1984; Spero, 1985). 치료의 비효율성이나 노골적으로 나타나는 갈등은 치료자가 내담자의 종교단체에 참석해보지 않고 그 종교의 의미를 감지하지 못한 것에서 비롯되는 수가 있다. 이것은 내담자의 성별과 인종상의 특징을 완전하게 간과하여 나타나는 문제들과 비슷하다.

내담자의 종교적 신념과 관습을 존중한다는 것을 알리는 데 실패함 종교를 가진 내담자들 중에 자신의 신앙을 두려워하는 사람들의 상당수가 정신건강 종사자들에 의해 그들의 공포를 감소시킨다(Rayburn, 1985; Worthington, 1988). 일반적으로 REBT 치료자들은(아무리 이상하다고 하더라도) 내담자가 가지고 있는 특정 종교적 신념을 존중하고 그것에 관심을 가지고 있다는 것을 기술적으로 내담자에게 전함으로써 치료 초기에 있을 수 있는 공포가 개선되도록 하여 그에게 실제적인 도움을 줄 수 있다(Lovinger, 1984; Stern, 1985). 만약 그렇게 하는 것에 실패한다면 치료과정을 거치면서 위기감을 느끼게 된 내담자에게 치료적 장애물을 제공하는 꼴이 될 것이다. 치료자가 내담자의 신앙에 대한 진정한 가치 평가를 하지 못하게 된 이유는 여러 가지겠지만, 대개 건전한 종교인들과 함께 한 경험의 부족이나 종교적 신념에 대한 그릇된 확신 혹은 편견에 뿌리를 두고 있다. 예를 들어, 심리학자들은 내담자들의 영적 지향이 그들의 장애와 직접적으로 관계가 있을 것이라고 가정하는 경향이 있다(K. N. Lewis & D. A. Lewis, 1985). 더 나아가서 심리학자들은 종교적 신념이나 종교적 헌신 자체를 정신적 장애와 동일한 것으로 가정하거나, 치료에서 내담자가 종교와 영성에 대해 언급하는 것을 치료를 방해하는 행동이나 치료에 대한 저항으로 가정하기도 한다. 물론, 종교와 건강과의 관계에 대한 개관연구들은 상반된 결과를 보이고 있다(Bergin, 1983, 1991; Donahue, 1985; Gartner, et al. 1991; Pargament & Park, 1995). 예를 들어, 파거먼트와 박(Pargament & Park, 1995)은 종교와 관련된 실증적 문헌들을 자세히 검토해 보았는데, 종교성이 재난이나 기능장애에 대해 단지 방어적 반응만을 하게 하는 역할을 한다는 개념을 명확하게 하는 증거는 찾지 못했다. 대신에 종교가 여러 가지 불쾌함을 야기하는 사건에 대해 적극적으로 대처하게 하고, 때로는 아주 효과적인 대처 수단의 역할을 하는 것으로 밝혀졌다.

내담자가 특정한 종교신념과 성서에 입각한 해석에 관한 상세한 정보를 적극적이고 논리적으로 설명할 때 치료자가 그런 종교적 논제들이 포함된 내담자의 말을 주의 깊게 들어주는 것만으로도 이런 장애물들은 현저하게 감소한다(W. B. Johnson & W. L. Johnson, 1997). 그런 정보들을 적극적으로 모으는 과정을 통해서 REBT 치료자는 자신의 실제 종교적 신념이 어떻든 간에 이상적인 치료관계를 가질 수 있는 가능성을 높일 수 있다. 게다가 적극적으로 내담자를 존중하는 치료자들은 내담자의 인지방식이나 그가 표현하는 가장 비합리적 신념, 혹은 장애를 일으킬 가능성이 높은 신념(특정한 종교적인 내용의 범위를 초월하기도 하는)에 관한 중요한 정보들을 수집하여 정리한다.

내담자의 종교적 경험과 헌신에 대한 적극적인 관심에 덧붙여서 치료자는 넓은 의미에서의 내담자의 종교적 환경과 신앙적 전통의 구성요소들을 이해하려고 노력할 필요가 있다. 예를 들어, 보수적인 기독교인 내담자들은 기독교 체제에 근거한 순수한 신념, 기도, 묵상, 성서적 가르침, 상담 등을 높이 평가하려는 경향이 있다(Gass, 1984). 그런데 각 교파나 종교적인 분파는 아주 독특한 형태의 교리와 관습들을 가지고 있다. 그렇기 때문에 치료과정에서 종교에 관한 이야기가 도출되면 치료자는 내담자의 신앙에 관해 적극적으로 질문하는 것이 현명하다. 임상가가 내담자의 신앙을 존중하고 있다는 것이 확실해지면, 내담자는 바로 자신의 장애로 화제를 돌릴 것이며 다시는 종교에 대한 언급을 하지 않을 것이다. 게다가 내담자의 장애에 종교적인 갈등이 두드러지더라도 자신이 믿고 있는 종교에 대해 치료자가 잘 알고 있는가와는 상관없이 내담자는 자신의 신앙을 존중하고 있는 치료자와는 REBT를 계속할 가능성이 훨씬 높다.

내담자의 종교성을 이해하는 데 실패하는 것과 관련하여 REBT를 하면서 나타나는 특별한 위험들 중의 하나는 비합리적 신념을 부적절하게 논박하거나 비효과적으로 논박하는 것이다. 예를 들어, 신앙심이 깊은 이슬람교도 내담자나 독실한 원리주의자 기독교인 내담자는 불합리하고 비과학적인 논박 기법을 단순히 경험적인 방법이라고 해서 그것을 신뢰하지는 않을 것이다.

이럴 때에 내담자는 논리성이나 경험의 근거들에 큰 가치를 두지 않는다(Dryden, et al. 2000). 그 대신에 내담자는 코란이나 성경에서 '그렇게 말하기' 때문에 그런 것이라고 언급할지 모른다. 이 시점에서 감각이 떨어지는 REBT 치료자들은 논쟁을 벌이거나 내담자의 신앙적 헌신이나 경전과 관련된 신념의 가치를 낮게 평가함으로써 치료에 대한 내담자의 저항만 키워 치료를 궁지로 몰고 가서 치료를 종료하기도 한다.

이런 경우 종교를 가진 내담자들 중에서 비교적 건전한 사람들도 마음 속 깊이 간직해온 신념들을 지키기 위한 노력의 일환으로 치료를 그만두고 계속 고통을 감내해야 할지 모른다(Nielsen, 1994). 이와는 반대로 전문적인 REBT 심리치료사는 내담자의 비합리적 요구와 자기 자신을 장애에 빠지게 하는 방식들에 포괄적으로 초점을 맞춘다. 내담자의 종교적 신념들이 실제로 장애를 일으킨다는 것에 대한 납득할 만한 증거가 있을 때, 치료자는 내담자의 특정 신념에 관한 해명을 요구하고 경전과 관련된 명쾌한 분석을 요청할 수 있으며 내담자가 속한 종교단체의 지도자에게 의견을 물을 수도 있고 그런 신념에 모순되거나 일치하지 않는 경전에 나타나 있는 증거와 역기능적 신념을 논박하는 교리를 지적할 수 있다.

불경스런 언어의 사용 나는(AE) 때때로 내담자들에게 외설(猥藝)을 분별해서 사용할 것을 독려해 왔다. 사실 그렇게 말하는 것은 현시대의 심리학자들 사이에서 그리 생소한 것으로 여겨지지 않는다. 그리고 나는 아마 다른 심리학자들보다 더 효과적으로 외설적인 단어들을 자주 사용해 왔을 것이다. 1960년 한 인터뷰에서 나는 "내 자신의 기준에 비추어 볼 때 필요한 상황에서는 잘 알려져 있는 외설적 단어나 잘 알려져 있지 않은 여러 외설적 단어 등과 같은 특정한 표현양식들을 사용하는 것이 적절하고 효과적"이라고 언급했다. 많은 일상적인 외설들은 적절하게 사용될 때 가장 신랄하고 표현적이다(Ellis, 1983a, p. 4). 또한 나는 합리적 · 해학적(rational-humorous) 노래에서 세속적인 단어들을 자주 사용해 왔으며 그런 노래들을 만들어서 내담자, 특히 '곤란한 내담자들(DCs : difficult customers)'이라고 간주되는 내담자들과 함께 불러왔다.

나는 '외설을 활발하게 사용하는 것'이 두 가지 치료적 목적에 공헌한다는 사실을 자주 실감하고 있다. 첫째로 여러 내담자들과의 라포(rapport) 형성을 촉진할 수 있고, 둘째로 외설적 감탄사나 비속어로 내담자가 자신을 힘들게 만들고 혼란스럽게 하는 일이 매우 일반적이기 때문이다(심지어 그들이 공공장소에서 그런 말을 마음대로 하지 못하더라도 그렇다). 심지어 매우 독실한 생활양식을 가지고 있고 종교에 매우 헌신적인 내담자에게도 불경스런 언행이 치료적 관계를 촉진시키기 위해 적절하게 사용될 수 있다. 그들의 장애적 사고를 정상화하고 덜 비극적으로 변화시키는 데 도움이 된다. 종교를 가진 내담자들은 치료자가 불경스런 언행의 사용을 확실하게 허용한다는 것으로부터 느끼는 안도감에 의해 치료자를 더욱 믿게 되고 자기노출이 자연스럽게 이루어진다.

그럼에도 불구하고 어떤 내담자들에게는 외설이 그들 자신을 힘들게 만들었던 언어들과 어울리지 않으며 라포를 형성하는 것에도 도움을 주지 않는다(Nielsen, 1994; Walen, et al., 1992). 다른 책(Nilsen, 1994)에서, 나는(SLN) 브리검영 대학(BYU : Brigham Young University)에서 심리치료를 하면서 불경스런 언행을 사용했을 때의 유익과 그에 따른 책임에 대해 설명했었다.

집단 구성원들은 몰몬교인 BYU 학생들이었다. 한 법대생은 그녀의 학업 성적에 관해 고민에 빠져 있었고, 실제 그녀의 성적이 상위 1/3안에 들었기 때문에 나는 성적에 대해 그녀가 느끼는 문제는 과장된 것이라고 믿었다. 나는 그녀에게 "유명한 심리학자인 앨버트 엘리스(Albert Ellis)는 이럴 때 이런 말을 합니다. 완벽하지는 못한 당신의 수행이 당신에게는 자신이 똥통(shithood)이라는 느낌을 주는군요!" 눈물이 그녀의 얼굴을 타고 흐르는 가운데 그녀는 커다란 소리를 내며 웃었다. 그녀는 바로 자신의 자기-평가를 논박할 수 있었고, 그것은 부분적으로 그녀가 자신에 관해 어떻게 믿고 있는지에 대한 나의 비속(卑俗)한 풍자 때문에 그럴 수 있었다. 곧 그녀는 어느 정도 편안함을 느끼고 있는 것처럼 보였다. 다른 집단원들도 역시 웃었지만 그들 전부가 웃었던 것은 아니다. 집단 구성원 중에 두 사람은 감정이 상한 것처럼 보였다. 다행히도 그들은 내가 아닌 엘리스 박사에게 기분 상해했고 내가 불경스런 표현을 삼가는 한 우리는 계속 협조적으로 치료를 계속할 수 있었다. 내 경험으로 BYU 내담자들의 30%는 이런 REBT 전문용어에 기분이 나빠할 것이다. 그러나 내가 그것을 BYU 내담자들을 위해 "거름통(manurehood)"으로 고쳤을 때 아무도 기분 상해하지 않았고 자기 평가를 논박하는 데 도움이 되는 풍자적 효과를 제공하였다 (p.319).

그러므로 선교 여행을 다녀온 독실한 말일성도(LDS) 교인 내담자들 중에 많은 사람들이 비속어(卑俗語)로 논박하는 것이 그들에게 도움이 된다고 나에게 말했다. 나는 '거름 같은'으로 말하면서 비속어 논박을 완화시키고 반응이 어떤가를 조심스럽게 살폈다. 자신들의 논박에 내적 비속어의 통합을 많은 내담자들이 받아드렸다.

불경스런 언행이나 악담을 하는 것은 명백하게 혹은 암시적으로 많은 종교 문화에서 금지되고 있기 때문에 REBT 치료자들은 그들이 상담하고 있는 내담자의 종교적 민감성을 감안하여 적절하게 사용해야 한다. 경험이 별로 없는 REBT 심리치료사들이 비속어를 더 많이 사용하는 경향이 있는데, 그것은 비속어가 치료의 필수적인 요소이기 때문이 아니라 나의(AE) 치료방법의 독특한 특성이기 때문인 것 같다. 종교를 가진 내담자들에게 비속어를 무분별하게 사용하는 것에 대해서 REBT 심리치료사들은(내담자의 부정적인 반응이나 치료에 실패하는 형태로) 대가를 치르게 될 것이다.

조급한 영적 중재 REBT 치료자의 기술 부족이나 경험 부족과 관련된 치료에 대한 장애물들 중에 마지막으로 생각해 볼 수 있는 것은 내담자에게 특이한 형태의 종교적 혹은 영적인 중재를 도입하는 것이다. 그러나 치료자가 너무 빠르게 영적 중재를 시작할 때는 많은 잠재적인 문제들이 생길 수 있다(Richards & Potts, 1995). 첫째, 종교적이고 영적인 화제들이 내담자에게 실질적으로는 중요하지 않을지도 모른다. 비록 내담자가 치료 초기에 종교적인 내용을 화제로 삼을지도 모르지만, 그것은 그의 일차적 문제와는 관계가 없을 수 있고 단지 치료자가 안전한지 혹은 자신의 신앙적 헌신을 존중하는지를 확인하려는 것일 수도 있다. 치료자가 내담자 삶 속에서의 종교적 헌신의 중요성을 신중하게 평가하기 전까지는 종교적인 중재를 도입하는 것을 삼가는 것이 현명하다.

둘째, 어떤 치료자들은 내담자의 특정한 신념과 교리적 이해를 적절하게 평가하지도 않은 채로 종교적 논박이나 기도 혹은 심상법 등을 치료에 도입한다. 그런 식으로 유도된 종교적 심상법이나 특정 성서 구절에 대한 비합리적 신념들을 논박하는 일을 '장로교 모태교인'이며 한 번도 다른 종류의 종교를 접해보지 못한 내담자에게 시킨다면 치료를 크게 방해할 수 있다. 이런 경우에 내담자는 치료자가 자신을 잘 이해하지 못한다고 느낄 수도 있고, 종교적으로 색다른 면을 소개하는 것에 대해 기분이 상할 수도 있으며, 치료자가 소개하는 수행들과 경전 구절을 이해하지 못하기 때문에 자신이 영적으로 문제가 있다는 생각이 들어 더욱더 우울해질 수도 있다.

나는(WBJ) 멕시코에서 이민 온 미국인 여성 내담자의 인생에서 종교적 신앙이 중요한 부분을 차지하고 있다고 잘못 추정한 적이 있다. 그녀는 매우 보수적인 교회에 매주 출석하고 있다고 첫 번째 회기에서 말했지만, 나는 그녀의 신앙이 개인적으로 얼마나 중요한지 그녀의 주요 장애에 얼마나 영향을 주는지 평가하는 데 실패했다. 그러나 결국 그런 평가를 하게 되었을 때 나는 그녀가 실제로는 사회적인 목적을 채우기 위해 교회에 출석하고 있었으며, 종교적인 문제에 대해서는 생각해 본 적이 거의 없다는 것을 알게 되었다. 첫 번째 회기에서 그녀가 비행 청소년인 두 아들 때문에 자신이 가치가 없다고 생각하는 신념에 상반되는 성서적 내용들을 소개하자 그녀는 곧바로 "나는 하나님이 그것에 대해 어떻게 생각하는지에 대해서는 별로 관심이 없어요. 우리 가족의 문제는 내 아이들이 어떻게 돌아설 수 있는가에 대한 것이에요"라고 말했다. 결국 나는 잘못을 인정하고 자녀들을 향한 내담자의 요구와 그녀의 자기비하 양식에 좀더 전통적인(비종교적인) REBT 기법들을 사용하면서 초점을 다시 맞출 수 있었다.

셋째, 치료자들은 REBT에서 내담자와의 치료적 관계를 확립하기 이전에 종교적인 중재를 도입하기도 한다. 첫 회기부터 REBT 중재에 종교적 내용을 도입하는 것을 나는 일반적으로 추천하지 않는다. 물론 예외도 있는데, 내담자가 명백하게 그런 접근을 원한다거나 치료시설이 목회 상담이나 종교적 치료를 위한 곳이라고 인식되었을 때가 바로 그런 경우이다. 내담자의 일차적 문제의 경험들을 신중하게 평가한 후에 치료자는 내담자에게 알맞는 종교적 자료나 중재를 도입하는 비율을 증가시켜야 한다. 물론 그렇게 하라는 것이 내담자에 의해 소개된 자료들을 적극적으로 탐색하지 말라는 것을 의미하는 것은 아니다. 내담자들은 종종 첫 번째 회기에서 종교단체나 핵심적인 종교신념에 대해 언급하기도 한다. 치료자가 내담자에 의해 소개된 자료를 존중하는 가운데 내담자가 그것에 대해 상세하게 설명하게 하여 그것이 어떻게 내담자가 진술한 문제들을 확실하게 뒷받침해 주는가에 대해 치료자가 적극적인 관심을 보였을 때 신뢰관계와 라포의 형성이 촉진된다. 내담자들에게 자신의 장애에 대한 종교의 역할에 관해 물었을 때 종종 그들은 종교적인 측면을 탐구해 달라고 부탁하기도 한다.

임상가가 치료 초기에 종교적인 중재를 사용하는 것이 유일한 해법이라고 결정했다면, 그것은 매우 협력적인 방식을 통해 수행되어야 한다. 예를 들어, 치료자가 "제가 당신하고 이런 이야기를 하다보니 당신에게 신앙이 매우 중요하다는 느낌을 받았습니다. 제 말이 맞습니까?" 혹은

"종교가 당신에게 얼마나 중요한지에 대해 제가 잘못 이해하고 있는 것인가요?"라고 질문할 수 있다. 만약 내담자가 종교의 중요성에 대해 긍정적으로 반응한다면 치료자는 "음! 선생님 말씀을 듣고 보니 성서에서 그것과는 다르게 이야기하는 것을 본 적이 있습니다. 한번 들어보시겠어요?"라고 이야기를 이어갈 수 있다.

　마지막으로 생각해야 할 것은 심각한 장애를 가진 내담자에게 종교적인 중재를 도입하는 것은 적절하지 않다는 것이다. 사실 정신분열증을 가진 내담자에게 종교적인 자료들을 소개하는 것이 그들의 상태를 악화시킬 것이라는 것은 상상할 수 있는 것이다. 치료자는 내담자가 편집적인 사고, 망상적 신념 및 환각으로부터 자유롭다는 것에 대한 확신이 없다면 종교적 기법들은 극도로 주의해서 사용되어야 한다.

2) 치료자의 장애에 기초한 장애물

　어떤 REBT 치료자들은 심리치료사로서 일을 수행하는 데 장애를 가지고 있으며 그로 인하여 그들이 치료하는 사람들에게 줄 수 있는 도움은 최소화된다. 나는(AE) 일전에 심리치료사들이 비록 청렴하고 성실하다고는 하지만 사람이기 때문에 그들도 때로는 다른 사람들처럼 비합리적이고 절대적인 신념에 사로잡히기도 한다고 논평한 적이 있다(Ellis, 1983b, 1985). 일반적으로 치료자들은 아래와 같은 두 가지 기본적인 장애를 가질 수 있다. 이 두 가지 형식의 장애 모두가 종교를 가진 내담자에게 역효과를 가져오고 잠재적으로 해롭다.

　역전이 : 내담자에 관한 장애　때때로 치료자들은 치료에서 종교적인 내용을 무시하거나 종교적 교리나 수행에 대한 제한된 이해를 인식하고 종교를 가진 내담자를 치료하지 않기로 결정할지도 모른다. 종교적 내용이 내담자의 주요 장애에 결정적인 것으로 드러났다면 치료자 자신의 경험 부족이나 수련 부족을 내담자에게 솔직하게 알려야 한다. 하지만 많은 치료자들은 특정한 종교적 신념이나 특정 종교집단 및 특정 종교에

일반적으로 부정적인 태도를 가지고 있다. 해결되지 않은 어떤 부정적인 종교적 경험이나 종교적 신념에 대한 이분(二分)적 관점(종교는 거의 항상 건전하든지 아니면 병적이다)에 기인하여 치료자는 종교에 관한 자신의 갈등을 내담자에게 투사하고 궁극적으로 치료에 해를 주기도 한다(Lan-nert, 1991; Lovinger, 1979; Narramore, 1994). 종교적인 측면을 향한 그런 부정적인 역전이는 치료자가 내담자나 내담자의 근본적인 신념에 은근히 혹은 드러내 놓고 적대적으로 반응하거나 내담자가 자신의 문제를 이해하는 데 중요하다고 제시한 종교적 자료들을 적극적으로 무시하는 것으로 증명된다. 이와 같은 두 가지 경우 모두에서 점검해 보지 않고 해결되지도 않은 종교적 문제들이 치료를 방해한다. 그런 치료자의 문제는 심리치료의 위험에 대한 내담자의 두려움을 강화시키기도 한다.

종교를 가지고 있는 내담자를 향해 부정적인 역전이를 일으킬 수도 있는 비합리적 신념들의 예는 다음과 같다.

"나는 성장하면서 종교를 가진 사람이나 종교집단에 의해 학대받거나 모욕을 당하지 말았어야 했다."

"종교를 가진 사람들 중에 어떤 사람들은 예외적으로 다른 사람들에게 정신나간 짓이나 못된 짓을 하는 것처럼 보이기 때문에 그들은 꼭 벌을 받고 고통을 당해야 한다."

"내담자가 실증적으로 증명도 되지 않은 종교적 신념들을 고집하는 것을 나는 참을 수 없다."

"내담자가 장애를 극복하기 위해서는 종교적 신념을 포기해야만 한다."

"내가 치료자로서 열심히 임무를 다하고 있기 때문에 내담자들은 종교적 신념이 자신의 인생을 잘못 인도하고 있다는 것을 빨리 알아차려야 하고 그런 것들을 단호히 포기해야 하며 그런 해로운 신념을 없애는 데 도움을 주고 있는 나에게 감사해야 한다."

REBT 치료자가 종교를 가진 내담자를 싫어하고 그들을 부정적인 방식으로 평가하면서 그들의 신념과 경험의 중요한 요소에 무감각하다면 치료 관계는 깨어질 가능성이 높다.

수행 요구 두 번째로 치료자들이 가질 수 있는 장애는 치료자로서의 자신과 자신의 수행에 대한 비합리적이고 절대적인 요구일 것이다. 심리 치료사들이 가질 수 있는 비합리적인 신념들을 나는(AE) 이전부터 아래와 같이 묘사해 왔다.

"실제로 나는 모든 내담자와 언제나 성공적이어야 한다."

"나는 유명한 치료자가 되어야 하고 내가 아는 다른 치료자들보다 확실히 더 훌륭해야 한다."

"나는 모든 내담자들로부터 크게 존경을 받고 사랑을 받아야 한다."

"내가 치료자로서 열심히 임무를 다하고 있기 때문에 나의 내담자들도 나와 같이 하는 일에 열심히 하고 책임감을 가져야 하며 나의 말에 언제나 주의를 기울여야 하고 자신들에게 변화가 일어나도록 항상 노력해야 한다."

"나도 권리를 가진 한 인간이기 때문에 치료 회기에서 즐길 수 있어야 하고 내가 내담자의 어려움을 위해 도움을 주고 있는 만큼 나도 내 개인적인 문제들을 해결하는 데 이런 치료 회기들을 이용할 수 있어야 한다." (Ellis, 1983b, p. 4)

이런 신념들은 불행하게도 심지어 숙련된 치료자들에게서도 일반적이다. 이런 신념들은 치료자가 내담자와 제대로 대면하지 못하게 할 수 있고, 치료자와 내담자가 근원이 되는 치료적 문제에서 멀어지게 만들 수 있으며, 치료자의 과도한 불안과 분노를 촉진하기도 하고, 부적절한 치료 행동을 부추기기도 한다(Ellis & Dryden, 1997). 종교를 가진 어떤 치료자들은 내담자에 대한 자기 자신의 수행에 대해 너무 가혹한 심판을 내리는 경향이 있다.

종교적으로 독실한 치료자들이 가질 수 있는 독특한 비합리적 신념들
은 아래와 같다.

"나는 모든 내담자들을 치유해야만 한다. 만약 그렇게 못하다면 나는 하
나님 앞에 무가치한 존재가 될 것이다."

"내가 지금까지 영적으로 실패해 왔기 때문에 내담자도 호전되는 것에
실패할 것이다."

"하나님이 나의 내담자들 모두가 치유되도록 도왔어야 했는데 그렇게
하지 않았기 때문에, 그것은 하나님이 나를 미워하시거나 죄에 대한 벌을
나에게 주고 있다는 것을 증명하는 것이다."

치료자가 선악에 대해 융통성이 없거나 자기 비난이나 타인을 비난하
는 성향이 있다면 그는 자신이나 타인들이 지금과는 전혀 다르게 될 것
을 요구할 가능성이 높다. 만약 그가 원하는 대로 되지 않으면 그런 '실
패들'과 관련하여 너무 쉽게 자신을 비난하고 자신의 내담자들에게도 자
신을 비난하도록 한다. 이런 경우에 치료자는 그와 관련된 비합리적 신
념들을 적극적으로 논박할 필요가 있고, 더 나아가 내담자들에게 그런
논박의 귀감이 될 필요가 있다. 치료자가 무조건 자기 자신을 수용할 때
내담자들에게 무조건적인 존중을 더 잘 나타낼 수 있다.

3. 정황 혹은 관계에 기초한 장애물

지각된 종교적 신념의 차이 때문에 혹은 종교적 신분에 공통점이 너무
많아서 종교를 가진 내담자들은 때때로 치료자와 잘 맞지 않는다. 또한
종교 단체나 종교적 배경이 효과적인 심리치료를 방해할 수 있다. 경우
에 따라서 그것이 두드러진 치료 장애물로 나타나기도 한다.

1) 치료자와 내담자 간의 종교적 불균형

치료자와 내담자가 유사한 종교적 경험과 신념을 함께 공유할 수 있는 가능성은 거의 없다. 심지어 그들이 같은 교파의 일원이라고 할지라도 신앙에 따른 교리적인 문제들에서 언제나 같은 의견을 가지는 것은 아니다. 흔히 REBT 치료자들은 내담자의 종교적 신념을 같이 공유하지 않을 것이고, 그런 것이 효과적인 치료에 대한 장애물로 나타나는 것만은 아니다. 그러나 내담자들은 치료자와 치료자의 종교성에 대해 특별하게 선호하는 것이나 특이한 요구를 표현하기도 한다(Ellis, 1985; Ellis & Dryden, 1997; Lovinger, 1996).

어떤 내담자들은 치료자에게 하나님에 대한 믿음의 고백을 요구하기도 하고, 치료를 시작할 때 "하나님을 믿으세요?" 혹은 "구원 받으셨어요?"라는 질문을 하기도 한다. 물론 이런 경우에는 치료자가 자신의 신앙에 대해 솔직하게 표현하는 것이 현명하다. 그러면서 동시에 그런 것들이 내담자의 일차적 장애를 극복하려고 노력하는 데 어떻게 도움을 줄 수 있는지를 따져봐야 한다. 치료자는 "음, 저는 하나님의 존재를 믿고 있는데(혹은 믿고 있지 않는데), 그것이 당신에게 얼마나 중요한지를 설명해 주시겠습니까?" 혹은 "저의 종교적 믿음에 대해 어떻게 생각하십니까?"라고 반응할 수 있다. 치료자와 내담자 사이에 종교적 차이점을 직접적으로 토론해 보는 것도 때로는 치료적 관계를 강화시킬 수 있다.

더 큰 문제는 자신을 돕는 치료자의 자격에 대해 선입견을 가지고 있는 내담자에게 있다. 예를 들어, 한 남성 내담자가 "저에게는 선생님이 하나님의 창조와 성경을 믿고 있는 교회에서 장로직을 맡고 있는 단지 감리교인 심리치료사로만 보입니다"라고 말할지 모른다. 이런 내담자는 "만약 치료자가 나의 종교적 신념들을 정확하게 공유하고 있지 않으면 그에게 심리치료를 받는 것은 아무런 의미가 없을 수 있고 심지어 치료를 계속하는 것이 나에게 위험할지도 모른다"라는 믿음을 가질 수도 있다. 나는(SLN) 종교를 가진 내담자들 중에 어떤 내담자들은 자신의 고민

거리에 대해 복잡한 성서적 근거들을 전개해 나가는 것을 목격해 왔다. 그런데 그들은 다른 사람이 이런 근거에 대해 따지고 들고 그들의 논리를 의심하면 저항하고 불안해한다(Nielsen, 1994). 그런 저항은 내담자가 자신의 특이한 신념들을 공유할 수 없거나(친숙하지 않아서) 공유하지 않는(교리적 차이 때문에) 치료자를 만나면 더욱 증가한다.

이것이 부가적으로 나타나는 변화에 대한 저항의 증거이다. 만약 치료자의 '적절성'에 대한 내담자의 요구를 충족하기가 거의 불가능할 정도로 제한되어 있다면 치료자는 내담자가 진심으로 변화하려는 의지가 없다고 결론을 내리는 것을 고려해 봐야 한다. 이 때 치료자는 둘 중 하나를 선택할 수 있다. 치료자는 내담자가 치료자에 대해 지나치게 요구하는 것을 논박할 수 있다(예 : "하나님에 대해 조금 다른 견해를 가진 사람이 당신을 도울 수 없다고 어디에 쓰여 있습니까?" 혹은 "하나님께서 우리에게 일어나는 일들을 주관하시고 살피신다고 믿으십니까?(만약 '예'라고 응답하면) 그렇다면 왜 하나님께서 처음부터 당신을 저에게 인도하셨을까요?"). 만약 내담자가 치료자와 좋은 관계에서 문제를 극복하고 싶지 않거나 극복될 수 없다는 것이 입증된다면 내담자의 그런 점을 감안하여 단순히 종교적으로 더 적절한 치료자에게 의뢰하면 된다.

2) 치료자와 내담자 간의 유사성

이제 치료자와 내담자 간의 불일치 때문에 생기는 치료적 장애물의 문제를 떠나서 반대로 내담자와 치료자 사이에 있을 수 있는 너무 과도한 유사성 때문에 생길 수 있는 문제들을 검토하려고 한다. 실제로 종교를 가진 내담자를 위한 효과적인 REBT의 한 가지 장애물은 치료자와 내담자의 특성이 너무 일치할 때 발생한다(Ellis & Dryden, 1997, p.58). 여러 이유로 종교적인 유사성에 대한 지각에 근거한 과도한 정적 전이와 역전이는 치료의 큰 장애물이 될 수 있다(Ellis, 1985; Kehoe & Gutheil, 1984; Spero, 1981). 초기에 치료적 관계를 설립하는 데는 도움이 될지 몰라도 공유된 종교적 믿음은 심리치료의 주요 수행과제로부터 치료자와 내담자의 주의를 전환시키는 역할을 하기도 한다. 기도, 교리적 토론, 신학적 논쟁 등을 통하여 타협되어지고 공유된 것들은 내담자로 하여금 자기직면(self-confrontation)과 변화를 위한 수행과제를 지속적으로 회피할 수 있게 허용함으로써 그가 좌절에 대한 약한 포용력을 갖게 하는 데 기여한다.

케호와 거다일(Kehoe & Gutheil, 1984)은 치료자와 내담자 모두 성직자들인 경우를 묘사했다. 내담자는 변화를 모색하기보다는 치료자의 지원을 받으며 치료에 강하게 저항하게 되었다. 그들은 저항을 키울 수 있는 과도한 종교적 유사성의 뚜렷한 징조를 다음과 같이 언급하고 있다. (a) 내담자가 '교리문답적 반응' 이나 그 자신과 그의 경험에 대한 질문에 기계적이고 종교의식적이며 비인간적인 반응을 보인다. (b) 내담자가 '고백적인' 태도를 보이며 자신들의 경험을 실패로 간주하고 책잡히거나 영적 과실을 보이게 될 것이라는 두려움에 치료자에게 모든 것을 털어놓는 것을 피한다. (c) 내담자가 치료에서 탈개인화(deindividuation)를 시작하고 자신의 경험에서 나온 이야기보다 교리와 신조에 비추어 이야기하기 시작한다. 탈개인화가 발생하는 한 가지 징조는 1인칭을 사용하며 이야기하는 것을 피하고 그 대신에 일반적인 말("우리는 하나님이 죄를 미워하시는 것을 안다")을 하는 것이다.

만약 내담자가 같은 신앙을 가진 치료자를 찾는 데 오랜 기간을 힘써 온 사람이라면, 치료자는 내담자가 왜 그렇게 했는지를 묻고 치료자가 내담자의 영적 변호나 방어에 참여하는 것을 그가 바라고 있는지 아닌지 평가해야 한다. 치료자는 내담자가 장애를 이겨내기 위해 애쓰는 것으로부터 능동적으로 벗어나게 할 수 있는 잠재적인 주의전환 요소와 어떤 결탁을 경계해야 한다. 내담자가 행하는 종교에 근거한 방어나 변호 행동을 치료자가 잘 다루려고 한다면, 분노로부터 두려움까지의 반응들에 대처할 준비를 하고 있어야 한다(Narramore, 1994).

3) 그 밖의 환경적이고 관계적인 요소들

골든(Golden, 1983)은 심리치료에서 내담자의 호전을 더디게 하거나 심리치료를 실패하게 하는 다양한 종류의 환경적이고 전후 관계적인 특징들을 언급하고 있다. 그런 장애물 중에 몇 가지는 특별히 종교를 가지고 있는 내담자들과 관련되어 있다. 친척, 친구, 동료 등이 치료에서 내담자의 호전을 고의로 혹은 우연히 방해하기도 한다. 흔한 예로, 목회자, 부모 혹은 교회의 친구들은 내담자가 그의 모든 문제들을 단순히 "하나님에게 아뢰라"고 종용한다. 그들은 성서 구절을 인용하고 내담자와 간절히 기도한 후 그가 가진 일차적인 장애들을 위한 모든 형태의 영적 해결책들을 제안할지 모른다. 불행하게도 그런 '중재들'은 원래 상태보다도 문제에 대한 수치심과 죄책감을 증가시키는데 일조하고, 내담자가 자신은 신앙과 영적 성숙과는 거리가 멀다고 느끼게 한다. 게다가 내담자가 다니는 교회 교인들이 특정 문제에 대해 '비종교적인(세속적인)' 해결책에 대해 강한 이의를 표현할지 모르며, 특히 치료자가 그들과 같은 종교적 신념을 가지고 있지 않은 것으로 판명되면 그들은 내담자에게 치료를 그만두도록 강력하게 요구하기도 한다. 비록 대부분의 목회자들이 상담에 대한 자신의 한계를 잘 알고 있지만 예외도 있다. 어떤 종교 지도자들은 자신이 담당하고 있는 교회 혹은 교구의 신도들이 교회 밖에서 도움을 찾는 것에 대해 매우 민감하게 반응한다. 심한 경우에 내담자는 가족, 친구들 및 교인들과 좋은 관계로 남아있든지 아니면 그들을 저버리고 치료를 계속 하든지 둘 중의 하나를 선택하도록 강요당하기도 한다.

어떤 것들이 종교를 가진 내담자와의 REBT 작업을 (고의로든 아니든) 방해할 때 치료자는 그런 것을 기회로 이용하여 REBT가 어려운 사건들과 관련하여 불안을 야기하는 반응을 어떻게 경감시킬 수 있는지를 보여 줄 수 있다. 아내로부터 헤어지자고 위협받고 있는 내담자가 치료를 계속한다면, 비록 아내의 선택에 의하여 아주 슬프고 불행한 것은 사실이지만 그것을 커다란 재앙이나 삶의 끝이라고 생각할 필요는 없다는 것을 알게 된다. 그는 예전에 심한 우울로 이끌었던 사건들에 의해서도 계속해서 점점 덜 어려움을 겪게 되고, 그가 속해 있는 종교 단체와 그의 배우자에 의해 조종되는 행동적 속박이 다소 엄격하고 성서에 대한 자신의 이해와도 일치하지 않는다는 사실을 합리적으로 이해할 수 있을 것이다.

심한 불안 증세를 보이고 있는 한 내담자가 세 번째 회기에서 "나의 친구들이 어젯밤에 내 머리에 손을 얹고 기도를 해 주어서 더 이상 치료가 저에게 필요하다고 생각하지 않습니다"라고 말한다면, 현명한 REBT 치료자는 그 기도가 그녀의 불안을 '치유'해서 실제로 더 치료가 필요 없을 수도 있다고 지적해 준다. 그러면서 치료자는 하나님도 때로는 기도만이 아니라 치료를 통해서도 일을 성취한다고 설명하고, 만약 불안에 따르는 다른 문제들이 생기게 되어 내담자가 다시 찾아오게 되더라도 기꺼이 환영할 것이라고 덧붙인다.

마지막으로, 목회자가 치료자에게 전화를 걸어 화를 내면서 자신의 교회 교인들은 오직 교회에 의한 특정 집회(종교 모임)에 적극적으로 참여할 필요가 있다고 주장할 때 치료자는 이런 치료에 중요한 부분이 될 수 있는 추가적인 면을 적극 수용하여, 목회자는 물론 내담자에게도 협조를 얻어(적절하게 비밀스러운 것도 서로 나누면서) 매주 있는 집회에 지지집단을 구성할 수 있다. 그런 협조를 통하여 치료자는 REBT의 과제들을 내담자가 실제 상황에서 더 많이 수행하게 할 수 있는 기회를 창출하면서 내담자의 종교적인 영역으로부터 커다란 지원을 이끌어낼 수 있다. 예를 들어, 내담자에게 지금 그의 문제인 가정폭력을 남성 신도들의 모임에서 고백하도록 권유해 볼 수 있다.

4. 내담자의 저항을 극복할 수 있는 방법들의 요약

지금까지는 종교를 가진 내담자들을 위한 REBT에 대한 저항의 원인들과 저항의 표시들을 논의하였고 그런 장애물들을 적절하게 다룰 수 있는

다양한 전략들을 제안하였다. 지금부터는 종교를 가진 내담자들을 치료할
때 나타나는 저항을 극복할 수 있는 기본적인 방법들을 요약해 보겠다.

1) 무조건적인 수용

만약 치료자가 내담자에게 무조건적인 관심과 수용적인 태도를 효과
적으로 전달하는 데 실패했다면, 치료관계에서 진정한 '치유'가 일어난
다는 것은 거의 불가능하다.

REBT 치료자들은 심지어 저항을 하는 내담자의 행동적 문제와 정서
적인 문제들까지도 일관되게 무조건적으로 수용하려고 할 것이다. 내담
자의 저항 행동에 맞서기 전에 아무리 정신 나간 것처럼 보이더라도 치
료자는 내담자의 종교적 확신을 존중하는 것에 근거한 치료적 관계를 먼
저 수립하는 것이 중요하다.

2) 내담자의 종교에 대한 존중의 표시

종교를 가진 내담자들 중에 보수적인 내담자들은 심리치료를 아주 두
려워하고 심리치료에 저항을 나타낼 수 있다. 그들은 비종교적인(세속적
인) 중재에 의해 생길 수도 있는 위험에 대해 사회적으로 강화된 두려움
을 가지고 있다. 그런 내담자를 대할 때 REBT 치료자는 내담자의 관념,
경전의 해석 및 신앙에 기초한 행동에 대해 융통성 있고 협조적이며 존
중하는 태도를 유지함으로써 신뢰를 쌓아야 한다. 본질적인 종교신념에
대립하는 것은 내담자의 저항을 키울 가능성이 크고 임상적으로도 부적
절하다(McMinn & Lebold, 1989). 한 연구 결과에 따르면, 자신의 종교에
가치를 아주 높게 두고 있는 내담자는 치료자가 일반적으로 종교를 옹호
하거나 적어도 내담자의 종교를 지지한다고 생각하면 치료자를 더 긍정
적으로 평가하는 것으로 나타났다(McCullough & Worthington, 1995).

3) 전문성을 나타냄

나는(AE) REBT 치료자들이 내담자들보다 건강해지는 것에 대해 더 잘 알아야 한다고 수년 동안 가르쳐 왔다. 비록 훌륭한 치료자들이 내담자에게 접근함에 있어서 아주 협조적이기는 하지만 그들이 치료하는 사람들과는 '평등'하다고 할 수는 없고 치료 초반부터 그들이 알고 있는 것들을 내담자에게 가르치기 시작할 것이다. 내담자가 자신을 괴롭히는 심각한 문제들을 해결하는 것을 치료자에게 맡기려고 하기 전에, 치료자가 REBT 기법들을 통하여 사소한 문제들을 내담자가 성공적으로 극복할 수 있게 돕는 것은 바람직한 것이다.

성공적인 REBT 치료자들은 곧바로 치료에 들어가고 문제를 가진 내담자를 실질적으로 도울 수 있다는 자신감을 내담자에게 전달한다.

4) REBT를 내담자가 믿고 있는 종교의 언어로 옮김

신학적 문제들이나 신앙에 기초한 문제들에 근거한 내담자의 저항을 줄이거나 제거하는 가장 확실한 방법은 REBT의 본질적인 원칙들과 기법들을 내담자가 믿고 있는 종교의 언어로 옮기는 것이다(W. B. Johnson & Ridley, 1992b; Propst, 1982). 치료에서 적극적으로 활용되는 구성요소들을 치료자가 '안전하고 친숙한' 종교적인 세계관의 구조로 바꾸는 데 시간을 투자하면, 내담자의 치료에 대한 기대는 더욱 커지고 종교에 기초한 두려움들은 감소하게 된다. 비교문화적인 과정처럼 신앙심이 깊은 내담자들과 REBT를 개념화하는 것이 도움이 될 수 있다(W. B. Johnson, Ridley & Nielsen, 2000). 그러므로 내담자에게 비합리적인 신념들을 논박하는 것이 중요하다고 말하는 것 대신에 그들이 믿고 있는 것의 성서적 진실성이나 정확성을 재고해 보는 것이 기분을 좋게 할 것이라고 제안할 수 있다(W. B. Johnson, 1993). 더 나아가 치료자는 내담자에게 불안하거나 장애를 갖는 것이 하나님의 뜻이 아니며, 그들의 장애가 없을 때 하나님을 더 잘 섬길 수 있고 하나님의 뜻을 따를 수 있다는 것을 알려줄 필요가 있다.

5) 가차없이 장애를 일으키는 신념들을 논박하기

비록 치료자들은 이상적이며 일관되고 강력한 방식으로 내담자들을 격려하고 지지해야 하지만(Ellis & Dryden, 1997), 내담자의 두드러진 비합리적 신념, 특히 저항에 힘을 실어주는 신념들을 논박해야 할 때는 주저하지 말아야 한다. 그렇게 할 수 있는 비결은 논박하는 내용을 내담자의 종교적 언어로 바꾸고 '신학적' 혹은 '치료적'인 불일치를 드러내 보이는 치료자의 능력에 있다. 예를 들어, 저항하는 내담자가 "내가 변해야하는 것은 성경이 알려준다"고 말할 때 치료자는 그의 믿음을 깎아 내리지 않으면서 의심과 불일치를 나타내고(예 : 그렇습니다. 하나님은 우리가 성서를 읽기를 원하시지요. 하지만 성서가 자조적인 책으로 사용하라고 우리에게 주어진 책이고 우리가 가진 모든 문제들에 대한 해답을 가지고 있다고 성서에 쓰여 있는지 의심스럽군요) 그런 주장이 정확한지 논박해야 한다(Lovinger, 1979; Narramore, 1994). 나라머(1994, p.253)는 "나는 하나님 이외에는 누구도 필요치 않아요"라고 주장하는 내담자에게 접근할 수 있는 또 다른 좋은 예를 제공하고 있다. 그런 주장에 그는 "그렇습니다. 하나님과 우리와의 관계는 정말 중요한 것입니다. 하지만 당신도 아시는 것처럼 하나님께서 아담이 혼자 있는 것을 보시고, '아담아! 무엇이 문제이냐? 너에게는 내가 있지 않느냐? 그것이면 충분하다'라고 말씀하시지 않고 하와(이브)를 만드셨지요"라고 반응했다.

또 다른 예로, 부부 문제를 가지고 분노에 차 있는 남성 내담자와 REBT 치료자가 치료에서 서로 나눈 아래의 이야기를 참고하기 바란다.

내담자 : 내 아내는 집안에서 나의 지도력과 결정권을 존중하지 않아요.
치료자 : 말씀 중에 '존중'이라는 의미가 무언지 제가 이해할 수 있게 설명해 주시겠어요?
내담자 : 내가 반대한다고 분명히 말했는 데도 계속 직업을 가지고 일

을 하겠다고 주장하거든요.

치료자 : 부인이 그럴 때 어떤 기분이 드나요?

내담자 : 아주 기분 나쁘고… 화가 나죠.

치료자 : 선생님의 바람에도 불구하고 선생님을 화나게 하면서까지 부인이 직장을 가지고 일을 하는 것에 대해 속으로 자기 자신에게 어떻게 말하나요?

내담자 : "그래서는 안 되지, 성경에서도 여자는 남편에게 순종하라고 했는데… '아내들이여 자기 남편에게 복종하기를 주께 하듯 하라'는 에베소서 5장 22절 말씀같이…"라고 합니다.

치료자 : 그래서 부인이 하고 있는 일을 하지 말라고 요구하는 것이 선생님을 아주 화나게 하는군요. 그렇다면 그런 분노가 선생님이나 선생님의 결혼생활에 어떤 식으로든 도움이 되나요?

내담자 : (한참을 가만히 있다가) …… 아니요.

치료자 : 선생님이 언급한 성서 구절은 건전한 부부생활에서 아내가 남편에게 헌신해야 한다는 것을 일러주는 것입니다. 하지만 문제는 때로는 아내가 희생까지 해야 하는 일이 생긴다는 것입니다.

내담자 : 그렇죠.

치료자 : 저는 선생님께서 언급한 그 구절의 앞뒤에 나오는 구절들에 관해서 어떻게 생각하시는지 궁금하군요.

내담자 : 어떤 구절들 말씀입니까?

치료자 : 에베소서 5장 21절에 "그리스도를 경외하므로 피차 복종하라"와 에베소서 5장 25절에 "남편들아 아내 사랑하기를 그리스도께서 교회를 사랑하시고 위하여 자신을 주심같이 하라"는 성서 구절을 말씀드리는 것입니다. 저로서는 바울 선생이 남편과 아내에게 서로 돕고 사랑하며 서로에게 어떤 것들은 포기하라고 말씀하시는 것으로 생각되는군요.

내담자 : (한참을 가만히 있다가)… 그렇군요.

앞에서 소개된 두 가지 예에서도 볼 수 있듯이, 내담자에게 문제를 일으키는 신념들은 그가 믿고 있는 신앙에 의하여 논박된다. 치료자가 신학적인 논쟁에는 관심이 없을 뿐 아니라 신앙에 대해 적대감을 가지고 있지 않다는 것을 내담자가 이해하게 될 때 저항은 수그러든다. 성서에 대한 왜곡된 해석이 지닌 모순을 드러내는 작업을 통해서 치료자는 내담자에게 대안적인 해석을 제시할 수 있다. 두 번째 예에서는 치료자가 성서적 내용을 제시하고 명쾌하게 설명했지만 대부분의 사례들에서는 꼭 그렇게까지 할 필요는 없다.

6) 치료자가 화를 내지 않으면서 내담자의 저항을 드러내기

무조건적인 수용의 뜻을 전달하고 종교를 가진 내담자에게 신뢰감을 얻는 것에도 관심을 가져야만 하지만, REBT 치료자들은 치료에 대한 명백한 저항들을 덮어두고 계속 치료에 임해서는 안 된다. 문제들을 위해 일하는 것을 거절하는 것은 일반적으로 나쁜 결과를 가져오고 필요 없는 고통을 겪게 할 것이라는 것을 내담자에게 알려주는 것이 좋다. 숙련된 REBT 치료자는 저항하는 내담자에게 화를 내거나 평정심을 잃은 행동을 하지 않을 것이며, 오류에 빠질 가능성이 있는 모든 인간들처럼 내담자도 장애를 가질 가능성과 종교적인 측면에서도 비합리적 신념에 빠질 가능성을 가지고 태어났다는 것을 이해하고 있다.

7) 참고목록의 사용

종교를 가지고 있는 어떤 내담자들에게는 최근에 생긴 그들의 행동적·정서적 문제에 의한 손실들을 기록한 목록을 작성하도록 하는 것이 도움이 될 수 있다. 예를 들어, 치료에 대한 냉담함(비록 성서 구절에 대한 특이한 해석과 일치하더라도)이 내담자 자신이 바라는 것이나 하나님이 자신에게 바라는 것에 어떻게 도달하게 할 수 있겠는가? 이런 질문에 대한 대답들을 적은 목록을 하루에 여러 차례 참고하고 주기적으로 내용을 추가함으로써 내담자는 자신의 그런 상태에 더욱 불만족스러워지게 되고 치료에 대한 저항은 줄어들게 된다.

8) 전 도

신앙을 전하는 것이 때때로 참된 종교적 신념과 실천을 보증하는 것처럼 종교를 가진 내담자들에게 REBT의 가치를 남들에게 전할 수 있는 기회를 가지도록 권하는 것은 그들의 행동양식 혹은 신앙적인 헌신에 잘 어울리는 것이다. REBT 원리를 다른 사람들에게 정열적으로 가르치는 전도자가 될 수 있는 저항적인 내담자가 REBT에 관한 자신의 신념과 인식들을 변화시킬 가능성이 크고 이상적으로는 그들 자신의 장애에 더욱 활발하게 그런 기법들을 적용하기 시작할 것이다.

9) 좌절에 대한 약한 포용력에 적극적으로 직면하기

내담자는 물론 내담자의 신앙에 대한 존중, 무조건적인 수용 및 치료적인 협조가 중심이 되는 치료의 실행을 위한 동맹을 수립하면서, 유능한 REBT 치료자는 매우 정열적으로 내담자의 비합리적 신념들을 논박하고 빈약한 좌절에 대한 포용력에 직면하는 방식을 유지하는 데도 매우 신중하다(Ellis, 1985; Ellis & Dryden, 1997). 내담자들은 참된 변화와 관련된 고된 일들을 참아내는 것으로부터 많은 것을 얻게 될 것이고 잃을 것은 하나도 없다는 것을 확실하게 알 필요가 있다. 6장에서 언급되었던 것처럼 대체할 수 있는 합리적 신념들을 내담자가 얼마나 확신하고 있는지는 변화된 행동들을 통해 분명해질 것이다. 좌절에 대한 약한 포용력(LFT : Low Frustration Tolerance)의 결과와 그것(LFT)을 위한 치료 효과는 과제로 인해 분명해진다. 과제를 부과하라! 심하게 고통을 당해 왔고 하나님에게 더 헌신할 수 있게 된 사도들이 과제로 인해 내담자의 마음에 떠오르게 되고 내담자는 자신이 더 합리적이고 유익한 신념들을 굳게 지니고 있다는 것을 치료자에게 납득시키도록 자극된다.

10) 융통성을 지님

REBT 치료자가 융통성을 가지고 종교를 가지고 있는 내담자들을 확실하게 도우려는 노력을 끊임없이 하면서 여러 가지 기법들을 폭넓게 시험해 보려고 하는 것은 바람직한 것이다. 결국 치료자는 내담자의 신앙적 헌신에 도전하거나 그것을 경시하는 것처럼 보이지 않으면서 유신론적인 신념의 낯선 영역에 조심스럽게 접근할 필요가 있다. 그리하여 치료자는 이 책에서 다루고 있는 여러 가지 다양한 중재들을 시험해 보고 독특한 내담자의 관념에 대한 자신의 반응을 기꺼이 계발시켜야 한다.

제 3 부

특별한 문제점과 적용

>> 제 **8** 장

죄책감과 REBT

    죄책감은 심리치료에서 다루는 흔한 주제이다. 죄책감은 심리치료사들과 내담자들에게 자주 혼란을 야기하고 복잡한 문제들을 제공하는데, 특별히 종교를 가지고 있는 내담자들과 그들을 다루는 심리치료사들이 그것을 중재하려고 시도할 때 더욱 그렇다. 예를 들어, 종교를 가진 내담자는 죄책감을 긍정적인 현상으로 보기도 하고 부정적인 현상으로 보기도 한다. 그들은 죄책감을 하나님이 그들을 이롭게 하기 위해 그들에게 부여한 경험이라고 생각하기도 한다. REBT는 내담자의 죄책감 경험 하나하나의 요소들을 명료화할 수 있는 독특한 모델과 방법들을 제공한다. 죄책감에 대한 합리적·정서적 고찰은 종교를 가지고 있는 내담자들에게 종교적으로도 받아들여질 수 있는 죄책감의 자기패배적인 측면으로부터의 구제책을 제공할 수 있고, 실제로 내담자들이 더 종교적으로 받아들일 만하다는 것을 발견하기도 한다.

    REBT 이론과 기법들은 종교를 가지고 있는 내담자들이 죄책감을 경험하면서 겪는 스트레스를 치료할 수 있는 적어도 네 가지의 유익한 통찰을 제공한다. 첫째, 죄책감은 분명히 불쾌한 정서 경험을 야기하는데, 그런 정서는 단편적이지 않고 그것들의 경계가 확실하지 않으며 쉽게 정의될 수 있는 것이 아니다. 합리적 · 정서적 이론은 단순한 정서가 만약 존재한다고 해도 아주 적을 것이라고 보고 있다. 심지어 발작을 경험한 내담자의 단순해 보이는 정서도 순간적이고 일시적인 현상이지만, 바로 뒤따르는 발작에 관한 복잡한 생각들에 의해 여러 가지 정서들이 생겨나게 된다. 그러므로 대부분의 정서 경험들처럼 죄책감도 대개 복잡한 인지적 · 정서적 · 행동적 구성요소들을 포함하고 있다.

둘째, 유익한 감정들과 자기패배적인 감정들이 동시에 생기기 때문에 내담자와 치료자는 쉽게 혼란에 빠진다. 예를 들어, 강한 좌절이 불쾌하다면 그것은 보통 유익한 정서인데, 그것이 사람들로 하여금 문제를 해결하도록 동기를 부여하기 때문이다. 한편, 분노는 불쾌하기도 하면서 자기패배적인데, 분노는 대개 자제력을 잃게 하기 때문이다. 비록 분노가 내담자로 하여금 자제력을 잃게 하여 벌컥 화를 낼 수도 있지만, 치료자는 종종 내담자를 동기화시키고 적극적이 되도록 하기 위해 분노를 자극하기도 한다. 그런데 강한 좌절은 적당히 조절되기만 하면 내담자를 동기화시키고 활동적이게 할 수 있다. 또한 내담자와 치료자는 죄책감의 유익하고 합리적인 요소들과 자기패배적이고 비합리적인 요소들 간의 차이로 인해 혼란스러워질 수도 있다. 모든 내담자에게 모든 죄책감을 포기하도록 강요하는 심리치료사는 종교를 가지고 있는 내담자들에게 치료에 대해 모순을 느끼게 하고 치료 상에서 갈등을 경험하게 하여 치료에 대한 저항을 가지게 한다.

셋째, 아이러니하게도 비합리적인 죄의식은 거의 대개 내담자의 돈독한 신앙을 방해하고 합리적인 죄의식은 적절하고 바람직한 신앙심(내담자 자신의 신앙적 관점으로 정의되는)을 가질 수 있게 할 가능성이 크다. 예를 들어, 죄책감을 경험하는 동안에 수치심과 후회가 함께 생길 수 있다. 후회하는 것이 보상 행동과 참회의 행동을 자극할 수 있는 반면에, 수치심은 내담자가 잘못한 사람에게 사과하고 그의 위상을 회복시켜 주는 일을 그만두게 할 가능성이 높다.

넷째, 내담자의 죄책감 경험에 대한 합리적 · 정서적 분석(예 : 죄책감에 대한 A-B-C 분석)은 비합리적이고 해로운 죄책감과 관련된 비합리적이고 자기패배적 정서들로부터 합리적이고 유익한 죄책감과 관련된 불쾌하지만 유익한 정서들을 구분해 준다. 한번 불쾌하지만 유익한 정서들은 비합리적이고 자기패배적인 정서들을 해결하는 데 도움이 되는데, 종교를 가지고 있는 내담자들도 유익한 죄책감을 가짐으로써 자기패배적이고 해로운 죄의식들을 더 쉽게 없앨 수 있다. 그러면서 그들은 종교적인 목표를 포함한 자신의 목표를 함께 성취할 수 있다.

1. 죄책감(혹은 죄의식)의 정의

심리치료를 하는 동안 내담자로부터 "나는 죄책감을 느끼고 있어요"라는 말을 듣는 것은 흔한 일이지만, 그런 진술은 우리의 언어사용(일반적 의미론에서 설명하고 있는 것처럼 : Hayakawa, 1940, 1990; Korzybski, 1993)에 의해 우리를 속이는 술책일 수 있다. 과실을 범한 후에 어떤 느낌이 드는가 사람들에게 물어보면 대부분이 "내가 멍청하다고 느꼈어요" 혹은 "내가 어리석다고 느꼈어요"라는 식으로 말할 것이다. 이런 진술들은 신념에 대한 정서적 결과(Consequence)인 C에 의해 자아에 대한 신념들(Beliefs)인 A-B-C 모형의 B가 혼란스럽게 된다. "내가 어리석다고 느꼈어요"라는 진술은 그 사람이 어리석게 혹은 바보같이 행동해 왔다는 것을 자신이 믿고 있고 자신의 자아를 어리석거나 멍청하다고 단정하는 것이며 그런 후 그 사람은 신념의 결과로서 당혹감이나 수치심과 같은 정서를 느끼고 있는 것이다.

"나는 죄책감을 느끼고 있다"라고 말하는 사람들이 흔한 데 반해, 그런 진술은 죄책감에 대한 고전적인 정의들과는 차이가 있다. 대부분의 사전들은 죄책감(guilt)*을 정서(emotion)로서가 아닌 사실 혹은 사건(event)으로, 다시 말해 본성 혹은 법적, 도덕적, 윤리적 사실로 정의하고 있다.

---

* 역자주 : 죄책감이라고도 번역될 수 있는 이 단어는 영한사전을 찾아보아도 실제로는 이렇게 표시되어 있지 않음.

Guilt : 명사. 중세 영어 gilt와 앵글로색슨 언어 gylt로부터 유래된 것으로 과실 혹은 위반. 1) 잘못을 해 왔고 위반을 범한 행위 혹은 상태, 법적 혹은 윤리적 과실. 2) 죄책감을 수반한 행위, 나쁜 짓, 부끄러운 짓, 범죄, 죄(Webster's Unabridged Dictionary of the English Language, McKechnie, 1979, p.809).

죄책감의 형용사(Guilty)도 정서로 정의하고 있지 않다.

Guilty : 형용사. 1) 죄를 가지고 있는, 책망이나 처벌을 받을 만한, 과실이 있는. 2) 한 사람의 범죄가 입증된, 합법적으로 과실이 판명된. 3) 죄가 있음을 보이거나 의식하고 있는, 죄가 있는 모습으로서. 4) 죄 혹은 죄에 대한 느낌과 관련된, 죄에 대한 양심의(McKechnie, 1979, p.809).

심리학의 보편화가 실제로 사람들이 언어를 사용하는 방식을 바꾸어 왔고, 그래서 현재 사람들은 guilt라는 단어를 정서(죄책감)로 정의하여 사용하고 있다. 그렇지만, 그 정서가 무엇인가? 그것이 더 쉽게 정의될 수 있고 더 쉽게 이해될 수 있는 다른 정서로부터 정말로 분리될 수 있는 것인가? 그것이 실제로 다른 것과 경계선을 그을 수 있는 독자적인 정서인가? 치료자들은 내담자가 죄책감을 경험하는 동안 경험하는 복잡한 정서들을 죄책감이라는 하나의 명칭 아래 일률적으로 생각하는 것을 좋아하지는 않는다.

합리적·정서적 행동 이론은 정서들이란 신념들과 뒤얽혀져 연결되어 있기 때문에 한 내담자의 정서 경험은 내담자의 신념들의 전후 관계에 따라 이해되고 정의되어야 한다는 입장을 고수하고 있다. 정서 경험은 내담자에 의해서 규정된 전후 관계 속에 그것의 궁극적인 의미를 가지는데, 그런 전후 관계와 의미는 내담자의 신념에 의해 규정된다. 더 엄밀히 말하면, 그런 전후 관계는 내담자의 핵심적인 평가적 신념들에 의해 규정된다. 정서 경험에 대한 내담자의 표현이나 라벨(label)은 특정한 전문적인 정의에 적합한지 아닌지는 상관없이 그것을 내담자가 구성해왔고, 그것은 가까운 회기 동안 치료자에게 공개한 신념, 행동 및 정서들 사이에 실제적 상호관계보다는 중요하지 않다. 합리적·정서적 행동 이론은 회기 동안에 치료자가 다룰 죄책감과 관련된 정서적 경험을 정의하는 데는 현재 가지고 있는 내담자의 신념들이 없어서는 안 될 절대적으로 필요한 것이라는 입장을 고수하고 있다.

2. 유익한 죄책감 대(對) 자기패배적 죄책감

REBT 이론에서는 불쾌한 정서들 모두가 반드시 변화에 표적이 되어야 한다고 가정하지 않는다. 사실 불쾌한 정서가 자기패배적일 때만이 해롭고 불건전한 것이다. 어떤 정서가 자기패배적인지 아닌지는 내담자의 목적에 비추어 보면 명백해진다. 근심, 짜증, 좌절, 분노, 실망 및 여러 가지 공포 등 명백하게 불쾌한 정서들은 그런 견해에서 보면 건전하고 유익한 것이다. 또한 많은 불쾌한 정서들이 죄책감의 경험과 관계가 있다는 것은 사실이다. 비록 이런 정서들이 아주 불쾌할지는 모르지만, 어떤 정서들은 죄책감(슬픔, 후회 및 자책을 포함해서)을 경험하고 있는 사람들과 사회에 유익할 수도 있고 자기패배적일 수도 있다.

REBT는 내담자에게 자신의 잘못된 행동들을 무시하거나 평범화하도록 자극함으로써 죄책감으로부터의 위안을 제공하지는 않으며, 종교를 가지고 있는 내담자에게 옳고 그름에 관한 자신의 종교적 신념들을 부인하도록 격려하는 것도 REBT 이론에서 지지하는 것이 아니다.

REBT는 잘못된 행동과 관련된 어떤 불쾌한 정서들은 미래에 있을 수 있는 잘못된 행동을 예방하는 데 유익할 수 있는 반면에, 어떤 정서들은 자기패배적이게 만들 가능성이 있으며 목표를 성취하는 것을 방해하기도 하고 미래에 있을 수 있는 잘못된 행동을 제대로 예방하기 힘들거나 심지어 미래에 잘못된 행동으로 이끌 수도 있다고 시사하고 있다. 죄책감을 느끼고 있는 내담자들은 죄책감의 경험의 일환으로 불쾌하지만 유익한 정서들과 불쾌하면서 자기패배적인 정서들을 모두 빈번하게 경험하게 된다. 이런 정서들과 그것들의 원인들을 구별해내는 것이 내담자를 적절히 도울 수 있는 비결이다.

3. 죄책감의 A-B-C : 종교적 유발사건들

종교를 가지고 있는 사람들의 죄책감은 대개 종교적인 신념들과 관련한 규율의 위반(아마 단지 그렇게 지각되는)을 통해서 생긴다. 비록 내담자들이 잘못된 행동들에 관해 죄책감을 경험하도록 종교적으로 수용되지는 않지만 종교적 신념에 집착하는 것이 죄책감의 경향성을 증가시킬 수 있다(Meek, Albright, & McMinn, 1995; Richards, 1991; Richards & Potts, 1995; Rickner & Tan, 1994). 조직적인 종교적 신념체계들은 대개 생활 규칙들을 포함하고 있고 그것을 위반하면 죄책감이 유발되는데, 종교적 신념체계들은 종교적인 신념체계 밖에서는 허용되는 행동들을 종종 제한한다. 신앙적으로 독실한 내담자는 종교적인 교리와 관례들에 맞게 자신의 삶을 정비할 것이기 때문에 종교적인 전통을 더 많이 믿고 그것에 헌신할수록 죄책감을 경험할 가능성 또한 더 커지게 될 것이다.

안식일 준수와 음식에 대한 종교적인 관례들이 전체적으로 조직화되어 죄책감을 유발할 수 있는 잠재성을 증가시킬 수 있는 종교적인 규칙들의 두 가지 좋은 예이다. 어떤 종교적인 전통들은 안식일에 하는 행동들에 관한 엄격한 규율들을 가지고 있다. 특정한 종교적 전통이 우세한 지역에서는 안식일 준수와 관련하여 상점들은 문을 닫고 사업적인 일을 하지 않는다. 예를 들어, 이스라엘 항공(El Al)은 유대인들의 안식일인 금요일 저녁부터 토요일 저녁까지 운항을 하지 않는다. 대부분의 사람들은 자신의 입맛과 건강에 대한 관심에 근거하여 식사습관을 결정하지만, 어떤 사람들은 다른 이유가 있다. 유대인과 이슬람교도들은 돼지고기를 부정하다고 생각하고, 제칠일안식일예수재림교인들과 힌두교인들은 자신이 고기를 먹은 것에 관해 죄책감을 경험할 수 있으며, 특히 힌두교인들은 소고기를 먹은 것에 대해 심한 죄책감을 가질 수 있고 수소의 고기를 먹는 것보다 암소의 고기를 먹는 것을 더 신성모독의 죄를 범한다고 생각한다(Ward, 1997).

각기 다른 종교들이 각기 다른 행동들을 금지하고 있기 때문에, 내담자들이 종교적인 관례를 고수하는 것은 심리치료사들이 종교를 가지고 있는 내담자들의 죄책감을 이해하려고 시도할 때 고려해야 할 복잡한 사항들을 제공한다. 종교적인 신념들 때문에 각기 다른 종교적 배경을 가진 내담자들은 같은 행동들을 아주 다르게 볼 수 있다. 각기 다른 종교적인 배경을 가지고 있는 내담자들은 같은 행동을 각각 특별하지 않게 볼 수도 있고 벌받을 짓으로 볼 수도 있다. 어떤 행동을 죄스러운 것으로 보는 사람이 만약 자신이 그런 행동을 하게 되었다고 생각하게 되면 죄책감을 경험할 가능성이 커진다.

종교를 가진 사람은 자신의 종교적 신념들을 공유하지 않고 있는 심리치료사가 자신의 종교적 신념들이나 그런 신념들과 관련된 관례들을 이해하지 못하고 무시하고 비웃거나 비난할지도 모른다고 믿고 있기 때문에(실제로도 자주 이런 믿음이 옳다), '비신자(nonbeliever)'와 심리치료를 하게 될 때 의구심을 가질 수 있다(Bergin, Payne, & Richards, 1996; Worthington, 1986). 만약 치료자가 어떤 특정 행동이 정말 모두 부정한 것인지 묻게 되면 종교를 가지고 있는 내담자는 죄책감으로부터 위안을 얻기보다 치료자에게 저항할 수도 있다. 실제로 죄스런 행동은 논리적이지 않고 불합리한 것이라고 치료자가 설명할 것이라고 상상하는 것만으로도 내담자는 큰 죄책감을 경험할 수 있다.

1) 신념들과 비(非)유발사건들

합리적 · 정서적 행동 이론과 기법은 종교를 가지고 있는 내담자들을 죄책감으로 몰고 가는 유발사건들의 복잡성과 그 복잡성에 의해 제기된 혼란들에 대한 명백한 방침들을 제공한다. 치료 회기에서 우선되는 합리적 · 정서적 행동 목표는 거의 언제나 내담자가 자신의 신념(Beliefs)들을 이해하고 변화시킬 수 있도록 돕는 것이다. 내담자들이 심리치료에 가지고 오는 혼란이나 근심은 대개 비합리적이고 절대적인 평가적 신념들에 그 근원이 있다. REBT 이론에 의하면, 그런 혼란이나 근심을 위한 가장 효과적인 방법은 절대적인 평가를 합리적이고 선택적인 평가로 교체하는 것이다.

때때로 외국 문화환경이나 특이한 환경을 가진 내담자들이 치료자에게 올 수 있는데, 특이한 종교적 배경을 가진 내담자들도 그런 부류에 포함될 수 있다. 환경과 그런 환경에 대한 인식들 모두 유발사건(Activating event)이다. 그런데 외국 문화환경이나 특이한 환경 자체는 내담자들이 자신의 세상을 어떻게 평가하는 것 보다 자기패배적 정서나 행동의 원천은 아닌 것으로 보인다. 그것은 유발사건과 그런 사건에 대한 내담자의 인식이라기보다는 감정을 움직이는 평가적 신념(evaluative Belief)이다. 그러나 다른 사람에게 기괴하게 보이는 종교적 유발사건도 그 종교를 가지고 내담자에게는 더 신성해 보일 수 있고 죄책감을 다루려고 하는 치료자에게는 위험한 치료 환경을 만든다. 그것이 비과학적이거나 비논리적이고 실제적이지 않다고 하더라도 그것이 내담자에게 종교적 진리라면 내담자에게는 그것이 정말 참된 것으로 보일 가능성이 높다. REBT를 하는 동안 그런 것들은 어떤 방식으로 작용하는 또 다른 유발사건으로 존재한다.

종교를 가지고 있는 치료자가 같은 종교적 배경을 가진 내담자와 상담 혹은 심리치료를 하더라도 종교적 진리에 관하여 내담자로부터 순조롭게 동의를 얻어낼 수 있다는 보장은 없다. 심지어 내담자와 치료자가 같은 종교적 전통을 소유하고 있다고 하더라도 어떤 것이 진리인가에 관하여서는 완전하게 다른 입장을 표현할 수 있다. 예를 들어, 어떤 것이 참된 교리인가에도 의견의 불일치를 보일 수 있다. 게다가 심지어 같은 종교적 배경을 가진 내담자를 치료할 때도 내담자가 비합리적인 평가적 신념들을 이해하고 그것에 변화를 주도록 도울 수 있는 좋은 해결책을 찾는 것만이 바람직하다. 나(SLN)와 마르다(Martha)의 첫 번째이자 마지막

회기에서 볼 수 있듯이 유발사건의 다른 면을 다루는 것(그런 생각이 올바른 교리인지 아닌지)은 위험하다.

마르다의 죄책감(자아에 대한 요구와 분노) 21세의 대학생 마르다(Martha)와 나는 같은 종교적인 배경(말일성도예수그리스도 교회 혹은 몰몬 교회)을 가지고 있었지만, 우리는 마르다의 죄책감과 관련된 종교적 관례들에 관해서 아주 다른 관점을 가지고 있었다. 마르다는 빠르고 정확하게 그런 불일치를 간파했고 바로 저항했다. 몰몬 교리에 대한 마르다의 이상한 관점이 아니라 그녀의 비합리적 요구들이 자기패배적 스트레스의 일차적인 근원이었는데, 너무 늦게까지 나는 그것을 간과하고 있었다. 내가 이상하다고 생각한 그녀의 종교적인 교리에 대한 관점이 아니라 비합리적인 평가적 신념이 REBT 논박의 주요 표적이었다.

마르다의 접수 설문지(intake questionnaire)를 보면 그녀가 체중과 폭식증 증상(binging and purging)을 조절할 수 있도록 도움을 바라고 있다는 것을 알 수 있었다. 그녀는 1m 58cm의 키에 62kg의 체중을 가지고 있다고 보고했으며, 적어도 10kg의 체중을 줄이는 것이 목표라고 표현했다. 다음의 글은 그녀의 식습관에 대한 토론의 한 부분이다.

SLN : 과식한다는 뜻이 무엇인지 제가 이해할 수 있도록 구체적으로 설명해 주십시오.

마르다 : 단지 많이 먹는다는 거예요.

SLN : 구토하기 쉬울 수 있도록 속이 더부룩하고 불쾌감이 느껴질 때까지 먹습니까?

마르다 : 예전에 그랬었어요. 하지만 지난 6~7개월은 아니었어요. 아니요. 사실 아직도 과식해요.

SLN : 그럼 더 이상 구토를 유도하지는 않는다는 말인가요?

마르다 : 아, 요즘도 구토를 유도하긴 해요. 하지만 아주 속이 꽉 차도록 먹지 않고도 그렇게 할 수 있어요.

SLN : 목구멍 안으로 손을 집어 넣나요?

마르다 : 가끔은 그래요. 하지만 대개 그냥 토하는 것에 대해 생각하기
만 해도 구토할 수 있어요. 매스껍다는 생각만 해도요.

SLN : 마지막으로 구토를 유도한 것이 언제입니까?

마르다 : 이틀 전인데요.

SLN : 어땠는지 자세히 말해 주겠어요?

마르다 : 음, 아침에 시리얼(cereal)을 좀 먹었어요. 마요네즈는 바르지
않은 참치 샌드위치에 샐러드를 점심식사로 먹었고요. 저녁식
사로는 샐러드와 토마토 소스 스파게티를 먹었습니다.

SLN : 여러 종류의 샐러드와 스파게티 혹은 다른 음식들을 너무 많이
먹었습니까?

마르다 : 아니요. 정말 아니에요.

SLN : 그렇다면 당신이 이야기한 과식이라는 말을 나로서는 이해할
수가 없네요.

마르다 : 음, 지난 밤에 캔디바를 먹었어요.

SLN : 캔디바요. 그 캔디바가 큰 것이었습니까?

마르다 : 아니요. 그냥 보통 크기의 스니커스(Snickers) 캔디바였어요.

SLN : 그럼 그 캔디바를 먹고 정말 배가 가득 찬 느낌이었어요?

마르다 : 음… 실제로… 제가 죄책감을 느끼고 있었던 것 같아요.

SLN : 캔디바 때문에 말입니까? 캔디바를 먹었기 때문에 죄책감이 생
겨서 토했다는 건가요?

마르다 : 예.

SLN : 캔디바를 먹은 것에 대해 자신에게 어떤 말을 했습니까?

마르다 : 나 자신에게 그것은 잘못된 것이라고 말했어요.

SLN : 캔디바를 먹은 것이 무엇이 잘못된 것인지 이야기해 주겠어요?

마르다 : 그것은 지혜의 말씀(Word of Wisdom)에 어긋나는 것이지요.

지혜의 말씀은 식습관에 대한 조언으로 구성된 몰몬경(LDS 경전)인데,

말일성도 교인들은 그것을 1840년에 하나님에 의하여 그들의 첫 번째 선지자인 조셉 스미스(Joseph Smith)에게 주어진 것이라고 믿고 있다(교리 및 서약, 89). 지혜의 말씀은 음주, 흡연, 커피와 차의 사용을 금하라고 충고하고 있고, 육식은 절제하고 음식을 주로 곡류, 과일, 채소를 중심으로 구성할 것을 장려하고 있다. 말일성도 교인들은 신체적 건강과 영적 성숙 모두가 지혜의 말씀에 대한 순종을 통해서 온다고 믿고 있다.

비록 어떤 사람들은 단 음식과 과식 혹은 폭식을 그런 의미에 맞추어 해석하고 있지만, 지혜의 말씀에는 단 음식과 과식 혹은 폭식에 관해서는 어떤 언급도 없다. 중요한 것은 마르다가 그렇게 해석하고 있다는 것이고, 그것이 그녀가 죄책감을 느끼도록 도약대 역할을 한다는 것이다. 마르다는 그런 종교적인 관례를 마음 속에서 이상하게 부풀리고 미화시켜 과체중이 되는 것을 죄스럽게 생각하고 있으며, 아마 자기 자신에 의해서 생기는 다른 종류의 건강문제에 관해서도 비난하고 있을지 모른다. 나는 그런 생각들을 검토하고 이의를 제기하기 시작했다. 우리는 같은 종교적 배경을 가지고 있었지만, 마르다는 그런 시도를 자신의 종교적 신념들을 공격하는 것으로 생각했다. 여기서 나는 그녀의 유발사건을 자극했다.

SLN   : 지혜의 책에서 스니커스(Snickers) 캔디바를 금하고 있나요?
마르다 : 아니요. 하지만 지혜의 책에는 건강하라고 말하고 있어요.
SLN   : 그래서 캔디바를 먹는 것이 마르다에게는 죄가 되는군요?
마르다 : 예.
SLN   : 나한테도 그럴까요? (사탕이 절반쯤 들어 있는 유리병을 가리키며) 마르다가 보듯이 나는 초콜릿과 사탕을 좋아하거든요.
마르다 : 아니요. 하지만 지혜의 책에서는 당신이 건강해야 하고 우리가 건강해야 한다고 말하고 있다고 나는 생각하거든요.
SLN   : 건강을 해치는 것을 먹었기 때문에 죄책감을 느끼는군요?
마르다 : 맞습니다.

SLN   : 그래서 지혜의 책에 따라 초콜릿을 먹는 것을 그만두어야 하는군
        요?

마르다 : 초콜릿을 끊어야 하는 것은 아니지만 먹는 것과 체중을 조절해
        야만 합니다. 살이 찌는 것은 죄거든요.

SLN   : 내가 지혜의 책을 아주 자세히 읽지 않았나 보군요. 살이 찌는
        것이 죄라고 쓰여진 것을 보지 못하였어요. 그런 구절이 경전
        어디에 있는지 가르쳐 주시겠습니까?

마르다 : 정확하게 그렇게 쓰여 있는지는 확실하지 않지만 그런 뜻인 것
        은 분명합니다. 그것이 내가 풍선처럼 살이 찌는 것을 예방해
        주었어요.

나는 지혜의 책에 관해서 너무도 잘 알고 있었기 때문에 21개 구절들
어느 곳에서도 단 음식과 살이 찌는 것에 대해서는 언급하고 있지 않다
는 것을 알고 있었다. 게다가 그것은 하나의 약속이지 완전한 건강을 강
요하거나 건강하지 않은 것에 대해 질책하는 것이 아니다. 심지어 폭식
에 의해 생길 수 있는 건강 문제에 관해서도 비난하는 것이 아니다. 실제
경전의 말씀을 읽도록 하여 마르다의 기억을 새롭게 하는 것이 그녀의
왜곡된 생각들을 자극할 수 있을 것이라고 나는 생각했다. 하지만 마르
다는 내가 경전에 대한 그녀의 해석에 이의를 제기하려고 하는 것을 정
확하게 간파하고 있었다. 경전에 대한 그녀의 해석은 그녀의 유발사건이
었다. 그녀는 또한 그녀가 자신의 잘못에 대한 죄책감을 실제로 느끼고
있는지에 대해 내가 의구심을 표현하려고 하는 것을 정확하게 예견하고
있었다. 캔디바를 먹는 것은 죄라는 그녀의 신념과 아주 적은 수이지만
다른 몰몬교도들의 그런 믿음에 힘을 실어주는 의견들 역시 유발사건이
었다. 나는 과체중과 과식이 죄라는 개념을 지혜의 책이 실제로는 지지
하지 않는다는 것을 마르다에게 보여준다면 그녀가 상황을 다르게 보기
시작할 것이라고 생각했다.

그러나 마르다는 "… 그것이 바로 그런 의미잖아요!"라고 상당히 격정

적으로 말했다. 그녀는 다시 "그리고 그 구절이 내가 풍선처럼 살이 찌지 않도록 지켜주거든요"라고 덧붙였다.

얼굴 표정이나 목소리를 통해 그녀는 어느 정도 짜증이 나 있는 것이 분명했다. 아마 경전에 대한 그녀의 해석에 이의를 제기하는 것 때문에 내게 몹시 화가 나 있었을 것이다. 우리는 나의 질문이 경전에 대한 비난과 같이 보일 수 있다고 생각할 수도 있다. 또한 마르다는 죄책감이 자신의 체중 조절을 적절하게 돕는다고 믿고 있다고 진술했기 때문에, 아마 그녀는 효과적인 체중 조절기제를 잃고 싶지 않았을 것이다.

마르다는 다음 회기에 오지 않았고 더 이상 상담을 할 기회가 없었다. 회상해 보면, 마르다의 생각들 중에 가장 열을 내며 흥분하게 만들었던 요소(짜증의 실제적 요소)는 "나는 먹는 것과 체중을 조절해야만 한다"는 평가적 요구라는 것이 명백하다. 나는(SLN) 교리에 대한 그녀의 관점과 자신이 계율을 어겼다는 관점에 더 주의를 기울였다. 두 가지 모두 유발사건의 한 부분이었다. 지혜의 책에 대한 그런 해석을 고수하려는 그녀의 주장은 죄책감을 일으키는 평가적 신념이었다.

그녀 자신에 대한 무리한 요구는 달성할 수 없기 때문에, 자신에 대한 분노로 인해 생기는 죄책감을 느꼈다고 그녀가 이야기했을 때 경험한 정서들을 수치심에 이어 다시 경험할 가능성이 높다. 교리와 그녀의 평가적 신념 사이에 거리를 유지하는 것이 시간을 절약할 수 있고 저항을 예방할 수 있었을 것이며 다음 회기에 그녀가 찾아오도록 할 수 있었을 것이다.

유발사건이 아닌 신념(Bs, Not As) 마르다의 반응은 추론적 신념들로부터 비합리적인 평가적 신념(강요, 재앙화, 쉽게 좌절하려는 경향, 자기평가)들을 탐지하고 구별해 내는 것이 얼마나 중요한지를 알려주는 것이다. 그것이 실제적인 자연의 세계이든 신학적 사상이나 관념 등의 신앙적 세계이든 간에 세계에 대한 비현실적이고 비(非)경험적인 지각들을 포함한다. 추론적 신념들은 세계에 대해 설명하고 '무엇을', '어디서',

'왜', '언제', '어떻게'와 같은 질문들에 대해 대답하는 사상들을 포함한다. 이런 추론들은 사람들에게 세상이 어떻고, 다른 사람들은 어떻고, 이것이 왜 그런가를 명백하게 해준다. 예를 들어, 사람들이 믿고 있는 종교의 교리들은 자신들의 세상과 경험에 관해 말해준다. 마르다는 체중을 조절하는 데 큰 어려움을 겪을 때면 체중을 조절해야 한다고 경전이 말해주고 있다는 신념을 포함해 다양한 신념들에 의해 불안을 느꼈다. 거의 모든 종교적인 죄책감은 경전이 간음을 금한다는 신념과 같은 유사한 신념들의 집합체로부터 생겨난다. 경전이 특정 식습관을 요구하고 있다는 신념이 마르다의 불안에 영향을 주었다는 것은 틀림없다.

하지만 합리적 · 정서적 행동 이론에서는 평가적 신념은 추론과는 아주 별개이고 다양한 방식으로 작용한다고 본다. 평가적 신념은 정서를 아주 완전하게 설명할 수 있는 반면에 추론은 단계들만을 설정한다. 사람들이 세상에 관해 어떤 추론을 하던 간에 평가는 그들의 추론에 정서적 무게를 부여한다. 평가적 신념은 "무엇이 어떻게 되어 가고 있는가?"와 같은 질문에 답한다. 평가적 신념은 "그래서?"라는 질문에도 답한다. 평가적 신념은 바람직하거나 바람직하지 않은지, 가치가 있는지 아니면 가치가 없는지에 대해 명백하게 설명한다. 합리적인 평가적 신념은 선택적인 수준을 고수하지만, 비합리적인 평가적 신념은 강요하고 전체로서의 사람을 평가하는 절대적인 수준으로 이끈다.

그리고 REBT는 마르다가 두 가지 방식으로 불안해 한 것으로 간주하는데, 한 가지는 합리적이고 잠재적으로 자조(self-helping)적인 것이고, 다른 한 가지는 비합리적이고 마치 자기패배적인 것이다. 처음에 그녀는 슬프고 짜증났으며 자신의 식습관과 체중에 관해 걱정했다. 왜 그랬을까? 그녀가 좀 덜 먹고 몸무게가 가벼워지기를 원했기 때문이다. 그녀는 그런 자신의 개인적 갈망을 그녀가 확실하다고 해석한 경전에 순종하려는 평생의 바람과 혼합시켰을 것이다. 그 다음에 마르다는 자기패배적으로 우울했고 불안했으며 자신에게 화가 났다. 그것은 그녀가 적게 먹어야 한다는 것을 고집했고 체중을 조절해야 한다고 자신에게 강요했기 때문이며 그런 특정한 방식으로 경전에 불순종했다는 것을 받아들일 수 없었기 때문이다.

경전에 대한 마르다의 해석은 좀 특이했다. 대부분의 말일성도 교인들은 캔디바를 먹거나 과체중이 되는 것을 죄라는 마르다의 해석에 동의하지 않을 것이다. 그러나 그녀의 치료자는 도움이 되지도 않았고 구태의연한 방식으로 교리에 관한 그녀의 추론들을 자극하는 데 쓸데없는 시간을 소비했다. 실제로 말일성도 경전에 대한 나의(SLN) 지식이 마르다의 추론들을 자극하게 할 가능성을 더 높였는지도 모른다. 이런 것이 종교를 가지고 있는 내담자들과의 상담 및 심리치료에서 종교를 가지고 있지 않는 인지행동 치료자들이 종교를 가지고 있는 인지행동 치료자들보다 더 좋은 효과를 낸다는 연구 결과(Propst, et al., 1992)를 잘 설명해 주고 있는 것이다. 종교를 가진 치료자들은 교리에 어긋나는 것에 불편함을 느낄지도 모른다. 지혜의 책을 모르는 사람은 과식을 죄로 간주하는 마르다의 설명을 이상하다고 볼지는 모르지만 어떤 특이한 문화에서는 정상일 수도 있을 것이라고 생각할 것이다. 그리고 나서 종교를 가지고 있지 않는 치료자는 캔디바를 먹는 것에 대한 마르다의 관점을 좀 특이한 종교적 진리라고 받아들이고 이런 특정한 규율을 복종하는 데 모자람이 있으면 안 된다는 생각에 이의를 제기함으로 훨씬 더 고상하게 그녀의 죄책감을 치유하려고 했을 것이다.

그것은 다음과 같은 종류의 질문처럼 간단하다. "많이 먹는 것, 특히 캔디바를 먹는 것이 죄라고 생각하는 당신을 나는 이해합니다. 하지만 당신이 그런 식으로 죄를 지어서는 안 된다고 말하는 것이 자신에게 무슨 도움을 줍니까? 자기조절을 더해야 한다고 강요하는 것이 어떤 기분을 느끼게 합니까? 당신이 자기를 더 잘 조절하고 체중이 감소하는 것만을 바라면서 당신의 습관을 당장 수정해야 한다고 강요하는 것을 그만두면 어떻게 되겠습니까? 어떤 느낌일까요?"

REBT에서 말하는 고상한 해법이라는 것은 참된 교리의 복잡한 것들을 통하여 분명한 방침을 지적하는 것에 가깝다. "해야만 한다", "꼭 그래야 한다", "꼭 그럴 필요가 있다", "그렇게 되어야 한다"는 식의 생각들이 있는지를 찾고, 인간에 대한 평가를 살펴보아라! 한번 이런 평가적 요구가 발견되면 치료를 위한 청사진은 분명해질 것이다. 다음에서 소개하는 레이첼(Rachel)의 죄책감을 살펴보고, 평가적 신념이 발견되면 두드러진 잘못이나 죄와는 관계가 없어서 잠재적으로 혼란스러운 죄책감의 청사진이 어떻게 분명해지는지를 보라.

레이첼의 죄책감(자기평가 및 수치심) 내담자는 죄책감을 느끼기 위하여 죄를 범할 필요는 없다. 레이첼의 경우는 유동 죄책감(free floating guilt)의 한 예이다. 레이첼은 대학에서 우수 학생으로 선정된 20세의 여학생이었다. 그녀는 우울증을 치료하기 위해 상담소를 찾았다. 레이첼은 대학생활 내내 등록금 및 학교에 들어가는 그 외 비용, 책값 모두를 지원받는 장학생으로 대학을 다니고 있었다. 그녀의 우울은 아래와 같은 '죄의식의 기분'과 연결되어 있었다.

SLN : 죄책감을 느낀다고 했는데 구체적으로 이야기해 주겠어요?

레이첼 : 음, 같은 방을 쓰고 있는 레아(Leah)하고 있으면 죄의식이 느껴져요.

SLN : 레아에게 뭔가 잘못을 했습니까?

레이첼 : 아니요… 잘 모르겠어요.

SLN : 언제 죄책감이 드는지 구체적으로 내게 이야기해 주겠어요?

레이첼 : 우리는 중국어 수업을 같이 듣거든요. 레아는 중국어가 전공이고 저는 부전공이에요. 레아는 굉장히 힘겨워했어요. 그 친구는 정말 열심히 했고 저는 뭐, 꼭 그럴 필요 없었지요. 그런데 저는 A학점을 받았고 레아는 C학점을 받았어요. 물론 그녀는 자신의 점수에 대해 무척 기분 나빠했어요. 나는 어떻게 내가 그럴 수 있었는지 그녀가 알게 하고 싶지 않았지만 그녀는 종종 나에게 물었어요. 그리고 내가 말하지는 않았을지라도 그녀

는 중국어 시간에 대화 연습 시간을 통하여 내가 자신보다 중국어를 더 잘 하고 있다고 느꼈을 거예요. 그녀는 종종 나에게 화가 난 것처럼 보였어요.

SLN : 그러니까, 중국어가 그녀에게 어렵지만 당신에게는 쉽기 때문에 죄의식을 느끼는군요?

레이첼 : 그런 것 같아요. 그래서 제가 레아를 도우려고 했지만 그 친구는 누구도 그녀 곁에 가고 싶지 않을 정도로 아주 깊이 좌절했어요.

SLN : 작은 실험을 해 봅시다. 레아는 아주 열심히 했어요. 그리고 그녀는 중국어가 전공이고 당신은 부전공인데, 레아는 C학점을 받고 당신은 A학점을 받은 것에 대해 어떤 느낌인지 제게 다시 한 번 말해주세요. 그런 다음 어떻게 느끼는지 죄의식이라는 단어를 쓰지 말고 다른 단어를 써서 이야기해 줄래요. 중국어가 그녀에게는 어렵고 당신에게는 쉽다고 생각될 때 어떤 느낌인가요? 죄의식 혹은 죄책감이라는 단어를 사용하지 말고 표현해 보세요.

레이첼 : 죄의식을 느낀다고 말하지 말라고요? 그렇지만 죄책감을 느꼈는걸요! 내가 다른 뭔가를 느꼈는지는 모르겠어요.

SLN : 당신은 분명 다른 것을 느꼈습니다. 단지 당신은 그것을 표현할 어떤 단어를 찾아내지 못하고 있는 거예요. 당신이 어떻게 느끼는지 죄의식 외에 다른 단어를 사용해서 이야기해 보세요. 아마 동의어가 될 수도 있을 겁니다. 어떻게 느끼는지 편하시면 중국어로 이야기한 후에 번역해서 말해 보세요.

레이첼 : 나는… 내가 가치가 없다고 느껴요. 아, 맞아요. 레아가 곁에 있을 때면 나는 내가 가치가 없다고 느껴져요.

단순히 동의어(synonym)를 찾아내는 것이 어떻게 도움이 될 수 있는지에 주목하라. 레이첼은 룸메이트가 경험한 학교에서의 어려움에 의해 어떻게 그녀의 신념들이 유발되는지를 보여주었고, 치료가 진행되는 중에 죄책감 경험의 A-B-C에 대한 통찰력을 갖는지 보여주었다. 처음에는 죄책감으로 부르던 것을 이후에는 가치 없음으로 불렀다. 물론 가치 없음은 정서가 아니다. 가치 없음은 사람의 본질적 신분에 관한 평가적 신념이다. 또한 레이첼은 자기 자신에 관한 평가적 신념의 직접성(immediacy), 자동적인 특성(automatic quality) 및 생생함(vividness)을 드러냈다. 그녀의 진술은 자신에 대한 평가적 신념과 그런 신념의 결과로써 생겨난 감정들 사이에 암묵적인 유대관계를 드러냈다. 그것은 B-C 연결인데, 4장에서 논의했던 신념(Belief)과 결과적 정서(Consequent emotion) 사이의 연결이다. 이런 상황에서 밀접하게 관련된 레이첼의 신념들과 정서들은 그녀의 마음 속에서 자동적으로 막힘 없이 서로에게 영향을 준다. 그녀는 자신이 상황과 자기 자신에 대해 어떻게 생각하고 있는지 자신의 느낌으로 인해 혼란스러워했다. 그녀는 죄책감을 경험했고, 그것은 룸메이트 레아가 열심히 했음에도 불구하고 잘하지 못한 것에 반해 자신은 잘하고 쉽게 점수를 받은 것이 가치가 없다고 그녀가 믿고 있다는 것을 의미한다. 그리고 우리는 계속 치료에 임했다.

SLN : 자 봅시다. '가치 없음'과 '죄의식'은 정서가 아니고 생각입니다. 당신은 자신이 어느 정도는 무가치하다고 자신에게 말하고 있습니다. 당신은 아무래도 가치가 없고 자격이 없다고 자신에게 말하고 있으므로 좋은 성적을 받은 것에 대해 죄의식을 가지고 있습니다. 무엇이 사람을 가치 있거나 가치 없게 만드나요? 무엇이 자격이 있거나 자격이 없게 만드나요?

레이첼 : 잘 모르겠어요.

SLN : 그럴지도 모르죠. 하지만 당신은 자신이 얻은 좋은 성적이 가치가 없다고 믿고 있습니다. 당신은 좋은 성적을 받았지만… 무엇이 아니라는 것입니까? 그것이면 족하다는 말인가요?

레이첼 : 족하다고요? 아, 그래요. 그 말씀이 맞는 것 같네요.

SLN : 당신도 아시다시피, 당신은 자신이 그런 좋은 성적을 받을 자격을 만족시키지 못한다고 믿기 때문에 지금 그런 느낌을 가지고 있는 것입니다.

레이첼 : 레아가 저보다 낮은 점수를 받은 것은 정말 불공평해 보여요.

SLN : 무엇 때문에 그런 생각이 드나요?

레이첼 : 그녀가 나보다는 열심히 했거든요. 저는 그녀보다 나을 것이 없어요.

SLN : 그래요. 그건 그렇다고 합시다. 당신이 레아보다 나을 것은 없지만, 당신은 아마 그녀보다 영리하거나 머리가 좋은가 봅니다. 그렇지 않으면 적어도 레아보다 중국어를 잘 알아드는 귀를 가졌던가요. 당신은 장학생으로서 아마 모든 과목에서 레아보다는 훨씬 좋은 성적을 받았을 겁니다. 모르긴 몰라도 모든 수업에서 당신이 그녀보다는 뛰어날 겁니다.

레이첼 : 그건 잘 모르겠어요. 알고 싶지도 않고요. 게다가 그녀가 내가 무엇을 하고 있는지 알게 하고 싶지도 않아요.

SLN : 맞습니다. 그녀가 알면 기분 나빠할 거예요. 원하지 않는다면 그녀에게 알릴 필요가 없습니다. 하지만 당신은 학교에서 정말 뛰어난 학생이고 그녀도 아마 벌써 알고 있을지 몰라요. 그녀가 만약 그것을 알게 되면 그것에 관해 기분이 썩 좋지 않을 수도 있습니다. 생각해 보십시오. 당신이 부르는 죄의식은 당신이 자격이 없다고 믿는 것으로부터 생긴 정서입니다. 그렇다면 사람들은 자신들이 자격이 없다거나 가치가 없다고 자신에게 말하면 어떤 기분을 느낄까요?

레이첼 : 무안하지 않을까요? 아니면 부끄럽지 않을까요?

SLN : 맞습니다. 당신은 자신이 받은 좋은 성적에 대한 자격이 없다고 믿었고 레아의 나쁜 성적을 보았을 때 수치감을 느끼고 있습니다. 제가 보기에는 당신과 레아 모두 영리함과 성적과 관련하여 당신에 관한 어떤 면에 뭔가 혼란스러워하고 있습니다.

그렇지 않나요?

레이첼 : 잘 모르겠어요. 그렇다면 우리가 우수한 사람들인가요?

SLN   : 그렇습니다! 다른 학생들과 교수들처럼⋯ 아마 당신과 레아 역
         시 속으로 자신들에게 만약 레아가 아주 열심히 중국어를 공부
         했고 그녀가 우수한 사람이라면 그녀는⋯

레이첼 : 좋은 점수를 받아야 했지요.

SLN   : 그렇지요, 당신은 그녀보다 더 우수한 사람이 아니고 중국어
         수업에서 거의 완벽한 점수를 얻을 정도로 열심히 공부하지는
         않았기 때문에 어쩌면 그런 좋은 점수를 받을 자격이 없고 그
         런 점수를 받아서는 안 된다고 본 것인지도 모릅니다.

그러므로 레이첼이 겪은 죄책감의 경험은 주로 자기평가로부터 생겨
나는 수치심으로 구성되어 있었다. 아이러니하지만 겸손한 방식으로 실
제로 그녀는 대부분의 대학들에 존재하는 지적 파시즘(fascism)을 받아
드리고 있었는데, 지적 파시즘이란 똑똑한 사람이 더 가치 있는 사람이
라고 규정하는 사상을 말한다. 그녀가 레아보다 더 가치 있다고 믿지 않
았고, 수업시간에 잘 하는 것이 그런 것을 보여주는 것이라고(아마 레아
는 그렇게 믿고 있을 것이다) 분명치 않지만 그녀가 그런 언급을 하고 있
었기 때문에 단순히 그녀가 레아보다 중국어에 더 뛰어나다는 평가를 받
아들이지 않고 있었다. 그런데 레이첼은 첫 회기가 끝나면서 벌써 그런
죄의식으로부터 벗어날 수 있었다. 그 다음 회기의 내용은 죄의식이 더
이상 그녀를 괴롭히지 않게 하려는 과정으로 볼 수 있다.

SLN   : 물론, 당신이 받은 그런 좋은 점수를 받을 자격이 없게 되는 경
         우들이 더 있습니다. 만약 당신이 시험 중에 부정행위를 했다
         면 그 점수를 받을 자격이 없는 것이지요. 당신이 혹시 시험 중
         에 부정행위를 했습니까?

레이첼 : 물론, 하지 않았지요!

SLN : 혹은 교수님께 뇌물을 주었다거나 교수님께서 당신을 딸이나 애인이라서 편애했다면 그럴 수 있습니다. 그런 건가요?

레이첼 : 아닙니다. 물론 아니죠! 그럴 가능성도 없는 것이 우리 중국어 교수님께서는 젊은 여자분이거든요.

SLN : 미안합니다. 그렇다면 아마 하나님께서 세상에 보내신 지적인 영(靈)을 이용한 것인가요? 아는지 모르겠지만, 아마 좋은 영이건 나쁜 영이건 간에 사람의 영혼과 혼재(混在)될 수도 있나봐요.

레이첼 : (웃으며) 그렇지 않다고 생각합니다. 그리고 그런 일이 실제로 가능한지도 모르겠지만, 무엇보다 확실한 것은 하나님께서는 공의롭다는 것입니다.

SLN : 당신이 실제로 그렇게 하지 않았지만, 만약 중국어 시험 시간에 부정행위를 했다고 칩시다. 그렇다고 다른 과목에서 받은 좋은 성적들도 받을 자격이 없게 되는 것인가요? 부정행위가 당신을 모든 면에서 되돌릴 수 없을 만큼 바꾸어 놓을 수 있는 것인가요?

레이첼 : 잘 모르겠어요.

SLN : 어떤 것이 사람의 본질을 바꾸어 놓을 수 있나요? 만약 어떤 사람이 시험 시간에 부정행위를 하거나 가게에서 물건을 훔치고 남의 악담을 하거나 다른 나쁜 행동을 했다면 그 사람의 본질이 내용 면에서 낮은 수준의 피조물이 되나요? 그러니까 그런 사람들은 고통을 당해야 하는 구더기 천지이면서 더러운 물이 줄줄 흐르고 냄새나는 오물 덩어리인가요?

레이첼 : (웃으며) 아니요.

SLN : 그래요? 그렇다면 만약 당신이 부정행위를 하고 가게에서 물건을 훔치거나 남의 악담을 하는 등 어떤 나쁜 행동을 했다면 어떻게 되나요?

레이첼 : 그렇다고 오물 덩어리는 아니겠지요.

레이첼과 '죄의식'에 대해 논의한 후에 우리는 그녀의 사교성 문제에 대해 이야기하기 시작했다. 놀랄 만한 일은 아니었지만 레이첼은 자신이 다른 학생들만큼 멋있지도 않고 그녀의 표현대로 그냥 책벌레에 지나지 않는다고 믿고 있었다. 자신이 보기에 매력적으로 보이는 남학생에게 장난을 걸거나 인간의 본질과 진수(眞髓)는 변하지 않는다는 것을 언제나 자신의 머릿속에 담고 있게 하는 사회화 과제들을 시도한 이후에 레이첼의 기분은 조금 더 나아졌다. 그녀와 그녀가 주의를 끌고 싶어하는 남자 모두 비록 지능, 신장, 사회적 측면에서의 매력 등 실재적인 면에는 명백하게 차이가 있을지라도 인간의 본질적인 면에서는 완전히 동등하다는 것을 그녀가 남자에게 장난을 걸기 전, 장난을 걸고 있는 도중, 그리고 장난을 건 후에 레이첼은 마음 속으로 생각했다. 또한 그녀는 경험에 근거하여 아주 극소수의 학생들보다는 지적으로 뒤떨어지겠지만 대부분의 다른 많은 학생들보다 지적으로 우수하고 본질적으로는 자신이 더 낫거나 더 못한 인간이 되지는 않는다는 것을 머릿속에 상기시켰다. 그녀는 두 달 동안 띄엄띄엄 세 번 더 상담소를 찾았으며, 그 이후에는 더 이상의 상담이 필요하지 않게 되었다.

레이첼의 죄책감은 특정한 잘못과 관계되어 있지 않은 거의 '유동(free floating)'적인 것이었다. 물론 많은 내담자들, 특히 종교를 가지고 있는 내담자들은 자신의 행동에 관해 의식적으로 무언가를 자신에게 혼잣말로 이야기하면서 죄책감을 느낀다. 이런 이유에서 REBT를 하는 사람들은 죄책감을 보고하는 내담자들을 환영한다. 한번 죄책감을 보고한 내담자들은 죄책감과 아주 밀접하게 관련된 자기대화(self-talk)를 만들어내는 경향이 있는데, 그것은 그들이 비합리적 신념들을 쉽게 들여다 볼 수 있는 깨끗한 창문 역할을 한다. 그런 다음에 인지적 행동치료로 그들의 죄책감을 완화시키는 것은 의외로 간단한데, 그 중에서도 죄책감에 힘을 싣는 핵심 평가적 신념들에 대해 이야기하는 것이 특히 도움이 된다. 마지막으로 핵심 요소를 처리하는 것이 죄책감을 경감시키고 내담자들에게 죄책감을 경험하게 하는 행동들을 수정하기에 충분하다. 그 예를 단

(Dan)의 사례에서 볼 수 있다.

단(Dan)의 죄책감(우울 및 낙담) 신앙심이 깊은 30세의 기계 엔지니어(기술자)인 단은 자신이 자위행위에 관한 "죄의식으로 가득 차 있다"고 말하면서 치료를 시작했다. 그는 일주일에 한두 번 자위행위를 하고 있었다. 그가 그렇게 해 온 지는 15년 가량이 되었다. 그리고 그는 수년 동안 자주 이 문제로 교회 지도자들과 이야기를 나누어 왔다. 그는 자신이 십대였을 때 자위행위를 알게 된 후부터 종교적으로 자위행위가 금기사항이라는 것을 알기 전까지는 아주 자주 자위행위를 했다. 어떤 종교 지도자들은 벌을 수단으로 하여 중재하려고 했고, 어떤 종교 지도자들은 따뜻하게 격려하는 방식을 사용했다. 그는 말일성도 예수그리스도 교회의 약 일 년 간의 선교기간 동안을 포함하여 오랜 기간 동안 자위행위를 하지 않고 자신을 잘 조절하기도 했었다. 그는 선교사로 떠나기 전 3개월 동안 금욕생활을 해야 했었다. 그리고 선교를 시작하고 10개월 동안도 그는 자위행위를 하지 않을 수 있었다.

하지만 단은 나체광고를 계속해서 접할 수밖에 없는 네덜란드*에서 선교를 하게 되었다. 그는 그런 것들을 보고 싶은 유혹에 빠졌고 그런 것들을 보고 '흥분되는' 자신이 부끄러웠으며 자신에게 혐오감을 느꼈다. 결국, 그는 다시 자위행위를 시작하게 되었다. 그는 교회에서 지도자인 선교사 대표를 찾았고 그는 그런 그를 잘 이해하는 관대한 사람이었다. 교회 지도자와 이야기를 나눈 이후에 그는 드물게 자위행위를 했는데, 나머지 14개월의 선교기간 동안 4~5번 자위행위를 더 했었다. 그리고 집으로 돌아와서도 어떤 때는 하루에 한두 번씩 자위행위를 했다.

단은 미혼이었고 무척 결혼하고 싶어했다. 그는 상대방과 만날 "자격이 없다"는 느낌을 받아서 같은 여자와 한두 번 이상 만나지 않았다고 설명했다. 우리는 첫 회기 동안 다음과 같은 대화를 나누었다.

---

* 역자주 : 네덜란드의 암스테르담에서는 매춘이 합법이고 성 박물관이 있을 정도로 성적으로 개방적이다.

SLN : 그래요. 요즘 당신은 일주일에 한두 번씩 자위행위를 하는군요. 마지막으로 언제 자위행위를 했는지 말해줄래요?

단　 : 음, 지난 일요일이었어요. 월요일 새벽이었나 했는데, 실제로 아직 일요일 늦은 밤이었어요. 썸머타임(daylight savings)이 바뀐 것 아시죠? 사무실에 시계를 한 시간 빨리 가게 했거든요. 그래서 저는 월요일이지 생각했는데 실제로는 일요일이었지 뭐예요. 저는 자정이 지났다고 생각하고 자위행위를 했거든요. 그런데 잠자리에 들려고 하면서 시계를 보니까 실제로는 아직 일요일인 거예요.

SLN : 지금 이야기를 들어보니까 당신은 굉장히 당황했던 것 같네요.

단　 : 그럼요. 저는 지금까지 안식일(Sabbath)을 어기지 않았거든요.

SLN : 그래서 일요일에 자위행위를 한 것에 대해 자신에게 어떻게 이야기를 했습니까?

단　 : "네가 도대체 어떤 짓을 했는지 알아?"라고 했을 거예요. 절대로 그렇게 하지 말았어야 했습니다. 적어도 안식일은 지켰어야 했어요. 저는 저 자신에게 혐오감을 느꼈습니다.

SLN : 제 생각으로는 당신이 안식일에 대해 어떻게 생각하고 있는지에 관해 우리가 한번 이야기해 볼 필요가 있는 것 같군요.

단　 : 우리는 안식일을 거룩하게 지켜야 합니다.

SLN : 맞아요. 그 부분에 관해서는 저도 이해합니다. 하지만 당신이 했어야 하는 일을 하지 못하는 것에 대한 당신의 생각에 대해서 저는 이해할 수가 없군요. 자신이 안식일에 자위행위를 한 것에 대해 어떻게 생각합니까?

단　 : 저는 제가 그렇게 한 것에 대해 혐오감 같은 것을 느낍니다. 특히 그런 기간을 보내고 나서는 변명의 여지가 없습니다.

SLN : 자위행위를 하는 그런 오랜 기간들을 보낸 후 무엇 때문에 변명의 여지가 없다는 것입니까?

단　 : 그렇게 오래 그만두려고 노력했으면 그만 두었어야 했어요. 저는 그렇게 해야 하는 대의(大義)를 잃은 기분입니다.

단은 자신의 생각과 느낌을 아주 뚜렷하게 묘사했기 때문에, 비합리적인 그의 신념들을 쉽게 파악할 수 있었다. 그는 자신이 "대의를 잃었다"고 느끼고 있었다(실제로는 믿고 있었다). 논박은 그의 자기평가에 대해서부터 시작할 수 있었다. 그는 또한 그가 그런 오랜 기간을 보냈다면 자위행위를 그만 두어야 했고 그런 그의 행위는 용서받을 수 없는 것이라고도 말했다. 따라서 논박은 그런 강요들에 대해서도 이루어졌다. 그가 자위행위를 일요일에 한 것에 대해 혐오감을 느끼고 있다고 말했기 때문에 자신의 행동을 혐오스럽게 보는 것도 논박의 대상이 되었다. 나는 자기평가에 대한 것부터 먼저 논박하기로 결정했다.

SLN : 제 생각으로는 당신이 대의를 잃었다는 느낌이라고 말할 때 자신에 관해 좋지 못한 기분을 느꼈을 것 같네요. 자신에게 어떤 이야기를 했을 것 같은데요? 마치 이렇게 말이죠. "나는 다시 자위행위를 했다. 그것도 일요일에… 따라서 나는…"

단 : 저는… 정말 가치 없는 죄인이지요.

SLN : 그러니까, 당신이 그런 식으로 죄를 지었기 때문에, 더 엄밀히 말해 안식일에 자위행위를 한 것이 당신을 가치 없는 사람으로 만들었군요. 하지만, 생각해 보십시오. 예를 들어, 만약 길가에 침뱉는 것 등과 같이 그것이 어떤 것이든 간에 그것이 당신을 가치 없게 만들 수 있다고 당신이 생각한다면 적어도 당신은 추가로 한 가지 문제를 가지게 됩니다. 따라서 이 시점에서 당신은 두 가지가 아니라 세 가지의 문제를 가지고 있습니다.

단 : 무슨 말씀을 하시는 겁니까?

SLN : 이 경우에 당신은 자신이 정말 하지 않았으면 하고 바랬던 두 가지를 했습니다. 자위행위를 하지 않으려고 했지만 자위행위를 다시 했고요. 안식일을 거룩하게 지키려고 했지만 늦은 일요일 밤에 자위행위를 했습니다. 따라서 당신은 하지 않았으면 하는 두 가지 일을 했고 자신에게 실망했습니다. 그런데 당신이 자신에게 그런 잘못된 행동을 하지 말았어야 했다고 말하는 것뿐만 아니라 그런 잘못된 것을 한 것이 자신을 가치 없게 만들었다고 말하게 됨으로써 한 가지 추가적인 문제를 가지게 된 것입니다. 당신은 자신이 가치 없다고 생각함으로써 우울과 좌절의 느낌과 같은 추가적인 문제들을 가지게 되었습니다. 당신이 믿고 있는 것처럼 어떤 사람이 자신이 가치 없다고 자신에게 말한다면 어떤 느낌을 갖게 될까요?

단 : 제 생각으로 그 사람은 자신이 정말 무가치하다고 느끼겠지요.

SLN : 그렇습니다. 하지만 생각해 보십시오. 가치 없다는 것은 하나의 의견입니다. 그런데 그런 신념이 어떻게 한 사람의 감정을 불러 일으킬까요? 당신이 자신이 가치 없다고 믿을 때 어떤 느낌을 받았습니까?

단 : 정말 천박하다고 느꼈어요. 실망감이 생기고 때로는 좌절감이 몰려 왔습니다.

SLN : 그런 것들을 자기패배적 정서라고 합니다. 그런 정서들이 당신에게 용기를 북돋워 주었습니까? 자신이 가치 없다는 믿음과 좌절감이 당신을 교회로 이끌었습니까? 아니면 당신이 자위행위를 그만 둘 수 있겠다는 믿음이 생기게 했습니까?

단 : 그렇지는 않습니다.

SLN : 사실, 제 생각으로는 자신이 가치 없다고 당신이 생각하면 할수록 더 우울해지고 자위행위를 더 많이 하게 되었을 수도 있습니다. 맞습니까?

단 : 맞습니다. 그런 것 같아요.

자기평가에 관한 단의 명쾌한 설명은 비합리적 신념에 대한 논박을 쉽게 했다. 첫 번째 논박은 기능적이고 실용적인 것이었다. 나는 단이 가지고 있는 비합리적인 신념의 실용적인 효과들에 대해 이의를 제기했다.
나는 그의 삶 속에서 그런 신념의 기능은 어떤 식으로든 간에 그를 불안
하게 하고 아이러니하게도 그가 자위행위의 문제를 극복하지 못하게 방
해하는 것이라는 사실을 그에게 보이려고 시도했다. 그런 다음에 나는
그가 믿고 있는 종교의 경전에 나타나 있는 인간에 대한 평가들에 대비
되는 권위 있는 증거들을 통하여 논박을 더 발전시키려고 시도하였다.

SLN : 당신은 참 신앙적인 것 같군요. 당신은 경전을 읽고 있습니까?

단　 : 자주 읽으려고 노력하고 있습니다.

SLN : 어떤 사람이 가치가 없다고 경전 어디에 쓰여 있습니까?

단　 : 확실하지 않습니다. 그러나 경전은 지옥에 관해 말하고 있습니다.

SLN : 그렇습니다. 사람들은 자신들이 잘못된 행동을 하거나 실수를 하
　　　면 고통을 받습니다. 하지만 저에게는 당신이 자신을 벌주는 데
　　　는 전문가로 보입니다. 제 생각으로는 당신이 벌써 자신에게 벌
　　　을 준 것 이상으로 하나님께서 당신에게 벌을 주실 것 같지는 않
　　　습니다. 당신은 계속해서 자신을 지옥에 있는 것처럼 만들곤 했
　　　는데, 하나님께서 무엇 때문에 당신을 또다시 지옥에 보내실 필
　　　요가 있겠습니까? 당신은 죄가 당신을 가치 없게 만든다고 믿고
　　　있기 때문에 자신에게 또 다른 추가적인 짐을 지우고 있습니다.
　　　당신이 무슨 벌을 받는 것과는 상관없이 "나는 가치 없다"고 말
　　　할 때 당신은 어떤 기분이 드나요?

단　 : 잘 모르겠습니다.

SLN : 음, 당신은 지옥에 관해서 이야기했는데요. 극악한 죄를 지은 일
　　　란성 쌍둥이 형제를 한번 상상해 보십시오. 그들이 일란성 쌍둥
　　　이 자매에게 성폭행을 했고 그들은 바로 심장마비로 죽었다고
　　　합시다. 그래서 그들은 깨어나 보니 같은 죄로 인하여 지옥에 있
　　　었습니다. 지금까지 그들은 모든 면에서 똑같습니다. 죄도 같고
　　　처벌도 같습니다. 그들 모두 지옥에서 행복할까요?

단 : 물론, 아니겠죠.

SLN : 그래서 그들은 둘 다 불행했습니다. 하지만 한 명은 "정말 힘들다! 지옥은 정말 뜨겁다! 이렇게 되지 않도록 했다면 얼마나 좋을까!"라고 생각하고 있습니다. 그리고 또 한 명은 "정말 힘들다! 지옥은 정말 뜨겁다! 이렇게 되지 않도록 했다면 얼마나 좋을까! 지옥에 있다는 것은 내가 얼마나 가치 없는 오물 덩어리라는 것을 증명해 주는 것이다!"라고 생각하고 있습니다. 이 중에 누가 더 불행하겠습니까?

단 : 당연히 그들 모두 불행하겠지요.

SLN : 하긴 그래요. 아마 그들 모두가 불행할 겁니다. 하지만 누가 더 우울한 기분을 느낄까요?

단 : 아마 두 번째 사람 아니겠어요?

SLN : 그렇다면 두 사람 중에 당신은 누구와 더 비슷하다고 생각합니까?

단 : 음, 두 번째 사람이요.

SLN : 그렇다면, 다르게 생각해 볼 수는 없는 것일까요? "원치 않는 일을 했기 때문에 내가 나쁜 것은 아니다"라고 당신 자신에게 말한다면 어떻게 될까요?

단 : 잘 모르겠어요. 그렇게 생각할 수는 없어요. 옳지 않거든요.

SLN : 보십시오. 몰몬경에 나오는 베냐민 왕을 기억하시죠? 그가 왜 유명한지 기억하십니까?

단 : 물론이죠. 그는 죽기 바로 전 백성들에게 궁전으로 오라고 명령했죠. 그리고 그는 성채로 올라가서 백성들이 계율을 지켜야 한다고 설교했지요.

SLN : 그럼 듣고 있던 백성들 중에 자위행위를 하는 사람들이 있었을 수도 있을까요? 아마 고대 사람들은 소변을 볼 때를 제외하고는 자신들의 성기를 결코 만지지 않았을지 모르죠. 아마 상형문자를 보기에도 너무 바빠서 그들은 자위행위가 뭔지도 몰랐을 수도 있습니다.

단 : 아닐걸요. 아마 그들 중에도 자위행위를 하던 사람들이 있었을 거예요.

SLN : 그렇다면, 그런 사람들도 당신만큼 자주 자위행위를 했을까요?

단 : 아마 그랬을 겁니다.

SLN : 베냐민 왕은 그의 설교 초반에 이렇게 말했습니다. 밑줄 친 이 곳을 읽어 보시겠습니까?

단 : "그가 이야기하여 그대로 기록하게 한 말은 이러하니라. 오늘 이 곳에 함께 모여 내가 전할 말을 듣게 된 나의 백성들아. 너희를 명하여 이 곳에 이르게 한 것은 내가 할 말을 소홀히 다루게 하 려 함이 아니요, 내게 귀를 기울여 너희 귀를 열고 듣게 함이며, 너희 마음을 열어 너희 의사로 하나님의 오묘하신 섭리를 배우 게 하려 함이라(몰몬경 모사이야서 2장 9절)."

SLN : 그런 그가 백성들에게 농담을 했던 것일까요?

단 : 아니요. 그는 아주 심각했던 것 같은데요.

SLN : 그는 또 이렇게 말했습니다. 여기 두 번째 밑줄 친 곳을 읽어 주 시겠어요?

단 : "너희가 왕이라 일컫는 나도 너희보다 조금도 나을 것이 없나니 나 역시 티끌로 지어진 인간이라. 너희가 보는 대로 내가 늙어 죽어야 할 육신을 그 본래의 흙에 돌아가게 하려 하매(몰몬경 모 사이야서 2장 26절)."

SLN : 그가 무엇을 말하려고 한 것일까요?

단 : 뭐 확실하네요. 그는 인간이 평등하다고 믿고 있었던 것 같습 니다.

SLN : 그러면 자위행위를 하는 청중들은 어떨까요? 해를 거듭하며 습 관적으로 자위행위를 한 사람들을 포함해서요. 단지 안식일에 자 위행위를 한 사람들을 제외한 청중들보다 그가 더 나은 것이 없 다고 생각한 것일까요?

단 : 무슨 말씀인지 알겠습니다. 그랬던 것은 아니겠지요.

SLN : 아마 그가 거짓말을 했었던가 아니면 백성들이 듣고 싶어한다고 생각하는 말을 했을 수도 있습니다. 아니면 아마 착각에 빠졌었을 수도 있죠. 내 기억이 맞는다면 그런 말을 했을 때 그는 나이가 많이 들었습니다. 그렇다면 치매에 걸렸지 않았을까요? 치매가 정신없는 말을 하게 했던 것이 아닐까요? 그런 것이 아니라면 하나님의 뜻을 전달한 것일까요?

단   : 저는 그가 하나님의 뜻을 전달한 것으로 봅니다.

SLN : 좋습니다. 당신이 그렇게 믿고 있다면 자신의 자위행위에 대해 본인에게 어떻게 이야기해야 할까요?

단   : "자위행위 때문에 내가 나쁜 사람은 아니다"라고 하는 것은 어떨까요?

SLN : 그렇게 단도직입적이지 않고 조금 암시적인 것은 어떨까요? 그리고 당신이 그것을 믿고 있는 것처럼 말하면 어떨까요? "그 어떤 이유 때문에 당신이 더 좋은 사람이 되거나 더 나쁜 사람이 되지는 않는다고 확실하게 믿는다"라고 하는 것은 어떨까요? 단지 조금 더 좋은 사람이나 조금 더 나쁜 사람이 되는 것 뿐이라고 생각하면 어떨까요?

단   : 그렇게 한다면 기분은 더 좋아지겠는데요.

SLN : 좋은 것과 조금 더 좋은 것의 차이와 나쁜 것과 조금 더 나쁜 것의 차이가 어디에 있다고 보십니까?

단   : 저는 좋은 것과 나쁜 것과 같은 개념을 제 모습에 대입했었고, 조금 더 좋은 것과 조금 더 나쁜 것은 제 환경에 대입했었습니다.

SLN : 그럼 죄는 어느 쪽에 더 가까울까요? 나쁜 것일까요? 조금 더 나쁜 것 뿐일까요?

단   : 조금 더 나쁜 것일 뿐이지요.

단은 베냐민 왕이 했던 말이 자신에게 적용된다는 것을 상기하기 위해 강력한 자기대화를 해야 하는 과제를 가지고 집으로 돌아갔다. 그러면서 그는 자신의 성적 생각들이 미혼인 상태에서는 처리하기 곤란하고 성적 행동을 잘 조절하고 싶어하는 자신의 소망에 문제를 일으키지만 자신의 인지적·정서적 본질 중에 이해할 수 있는 한 부분이라는 것을 수용하는 연습을 하기도 했다.

단과는 네 회기의 상담을 더 했다. 추가 상담회기 동안 그의 논박 반응에 값 치르기 방식(response-cost system)을 더했다. 그는 20달러짜리 지폐가 다섯 장이 든 봉투를 나에게 주었고, 그가 미리 정해 놓은 특별한 시간이 아닌 때에 자위행위를 하게 되면 그 때마다 20달러짜리 지폐를 변기에 넣고 물을 내리기로 합의하였다. 그런데 그가 만약 넉달 동안 자위행위를 하지 않는다면 그는 100달러 모두를 받을 수 있었다.

그는 그 이후 몇 주 동안은 자위행위의 유혹을 이겨내기에 약간 힘이 들었다고 보고했다. 또한 새로 사귀기 시작한 여자와 함께 있을 때 아주 편한 느낌을 받았기 때문에 계속 사귀게 되었다. 단은 4개월이 지난 후에 100달러를 받기 위해 찾아 왔고 그 돈으로 데이트를 즐겼다. 그리고 나서 그는 9개월 후에 다시 나를 찾았고 9개월 동안 단지 한번만 자위행위를 했다고 보고했다. 그 첫 번째 여자와는 더 이상 사귀는 것을 그만 두었지만 다른 여자와 6개월간 사귀고 있었다.

단은 자기수용이 자신의 자위행위를 제어할 수 있는 새로운 확실한 비결이라고 말했다. 그는 아직도 어떤 생각들이 떠오른다고 했으나 그것이 죄책감을 일으키거나 자위행위를 할 정도로 유혹적이지 않다고 보고했다. 한 순간 자위행위를 하고 난 후 8개월 이상이 지난 후에 다시 한 번 하게 된 자위행위에 대해서는 그는 크게 마음을 두지 않기로 결심했다.

REBT에서는 죄책감과 연합된 자기패배적 정서들에 초점을 맞추어 주의를 기울이고, 종교적 규율의 진실성과 내담자들이 어겼다는 규율의 진실성에 초점을 맞추어서는 안 된다. REBT 치료자가 어떤 종교적 규율의 진실성을 믿을 수 없거나 동의할 수 없더라도 마찬가지이다. 내담자의 행동이 치료자가 보기에 잘못된 행동이나 죄로 여겨지는지의 여부는 매우 중요하기는 하지만 그것이 주요 쟁점은 아니다. REBT 치료자들은 죄책감 때문에 생기는 자기패배적 스트레스를 내담자가 잘 해결할 수 있도록 돕기 위해 어떤 것이 종교적으로 진리이고 오류인지에 대한 개념들에 변화를 주어야 한다는 데에는 동의하지도 않고 그런 시도를 하지도 않는다. 내담자의 비합리적 핵심 신념들(자기평가, 강요, 재앙화 등)을 이해하고 그런 신념들의 자기패배적인 영향을 드러낸 후 내담자로 하여금 그런 비합리적 신념들을 논박하게 하는 것이 REBT 치료자들에게 최우선의 목표이다.

내담자들이 죄책감을 느끼고 있다고 말하면 그것을 자기패배적 정서로 간주해도 된다. 만약 그렇다면 REBT는 그런 정서들에 적절하게 초점을 맞추게 된다. 만약 내담자가 죄책감을 느끼는데 그것이 건전하고 유익한 정서라고 말한다면 REBT에서 아마 그런 정서를 표적으로 삼지 않을 것이다. 그렇다면 자기패배적인 정서들을 어떻게 정의할 수 있을까? 자기패배적인 정서란 종교적인 목표들을 포함해서 내담자들이 목표를 성취하는 것을 방해하는 감정들이다.

4. 죄책감의 기본

REBT는 핵심 신념에 초점을 맞추기 때문에 내담자가 죄책감과 연합된 감정들을 이해할 수 있도록 돕는 독특한 기회를 제공한다. 또한 REBT는 죄책감 때문에 일어나는 자기패배적 고뇌를 처리할 수 있는 생산적인 접근을 포함하고 있다. REBT는 내담자의 죄책감이 어떤 종류이던 간에 죄책감 때문에 발생하는 자기패배적 감정과 행동들은 인간적 평가, 강요, 재앙화를 포함한 비합리적 사고들(IBs)과 연결되어 있다고 본다. 지혜의 책에 대한 마르다의 관점을 '교정'하려는 나의(SLN) 시도는 불행하게도 그녀의 비합리적인 핵심 사고를 탐색하고 중재하는 REBT의 기본 목표에서 벗어난 것이었다. 나는 함께 경전을 고찰하자고 제안함으로써 유발사건(A)에 개입하려고 시도했다. 그런 이탈은 고뇌의 근원인 비합리적 신념들을 직접 추적하고 개입하는 것보다 비능률적이었다. 게다가 마르다는 그런 시도를 종교적인 진리에 도전하려는 것이라고 생각했기 때문에 치료에 저항했다.

지혜의 말씀에는 인간의 체중을 유지해야만 하는지에 대한 언급이 없기 때문에 대부분의 말일성도 교인들은 마르다가 지혜의 말씀을 과장해서 이해하고 있다고 생각할 것이다. 종교적인 문제들을 다루는 REBT의 기본적인 접근법은 지혜의 말씀이 그것을 금지하는지 금지하지 않는지 (교리적 논쟁이 될 수 있음)에 초점을 맞추기보다는 "금욕 생활을 해야 한다고 생각하지는 않지만 먹는 것과 체중을 조절해야만 한다"는 마르다의 비합리적인 요구를 지적하고 논쟁하는 것이다. 그런 요구가 그녀의 자기패배적 정서와 행동의 근원일 가능성이 크다.

자기패배적 정서가 생기게 하는 신념을 평가하는 것은 REBT와 A-B-C 모델이 죄책감을 다룰 때 나타나는 복잡한 것들을 단순화하는 데 도움이 된다. 마르다의 설명으로 어떻게 죄책감을 경험하는지는 곧바로 명료화되었다. 그녀가 느끼는 죄책감의 실제 정서들은 수치심과 자기를 향한 분노였다. 그녀는 자신의 체중을 조절해야 했는데 그렇게 하지 못했기 때문에 자신에게 화가 났다. 그것이 첫 번째 죄책감의 감정이었다. 그리고 그녀는 자신이 자기 체중도 조절하지 못하고 체중을 조절하기 위하여 구토를 유도하는 나약한 사람이라는 믿음을 가지게 됨으로써 수치심을 느꼈다. 그것이 두 번째 죄책감의 감정이었다.

죄책감 경험에 대한 이런 종류의 합리적·정서적 행동분석에 의하면, 사람들이 자신의 어떤 잘못된 행동에 대해 죄의식을 가지게 되면 죄책감을 일으키는 사건은 어떤 잘못된 행동에 대한 죄의식의 신념들을 만든다. 특정한 잘못된 행동에 대한 죄의식의 신념의 결과로서 사람들은 그런 신념과 일관된 정서를 경험한다. 죄책감은 어떤 잘못된 행동에 대해 죄스럽다고 느낄 때 내담자 자신이 만들어내는 정서이다.

감정들은 넓은 의미에서 어떤 것은 유익하고 어떤 것은 자기패배적이다. 슬픔, 후회, 양심의 가책 등을 포함한 유익한 정서들은 사람들이 자신의 잘못된 행동에 과실이 있다고 생각할 때 생길 수 있다. 이런 죄의식과 관련된 정서들은 그런 잘못된 행동을 피하려는 동기를 가지게 하고 잘못된 행동으로 생긴 문제들을 교정할 수 있는 가능성을 높여 주기 때문에 유익하다. 레이첼은 레아가 중국어 시간에 힘들어 하는 것 때문에 슬펐고 레아가 자기 때문에 화가 난 것 같기 때문에 슬픔을 느꼈다. 그녀들의 우정에 문제가 생기지나 않을까 하는 걱정은 불쾌하지만 유익한 것이었다. 난처함, 수치심, 우울 등을 포함한 자기패배적 정서들은 죄책감과 연합하여 발생한다. 그런 정서들이 사람들로 하여금 동기를 감소시키고 일반적으로 문제를 해결하는 행동을 회피하게 만들기 때문에 자기패배적인 것이다. 레이첼은 좋은 점수들을 받은 것에 대한 수치감과 A학점을 받은 것에 대해 죄의식을 느꼈는데 그것은 전혀 유익하지 않은 것이었다!

수치감과 난처함은 잘못된 것을 인정하고 잘못된 행동으로 유발된 손해를 고치고 복구하려고 시도하는 것을 방해한다. 그 이유는 그렇게 복구하는 것이 고백이나 또 다른 잘못에 대한 시인을 필요로 하기 때문이다. 우울은 일반적으로 모든 행동들의 동기를 없애기 때문에 자기패배적인 것이다. 단은 그가 우울할 때는 자위행위를 더 하게 되고 자기 교회 감독(말일성도 교회에서 일컫는 말로 일반교회에 목사와 같은 직위)을 찾아가기가 힘들었다고 보고했다. 교회 지도자를 피하는 것과 잘못된 행동(개인의 종교적 규율에 근거하여 정의된)을 증가시키는 것은 죄책감의 부정적 효과이다. 죄책감 경험의 자기패배적인 면들로부터 자유로워지면 내담자는 종교적 목적을 포함하여 그들의 목적을 성취할 수 있게 된다.

>> 제 **9** 장

용서와 REBT

용서는 인간적 혹은 영적 작용으로서 종교를 가지고 있는 내담자들이 크게 가치를 두는 부분이다. 특히 유대인 혹은 기독교인 배경을 가지고 있는 사람들에게는 더욱 그렇다. 종교를 가진 내담자들은 용서를 하나님에 대한 순종과 건전한 삶의 중심으로 생각하고, 내적이고 대인관계적이며 영적인 결과들을 산출하는 것으로 여긴다. REBT 치료자들은 내담자에게 잘못한 사람을 용서하도록 내담자를 독려해야 하는가? 심리치료사들은 용서의 과정을 심리치료의 한 부분으로 삼아야 하는가? 그것에 대한 필자들의 대답은 상황에 따라 다르다는 것이다. 치료자가 REBT 치료과정에 용서를 통합시켜야 하는가는 특정 내담자의 종교적 신념과 잘못을 한 사람과 잘못한 행위로 인해 내담자에게 생긴 장애의 본질에 따라 현명하게 결정해야 한다. 비교적 짧은 이 장에서 우리는 용서의 본질과 신앙적 명제(命題)로서 용서에 대한 성서적이고 신학적인 진술을 살펴보고, 치료적 중재로서 내담자들이 언제 어떻게 타인들을 용서해야 하는지에 대한 REBT의 관점을 설명할 것이다.

1. 용서의 정의

웹스터 사전은 용서를 이렇게 정의하고 있다. (1) 상대방에게 원한을 품거나 벌을 주고 싶은 욕망을 포기함; 상대방에게 화를 내는 것을 그만둠; 눈 감아 줌. (2) 처벌이나 엄중한 벌칙을 주장하는 모든 요구들을 철회함(Webster's, 1979). 유대-기독교 전통에서는 용서를 대인관계에서 얻은 상처의 비통함과 부정적 기억들 모두를 조정하고 치유할 수 있는 방법으로 독려하고 있다(McCullough & Worthington, 1994). 프랭클(Frankl, 1969)은 용서를 한 사람이 효과적으로 수정할 수 없었던 상황(특히 잘못되었다고 지각된)에 대한 태도를 수정할 수 있는 확실한 방법으로 보았다. 가신과 엔라이트(Gassin and Enright, 1995)는 용서를 "부당하게 깊은 상처를 입힌 사람을 향한 부정적인 감정과 판단을 기꺼이 그만 두는 것"이라고 묘사하고 있다(pp. 38~39).

용서는 상대방의 그 어떤 행동도 요구하지 않는다. 그 의미는 잘못을 한 사람의 사과나 어떤 태도의 변화를 바라지도 않으며, 심지어 용서를 받아들였으면 하는 바람도 하지 않는다는 것이다. 다른 말로 표현하면, 용서는 일방적인 것이며 (이상적으로) 어떤 조건도 달지 않는다. 종교를 가지고 있는 대부분의 내담자들은 어떤 사람이 자신에게 잘못된 행동을 했을 때 용서하는 것을 도덕적이고 종교적인 의무로 이해할 것이다. 또한 우리의 경험에 의하면, 종교를 가진 내담자 중에 정신적으로 건강한 사람들은 용서를 자신의 불안을 감소시키는 데 도움이 되는 하나님에 의해 의도된 과정으로 간주할 것이다. 경전에서는 타인을 용서하는 것을 하나님과의 좋은 관계를 회복하고 타인과의 관계에서 하나님을 나타낼 수 있는 바람직한 영적인 결과를 얻을 수 있는 방법으로 표현하고 있다. 또한 용서는 잘못을 한 사람과 관련된 비통함(적대적 반추 : hostile rumination)의 감소와 같은 유익한 정서적 결과도 낳는다. 성서의 표현이 아니더라도, 많은 내담자들은 복수를 철회하고 화를 내는 것을 포기하는 것이 용서를 하지 않고 살아가는 것보다 평정을 유지하면서 더 불편함 없는 삶을 살 수 있게 한다고 이해할 것이다. 따라서 많은 내담자들이 가지고 있는 문제는 용서에 대한 생각이 아니고 과정에 있다. 분노를 단지 걱정거리나 실망쯤으로 간주하는 것은 거의 불가능한 것으로 보일지 모른다.

2. 용서의 성서적 혹은 신학적 토대

유대-기독교 전통에 기초한 모든 신앙들은 용서에 대한 개념과 실천을 기꺼이 받아들인다(Rokeach, 1973). 신약성서와 구약성서 모두는 용서에 대한 의무와 관련된 예시와 권면으로 가득 차 있다(Meek & McMinn, 1997).

구약성서의 모세 오경을 보면, 용서는 남녀 인간들에게 하나님과의 관계는 물론 인간들 사이의 관계에서도 회복을 가져다 준다는 것을 알 수 있다(Gladson, 1992). 하나님의 율법을 범하여 모든 인간은 근본적으로 죄인이라고 볼 수 있기 때문에 인간은 사실상 신성한 용서를 필요로 한다. 용서에 대한 구약성서의 개념은 하나님의 눈으로부터 잘못된 행동을 은폐하는 것에 초점을 맞추고 있다(예 : "그 죄의 가리움을 받는 자는 복이 있도다(시편 32편 1절).") 또한 죄는 사람이 멀리할 수 있으며(시편 86편 5절), 죄를 청결하게 하고 제거할 수 있는 것으로 묘사되고 있다(이사야 43장 25절). 그런데 유대인들은 희생, 의식(儀式) 혹은 기도를 통해 죄에 대한 약속된 용서를 얻음으로써 평화를 찾을 수 있었다. 그런 신성한 용서는 인간에 대한 인간의 용서에 귀감이 된다. 성서에 나타난 예를 보면, 요셉을 노예로 팔아버리는 파렴치한 짓을 하였던 요셉의 형제들은 기근으로 고통을 당하고 있을 때 생존을 위해 요셉의 은혜로운 용서에 의존하여야만 했다. 요셉은 조건 없이 자신의 형제들을 용서함으로써 인간관계의 회복에 대한 귀감이 되었다.

비슷한 예로, 기독교인들의 신약성서에는 삶의 방식과 하나님의 용서에 대한 원형으로서 서로를 용서하라는 간곡한 권고들이 가득 차 있다 (예 : "누가 뉘게 혐의가 있거든 서로 용납하여 용서하되 주께서 너희를 용서하신 것과 같이 너희도 그리하고(골로새서 3장 13절)", "서로 인자하게 하며 불쌍히 여기며 서로 용서하기를 하나님이 그리스도 안에서 너희를 용서하심과 같이 하라(에베소서 4장 32절)." 그와 함께 성서는 기독교인이 용서하기를 거절할 때 나타나는 결과에 대해서도 경고하고 있다 (예 : "남을 판단하는 사람아 무론 누구든지 네가 핑계치 못할 것은 남을 판단하는 것으로 네가 너를 정죄함이니(로마서 2장 1절)." 십자가 위에서의 예수의 죽음은 용서 행동의 극치인데, 그 때 '흘린' 예수의 피는 인간의 죄를 용서하기 위한 것으로 말해지고 있다(마태복음 26장 28장).). 일반적으로 기독교인 내담자들은 용서에 대한 필요가 인간의 본질적인 타락과 죄의 습성의 유전에 근거하고 있다고 이해할 것이다(Meek & Mc-Minn, 1997). 그들은 용서를 하나님과의 관계를 위한 본질, 잘못한 사람의 복지, 종교단체의 건강한 상태 등과 관계하여 생각할 것이다.

요약하면, 대부분의 유대인, 천주교인 및 개신교인 내담자들은 다른 사람들을 용서하는 것에 높은 가치를 두고 있다(Rokeach, 1973). 용서는 신성한 명령이고 그리스도의 희생을 통한 하나님의 용서를 수용하는 기독교 신앙의 핵심이라고 볼 수 있다. 종교를 가진 많은 내담자들은 용서를 부담으로 생각하기보다는 그리스도를 모방할 수 있는 기회이고 그 과정을 통하여 다른 사람들을 신앙으로 인도할 수 있는 가능성을 제공한다고 생각할 것이다. 그럼에도 불구하고 REBT 치료자들은 용서가 괴로운 짐이 되고 자기비하의 근본적 원인이 되는 내담자들을 만날 수 있을 것이다. 분노가 쉽고 빠르게 삭혀지지 않는다고 생각되면 내담자들은 에베소서 4장 26절의 "해가 지도록 분을 품지 말고"와 같은 성서 구절을 사용할지 모른다. 하지만 이런 구절들이 치료자에 의해 사용되면 상태가 더 나빠질 수도 있다.

종교를 가지고 있는 내담자들은 용서를 못하게 되지나 않을까 염려하

기도 한다. 많은 성서 구절들이 용서를 보류하고 원한이나 분노를 키우
는 것의 부정적인 결과들을 경고하고 있다. 원한, 책망 혹은 다른 사람이
나 사건에 대한 만성적으로 부정적인 정서는 유대인이나 기독교인 내담
자에게 괴로움과 분노를 감소시키기 위하여 용서가 필요하다는 것을 일
깨워 주는 하나의 신호로 작용한다. "원한을 품은 생각들과 복수하려는
행동은 사람을 곤경에 빠뜨리고 궁지로 몬다. 그러므로 용서는 자신의
성공적인 삶은 물론 타인들과 함께 하는 성공적인 삶의 본질이다(Jones-
Haldeman, 1992, p.146)." 벤슨(Benson, 1992)은 용서가 아닌 다른 방식
들은 아주 파괴적이기 때문에 종교를 가진 많은 남녀들은 "복수를 하려
고 하는 사람들은 두 개의 무덤을 파야 한다"는 고대 중국 속담에 기꺼이
동의할 것이라고 말하고 있다. 이런 정서가 종교를 가진 내담자의 실용
적인 면과 중요한 영적 의미 모두를 유지하는 것일지도 모른다.

3. REBT 치료자가 용서를 제안하거나 장려해야 하는가?

기독교인이나 유대인 내담자들이 용서를 자신들의 종교적 수행에 있어
서 본질적인 부분으로 생각하는 경향이 크다고는 하지만, 종교를 가진
내담자들의 용서에 대한 개인적이고 임상적인 중요성에 대한 관점의 폭
이 매우 다양하다는 것을 REBT 치료자들은 명심하고 있어야 한다
(John-son & Nielsen, 1998). 사실, 종교적인 의미를 떠나서 용서는 많은
내담자들과는 특별한 관련이 없는 것으로 보여질 수 있다(Tjeltveit,
1986). 용서가 치료적 중재로서 효과가 있다는 것을 지지하는 연구가 부
족하고(McCullough & Worthington, 1994), 타인을 용서하면 얻을 수 있
을 것이라고 가정되는 이익들(예 : 분노와 우울의 감소, 행복감과 자기효
능감의 증가 및 좋은 대인관계 유지)에 대한 납득할 만한 연구 결과가 거
의 없는 것이 사실이다.

일차적인 문제는 임상적인 문제와 용서와의 관련성에 관한 치료자의 수

행을 이해하지 못하는 내담자에게 치료자가 치료적 과정으로 용서를 제안해야 하는 상황이다. 종교 중심의 상담을 하는 치료자들 중에 어떤 이들은 치료의 초점을 용서에 맞추고 '건강치 못한 위기 상황'을 용서와 관련지을 수 있다(Meek & McMinn, 1997, p.57). 그럴 때 내담자들은 치료자를 기쁘게 하기 위하여 자신을 화나게 만든 사람들을 용서해야 하는 쪽으로 강요 당하는 기분을 느낄 수 있다. 특히 자기비하 경향성이 있고 자신의 분노와 관련하여 부수적인 장애를 얻은 종교를 가진 내담자들을 힘들게 만든다. 아이러니 하게도 예수는 만났던 사람들 누구에게도 용서를 강요하지 않았다는 것이다. 정서적 장애를 만드는 우리의 역할을 인식하고 분노한 희생자의 역할을 포기하기로 결정함으로써 우리 자신들이 먼저 변해야 우리는 다른 사람들을 용서할 수 있다(Jones-Haldeman, 1992).

비록 용서를 내담자에게 제안하고 내담자가 용서하도록 강요하는 것 모두 심리치료에서 커다란 윤리적 문제들을 일으킬 수 있지만, REBT 치료자들은 종교를 가진 내담자들 중에서도 타인을 용서하는 것이 치료의 목적이라고 말하면서 용서에 대해 개인적이고 영적으로 커다란 의미를 부여하는 내담자들을 만날 수도 있다. 가신과 엔라이트(1995)는 기독교인 내담자들을 위한 용서의 다양한 잠재적인 치료적 의미들을 설명하고 있다. 그런 의미들은 다음과 같다. (a) 교육적(educative)이다 : 용서는 자신과 하나님에 관해 학습할 수 있는 기회를 제공한다. (b) 축복의 전달수단(vehicle of blessing)이다 : 하나님은 고통을 당하고도 용서한 사람을 축복할 것이다. (c) 모방적(emulative)이다 : 용서는 부당하게 고통을 당한 예수를 모방할 수 있는 기회이다. (d) 발전적(development)이다 : 나쁜 상황과 잘못된 행동은 영적 성장을 위한 촉매제이다.

REBT 치료자들은 심리치료에서 용서를 다루어야만 하는가? 내담자가 종교를 가지고 있고 용서를 자신의 신앙 생활에 있어서 영적으로 중요한 것으로 이해하고 있다면 이 질문에 대한 정답은 '그렇다' 이다. 용서에 대해 가치를 두고 있는 내담자에게 REBT는 용서가 일어날 수 있는 확률을 높일 수 있도록 적절하고 특별하게 접근한다. 치료자는 잘못한 것이나 잘못한 사람에 관련하여 내담자가 가지고 있는 장애에 대한 치료에 초점을 맞춤으로써 용서가 일어날 수 있는 필수적이고 충분한 조건을 조성하면서 종교를 가진 내담자들을 지원한다.

4. 용서에 대한 REBT 접근

용서를 촉진하기 위한 최상의 방법에 대한 전통적 개념과는 대조적으로 REBT 치료자들은 용서를 선택하는 것을 잘못한 것이나 잘못한 사람에 관한 내담자의 비합리적 신념을 표적으로 하는 심리치료의 긍정적인 결과의 한 가지로 간주한다. 그러므로 REBT 치료자는 내담자가 다른 사람을 공식적으로 용서하기로 결정하는지 여부에는 관심이 없고, 강요 혹은 다른 사람을 평가하여 받아들일 것인가 거절할 것인가와 같은 인간에 대한 평가에 대한 철학적 혹은 영적으로 의미 있는 대응책을 수립하는가에 더욱 관심을 둔다. 그런 대응책이 발휘되면 내담자를 정서적으로 곤경에 빠진 상태를 유지하게 하는 분노와 우울은 사라질 가능성이 크다. 그리고 내담자들이 더 이상 분개하지 않고 우울하지 않게 되면 대개 남을 용서할 가능성이 높아진다. 그러므로 REBT는 결과적으로 일어날 수 있는 용서와 관련된 정서적인 준비를 위하여 인지적 논박을 사용한다.

종교를 가진 내담자가 어떤 사람이나 집단에 화가 나 있다고 표현하면서 용서와 자신의 분노를 극복하는 것에 관심이 있다고 진술할 때 REBT 치료자는 비합리적인 신념의 세 가지 형태에 내담자가 가진 장애의 근원이 있다는 것을 발견할 것이다. 첫째, 많은 내담자들이 자신에게 잘못한 사람들에게 대한 평가, 즉 인간에 대한 평가를 한다. 치한으로부터 좋지 못한 일을 당한 아이의 부모는 그 치한을 확실히 인간 이하의 동물로 간주할 것이고 지옥에서 영원히 있어야 할 사람으로 저주할지 모른다. 심지어 그들은 치한에게 당한 경험을 고통스러운 죽음이나 영원한 고통이라고 간주하면서 기도할지 모른다. 우리들 중에 대부분은 성폭력을 행하는 사람, 살인자 및 그 외 다른 잔인한 범죄자들을 본질적인 면에서 인간으로 간주하지 않으려는 비합리적인 평가를 잘 이해할 수 있을 것이다. 그런데 내담자들은 다른 사람으로부터 비교적 작고 하찮은 잘못된 행동을 당한 후에도 그와 같은 인간에 대한 비합리적인 평가를 하고 같은 수준의 강한 분노를 경험하기도 한다. 이런 반응들은 내담자의 비합리적인 성향, 성격 특질 및 잘못된 행동의 독특한 배경에 따라 결정된다. 경우에 따라서 잘못한 사람의 가치에 대한 평가는 내담자로 하여금 역기능적인 정서적 결과(예 : 분노)를 경험하게 하고 결과적으로 잘못한 사람을 용서할 수 있는 그의 능력을 발휘하지 못하게 한다. 이런 경우를 위한 효과적인 REBT는 인간을 평가할 수 있다는 신념에 대한 논박에 달려 있다. 예를 들어, 피셔(Fisher, 1982)는 경계선 성격장애를 가진 내담자들에게 그들의 부모도 실수를 할 수 있지만 악인은 아니라고 보게 함으로써 그들이 자신들의 부모를 용서하도록 가르쳤다.

용서를 하지 못하게 하는 두 번째 원한에 서린 비합리적인 신념은 "그가 나에게 그렇게 해서는 안 된다" 혹은 "이런 식으로 내가 불공평한 대우를 받을 수 있게 하나님이 내버려두었다는 것에 나는 몸서리가 쳐진다"와 같은 잘못된 행동을 당한 사건 자체에 관한 권리 주장(demand)이다. 내담자들이 그런 사건들이 일어나서는 안 되고, 그런 사건들은 재앙과도 같고 무시무시한 것(100% 혹은 그 이상)이며, 그 잘못된 행동의 현실을 인내할 수 없는 것(나는 이런 일은 견딜 수 없어!)이라는 권리 주장에 대한 생각을 하게 되면, 그들은 분노, 불안 및 우울 조건을 마련한 것이다. REBT 치료자들은 싫어하는 사건들이 아주 불쾌하다 할지라도 그런 일이 이미 발생했으며 그것을 참을 수 있다는 현실을 수용할 수 있도록 내담자를 도울 수 있다.

마지막으로, 종교를 가진 어떤 내담자들은 용서하지 못했다는 것에 고민하는 부수적인 증상을 발전시키기도 한다. 이런 경우 내담자들은 자신이 당황한 것과 분노를 단지 부분적으로 조절할 수 있다고 생각할 가능성이 크고, 자신에게 잘못된 행동을 한 사람을 용서하기 위한 다양한 시도를 모색하거나 "자신의 분노를 하나님에게 돌리면서" 한번 더 분노를 느끼는 자신을 발견하게 될지 모른다. 이런 내담자들은 자신이 용서하는 데 실패하였다고 인지한 결과로 자기비하나 자신의 가치를 낮게 평가하기 시작할 가능성이 크다. 이런 부수적인 장애는 불안과 우울의 결과일 수 있고 용서는 필수적인 것이고 쉽게 용서하는 것이 영적 성숙과 순종의 표시라는 종교적 확신을 지키지 못했다는 내담자의 평가에 뿌리를 두고 있는 경우가 허다하다.

요약하면, 잘못된 행동이나 상황에 대한 권리 주장, 잘못된 행동을 한 사람(들)을 인간 이하로 평가하는 것, 용서가 쉽사리 되지 않을 때 자신을 부정적으로 평가하는 것들 모두가 종교를 가진 내담자가 (때때로 종교가 없는 내담자들도) 자신을 분노와 우울에서 벗어나지 못하게 하는 방식들이다. 내담자가 정서 장애를 덜 보이면서 용서할 수 있도록 하는 확률을 높이기 위해서 REBT에서는 세 가지 비합리적인 성향들을 직접적으로 논박한다. 우리는 계속되는 단락들에서 그런 각각의 비합리적인 신념들에 적용할 수 있는 다양한 접근법들을 간략한 사례들을 통해 제공할 것이다.

5. 용서를 못하게 하는 비합리적인 신념을 논박하기

용서를 못하게 하는 정서들로 고민하고 있는 내담자에게는 논박하는 데 기본이 되는 각각의 접근법들이 적절하고 유익할지 모른다. 논리적 논박들은 다음과 같다.

당신이 어떤 일이 발생하지 않기를 원했기 때문에 그것이 발생할 수 없다면 무슨 일이 일어나겠는가?

그녀가 "그것을 했기 때문에 악하다"고 말하며 과잉일반화(overgeneralizing)를 함으로써 그것이 당신에게 무엇을 느끼게 합니까?

당신이 용서하지 못한다고 해서 당신이 가치 없다고 말하고 있는 성서 구절이 실제로 있는지 저도 잘 모르겠습니다.

좋지 못한 일이 당신에게 발생하지 말아야 한다고 어디에 쓰여 있습니까?

당신은 저주를 당하지 않으면서 실수할 수도 있는 자유가 있는데, 그는 그렇게 했기 때문에 당신에 의해 저주받아야 한다면 말이 된다고 생각하십니까?

왜 당신이 당장 용서해야만 합니까?

이와 유사하게 치료자는 용서를 방해하는 분노와 우울을 다루기 위하여 현실검증 논박(Reality-Testing Disputes)을 사용할 수 있다. 이것은 REBT 치료자가 내담자로 하여금 자신의 신념이 경험적 현실이나 종교적 경전과 일관성이 있는지 주의 깊게 평가하도록 하는 것이다. 대부분의 경우에 종교를 가진 내담자들은 실험적인 증거, 본질적인 교의 혹은 자신들이 믿고 있는 경전에 의해 지지될 수 없는 포괄적인 인간에 대한 평가와 융통성 없는 권리 주장에 관여하고 있다. 몇 가지 현실검증 논박들을 소개하면 다음과 같다.

지금 겪고 있는 일을 당신이 견디어 낼 수 없다는 증거를 보여주십시오.

당신이 인간이기 때문에 만약 용서할 수 없다면 그것이 꼭 큰 잘못이라고 할 수 있을까요?

당신에게 잘못한 사람을 미워하라고 하는 경전 구절을 보여 주십시오.

그가 당신에게 그렇게 했음에도 불구하고 행복하게 살아갈 수 있는 것이 불가능한 일입니까?

하나님이 그런 일이 발생할 수도 있게 놓아두었는데, 왜 당신은 그것을 받아드릴 수 없나요?

당신이 화가 나서 용서할 준비가 안 되었다고 해서 큰 일이 생깁니까?

실용적인(pragmatic) 논박은 용서를 못하게 하는 것을 논박하는 데 매우 유용할 수 있다. 잘못된 행동을 한 사람을 향한 계속되는 분노나 자신의 분노로 인한 자기비하는 내담자로 하여금 잘 적응하고 행복하게 살 가능성을 낮춘다. 심지어 자기부정의 경향성이 짙고 종교적으로 독실한 내담자도 자신의 신념이 가장 큰 관심사(분노와 다른 부정적인 결과들을 극복하기)와는 차이가 있다고 느끼고 그런 점이 역기능적이라는 것을 대개 이해할 것이다.

잘못된 행동을 한 사람에게 어떤 식으로 화가 나는지를 생각해 보도록 내담자에게 단순하게 질문하는 것이 목표를 성취하도록 도울 것이다.

이런 나쁜 일이 일어나지 말았어야 한다고 믿고 있는 한, 당신은 어떤 느낌을 갖게 될까요?

당신이 _____에게 원한을 품고 있는 것이 당신에게 어떤 도움을 주는지 설명해 주시겠어요?

용서를 못하기 때문에 자신이 선한 사람이 아니라고 생각하는 것이 당신이 용서하는 데 도움을 주나요?

원한을 가지는 것이 주님을 섬기는 데 어떤 도움이 되나요?

자신이 용서를 못하는 것에 관해 당신이 우울해 한다면 하나님이 당신이 더 잘 용서할 수 있도록 도움을 줄 것이라고 생각하나요?

지금 느끼는 원한이 가치가 있을까요?

교훈적(didactic) 논박 전략도 종교를 가진 내담자들에게 유익할 수 있다. REBT 치료자들은 앞에서 논의했던 것처럼 용서를 막는 특정한 비합리적 신념과 내담자들의 부정적 정서 결과(일차적으로 분노)와의 관계를 강조할 것이다. 용서를 못하는 것과 분노가 서로 연결이 되어 있다는 것을 내담자가 이해할 수 있도록 하는 것이 중요하다. 이런 교육적인 중재는 치료자가 REBT의 A-B-C 모델을 가르치는 것인데 주로 치료 초기에 행해진다. 교훈적 논박 역시 내담자의 종교와 친숙한 치료자가 경전 구절을 장애를 지지하는 쪽으로 해석하는 경향을 수정하면서 동시에 분노를 극복하고 용서를 할 수 있게 하는 원리나 이론적 해석을 준비하는 것이다. 예를 들어, 하나님이 즉각적인 용서를 요구한다고 믿는 기독교인 내담자에게는 다음과 같이 말할 수 있다. "실제로 예수께서 그가 만났던 사람들에게 용서를 '강요'했다는 기록은 신약성서 어디에서도 발견되지 않습니다. 대신에 용서를 하면 궁극적으로 우리가 선하게 된다는 것을 아시고 계시기 때문에 예수는 용서를 우리에게 권하시는 것입니다. 또한, 성서에 나타난 용서는 기독교인들로 하여금 다른 사람들을 그리스도로 인도하도록 합니다. 그래서 우리는 기독교인들이 받은 은혜와 자비에 의해 예수께 인도된 사람들을(베드로전서 2장 2절 등에서) 발견할 수 있습니다. 예수께서 당신에게 용서를 전혀 강요하시지 않는데, 왜 당신은 용서해야 한다는 강박관념을 가지고 있는지를 저는 잘 모르겠습니다. 사실 예수께서 십자가에서 돌아가신 것은 인간들이 했어야 하는 일에 실패했기 때문이 아니겠습니까?"

대리(vicarious) 모델링은 특히 용서 때문에 힘들어 하는 종교를 가진 내담자들을 위해 유용한 중재 방안의 한 형태이다. 지금까지 여러 사람들이 내담자를 위한 용서에 대한 모델링의 중요성을 논의해 왔다(McCullough & Worthington, 1994; Meek & McMinn, 1997).

REBT 치료자들은 계획을 가지고 내담자를 무조건적으로 수용하는데, 그것이 하나의 모델링이 되어 내담자가 자신이나 다른 사람들을 용서할 수 있는 기회를 증가시킬 수 있다. 치료자는 상담 혹은 심리치료 장면 안이나 밖에서의 내담자의 행동을 전혀 평가하지 않음으로써 용서가 촉진될 수 있는 환경의 조성을 돕는다. 게다가 내담자에게 무조건적인 관심을 보임으로써 치료자는 적어도 두 가지 방식을 통하여 용서에 대한 확실한 모델이 될 수 있다. 첫째, 치료자는 내담자에게 자신의 실수를 솔직히 인정하고, 그럼에도 불구하고 어떻게 자기비하에 빠지지 않는지에 대한 정보를 서로 나눔으로써 자기용서에 대한 모델이 될 수 있다("아십니까? 제가 제 일정표를 잘 파악하지 못하고 여러 내담자들과 약속한 치료 시간에 맞추지 못하여 상담을 할 수 없었을 때 저도 제 자신에게 몹시 화가 났습니다. 그런 후 저는 일의 양을 줄였고 제 자신에게 멍청이라고 말하는 것을 포기하였습니다. 저는 하나님께서 저를 멍청이로 보시지 않으신다는 것을 알고 있습니다. 하나님께서 제 실수에 신경 쓰시지 않는다면 제가 왜 자기비하에 빠져야 합니까? 그래서 저는 불쾌해 하는 것을 그만두고 일정표에 따라 좀더 충실하게 일을 해야겠다는 결심을 했습니다"). 둘째로, REBT 치료자들은 타인들을 용서하는 모델이 될 수도 있다. 이 경우에는 특정한 비합리적 신념(IB)에 의해 어떻게 부정적인 정서 반응(C)이 생기게 되는지, 그런 신념들을 논박하는 것이 어떻게 더 좋은 결과로 이끄는지를 내담자에게 보여주는 것이 중요하다. 마지막으로, 치료자는 감소된 분노와 혼란이 어떻게 용서를 할 수 있게 준비시켜 주는지를 명료화하려고 시도해야만 한다. 다시 말하지만, 상황을 완전히 제어할 수 있는 모델보다는 상황에 대처하는 모델이 훨씬 더 바람직하다. 최종적으로 치료자는 내담자가 아는 사람들 중에 계속해서 화가 나 있고 용서를 하기 힘들게 여러 사람들로부터 잘못된 행동들을 당해 온 사람의 예를 상기시킬 수도 있다. 이 시점에서 치료자는 내담자가 다음과 같은 질문을 해 주었으면 하고 바랄 것이다. "어떻게 그 사람이 제가 당한 일을 당했으면서도 크게 고통을 당하지 않고 적개심을 품지 않았을까요?"

마지막으로, REBT 치료자들은 부적인 합리적 · 정서적 심상법(negative rational emotive imagery)을 통해 종교를 가진 내담자의 용서를 방해하는 정서 반응들을 극복할 수 있도록 도울 수 있다. 이 때 내담자는 눈을 감고 다른 사람이 자신에게 잘못을 하는 상황(A)을 상상하고 여느 때처럼 분노, 원한, 혹은 우울(C)을 경험해 보려고 시도할 것이다. 그리고 나서 치료자는 내담자에게 자신이 당황하고 있는 것과 관련된 내적 대화에 관해 묻는다. 그런 후 다시 치료자는 내담자에게 분노와 우울의 느낌을 좀 더 건설적인 부적 정서로 변화시킬 수 있는지를 질문한다. REBT에서 심상법을 활용하려고 한다면 언제나 내담자로 하여금 자신이 정서들을 어떻게 변화시킬 수 있는지를 이해할 수 있도록 돕는 것이 가장 중요하다. 예를 들어, 자신이 타인으로부터 피해를 입은 상황이나 잘못한 사람 혹은 자기 자신에 관한 생각(자기대화)을 변화시킴으로써 그렇게 하는 것이 가능하다.

제 10 장

특정 종교들과 REBT

이 마지막 장(章)에서는 현재 미국에서 영향력 있는 교단들(religious groups)이 가지고 있는 특유의 신념들과 관례들을 요약하였다. 특정한 종교적 세계관을 가진 내담자들이 보이는 비합리적인 철학들의 표현 방식에 초점을 맞추어 각 교단에서 나타날 수 있는 종교적으로 관련된 비합리적 신념(IB)의 다양한 예들을 제시하였다. 개신교, 천주교, 유대교, 이슬람교, 불교 및 힌두교가 논의되었다. 비록 REBT를 수행하는 사람들은 앞에서 언급한 종교들 외에 다른 종교를 믿는 내담자를 만날 수도 있지만, 실제로 그런 일들은 아주 드물다. 더욱이 이 장에서 논의되는 주요한 종교적 전통들을 이해하는 것은 REBT 치료자들에게 비교적 작고 친숙하지 않은 종교 단체들에 속해 있는 내담자를 다룰 수 있는 견실한 기초를 제공한다.

1. 개신교인 내담자

개신교인 내담자들의 공통된 신념과 관심사들을 설명하려고 시도하는 것은 아주 모험적인 것이다. 미국에는 약 2,000개의 독립된 기독교 교파들이 있고, 그 중 거의 대부분이 어떤 형태로든 개신교로 특징지어진다(Lovinger, 1984, 1990). 1992년 갤럽조사에 따르면 56%의 미국인들이 자신을 개신교인이라고 표현하고 있는 것으로 추정된다(Hoge, 1996). 주요한 (Mainline) 개신교 교회들에는 루터교(Lutheran), 장로교(Presbyterian), 칼빈파(Reformed), 감독파(Episcopal) 및 감리교(Methodist) 교파들이 포함된다. 비록 그 외의 다른 교단들도 어렵지 않게 개신교의 주요 부류에 속할 수 있지만, 이 책에서 사용하는 개신교라는 어휘는 주로 이런 교파들과 일치하는 것이다.

'오직 은혜로(Sola Gratia)' 혹은 '믿음으로 말미암은'의 의미는 개신교 종교개혁의 슬로건(battle cry)이었다. 가톨릭 교회의 권위와 가르침 그리고 의에 대한 규제에 반대하여 초기 종교개혁자들은 하나님의 영감 어린 글로서 성서의 최고 권위와 인간의 죄를 처리할 수 있는 유일한 방법으로 하나님의 신성한 은혜를 강조하였다. 개신교 교리의 중심은 구원을 받기 위한 인간의 종교적인 모든 노력들은 아주 하찮은 것이라고 확신하는 믿음에 있다. 구원은 오직 하나님의 은혜를 받아드리는 것에 의한 것이고 인간이 구원받을 자격이 없는 데도 주어지는 것이다. 그러므로 십자가 위에서의 예수 그리스도의 죽음을 통하여 인간을 구원하는 것을 주도하는 것은 하나님이며, 은혜라고 하는 것은 믿음으로 그 은혜를 받아들이는 모든 남녀들에게 개인적으로 제공되는 것이다(Brown, 1965). 비록 지혜, 헌신 혹은 선한 행동은 독실한 개신교인들의 가치 있는 속성들이지만, 개신교인(혹은 교회)이 개신교 사상에 나타난 아낌없이 주어지는 은혜의 특수성을 무시하고 선한 일과 올바른 행동에 과도하게 초점을 맞추는 것은 다소 빈번하게 나타나는 위험요인이다. 그런 일들은 내담자가 자신을 향한 강요나 어떤 행동 혹은 개인의 소질에 대한 심각성을 표현할 때 발생할 가능성이 높다. 한편, 개신교 교파들 간에 교리적 차이가 꼭 두드러지게 나타나는 것은 아니며, 다른 교파에 속한 내담자와의 신념과 행동의 차이는 실재적일 수도 있고 실재적이 아닐 수도 있다. 각 교파는 역사적으로 독특한 교리나 의식(儀式)에 의해 특징지어질 수도 있다(Lovinger, 1984). 예를 들어, 칼빈파 교회는 열심히 일하는 것을 상당히 강조하고 부유한 것을 하나님의 은혜의 표시로 간주할지 모른다. 침례교회는 헌신과 성서에 대한 권위를 강조하고 구원을 위해 요구되는 믿음과 회개에 대한 실재적인 중요성을 상당히 강조하는 것으로 특징지어진다. 감리교회는 구원과 칭의(稱義)를 위해 값 없이 주어지는 은혜를 자주 강조한다. '구원받은' 죄인들은 완전함과 고의적인 죄로부터의 자유를 추구하는 것을 계속하도록 기대된다. 퀘이커 교회(프렌드파)는 아주 적은 양의 형식적인 교리들을 고집하고 있으며, 묵상과 영적 추구의 형식을 통한 하나님과의 직접적이고 개인적인 접촉을 강조한다. 마지막으로, 오순절파(Pentecostal) 교회는 성서에 최고의 가치를 부여하며 성서 문장의 글자 하나하나에 어떤 것도 잘못된 것이 없고 신성한 것으로 보는 경향이 있다. 게다가 오순절파 교인들은 인간이 가지고 있는 죄의 본질을 강조하고 성화(죄를 씻어 깨끗이 됨)를 위한 힘든 수행을 강조한다.

　개신교인들의 독특한 교리적 배경에 더하여 그들은 적어도 신앙과 관련된 두 가지 추가적인 차원에 따라 나뉘어진다. 그 첫 번째는 자유주의-원리주의 차원이다. 만약 개신교인 내담자가 신학과 믿음에서 자유주의를 추구하거나 '현대적'이라면, 그는 진리의 근원과 관련하여 광범위한 사고를 가질지 모르며, 오래된 교리에 귀인한 의미들을 현대화하고 널리 알리기 위해서 과학을 받아들이려고 할 것이다. 비록 자유주의가 유익하고 REBT와 그 외 다른 형태의 심리치료에 잘 적응하며 그 처치에 순응한다고 하더라도, 매우 자유주의적인 내담자는 종교적 신념들에 관련된 모순으로 괴로워할 수 있고 더 보수적인 동료들과 집단원들로부터의 처벌과 불승인(disapproval)을 경험할 수도 있다(Lovinger, 1990). 철저히 원리주의를 추구하는 내담자는 종교적인 신념에 있어서 강경하고 자신에 차 있으며, 경전을 털끝만치도 오류가 없는 것으로 간주할 가능성이 크다. 문제가 되는 것은 이런 내담자는 자유주의적인 개신교인 내담자보다 융통성이 없을 수 있고, 경전에 대한 근원적 해석이나 특이한 종교적 신념에 도전하는 중재나 논박에 특별히 저항할지 모른다.

REBT 치료자가 개신교인 내담자를 상담할 때 관심을 가져야 할 두 번째 차원은 연합주의-배타주의 차원이다(Lovinger, 1984). 연합 교회의 신자이거나 교회 연합주의 신념을 신봉하고 있는 내담자는 자신들의 교단 밖에 있는 사람들이 구원받느냐 못 받느냐하는 문제에 대해 융통성을 가지고 있다. 배타적 신념들을 가지고 있는 내담자(매우 보수적이거나 원리주의 교파에 많음)는 제한된 교파적 신념과 의식(儀式)들을 가지고 있는 자신들의 교단 밖의 사람들이 구원받을 가능성이 희박하다고 보는 경향이 있다. 배타적 내담자는 하나님 능력의 한계에 대해 질문하거나 하나님을 선택한 사람들을 모두 기꺼이 구원하고자하는 것에 대한 소크라테스식 질문이나 그 외 다른 REBT 논박들에 더 위협을 받을 가능성이 높다.

개신교인 내담자들은 다양한 형태와 다양한 내용의 비합리적인 신념들을 나타낼 가능성이 있다. 본래 개신교 사상은 어떤 형식의 강요, 두려움, 자기평가 혹은 편협함으로 나타날 확률이 높다. 개신교인 내담자들이 자신이나 타인들 혹은 환경에 대한 강압적 요구를 나타낼 때 그런 강요들은 바른 생각과 바른 행동에 대한 성서적 가르침에 연연해 하는 것과 관계가 있을 수 있다. 교파 나름이지만 내담자들은 오직 예수만이 그들과 영원한 지옥에서의 고통 사이에 서 있다는 것을 자주 듣게 될지 모른다. 많은 개신교 신자들이 예수의 가르침에 따라 사는 것에 대한 지각된 실패나 구원의 확신에 관한 의구심으로 괴로워할 수 있다. 강요하는 비합리적 신념들에는 여러 가지 형태들이 있는데, 그 예들은 다음과 같다.

예수 그리스도께서 완벽했던 것처럼 나도 완벽해야 한다.

죄스러운 생각이나 행동은 절대 하지 말아서 내가 은혜를 받을 자격이 있다는 것을 하나님께 보여야 한다.

하나님께서 원하는 삶의 방식이 너무 힘든 것이면 절대로 안 된다.

다른 사람들은 내가 믿고 있는 것을 꼭 믿어야 한다. 그렇지 않으면 그들은 지옥에 갈 것이다.

만약 내가 하나님의 율법을 지키고 죄에 대한 용서를 구하며 기도한다면 나는 꼭 천국에 가야만 한다.

또한, 강요하는 것에서 유도된 두려움은 개신교인 내담자들에게 흔히 나타나는 것이고, 그것은 다시 자신이나 타인들 혹은 바깥 세상에 대한 비극적인 사고에 중심이 된다. 일반적으로 기독교인 내담자들을 성서적인 조건들에 부합하지 않는다고 생각되는 행동을 크게 부풀려 재앙화하려는 경향이 있다. '죄스러운' 행동은 그것이 정욕에 대한 생각과 관련되어 있든지 아니면 다양한 간통의 에피소드와 관련되어 있던 간에 재앙화되기도 하는데, 특히 원리주의자 내담자들에게서는 더욱 그렇다. 그런 사고의 흐름은 이렇다. "나는 하나님 앞에 죄를 지어왔는데, 나는 정말로 그렇게 하지 말았어야 했다. 나의 죄는 지독하고 무시무시한 것이고 아마 용서받지 못할 것이다. 나는 지옥에 갈 위험이 크고 그런 가능성은 나에게 큰 재앙과도 같다!" 마찬가지로 다른 사람들과 세상의 환경도 비극적일 수 있다. 여기에 몇 가지 예들을 소개한다.

다른 사람들이 우리들의 종교적 신념들과 수행들을 조롱하는 것은 소름끼치는 일이다.

가면 갈수록 사회는 하나님을 두려워하지 않게 되는 것 같다. 아주 많은 사람들이 의(義)에 대한 하나님의 요청을 무시하는 것은 소름끼치는 일이다.

남이 가진 것들을 탐내는 일을 그만 두지 못하는 것을 보면 나는 기독교인으로서는 완전히 실패한 것이다.

나의 자녀들이 교회에 가지 않는 것은 끔찍한 일이다.

기독교인 내담자들이 가질 수 있는 비합리적인 성향 중에 가장 잘 알려져 있는 것은 사람에 대한 평가이다. 사람들(자신이나 타인들)에 대한 일반화된 평가나 헐뜯는 것은 문맥에 맞지 않는 경전 해석이나 교리적 신념들에 의해 촉진된다. 모든 인간은 '타락했고', '죄의 습성'을 지녔으며 '더러운 걸레'와도 같다는 것을 상기시키는 경전 구절들을 자주 듣지 않고 그것에 덜 주의를 기울이는 내담자는 '완전하라'고 권하는 경전 구절들에 초점을 맞춘다. 부정적인 자기평가에 대해 취약성을 가졌거나 자신에 관해 자동적으로 부정적인 사고를 하는 내담자에게 불과 유황, 완전한 순결 혹은 사고와 행동에서의 의로움 등을 강조하는 설교를 하는 것은 특히 문제를 일으킬 소지가 있다. 원리주의를 강조하는 교단의 신자인 내담자는 거의 성취할 수 없고 결과적으로 여러 가지 형태의 자기비하로 이끄는 완벽주의적인 자기강요에 빠질 가능성이 높다. 그러나 전형적으로 내담자들은 가장 실재적이고 의미심장한 표현을 사용하여 실패와 행동적·인지적 불완전함이 동등하다고 생각한다. 개신교인 내담자들이 흔히 하는 인간에 대한 평가들은 다음과 같다.

나처럼 극악한 죄를 지어온 사람은 하나님께서 결코 사랑하실 수 없다.

나는 완벽하게 성서적인 원칙과 계명에 따라 사는 것에 실패한 것 같다. 그것은 내가 사악한 사람이라는 것을 의미하고 나는 하나님에 의해 멸시당할 것이다.

내 삶이 하찮고 곤경에 처해 있기 때문에 하나님께서는 그의 축복을 보류하고 있다. 나는 그런 축복을 받을 만큼 완전하지 않다.

나는 내가 행한 끔찍한 잘못 때문에 영원히 고통받아 마땅하다.

나의 신앙을 박해하는 사람들은 근본적으로 악한 사람들이며 고통을 받아 마땅하다.

비합리적인 신념의 마지막 범주는 좌절에 대한 약한 포용력이다. 개신교인 내담자들은 자신에게 삶의 고단함과 불편함을 참을 수 없다는 것을 납득시키는데 다른 사람들만큼 숙련되어 있다. 특정 유발사건들은 개신교 내담자들의 인내력 부족에 버금가는 장애를 일으킬 가능성이 높다. 교회의 예배 의식의 구조나 내용상의 변화, 어떤 방식으로든 건설적인 일을 하는 것에 대한 무능력('개신교 도덕률'에 대한 좌절), 교회의 교리나 수행에 반대되는 개신교 교리나 수행에 대립하는 것 등이 그런 것에 포함된다. 작은 개신교 교단에 속해 있는 사람들이 본질적으로 개신교 종교개혁의 후예들에게 나타날 수 있는 좌절에 대한 약한 포용력에 대한 가능성을 가진다는 것이 그런 한 가지 예이다. 특히, 개신교인들은 때때로 침례 혹은 세례가 구원을 받기 위해 필수적인 것인가에 대한 서로 다른 의견이나 목사의 자질에 대한 요구사항과 같은 문제와 관련된 서로 다른 신념을 이해하지 못하고 그런 것을 참지 못할 수 있다.

교회 분열과 교파 분열은 교회 안에서의 좌절에 대한 약한 포용력을 암시한다. 내담자들이 좌절에 대한 약한 포용력을 표현하는 방식은 다음과 같다.

나는 내가 천국에 가게 되는지 못 가게 되는지를 알지 못한다는 것에 대해 견딜 수 없다.

이 교회 구성원들이 여자도 목사가 될 수 있다고 믿는다면, 나는 그것에 동의하면서까지 이 교회에 남아 있을 수 없다.

나는 교회에서 요구하는 금주와 금연에 성공할 수 없다.

성서에서 명령하는 것처럼 나를 존경하지 않는 배우자 때문에 나는 미칠 지경이다.

다른 교회 사람들이 융통성 없고 독단적인 모습을 보이는 것을 나는 참기 힘들다.

2. 천주교인 내담자

천주교회는 미국에서 가장 큰 단일 기독교 교회인데, 현재 미국 인구의 약 20%가 천주교인에 해당된다. 천주교회는 예수 그리스도의 생애 동안과 죽음 이후에 이루어진 초기 기독교 집회와 직접적으로 연결되어 있으며, 믿음과 수행에 따른 모든 문제들과 관련하여 교황의 권위와 직분을 인정한다. 지상(地上)에서 그리스도를 대표하는 사람(그리스도의 대리자)으로서 교황은 주교들과 신부들의 교권 제도에서 최고의 장으로서의 역할을 한다. 만약 교황이 최고의 권위를 가지고(ex cathedra) 말하거나 신앙 혹은 도덕적인 문제를 정의한다면, 천주교인들은 교황의 발언을 절대적이고 구속력 있는 것으로 간주한다. 신앙의 중앙에는 거룩한 성찬식(성체 : 聖體)과 세례, 견직 성사(confirmation), 고해 성사(penance), 서품(ordination), 혼인 및 병자 혹은 종부 성사(extreme unction)를 포함한 성사(聖事)들이 있다. 교회의 통합된 예배의식, 기도식문(liturgy), 개인의 종교적 관례들은 상징적이고 의식 위주이다.

1054년경에 동방 천주 교회들(그리스, 러시아, 시리아, 아르메니아 등지의 그리스 정교회)은 로마 주교(교황)에 대한 극도의 권위 요구를 거절함으로써 서방 교회로부터 대규모로 분리되었다. 또한 결국 동방 정교회는 성령이 성자뿐 아니라 성부로부터 생겨난 것이라는 서방 교회에 의해 추가된 니케아 신조(Nicene Creed)의 내용에 동의하지 않았다. 동방 정교회의 권위는 어느 한 개인에게 속한 것이 아니라 '거룩한 성전(聖傳)'을 해석하는 기능을 가진 전(全) 그리스도 교회 평의회에 있다. 동방 정교회은 로마 천주교회보다 예배 의식과 예식에 있어서 덜 중앙집권적이고 더 다양하다. 임상적으로 동방 정교회를 믿는 사람들은 즐거움과 만족감을 더 잘 수용하고 세세하고 사소한 종교적 예식들에도 더 융통성이 있다(Lovinger, 1990).

심리치료에서 종교적인 주제가 부각되면 때때로 천주교인 내담자들은 "저는 회복중인 천주교인입니다"*라고 재미있는 방식으로 자신들을 소개하면서 그런 믿음과 연합되어 지나친 요구를 하는 수많은 신념들(demand-ing beliefs)을 표현한다. 각기 다른 세대와 지역을 대상으로 하는 천주교의 교육은 완벽한 행동에 대한 강요를 주입시킨다는 식으로 부정적으로 알려져 있다. 많은 천주교인 내담자들은 올바른 사고와 행동, 죄로부터의 도피, 죄의 고백, 고해 성사 및 쾌락의 경험에 대한 수치심을 강요하는 신념들을 정확하게 재연하기도 한다. 강요하는 비합리적 신념들은 다음과 같다.

나의 삶은 죄가 전혀 없는 삶이어야 한다.

내가 지은 죄들을 하나하나 모두 고백해야 한다.

나는 무슨 일이 있어도 이번 주에 꼭 미사에 참석해야 한다.

천주교인 내담자는 믿지 못하고 의심했거나 극악한 죄를 지었다는 결론에 이르게 하는 상황들과 사건을 재앙화하려는 경향이 있다. 예를 들어, 전형적으로 천주교회에서의 이혼은 내담자가 교회의 성사(聖事)를 완전하게 참여할 수 없게 된다는 것을 의미한다. 결과적으로 "교회가 나를 완전한 교인으로서 행동하도록 하지 않는 것은 끔찍한 일이며, 내 배우자가 나를 떠나고 나에게 상처를 준 것보다 더 참혹한 일은 세상에 없을 것이다"라는 식의 비합리적인 신념을 가질 수 있다. 다른 재앙화 신념들로는 다음과 같은 것들이 있을 수 있다.

내가 이런 식으로 죄를 지어 왔다는 것은 소름끼치는 일이다.

고해 성사를 하면서 내가 신부님에게 모든 것을 말하지 않은 것은 무시무시한 것이다.

---

* 역자주 : 실수하였다가 완벽한 교인이 되어가고 있는 중이라는 의미.

결혼 상태에 들어가기 전에 한번 성적 관계를 가졌다는 것은 용서받지 못할 끔찍한 죄를 저지른 것이다.

만약 우리 교회 교인들이 내가 한 행위를 알게 된다는 것은 생각만 해도 끔찍하다.

인간의 가치를 평가하는 것은 천주교인 내담자가 가질 수 있는 비합리적인 신념의 범주들 중에서도 가장 문제를 일으키는 것 중에 하나이다. 성장하면서 교회와 관련하여 경험하는 수치심, 죄의식 혹은 혼란은 성인이 된 후 자아에 대해 자동적으로 부정적인 평가를 하도록 만든다. 도덕을 관장하는 규율을 교회가 강조하고 역사적으로 고백과 고해 성사에 초점을 맞추었던 것으로 미루어 볼 때 천주교 내담자들이 자기비하에 빠질 가능성이 높다는 것을 이해하는 데는 큰 어려움이 없을 것이다. 서로 다른 여러 천주교 단체들에서 마찬가지로 느낄 수 있는 것인데, 실제로 이들 교회에서 자기평가는 다소 제도화된 것 같다. 인간의 가치를 평가하는 예들은 다음과 같다.

계속해서 같은 죄를 고백하러 간다는 사실은 내가 무가치하다는 증거이다.

간통을 한 사람은 나보다 더 지은 죄가 많고 확실하게 가치가 없는 사람이다. 나는 단지 간통에 대해 생각만 해 보았을 뿐이다.

나는 비참하게도 교회가 지시하는 것에 따라 살지 못했기 때문에 미사에 참석하거나 교회와 관계를 맺을 권리가 없다.

부가적으로 천주교 내담자들이 가지고 있는 비합리적인 신념들은 좌절감에 대한 약한 포용력(LFT : low frustration-tolerance)으로 특징지어진다. 천주교인 내담자들은 특히 지각된 실수나 자신의 단점에 대하여 잘 참지 못한다. 만약 수치심에 기초한 환경에서 교육받고 사회화되었다면 완벽해지려고 노력하고 명백한 개인적인 잘못에는 자기처벌로 반응함으로써 수치심을 피할 수 있을지도 모른다. 또한 천주교인 내담자들은 자신이 사랑하는 사람들의 내세(來世)와 관련하여 매우 염려하고 있을지도 모른다. 성사와 관련해서 죽은 친척들의 상태는 본질적으로 어떤 것인가? 현재 이 사람들의 영혼은 어디에 존재하고 있는가? 내담자들은 이런 문제와 관련하여 좌절감에 대한 아주 약한 포용력을 나타내고, 이런 질문에 대한 답을 '알게 되는 것'이 그들의 휴식과 안녕을 위해 필수적이다. 천주교인 내담자들이 가진 좌절감에 대한 약한 포용력의 원리에 대한 또 다른 예들은 다음과 같다.

만약 나의 배우자가 미사에 참석하지 않는다면, 나는 참을 수 없을 것이다.

내가 교회에서 가르치는 것과 같이 살아오지 못했다는 것 때문에 하나님 앞에 죄스러워서 더 이상 견딜 수 없다.

내가 지옥에 갈 수도 있다는 것을 잠깐 동안 생각만 해도 끔찍해서 견딜 수 없다.

3. 유대인 내담자

B.C. 6세기경에 종교적인 형태를 갖춘 유대교(Judaism)는 지구상에서 유일신을 믿는 세 개의 커다란 종교들 중 가장 오래 되었으며 기독교와 이슬람교의 근원이 되는 종교이다. 유대인들은 오직 심원하고 영원한 창조주이며 세상의 주권자인 하나님만을 믿는다. 하나님은 전지전능하며 유대인들을 세상의 빛과 인간의 본보기로 선택하였다. 유대교는 형식적인 신조(creed)를 가지고 있지 않지만, '율법' 혹은 '토라(Torah-모세 오경 : 성서의 첫 번째 다섯 가지 책)'를 하나님이 그의 백성에게 자신을 드러내는 특유의 방법이라는 믿음을 고수하고 있다.

유대교 신앙의 중심에는 하나님과 그의 백성들 간에 계약(Covenant)이 존재하고 있다. 사람들 사이에 맺는 일반적인 계약과는 달리 하나님과의 계약은 상호간에 협상은 없고 선택된 백성들에게 하나님이 일방적으로 제안하는 것이다.

쉐마(Shema)는 독실한 유대인들이 매일 아침저녁으로 읽는 율법으로 부터 나온 세 구절을 일컫는 것이다. 그것은 이런 식으로 시작한다. "오, 이스라엘아! 주 우리 하나님, 오직 한 분이신 주 하나님을 온 마음과 영혼을 다하고 온 힘을 다하여 사랑하라. 내가 너희에게 명하는 이 말들을 너희의 마음 속에 새기어라." 실제로 경건한 유대인들은 자신의 전 생애를 걸고 하나님에 대한 사랑을 추구하고, 그런 사랑은 하나님의 율법을 실제적으로 순종하는 것으로 매일의 생애에서 표현된다.

율법은 시민법부터 개인의 위생과 음식물 섭취까지 모든 일상생활에 적용되는 613개의 계명들을 포함하고 있다. 비록 많은 유대인들이 토라(Torah)의 모든 율법을 더 이상 융통성 없이 고집하지는 않지만, 보수적인 유대인들은 모든 율법의 아주 세밀한 부분까지 준수한다.

매주 참석하는 것은 아니지만 대부분의 유대인들이 유대교회(회당)에 소속되어 있다. 종교 지도자인 랍비는 유대법에 대해 연구하고 신앙적 집회에서 가르치며 법적인 질문들과 관련된 유대인들의 문제를 판결한다. 유대인들의 삶 속에는 다양한 관례와 의식(儀式)들이 있다.

유대인 어머니에게서 태어났는가 하는 것이 유대인의 정체성을 결정하는 중요한 부분인데, 유대인 소년이 13세가 되면 성인식인 바르 미츠버(Bar Mitzvah : 성숙했다는 표시이고 한 유대인 성인으로서의 의무 수행이 기대된다)를 거행한다. 독실한 유대인 남성은 집이나 회당에서 매일 세 번씩 기도하고, 독실한 유대인 주부는 정결한 음식(Kosher : 유대교 율법에 따라 준비된 요리)들을 준비함으로써 가정에서의 종교적 순결을 지킨다. 안식일은 금요일 해지고 나서부터 토요일 해질 때까지인데, 이것은 꼭 지켜져야 하고 회복과 안식의 시간을 중요시하는 것이다.

전통적인(Orthodox) 유대교는 삶의 모든 면이 율법의 적용을 받아야 한다는 삶에 대한 '토라-진리(Torah-True)'적 접근으로 특징지어진다.

전통적인 유대인들은 토라를 매일 공부하고 철저한 안식일 준수, 음식물과 관련된 율법, 하루에 세 번 기도하는 것을 포함한 토라가 제의하는 것들과 관례들을 지킨다. 개혁된(Reformed) 유대교는 15세기부터 개화되기 시작했는데, 대체로 과학과 변화 그리고 성장의 문화적 분위기에 영향을 받았다. 과학적 배경에서 개화된 유대인들은 토라를 실재적이고 의무적인 것으로 보지 않을 가능성이 크다. 그들은 식생활과 관련된 율법을 철저하게 지키는 것을 포기하는 경향이 있고 자유로운 현대식 예식과 예배들을 고집한다. 전통적인 유대교와 개화된 유대교 사이에는 보수적인 유대교와 그 외 다른 온건적인 분파들이 있다.

유대인 내담자들은 비록 때때로 곤란에 빠지지만 그래도 강건한 가정으로부터 올 가능성이 크고, 가족의 가치관을 거부하는 것이 그들을 불안과 갈등으로 이끌었을 것이다. 가족으로부터의 독립 혹은 자치권의 획득을 얻는 데 겪는 어려움과 독립과 관련된 죄의식은 유대인 내담자들 사이에서 흔하게 나타난다(Lovinger, 1990). 예를 들어, 유대인이 아닌 사람을 배우자로 선택하는 것은 부모와의 실제적인 갈등을 야기하고, 부모는 공갈(자녀에게 강요하는 희생을 하며)로 위협할지도 모른다. 그러므로 유대인 가정과 유대인 내담자는 열심히 일하는 것, 교육적 성취, 의식(儀式)적이고 윤리적인 수행을 준수하는 것, 궁핍한 사람들에 대한 관심 등에 가치를 둔다. 가장 중요한 것은 유대인들의 종교를 그들의 삶과 떨어뜨려 생각할 수 없으며, 그들의 종교는 삶의 모든 요소에 스며들어 있다는 것이다. 그러므로 유대인 내담자들을 위한 치료에서 나타나는 문제들은 거의 종교적인 문제들이다.

유대인 내담자들의 비합리적 신념들은 다양한 형태들로 나타나지만, 쉽게 나타날 수 있는 비합리적인 신념들은 다음과 같다.

내가 항상 그렇게 해 왔듯이 나의 자녀들도 하나님의 율법을 존중해야만 한다.

이 상황에서 랍비는 하나님께서 명령하시는 것을 정확하게 알아야만 한다.

어떤 상황에서도 정결하지 않은 음식을 먹지 말아야 하는 율법을 범해서는 안 된다.

나는 언제나 어떤 상황에서라도 온 마음을 다하여 하나님을 사랑하여야 한다.

우디 앨런(Woody Allen)의 한 영화를 본 사람들은 이상하게 신경증적인 유대인(우디 앨런이 역을 맡음)을 볼 수 있었을 것이다. 그 영화에서 우디 앨런의 역할은 재앙화에 능한 사람의 역이었다. 짧은 그 영화에서 우디 앨런은 그가 무언가를 할 때마다 유대인 어머니의 얼굴이 머리에 크게 떠올라 자신을 비평하는 것 때문에 계속해서 괴로워했다. 앨런의 반응은 극도의 불안이었고, 그가 그의 신념을 말로 표현한다면 아마 "나의 유대인 어머니가 나를 인정해 주지 않는 것이 정말 싫고 끔찍합니다"라고 했을 것이다. 재앙화의 또 다른 예들은 다음과 같다.

내가 하나님의 율법들을 어긴다면 나는 100% 나쁜 사람이다.

유대인들이 종교 때문에 박해를 받는 것은 정말 끔찍한 일이다.

내 아들이 기독교인 여성과 결혼하는 것은 재앙이나 다름없다.

또한 유대인 내담자들은 인간에 대한 평가의 독특한 징후를 나타낼 가능성이 있다. 그것은 하나님의 율법을 계속 지키지 못하고 하나님과의 개인적 서약을 어긴 자신에 대해 악평을 하거나, 어떤 형태로든 다른 사람들이 반유대주의적인 행동을 했다고 지각되면 그들을 악평하는 식이다. 예를 들면, 다음과 같다.

유대인인 부모님들이 나를 거절했다면, 나는 저주를 받을 것이며 사랑받을 자격도 없는 사람이다.

하나님께서 선택하신 백성들에게 해를 입히는 나라나 사람들은 하나님의 영원한 벌을 받을 것이다.

내가 토라를 잘 이해하지 못하고 토라의 율법을 지키는 데 실패한 것은 가치가 없는 존재라는 증거이다.

마지막으로, 좌절에 대한 약한 포용력은 다른 내담자들과 마찬가지로 유대인 내담자들도 괴롭힌다. 좌절에 대한 약한 포용력은 여러 가지 형태를 띤다. REBT 치료자는 그와 같은 비합리적인 신념들을 적절하게 논박할 준비가 되어 있어야 한다. 그것을 위하여 기원전 6세기부터 시작된 유대인들의 긴 박해의 역사를 지적할 필요가 있다. 내담자의 조상들이 애굽(이집트)의 포로생활과 나치 수용소에서의 엄청난 박해 속에서도 살아남았다면, 그가 현재 겪고 있는 시련과 불편함을 왜 견뎌내지 못하겠는가? 좌절에 대한 약한 포용력과 관련된 신념들은 다음과 같다.

내가 만약 유대인의 신앙 때문에 타인들로부터 무시당하고 조롱 받는다면 나는 견딜 수 없을 것이다.

하나님의 계율을 지키는 것은 너무 어렵다.

나보다 보수적인 유대인인 내 가족들이 융통성이 없는 것에 대해 나는 참을 수가 없다.

하나님으로부터 오는 의무를 내 배우자가 거절하는 것에 대해서는 내 인내력에 한계를 느낀다.

4. 이슬람교도 내담자

미국에서 이슬람교(회교)는 매우 빠르게 성장하고 있는 종교이다. 이슬람교의 기원은 예언자 마호메트(Muhammad)가 메카(Mecca)에서 하나님(알라 : Allah)으로부터 기별 혹은 메시지들을 받았다고 생각하고 그것을 다른 사람들에게 알리기 시작한 서기 610년으로 거슬러 올라간다. 마호메트는 그런 계시들을 하나님이 직접 내린 것으로 굳게 믿었다. 마호메트는 박해 때문에 이슬람교가 그 형태를 갖추고 급진적으로 성장한 곳인 메디나(Medina)로 이주하게 된다. 서기 630년경에 마호메트는 이슬람교의 메카를 다시 찾았고, 이 때를 즈음하여 이슬람 신앙은 힘있는 종교가 되었으며 정치적인 힘을 갖게 되었다. 이슬람교도를 나타내는 무슬림(Muslim)은 하나님의 뜻에 따라 사는 사람이라는 뜻을 내포하고 있다. 문자 상으로 이슬람(Islam)은 '하나님에 대한 순종'이라는 의미이다. 이슬람교도들에게 직업과 종교와 정치는 떨어뜨려서 생각할 수 없는 것들이다.

마호메트는 하나님(알라 : Allah)은 하나이며 자비롭고 전능하며 삶의 모든 사건들의 과정을 인도한다고 가르친다. 이슬람교도들의 종교적인 고백은 이슬람 문화와 예배의식의 한 기둥이다. "나는 잡신(god)은 없고 하나님(God)만 있다는 믿음을 가지고 있다. 나는 마호메트가 하나님의 사도라는 것을 믿는다." 이슬람교도들은 세상의 마지막날에 하나님이 사람들의 행동에 따라 그들을 심판하고 천국과 지옥에 가는가를 결정하게 될 것이라는 믿음을 가지고 있다. 이슬람 신앙의 주요 의식(儀式)들은 마호메트의 예에 따라 모형이 만들어졌다. 예배(기도식), 자선 행위, 금식, 메카 순례 여행 등이 그런 것들에 포함된다. 공동 예배와 기도식은 독실한 이슬람교도들에게는 매우 중요한 것이다. 매일 다섯 번의 기도의식은 새벽, 정오, 오후의 중간, 일몰 그리고 밤에 행해진다. 그런 기도의식은 하나님 앞에 경건한 사도(使徒)로서 균형 잡히고 훈련된 태도를 이슬람교도에게 상기시킨다.

코란(Koran)은 이슬람 신앙에서 신성한 책이다. 이슬람교도들은 코란을 완전한 하나님의 계시로서 지금까지 존재해 왔으며 영원히 있을 천국에서 문자로 새겨진 원판을 믿음으로 다시 재현한 것으로 믿는다. 많은 이슬람교도들은 아랍어로 모든 코란을 외우고 있다. 이슬람교도들은 매일 다섯 번의 각 기도마다 코란의 짧은 첫 장을 아랍어로 반복해서 외운다. 이슬람교도들은 코란의 사본을 크게 숭배하며 취급하고 정결 의식(儀

式) 이후에만 읽는다. 라마단에 이슬람교도들은 해가 떠 있는 시간 동안은 금식한다. 이 때는 열정적인 예배, 기도 및 대인관계에서의 화해를 위한 시간이다. 또한 내적 실존에 관한 숙고와 일신을 위한 시기이다. 라마단의 끝은 마호메트의 사역의 시작을 의미한다. 각 이슬람교도들은 자신의 삶에서 어떤 시기가 되면 하지(hajj : 메카 순례), 즉 메카와 메카 주위의 성지를 여행하는 것에 대한 강한 의지를 갖게 된다.

이슬람교도들은 모든 피조물은 하나님에게 의존하고 하나님의 창조와 생명을 유지시키는 힘에 순종하며 하나님을 숭배하기 위한 목적을 가지고 살아간다고 본다. 그리고 그들은 이슬람교 자체를 근본적으로 '자연적인 종교'로 이해한다. 그런 믿음은 하나님에 대해 감사하는 삶과 찬양과 순종에 대한 의식(意識)적 헌신으로 이끈다. 비록 어떤 이슬람교도 내담자들은 미국인의 정체성으로 동화될 수 있고 미국인의 사고와 관습을 받아들이지만, 어떤 이슬람교도 내담자들은 자신들의 종교적 신념과 관습을 엄격히 고집하거나 전세계에 걸친 이슬람의 명령을 위해 힘쓰는 세계적인 이슬람 운동에 깊이 관여하고 있다(Lovinger, 1996). 덜 보수적인 이슬람교도들은 '모든 것이 하나님의 의지'라고 보는 관점을 인간은 합리적이고 책임 있는 행동을 한다는 관점으로 대체한다. 이슬람교도를 위한 합리적·정서적 행동 평가에서는 잘못된 생각을 수정하고 그 때문에 다른 결과들을 낼 수 있는 인간의 경향성과 잠재력에 관한 관점이 매우 보수적인가 아니면 덜 보수적인가를 알아내야 한다.

이슬람교도들이 강요하는 신념은 하나님의 뜻, 이슬람 신앙의 정치적 입장, 기도 의식, 예배, 금식 등에 대한 까다로운 요구에 완벽하게 순종하려는 것과 관계되어 있을지 모른다. 예를 들면 다음과 같다.

사람들은 이슬람교를 이해하고 존경하거나 이슬람교로 개종해야 한다.

나의 삶에 대한 알라(Allah : 아랍어로 하나님)의 뜻을 나는 완벽히 이해해야만 한다.

나는 메카로 성지 순례를 꼭 가야만 한다.

나는 내 신앙을 지키기 위해 라마단에 완전하게 참여해야 한다.

이슬람교도의 재앙화하는 신념들도 아주 독특한 형식을 취한다.

내가 코란을 외우지 못하는 것을 다른 사람이 보았다면 그것은 정말 끔직한 일이 될 것이다.

나는 나쁜 짓을 너무 많이 해 왔기 때문에 알라께서 나를 지옥에 보낼 수도 있는데 그것은 나에게는 큰 재앙이다.

알라께서 이교도로 하여금 이슬람을 경시하도록 허락하신 사실은 소름 끼치는 일이다.

이슬람교도들의 인간에 대한 평가는 유대인이나 기독교인들의 인간에 대한 평가와 아주 유사하다. 율법을 통한 하나님의 요구를 충실히 따르는데 자신이 실패했다는 것을 지각하게 되거나 이슬람 신앙에 대한 타인의 비슷한 실패를 지각하게 되면 인간의 가치를 매우 낮게 평가하게 된다.

마호메트가 보여준 삶을 내가 그와 같이 살지 못한다면, 나는 나를 미워해야 한다.

만약 나쁜 일이 나에게 일어난다면 그것은 알라의 눈에 내가 가치 없게 보였다는 증거이다.

마호메트의 사도 신분을 부정하거나 하나님이 오직 한 분이라는 것을 부정하는 사람들은 고난을 당할 것이다.

마지막으로, 좌절에 대한 약한 포용력의 비합리적인 신념도 독특한 형식을 갖는다.

금식을 위하여 하루 종일 먹는 것을 참아야 하는 것이 나는 정말 견딜 수 없을 만큼 싫다.

많은 이슬람교도들이 신앙적으로 나약해지는 것에는 어찌할 도리가 없다.

나의 독실한 믿음에 알라께서 보상해 주시지 않는 것을 참는 것도 이제는 지쳤다.

나와 같은 신앙을 하는 사람들이 여자를 다루는 방식을 나는 더 이상 참고 지켜보기가 힘들다.

5. 불교인 내담자

어느 날 부처(Buddha)가 된 고타마 싯다르타(Guatama Siddharta)는 기원 전 560년에 인도와 네팔 사이 국경지역에서 태어났다. 부처는 인도 문화권에서 상위 계급의 보통 사람이었다. 많은 수행과정을 겪은 후 보리수 아래에서 부처는 깊은 묵상을 한 것으로 전해지고 있다. 그는 깨달음(enlightenment)을 경험했고 가장 높은 수준까지의 영적 계발과 인간을 이해할 수 있는 통찰력을 성취하게 되었다. 깨달음이란 다른 종교들의 구원의 개념과 일맥상통하는 것이고 추론과 지력의 한계를 훨씬 뛰어 넘는 특별한 종교적 인식을 가리킨다. 깨달음의 결과는 이기적인 것, 탐욕 및 무지로부터의 해방이다. 이런 종류의 인식은 어떤 외부적인 영향력(예: 공부 및 연구, 경전, 하나님의 계시 등)에 의해 생겨나는 것이 아니라 힘든 묵상의 수행에 의해 얻어지는 것이다.

부처의 가르침(dharma)은 그의 제자들에 의해서 기억되어졌고 아주 오랜 세월이 지난 후에야 문서화되었다. 불교는 한 사람이나 한 신을 숭배하는 것에 초점을 맞추지 않는다. 부처 자신은 신이 아니며 신이 보낸 중재자도 아니었다. 그는 자신이 타인을 위한 구원자나 중재자의 역할을 할 수 없다고 강조했다. 그를 추종하는 사람들이 보기에는 그의 가르침은 시간을 초월하고 역사와 변화하는 대상과는 관련이 없어 보였다. 불교인들은 모든 사람들 안에 신성이 존재하고 모든 사람들이 보살(菩薩 : Bodhisattva)이거나 불멸의 본질을 가진 사람들이라고 믿는다. 불교인들은 부처와 같은 영적 상태에 도달하기 위해 노력하며 그들 자신도 부처가 되려고 한다. 비록 불교인들이 신(神)의 존재를 인정하기는 하지만, 신을 인간의 통찰력 이상의 것으로 보며 심지어 신 자신의 통찰력 밖에 있는 것으로 본다. 실체적으로 나타나는 인간에 내재하는 신성이 불교인들에게는 훨씬 더 중요하다.

불교의 가르침은 우주가 도덕적이고 자연적인 원리들에 의해 지배된다는 원칙을 고수하고 있다. 이런 원리들은 변함이 없고 보편적이며 영원하다. 업보(業報) 혹은 인과응보(karma)는 한 사람의 행동들이 그의 다음 생애(後生)를 결정한다는 원리(좋은 삶일지 좋지 못한 삶일지)이다. 이것은 누구도 피해 갈 수 없는 세상의 도덕적 질서인 것이다. 또 다른 원리는 운명의 원리로 인간들을 포함하여 모든 우주의 요소들은 변화하고 쇠퇴할 가능성이 있다는 것이다.

부처는 아래와 같은 색다른 네 가지 진리들을 설명하고 있다.

① 보편적인 인간의 고통 경험(지난 업보의 결과들).
② 고통의 원인은 나쁜 것이나 좋은 것이지만, 고통이 생긴 것은 나쁜 방법으로 그것들에 집착하거나 갈망했기 때문이다. 인간들이 좋지 못한 것들에 높은 가치를 둘 때 고통은 생겨난다. 물질적인 세상은 의지할 수도 없고 의지해서도 안 된다.
③ 고통은 깨달음의 성취를 통해 사라지게 된다.
④ 구원(깨달음)의 방법은 바른 지식, 바른 태도, 바른 언행, 바른 행동, 바른 생활, 적당한 노력, 적당한 주의력 및 평정을 포함한 여덟 가지 도(道)를 따르는 것이다.

독실한 불교인 내담자들은 묵상적 생활, 고독을 느낄 수 있는 기회 혹은 검소한 생활에 높은 가치를 둘 것이다. 게다가 자기 반성, 성찰, 타인에 대한 봉사 등에도 높은 가치를 부여한다. 부처가 한번은 "검소한 생활 속에서 한번의 진실한 사랑의 실천은 온 인생을 신들에게 제사를 드리는 데 소비하는 것보다 소중하다"라고 말한 적이 있다. 불교인 내담자들은 조직적인 종교 활동에는 별로 신경을 쓰지 않는 반면에 자기 수양, 개인적 성장 및 도덕적 성숙에 큰 가치를 두고 열중할 것이다. 불교인 내담자들이 가진 비합리적인 사고들의 본질과 형태는 이전에는 탐구된 적이 거의 없으며, 비합리적인 신념의 예들은 앞에서 설명했던 다른 종교 단체들의 그것보다는 훨씬 더 추상적이다. 한 불교인 내담자는 자신에 대한 강요나 우주의 원리들에 대한 강요를 표현하곤 한다.

나는 꼭 깨달음을 얻어야 한다.

나는 자기 수양을 더 많이 해야만 한다.

나는 남들을 돕는 것에 더 많은 시간을 소비해야 한다.

나는 좋은 업보를 쌓아야 한다.

불교인 내담자들의 재앙화 신념들은 일차적인 종교 문제를 반영하는 것일 수 있다. 묵상적이고 반성적인 수행과 고행들 때문에 불교인 내담자들은 다른 내담자들보다는 이 세상 일들을 재앙으로 보지 않는 경향이 있다. 변하지 않는 업보와 윤회의 원리들을 인식함에 따라 이 삶의 어떤 사건(혹은 사건의 수)은 다음에 똑같은 생애를 가져오지 않을 것이라고 본다.

그리고 불교인들에 있어서 죽음의 의미는 다른 종교를 가진 내담자들의 그것과는 사뭇 다르다. 하지만, 아직까지 REBT는 모든 인간들이 자신에 의한 장애와 비합리성의 소질을 가지고 있다고 본다. 아주 묵상적이고 침착한 불교인 남녀들이라고 할지라도 종종 재앙화하는 비합리성으로 힘들어 할 때가 있다. 그런 예는 다음과 같다.

내가 이렇게 오래 괴로워하고 예전보다 더 깨달음이 없다는 것은 끔찍한 일이다.

현 생애에서 쌓은 나의 업보 때문에 다음 생애에 지금보다 더 힘든 삶을 살게 될 것은 나에게 큰 재앙이다.

그런 최악의 상황은 부처도 참지 못했을 것이다.

이와 유사하게, 불교인 내담자들은 인간에 대한 가치 평가를 하는 경향이 있다.

바른 삶과 바른 행동들을 유지할 수 없었기 때문에 나는 실패자이다.

내 인생에서 내 위상이 좋지 못한 것은 나의 업보가 좋지 못하고 내가 악인이라는 증거이다.

마지막으로, 불교인 내담자도 종종 좌절감에 대한 약한 포용력의 철학에 근거한 생각들을 할 때도 있다. 다시 말하지만, 불교의 묵상적인 본질과 업보, 환생, 힘든 묵상과 고행에 따른 요구들이 불교인들이 불편함에 대한 인내력을 갖게 하는 데 도움을 줄 수도 있다. 부처 자신도 의도된 지루함과 불편함이나 의도된 오랫동안의 반성과 고뇌를 수용하는 법을 배웠다.

이번 삶에서의 고행이 깨달음을 향한 발전과 성장을 위해 중요하다고 보는 사실은 일시적인 좌절에 대한 포용력을 향상시키는 데 공헌한다. 그럼에도 불구하고 불교인 내담자의 좌절감에 대한 약한 포용력은 다음과 같은 형태를 띤다.

자기 반성을 열심히 해야 하는 것은 너무 견디기 힘든 것이다.

자기 부정은 참지 못할 만큼 힘들다.

아주 나쁜 업보를 극복하는 것이 너무 힘들다.

6. 힌두교인 내담자

힌두교의 기원을 거론하려면 지금으로부터 약 5000년 전으로 거슬러 올라가야 하지만 사실 힌두교는 서기 1200년경까지는 정식적인 종교로 간주되지 않았다. 신조에 근거한 종교들과 비교하면 힌두교를 문화와 삶의 방식으로 고려하는 것이 더 적절할지도 모른다. 사실, 힌두교는 자주 사교(cults : 邪敎)들의 동맹이나 관념과 영감(靈感)의 연합으로 언급되어진다.

힌두(Hindu)라는 단어는 페르시아 말로 인도 사람(Indian)이라는 뜻이고, 힌두교는 사고 방식보다 삶의 방식을 강조한다. 비록 그렇게 믿고 있지 않는 힌두교인들이 비교적 많지만, 대부분의 힌두교인들은 어떤 형태로든 신의 존재를 믿는다. 개개인의 힌두교인들은 유일신이나 여러 신들을 숭배하거나 어떤 이들은 아무 신도 숭배하지 않는다. 대부분의 힌두교인들이 세상의 정신이며 우주적이고 절대적인 의식(意識)인 브라마(Brahma : 힌두교 최고의 신)의 존재를 인정하지만, 어떤 힌두교인들은 "신은 많지만 하나이다"라고 말하기도 한다. 일반적으로 힌두교인들은 신에 대해 확실하게 이해하고 있으며, 대부분 힌두교의 종교적 수행들은 신과 자신의 하나됨의 실현을 목적으로 하고 있다. 만약 힌두교에 예배가 존재한다면 그것은 단체적으로 행해지기보다는 개인적으로 행해진다고 볼 수 있다. 자연을 살아 있고 신성한 것으로 보는 힌두교 숭배자들은 종종 의미를 발견하기 위하여 자연적인 환경 속에서 고독함을 찾는다. 그들에게는 신성한 갠즈 강 자체가 끝이 없는 삶의 상징이다. 불교인들이 진리로 믿고 있는 것처럼 힌두교인들도 한 존재로서 행한 일이나 그 행동의 결과들이 다음 존재로 흘러가고 다음 존재의 특성에 영향을 미친다는 개념인 업보(Karma : 業報)의 원리를 강하게 고수하고 있다. 업보는 불변하는 것이라 바뀔 수 없는 것이다. 업보와 관련해서 힌두교에도 환생(Samsara) 개념이 있는데, 그것은 태어나고 죽고 다시 재(再)탄생하는 식의 삶의 흐름을 의미한다. 다시 말해, 그것은 윤회의 원리라고도 말할 수 있다. 모든 인간들은 순환하는 삶의 한 주기 안에 갇혀 있는 것이다. 영혼은 탄생과 재탄생할 때마다 순환한다. 업보와 윤회 개념은 힌두교인들이 경제적으로나 신체적으로 혹은 그 외적으로 명백하게 불평등한 것들을 이해할 수 있게 한다. 확실히 그런 것들은 한 존재에서 다른 존재로 변화한다고 보여진다. 힌두교인들은 선한 행동들을 통하여 이런 사슬이나 굴레로부터 해방(Moksha)되기를 소망한다. 이런 개념은 묵상의 수행에 따른 깨달음이 윤회의 굴레에서 해방될 수 있는 열쇠라고 불교인들이 믿고 있는 것과는 대비되는 것이다.

종교의 가르침을 실천하는 힌두교인들은 채식주의자이고 모든 생명체들을 존중한다. 힌두 신앙의 경전들로는 베다서(Vedas)와 우파니샤드서(Upanishads)가 있다. 베다서는 성가(聖歌), 기도서, 계시서, 일반 영적 지혜들이 포함된 네 가지의 책이다. 우파니샤드서는 삶과 우주의 의미를 다루는 108개 시(時)로 편집된 것이다. 이 장(章)에서 다루었던 다른 종교들보다 힌두교는 신념과 종교적 수행에 있어서 더 광범위하고 다양하다.

가까운 아시아 국가에 살며 인도 밖에 거주하는 대부분의 힌두교인들은 다른 문화와 접촉하면서 그들의 힌두교 신념과 수행 문화가 변용되었을 가능성이 높기 때문에, 치료자가 힌두교인 내담자의 개인적 종교 신념을 조심스럽게 평가하는 것이 중요하다. 불교인 내담자들처럼 힌두교인들은 단체적인 종교의식보다는 묵상적이고 혼자 하는 기도와 예배를 행하는 경향이 있다. 그들은 바른 생각과 선한 행동에 신경을 쓰지만, 개인적인 신에게 죄를 범하는 일에 대해서는 덜 민감하다. 윤회를 수용하기 때문에 천국과 지옥은 당면한 관심사가 되지는 않을 것이며, 영혼의 영원한 속성과 삶의 순환이 그들의 일반적인 믿음이다. 한편, 심리치료에서 힌두교의 지혜서를 사용하는 것은 변화를 촉진하는 데 유익할 수도 있다.

힌두교인 내담자들이 가진 강요하는 비합리적 신념들은 불교인 내담자들의 그것들과 유사하다.

나는 기도하고 지혜서를 읽는 데 더 많은 시간을 투자해야 한다.

나는 더 좋은 업보를 가져야만 한다.

윤회에 대한 나의 생각을 다른 사람들이 존중해 주어야 한다.

재앙화도 여러 가지 형태로 나타난다.

나의 자녀들이 힌두교의 신념과 수행을 고수하지 않는다는 것은 생각할 수도 없는 일이다.

먹기 위해 동물을 죽이는 것은 끔찍한 일이다.

재탄생의 굴레에서 영원히 해방될 수 없다는 것은 정말 소름끼치는 일이다.

힌두교인 내담자들은 자기비하와 관련된 다양한 형태의 비합리적인 사고들을 표현할 가능성이 많다. 특히 자신에 대한 부정적인 평가는 업보와 기도, 공부, 예배의 수행을 고수하는 것 등과 관련하여 두드러지게 나타난다. 인간에 대한 가치 평가의 예는 다음과 같다.

나의 신체적 장애는 내가 나쁜 업보를 가지고 태어났다는 것과 내가 가치가 없는 존재라는 것을 증명하는 것이다.

만약 내가 좋은 사람이라면 예배를 더 독실하게 드렸어야 했고 공부하는 시간을 더 많이 가졌어야 했다.

이혼한 나의 배우자는 악인이기 때문에 나쁜 업보를 가질 것이 확실하며 영원히 윤회의 사슬에서 해방 될 수 없을 것이다.

마지막으로, 힌두교인 내담자들도 좌절감에 대한 약한 포용력의 표현을 명백하게 드러낸다. 그런 형태의 비합리성은 일반적으로 나타나는 좌

절감에 대한 약한 포용력일 수도 있고 힌두교 신념이 직접적인 원인이
되는 포용력의 문제일 수도 있다.

나는 나의 형편없는 업보를 극복할 수 없다.

인생이 정말 반복된다면, 그것을 참아 내기란 힘들 것이다.

다른 힌두교인들이 나보다 더 독실하지 않으면서 더 부유하고 행복하다
는 사실을 완전히 수용하기가 어렵다.

참 고 문 헌

Alford, B.A., & Beck, A.T. (1997). *The integrative power of cognitive therapy.* New York : Guilford.

Allport, G.W., & Ross, J.M. (1967). Personal religious orientation and prejudice. *Journal of Personality and Social Psychology,* p.5, pp.432~443.

American Psychological Association (1992). Ethical principles of psychologists and code of conduct. *American Psychologist,* p.47, pp.1597~1611.

American Psychological Association (1993). Guidelines for provides of psychological services to ethnic, linguistic, and culturally diverse populations. *American Psychologist,* p.48, pp.45~48.

Backus, W. (1985). *Telling the truth to troubled people.* Minneapolis, MN : Bethany House.

Bandura, A. (1997). *Self-efficacy : The exercise of control.* Englewood Cliffs, NJ : Prentice-Hall.

Barrett, D.B., & Johnson, T.M. (1998). "Religion : World religious statistics." In D. Calhoun (Ed.), *Britannica book of the year,* 1998 (p.314). Chicago, IL : Encyclopedia Britannica.

Bartlett, F.C. (1932). *Remembering : A study in experimental and social psychology.* Cambridge, England : Cambridge University Press.

Bartley, W.W., III. (1984). *The retreat to commitment* (rev. ed.) Peru, IL : Open Court.

Batson, C.D., Schoenrade, P., & Ventis, W.L. (1993). *Religion and the individual : A social-psychological perspective.* New York : Oxford University Press.

Beal, D., Kopec, A.M., & DiGiuseppe, R. (1996). "Disputing client's irrational beliefs." *Journal of Rational-Emotive and Cognitive-Behavior Therapy*, p.14, pp.215~229.

Beaman, A. (1978). "Rational-emotive therapy and Christian contrition." *Rational Living*, p.13, pp.17~18.

Beck, A.T. (1976). *Cognitive therapy and the emotional disorders*. New York : International Universities Press.

Beck, A.T., & Beck, R.W. (1972). Screening depressed patients in family practice. A rapid technique. *Postgraduate Medicine*, p.52, pp.81~85.

Beck, A.T., Emery, G. (1985). *Anxiety disorders and phobias : A cognitive perspective*. New York : Basic Books.

Beck, A.T., Rial, W.Y., & Rickels, K. (1974). "Short From of Depression Inventory : Cross validation." *Psychological Reports*, p.34, pp.1184~1186.

Beit-Hallahmi, B. (1980). *Psychoanalysis and Religion : A bibliography*. Norwood, PA : Norwood Editions.

Beti-Hallahmi, B. (1989). *Prolegomena to the psychological study of religion*. Lewisburg, PA : Bucknell University Press.

Benson, C.K. (1992). "Forgiveness and the psychotherapeutic process." *Journal of Psychology and Christianity*, p.11, pp.76~81.

Bergin, A.E. (1980). "Psychotherapy and Religious values." *Journal of Consulting and Clinical Psychology*, p.48, pp.75~105.

Bergin, A.E. (1983). "Religiosity and Mental health : A critical reevaluation and meta-analysis." *Professional Psychology : Research and Practice*, p.14, pp.170~184.

Bergin, A.E. (1991). "Values and Religious issues in psychotherapy and mental health." *American Psychologist*, p.46, pp.394~403.

Bergin, A.E., & Jensen, J.P. (1990). "Religiosity of psychotherapists : A national survey." *Psychotherapy*, p.27, pp.3~7.

Bergin, A.E., Masters, K.S., & Richards, P.S. (1987). "Religiousness and Mental health reconsidered : A study of an intrinsically religious sample." *Journal of Counseling Psychology*, p.34, pp.197~204.

Bergin, A.E., Payne, I.R., & Richards, P.S. (1996). "Values in psychotherapy." In E. Shafranske (Ed.), *Religion and the clinical practice of psychology* (pp.297~325). Washington, DC : American Psychological Association.

Bergin, A.E., Stinchfield, R.D., Gaskin, T.A., Masters, K.S., & Sullivan, C.E. (1988). "Religious life-styles and mental health : An exploratory study." *Journal of Counseling Psychology*, p.35, pp.91~98.

Bernard, M.E. (1993). *Staying rational in an irrational world.* New York : Carol Publishing.

Beutler, L.E. (1972). "Value and attitude change in psychotherapy : A case for dyadic assessment." *Psychotherapy*, p.9, pp.262~267.

Brown, R.M. (1965). *The spirit of Protestantism.* New York : Oxford University Press.

Bufford, R.K., Paloutzian, R.F., & Ellison, C.W. (1991). "Norms for the spiritual well-being scale." *Journal of Psychology and Theology*, p.19, pp.56~70.

Cädea, V. (1987). "Icons." In M. Eliade (Ed.), *The encyclopedia of religion* (Vol.7, pp.67~70). New York : Macmillan.

Carter, D.M. (1986). "An integrated approach to pastoral therapy." *Journal of Psychology and Theology*, p.14, pp.146~154.

Chapman, M. (1993). Everyday reasoning and the revision of belief. In J. M. Puckett, & H.W. Reese (Eds.), *Mechanisms of everyday cognition* (pp.95~113). Hillsdale, NJ : Lawrence Erlbaum Associates.

Clark, T.W. (1992). "Relativism and the limits of rationality." *The Humanist*, pp.25~32, p.42, p.52,

Derrida, J. (1976). *Of grammatology.* Baltimore, MD : Johns Hopkins University.

Diener, E. Emmons, R.A., Larsen, R.J., & Griffin, S. (1985). "The satisfaction with life scale." *Journal of Personality Assessment*, p.49, pp.71~75.

DiGiuseppe, R.A. (1991). "A rational-emotive model of assessment." In M.E. Bernard (Ed.), *Using rational-emotive therapy effectively : A practitioner's guide* (pp.151~172). New York : Plenum.

DiGiuseppe, R.A., Exner, T., Leaf, R., & Robin, M. (1988). *The development of a measure of rational / irrational beliefs.* Poster session presented at the World Congress on Behavior, Edinburg, Scotland.

DiGiuseeppe, R.A., Robin, M.W., & Dryden, W. (1990). "On the compatibility of rational-emotive therapy and Judeo-Christian philosophy : A focus on clinical strategies." *Journal of Cognitive Psychotherapy : An International Quarterly*, p.4, pp.355~368.

Donahue, M.J. (1985). "Intrinsic and extrinsic religiousness : Review and meta-analysis." *Journal of Personality and Social Psychology*, p.48, pp.400~419.

Dougherty, S.G., & Worthington, E.L. (1982). "Preferences of conservative and moderate Christians for four Christian counselor's treatment plans." *Journal of Psychology and Theology*, p.10, pp.346~354.

Dryden|, W. (1990). *Creativity in rational-emotive therapy*. Loughton, England : Gale Centre Publications.

Dryden, W. (1995). *Brief rational emotive behaviour therapy*. London : Wiley.

Dryden, W., DiGiuseppe, R., & Neenan, M. (2000). *A primer on rational-emotive therapy* (2nd ed.). Champaign, IL : Research Press.

DuPuy, H. (1984). "A measure of psychological well-being." In N.K. Werger, M.E. Mattson, C.D. Furberg, & J. Elinson (Eds.), *Assessment of Quality of life* (pp.353~356). New York : Lecajq Publishing.

Elkin, I. (1994). "The NIMH treatment of depression collaborative research program : Where we began and where we are." In A.E. Bergin, & S.L. Garfield (Eds.), *Handbook of psychotherapy and behavior change* (pp.14~139). New York : Wiley.

Ellingson, T. (1987). "Music : Music and religion." In M. Eliade (Ed.), *The encyclopedia of religion* (Vol.10, pp.163~172). New York : Macmillan.

Ellis, A. (1975). *How to live with a neurotic : At home and at work* (rev. ed.). Hollywood, CA : Wilshire Books (Original work published 1957).

Ellis, A. (1958). "Rational psychotherapy." *Journal of General Psychology*, pp.35~49, p.59

Ellis, A. (1962). *Reason and Emotion in psychotherapy*. Secaucus, NJ : Citadel.

Ellis, A. (1969). "A weekend of rational encounter." *Rational Living*, pp.1~8.

Ellis, A. (1971). *The case against religion : A psychotherapist's view*. New York : Institute for Rational Living.

Ellis, A. (1972). *Psychotherapy and the value of a human being.* New York : Institute for Rational-Emotive Therapy. Reprinted in Ellis, A., & Dryden W. (1990). The essential Albert Ellis. New York : Springer.

Ellis, A. (1973a). *Humanistic psychotherapy : The rational-emotive approach.* New York : McGraw-Hill.

Ellis, A. (1973b). "My philosophy of psychotherapy." *Journal of Contemporary Psychotherapy*, p.6, pp.13~18.

Ellis, A. (1977a). *Anger-How to live with and without it.* Secaucus, NJ : Citadel Press.

Ellis, A. (1977b). "Fun as psychotherapy." *Rational Living*, pp.2~6, p.12.

Ellis, A. (1979). "The issue force and energy in behavioral change." *Journal of Contemporary Psychotherapy*, p.10, pp.83~97.

Ellis, A. (1980). "Psychotherapy and atheistic values : A response to A.E. Bergin's "Psychotherapy and religious values." *Journal of Consulting and Clinical Psychology*, p.48, pp.635~639.

Ellis, A. (1981). "The use of rational humorous songs in psychotherapy." *Voices*, p.16, pp.29~36.

Ellis, A. (1983a). *An impolite interview with Albert Ellis* (rev. ed.). New York : Institute for Rational-Emotive Therapy.

Ellis, A. (1983b). "How to deal with your most difficult client-you." *Journal of Rational-Emotive Therapy*, p.1, pp.3~8.

Ellis, A. (1983c). *The case against religiosity.* New York : Institute for Rational-Emotive Therapy.

Ellis, A. (1985). *Overcoming resistance : Rational-emotive therapy with difficult clients.* New York : Springer.

Ellis, A. (1986). "Do some religious beliefs help create emotional disturbance?" *Psychotherapy in Private Practice*, p.4, pp.101~106.

Ellis, A. (1987a). "The impossibility of achieving consistently good mental health." *American Psychologist*, p.42, pp.364~375.

Ellis, A. (1987b). "The use of rational humorous songs in psychotherapy. In J.W.F. Fry, & W.A. Salamed (Eds.), *Handbook of humor and psychotherapy* (pp.265~287). Sarasota, FL : Professional Resource Exchange.

Ellis, A. (1988). *How to stubbornly refuse to make yourself miserable about anything—yes, anything!* Secaucus, NJ : Lyle Stuart.

Ellis, A. (1991). "Using RET effectively : Reflections and interview." In M.E. Bernard (Ed.), *Using rational-emotive therapy effectively* (pp.1~33). New York : Plenum.

Ellis, A. (1992). "My current views on rational-emotive therapy (RET) and religiousness." *Journal of Rational-Emotive and Cognitive-Behavior Therapy*, p.10, pp.37~40.

Ellis, A. (1994a). My response to "Don't throw the therapeutic baby out with the holy water" : Helpful and hurtful elements of religion. *Journal of Psychology and Christianity*, p.13, pp.323~326.

Ellis, A. (1944b). *Reason and emotion in psychotherapy* (rev. and updated). New York : Birch Lane Press.

Ellis, A. (1996a). "A social constructionist position for mental health counseling : A response to Jeffrey T. Guterman." *Journal of Mental Health Counseling*, p.18, pp.16~28.

Ellis, A. (1996b). *Better, deeper and more enduring brief therapy : The Rational Emotive Behavior Therapy approach.* New York : Brunner/Mazel.

Ellis, A. (1996c). Postmodernity or reality? A response to Allen E. Ivey, Don C. Locke, and Sandra Rigazio-DiGilio. *Counseling Today*, pp.26~27, p.39 (2)

Ellis, A. (1997). Response to Jeffrey T. Guterman's response to my critique of "A social constructionist position for mental health counseling." *Journal of Mental Health Counseling*, p.19, pp.57~63,

Ellis, A. (1998). *How to control your anxiety before it controls you.* New York : Citadel.

Ellis, A. (1999). *How to make yourself happy and remarkably less disturbed.* San Luis Obispo, CA : Impact Publishers.

Ellis, A. (2000a). Can rational-emotive behavior therapy (REBT) be effectively used with people who have devout beliefs in God and religion? *Professional Psychology : Research and Practice*, p.31, pp.29~33.

Ellis, A. (2000b). *Self-help therapy that really works.* Atascadero, CA : Impact Publishers.

Ellis, A., & Becker, I. (1982). *A guide to personal happiness.* North Hollywood, CA : Wilshire.

Ellis, A., & Dryden, W. (1997). *The practice of rational emotive behavior therapy* (rev. ed.). New York : Springer.

Ellis, A., & Harper, R. A. (1997). *A guide to rational living* (New and updated ed.). North Hollywood, CA : Melvin Powers.

Ellis, A., Gordon, J., Neenan, M., & Palmer, S. (1997). *Stress counseling : A rational emotive behavioural therapy approach.* London : Cassell.

Ellis, A., MacLaren, C. (1998). *Rational emotive behavior therapy : A therapist's guide.* Atascadero, CA : Impact Publishers.

Feyerband, P. (1975). *Against method.* New York : Humanities Press.

Fisher, S.E. (1985). "Identity of two : The phenomenology of shame in borderline development and treatment." *Psychotherapy,* p.22, pp.101~109.

Frankl, V. (1969). *Man's search for meaning : An introduction to logotherapy.* New York : Washington Square Press.

Freud, S. (1912). "The dynamics of transference." In J. Strackey (Ed.), *Standard edition of the complete works of Sigmund Freud* (Vol.12, pp.97~108). London : Hogarth.

Fuchs, S., & Ward, S. (1994). "What is deconstruction and where and when does it take place?" *American Sociological Review,* p.59, pp.481~500.

Gallup, G. C.J. (1989). *The people's religion : American faith in the 90's.* New York : Macmillan.

Gartner, J., Larson, D.B., & Allen, G.D. (1991). "Religious commitment and mental health : A review of the empirical literature." *Journal of Psychology and Theology,* p.19, pp.6~25.

Gass, S.C. (1984). "Orthodox Christian values related to psychotherapy and mental health. *Journal of Psychology and Theology,* p.12, pp.230~237.

Gassin, E.A., & Enright, R.D. (1995). The will to meaning in the process of forgiveness. *Journal of Psychology and Christianity,* p.14, pp.38~49.

Genia, V. (1994). "Secular psychotherapists and religious clients : Professional considerations and recommendations." *Journal of Counseling and Development,* p.72, pp.395~398.

Gergen, K.J. (1991). *The saturated self.* New York : Basic Books.

Gergen, K.J. (1995). "Postmodernism as humanism." *Humanistic Psychologist,* p.23, pp.71~82.

Giglio, J. (1993). "The impact of patients' and therapists' religious values on psychotherapy." *Hospital and Community Psychiatry, p.44,* pp.768~771.

Ginter, E.J. (1989). "If you meet Moses/Jesus/Mohammed/Buddha (or associate editors of theory) on the road, kill them!" *Journal of Mental Health Counseling,* p.11, pp.335~344.

Gladson, J.A. (1992). "Higher than the heavens : Forgiveness and the old testament." *Journal of Psychology and Christianity,* p.11, pp.125~135.

Glasser, W. (2000). *Reality therapy in action.* New York : Harper Collins.

Goldberg, D.P. (1972). "The detection of psychiatric illness by questionnaire : A technique for the identification and assessment of non-psychotic psychiatric illness." Oxford : Oxford University Press.

Golden, W.L. (1983). "Resistance in cognitive behavior therapy." British *Journal of Cognitive Psychotherapy,* p.1, pp.33~42.

Goleman, Z.D. (1995). *Emotional intelligence.* New York : Bantam.

Gorsuch, R.L. (1988). "Psychology and religion." *Annual Review of Psychology,* p.39, pp.201~221.

Gove, P.B. (1981). *Webster's third new international dictionary of the English language (unabridged eds.).* Springfield, MA : G. & C. Merriam Co.

Grau, A.F. (1977). "Religion as rational." In J.L. Wolfe, & E. Brand (Eds.), *Twenty years of rational therapy* (pp.131~135). New York : Institute for Rational Living.

Greenberg, D., & Witztum, E. (1991). "Problem in the treatment of religious patients." *American Journal of Psychotherapy,* p.35, pp.554~565.

Greenberg, L.S., Rice, L.N., & Elliott, R. (1993). *Facilitating emotional change.* New York : Harper Perennial.

Guralnik, D.G. (1982). *Webster's new world dictionary of the American language. 2nd college* ed. New York : Simon and Schuster.

Guidano, V.F. (1991). *The self in process.* New York : Guilford.

Guterman, J.T. (1994). "A social constructionist position for mental health counseling." *Journal of Mental Health Counseling*, p.16, pp.226~244.

Guterman, J.T. (1996a). "Doing mental health counseling : A social constructionist revision." *Journal of Mental Health Counseling*, p.18, pp. 228~252.

Guterman, J.T. (1996b). Reconstructing social constructionism : A response to Albert Ellis. *Journal of Mental Health Counseling*, p.18, pp.29~40.

Guterman, J.T. (1996c). "Tales of mental health counseling." *Journal of Mental Health Counseling*, p.18, pp.300~306.

Hauck, P.A. (1972). *Reason in pastoral counseling*. Philadelphia : Westminster.

Hauck, P.A. (1991). *Overcoming the rating game*. Louisville, KY : Westminster.

Haughness, N. (1993). "Postmodern anti-foundationalism examined." *Humanist*, pp.19~20, p.53

Hawkins, I.L., & Bullock, S.L. (1995). "Informed consent and religious values : A neglected area of diversity." *Psychotherapy*, p.32, pp.293~300.

Hayakawa, S.I. (1940, 1990). *Language in action (5th ed.)*. New York : Harcourt Brace.

Hayek, F.A. (1978). *New studies in philosophy, politics, economics, and the history of ideas*. Chicago : University of Chicago Press.

Hayes, S., Nelson, R., & Jarrett, R. (1987). "The treatment utility of assessment : A functional approach to evaluating assessment quality." *American Psychologist*, p.42, pp.963~974.

Heidegger, M. (1962). *Being and time*. New York : Harper & Row.

Held, B.S. (1995). "The real meaning of constructivism." *Journal of Constructivist Psychology*, p.8, pp.305~315.

Hoge, D.R. (1996). Religion in America : The demographics of belief and affiliation. In E. Shafranske (Ed.), *Religion and the clinical practice of psychology* (pp.21~42). Washington, DC : American Psychological Association.

Hollon, S.D., & Beck, A.T. (1994). "Cognitive and cognitive-behavioral therapies." In A.E. Bergin, & S.L. Garfield (Eds.), *Handbook of psychotherapy and behavior change* (pp.428~466). New York : Wiley.

Hood, R.W., Spilka, B., Hunsberger, B., & Gorsuch, R. (1996). *The psychology of religion (2nd ed.).* New York : Guilford.

Hoshmand, L.T., & Polkinghorne, D.E. (1992). "Redefining the science-practice relationship and professional training." *American Psychologist,* p.47, pp.55~66.

Hunsberger, B., Alisat, S., Pancer, S.M., & Pratt, M. (1996). "Religious fundamentalism and religious doubts : Content, consciousness and complexity of thinking." International *Journal of the Psychology of Religion,* p.6, pp.39~49.

Ivey, A.E., & Goncalves, D. (1988). "Developmental therapy : Integrating developmental process into the clinical practice." *Journal of Counseling and Development,* p.66, pp.406~413.

Ivey, A.E., & Rigazio-DiGilio, S.A. (1991). "Toward a developmental practice of mental health counseling : Strategies for training practice, and political unity." *Journal of Mental Health Counseling,* p.13, pp.21~26.

Johnson, S.A. (2000). *Incorporating religion into rational emotive behavior therapy with the Christian client.* New York : Institute for Rational-Emotive Behavior Therapy.

Johnson, W.B. (1992). "Rational-emotive therapy and religiousness : A review." *Journal of Rational-Emotive and Cognitive Behavior Therapy,* p.10, pp.21~35.

Johnson, W.B. (1993). "Christian rational-emotive therapy : A treatment protocol." *Journal of Psychology and Christianity,* p.12, pp.254~261.

Johnson, W.B. (in press). To dispute or not to dispute : Ethical REBT with Religious Clients. Cognitive and Behavioral Practice.

Johnson, W.B., DeVries, R., Ridley, C.R., Pettorini, D., & Peterson, D. (1994). "The comparative efficacy of Christian and secular rational-emotive therapy with Christian clients." *Journal of Psychology and Theology,* p.22, pp.130~140.

Johnson, W.B., & Johnson, W.L. (1997). "Counseling conservatively religious fathers : Salient treatment issues." *Journal of Psychology and Christianity,* p.16, pp.36~50.

Johnson, W.B., & Nielsen, S.L. (1998). "Rational-emotive assessment with religious clients." *Journal of Rational-Emotive and Cognitive-Behavior Therapy*, p.16, pp.101~123.

Johnson, W.B., & Ridley, C.R. (1992a). "Brief Christian and non-Christian rational-emotive therapy with depressed Christian clients : An exploratory study." *Counseling and Values*, p.36, pp.220~229.

Johnson, W.B., & Ridley, C.R. (1992b). "Sources of gain in Christian counseling and psychotherapy." *The Counseling Psychologist*, p.20, pp.159~175.

Johnson, W.B., Ridley, C.R., & Nielsen, S.L. (2000). "Religiously sensitive rational emotive behavior therapy : Elegant solutions and ethical risks." *Professional Psychology : Research and Practice*, pp.14~20, p.31.

Jones, S.L. (1989). "Rational-emotive therapy in Christian perspective." *Journal of Psychology and Theology*, p.17, pp.110~120.

Jones-Haldeman, M. (1992). "Implications from selected literary devices for a new testament theology of grace and forgiveness." *Journal of Psychology and Christianity*, p.11, 136~146.

Kehoe, N., & Gutheil, T.G. (1984). "Shared religious belief as resistance in psychotherapy." *American Journal of Psychotherapy*, p.38, pp.579~585.

Kelley, T., & Strupp, H. (1992). "Patient and therapist values in psychotherapy : Perceived changes, assimilation, similarity, and outcome." *Journal of Consulting and Clinical Psychology*, p.60, pp.34~40.

Kelly, G. (1955). *The psychology of personal constructs (2 vols)*. New York : Norton.

Kirkpatrick, L.A. (1997). "A longitudinal study of changes in religious belief and behavior as a function of individual differences in adult attachment style." *Journal for the Scientific Study of Religion*, p.36, pp.207~217.

Kopec, A.M., Beal, D., & DiGiuseppe, R. (1994). "Training in RET : Disputational strategies." *Journal of Rational-Emotive and Cognitive-Behavior Therapy*, p.12, pp.47~60.

Korzybski, A. (1933, 1990). *Science and sanity : An introduction to non-Aristotelian systems and general semantics*. Concord, CA : International Society of General Semantics.

Kwee, M., G.T., & Ellis, A. (1997). "Can multimodal and rational emotive behavior therapy be reconciled?" *Journal of Rational-Emotive and Cognitive-Behavior Therapy*, p.15, pp.95~132.

Lannert, J.L. (1991). "Resitance and countertransference issues with spiritual and religious clients." *Journal of Humanistic Psychology*, p.31, pp.68~76.

Larson, D.B., & Larson, S. (1994). *The forgotten factor in physical and mental health : What does the research show?* Rockville, MD : National Institute for Healthcare Research.

Lasure, L.C., & Mikulas, W.L. (1996). "Biblical behavior modification." *Behavior Research and Therapy*, p.34, pp.563~566.

Latourette, K.S. (1975). *A history of Christianity : Beginnings to 1500.* New York : Harper & Row.

Lawrence, C. (1987). "Rational-emotive therapy and the religious client." *Journal of Rational-Emotive and Cognitive-Behavior Therapy*, p.5, 13~21.

Lawrence, C., & Huber, C.H. (1982). "Strange bedfellows? Rational-emotive therapy and pastoral counseling." *Personnel and Guidance Journal*, p.61, pp.210~212.

Lazarus, A.A. (1968). "Learning theory and the treatment of depression." *Behavior Research and Therapy*, p.6, pp.83~89.

Lazarus, A.A. (1989). *The practice of multimodal therapy.* Baltimore : Johns Hopkins University Press.

Lazarus, R.S. (1999). "The cognition-emotion debate : A bit of history." In T. Dalgleish, & M.J. Power (Eds.), *Handbook of cognition and emotion* (pp.3~19). New York : John Wiley.

Lewis, K.N., & Lewis, D.A. (1985). "Impact of religious affiliation on therapists' judgments of patients." *Journal of Consulting and Clinical Psychology*, p.53, pp.926~932.

Linehan, M. (1993). *Cognitive-behavioral treatment of borderline personality disorder.* New York : Guilford.

Lovinger, R. (1984). *Working with religious issues in therapy.* Northvale, NJ : Jason Aronson.

Lovinger, R. (1990). *Religion and counseling : The psychological impact of religious belief*. Northvale, NJ : Aronson.

Lovinger, R.J. (1979). Therapeutic strategies with "religious" resistances. *psychotherapy : Theory, Research and Practice*, p.16, pp.419~427.

Lovinger, R.J. (1996). Considering the religious dimension in assessment and treatment. In E.P. Shafranske (Ed.), *Religion and the clinical practice of psychology* (pp.327~363). Washington, DC : American Psychological Association.

Lyons, L.C., & Woods, P.J. (1991). "The efficacy of rational-emotive therapy : A quantitative review of the outcome research." *Clinical Psychology Review*, p.11, pp.357~369.

Mahoney, M. (1974). *Cognition and behavior modification*. Cambridge, MA : Ballinger.

Mahoney, M. (1991). *Human change processes*. New York : Basic Books.

Mahoney, M. (1995). *Cognitive and constructive psychotherapies : Theory, research and practice* (2nd ed.). New York : Springer.

Maultsby, M.C. (1975). *Help yourself to happiness : Through rational self-counselling*. New York : Institute for Rational-Emotive Therapy.

McClendon, J.W.W., & James, M. (1975). *Understanding religious convictions*. Notre Dame, IN : University of Notre Dame Press.

Maultsby, M.C., Jr. (1984). *Rational behavior therapy*. Englewood Cliffs, NJ : Prentice-Hall.

Maultsby, M.C., & Ellis, A. (1974). *Techniques for using rational-emotive imagery (REI)*. New York : Institute for Rational Living.

McCullough, M.E., & Worthington, E.L. (1994). "Encouraging clients to forgive people who have hurt them : Review, critique, and research prospectus." *Journal of Psychology and Theology*, pp.3~20, p.22.

McCullough, M.E., & Worthington, E.L. (1995). "College student's perceptions of a psychotherapist's treatment of religious issues : Partial replication and extension." *Journal of Counseling and Development*, p.73, pp.626~634.

McKechnie, J.L. (Ed.) (1979). *Webster's new twentieth century dictionary of the English language unabridged* (2nd ed.). New York : Simon & Schuster.

McMinn, M.R., & Lebold, C.J. (1989). "Collaborative efforts in cognitive therapy with religious clients." *Journal of Psychology and Theology*, p.17, pp.101~109.

Meehl, P.E. (1959). "Some technical and axiological problems in the therapeutic handling of religious and valuational material." *Journal of Counseling Psychology*, p.6, pp.255~259.

Meek, K.R., Albright, J. S., & McMinn, M.R. (1995). "Religious orientation, guilt, confession, and forgiveness." *Journal of Psychology and Theology*, p.23, pp.190~197.

Meek, K.R., & McMinn, M.R. (1997). "Forgiveness : More than a therapeutic technique." *Journal of Psychology Christianity*, p.16, pp.51~61.

Meichenbaum, D. (1977). *Cognitive-behaviour modification : An integrative approach*. New York : Plenum.

Meissner, W.W. (1996). "The pathology of beliefs and the beliefs pathology." In E.P. Shafranske (Ed.), *Religion and the clinical practice of psychology* (pp.241~267). Washington, DC : American Psychological Association.

Menninger, K. (1961). *Theory of psychoanalytic technique*. New York : Basic Books.

Miller, W.R. (1988). "Including client's spiritual perspectives in cognitive-behavior therapy." In W.R. Miller, & J.E. Marten (Eds.), *Behavior therapy and religion : Integrating spiritual and behavioral approaches to change* (pp. 43~56). Newbury Park, CA : Sage.

Millon, T. (1987). Manual for the MCMI-II. Minneapolis, MN : National Computer Systems.

Mills, D. (1994). *Overcoming self-esteem*. New York : Institute for Rational-Emotive Therapy.

Moran, G. (1987). "Religious education." In M. Eliade (Ed.), *The encyclopedia of religion* (Vol.12, pp.318~323). New York : Macmillan.

Narramore, B. (1994). "Dealing with religious resistances in psychotherapy." *Journal of Psychology and Theology*, p.22, pp.249~258.

Neimeyer, G.J. (1993). "The challenge of change : Reflections on constructive psychotherapy." *Journal of Cognitive Psychotherapy*, p.7, pp.183~194.

Neimeyer, R.A. (1993). "Constructivism and the cognitive psychotherapies : Some conceptual and strategic contrasts." *Journal of Cognitive Psychotherapy*, p.7, pp.159~171.

Neimeyer, R.A., & Mahoney, M.J. (1995). *Constructivism in psychotherapy*. Washington, DC : American Psychological Association.

Nielsen, S.L. (1994). "Rational-emotive therapy and religion : Don't throw the therapeutic baby out with the holy water!" *Journal of Psychology and Christianity*, p.13, pp.312~322.

Nielsen, S.L., Johnson, W.B., & Ridley, C.R. (2000). "Religiously sensitive rational emotive behavior therapy : Theory, techniques and brief excerpts from a case." *Professional Psychology : Research and Practice*, p.31, pp.21~28.

Overholser, J.C. (1995). "Elements of the Socratic method : IV. Disavowal of knowledge." *Psychotherapy*, p.32, pp.283~292.

Overholser, J.C. (1999). "Elements of the Socratic method : VI. Promoting virtue in everyday life." *Psychotherapy*, p.36, pp.137~145.

Palmer, S.J., & Keller, R.R. (1990). *Religions of the world : A Latterday Saint view*. Provo, UT : Brigham Young University.

Pargament, K.I. (1997). *The psychology of religion and coping*. New York : Guilford.

Pargament, K.I., & Park, C.L. (1995). "Merely a defense? The variety of religious means and ends." *Journal of Social Issues*, p.51, pp.13~32.

Peck, M.S. (1978). *The road less traveled*. New York : Simon & Schuster.

Popper, K.R. (1985). *Popper selections* (D.M. Miller, ed.). Princeton, NJ : Princeton University Press.

Powell, J. (1976). *Fully human, fully alive*. Valencia, CA : Tabor.

Propst, R.L. (1980). "The comparative efficacy of religious and nonreligious imagery for the treatment of mild depression in religious individuals." *Cognitive Therapy and Research*, p.4, pp.167~178.

Propst, R.L. (1982). "Cognitive therapy via personal belief structures." In L. Abt, & I. Sturt (Eds.), *The newer therapies : A source book* (pp.81~94). New York : Von Nostrand Reinhold.

Propst, R.L. (1996). "Cognitive-behavioral therapy and the religious person." In E. P. Shafranske (Ed.), *Religion and the clinical practice of psychology* (pp.391~408). Washington, DC : American Psychological Association.

Propst, R.L., Ostrom, R., Watkins, R., Dean, T., & Mashburn, D. (1992). "Comparative efficacy of religious and non-religious cognitive-behavioral therapy for the treatment of clinical depression in religious individuals." *Journal of Consulting and Clinical Psychology*, p.60, pp.94~103.

Pruyser, P. (1971). "Assessment of the patient's religious attitudes in the psychiatric case study." *Bulletin of the Menninger Clinic*, p.35, pp.272~291.

Pruyser, P. (1977). "The seamy side of current religious beliefs." *Bulletin of the Menninger Clinic*, p.41, pp.329~348.

Raimy, V. (1975). *Misunderstandings of the self*. San Francisco : Jossey Bass.

Ragan, C., Malony, H.N., & Beit-Hallahmi, B. (1980). "Psychologists and religion : Profession factors associated with personal belief." *Review of Religious Research*, p.21, pp.208~217.

Raskin, J.D. (1995). "On ethics in personal construct theory." *Humanistic Psychologist*, p.23, pp.97~114.

Rayburn, C.A. (1985). "Some ethical considerations in psychotherapy with religious women." *Psychotherapy*, p.22, pp.803~812.

Richards, P.S. (1991). "Religious devoutness in college students : Relations with emotional adjustment and psychological separation from parents." *Journal of Counseling Psychology*, p.38, pp.189~196.

Richards, P.S., & Bergin, A.E. (1997). *A spiritual strategy for counseling and psychotherapy*. Washington, DC : American Psychological Association.

Richards, P.S., & Potts, R.W. (1995). "Using spiritual interventions in psychotherapy : Practices, successes, failures, and ethical concerns of Mormon psychotherapists." *Professional Psychology : Research and Practice*, p.26, pp.163~170.

Rickner, R.G., & Tan, S.Y. (1994). "Psychopathology, guilt, perfectionism, and family of origin functioning among Protestant clergy." *Journal of Psychology and Theology*, p.22, pp.29~38.

Robb, H.B. (1988). *How to stop driving yourself crazy with help from the Bible.* New York : Institute for Rational-Emotive Therapy.

Robb, H.B. (1993). "Using RET to reduce psychological dysfunction associated with supernatural belief systems." *Journal of Cognitive Psychotherapy : An International Quarterly,* p.7, pp.281~289.

Rogers, C.R. (1961). *On becoming a person.* Boston : Houghton-Mifflin.

Rokeach, M. (1960). *The open and closed mind : Investigations into the nature of belief systems and personality systems.* New York : Basic Books.

Rokeach, M. (1973). *The nature of human values.* New York : The Free Press.

Rowan, A.B. (1996). "The relevance of religious issues in behavioral assessment." *The Behavior Therapist,* p.19, pp.55~57.

Sampson, E.E. (1989). "The challenge of social change in psychology. Globalization and psychology's theory of the person." *American Psychologist,* p.44, pp.914~921.

Shafranske, E.P. (1996). "Religious beliefs, affiliations., and practices of clinical psychologists." In E.P. Shafranske (Ed.), *Religion and the clinical practice of psychology* (pp.561~586). Washington, DC : American Psychological Association.

Shelton, J.L., & Levey, A. (1981). *Behavioral assignments and treatment compliance.* Champaign, IL : Research Press.

Silverman, M.S., McCarthy, M., & McGovern, T. (1992). "A review of outcome studies of rational-emotive therapy from 1982~1989." *Journal of Rational-Emotive and Cognitive-Behavior Therapy,* p.10, pp.111~186.

Simms, E. (1994). "Phenomenology of child development and the postmodern self : Contirving the dialogue with Johnson." *The Humanistic Psychologist,* p.22, pp.228~235.

Speight, R.M. (1987). Creeds. In M. Eliade (Ed.), *The encyclopedia of religion* (Vol.4, pp.138~140). New York : Macmillan.

Spero, M.H. (1981). "Contertransference in religious therapists of religious patients." *American Journal of Psychotherapy,* p.35, pp.565~575.

Spero, M.H. (1985). *Psychotherapy of the religious patient.* Springfield, IL : Thomas.

Stern, E.M. (Ed.). (1985). *Psychotherapy and the religiously committed patient.* New York : Haworth.

Stoop, D. (1982). *Self-talk : Key to personal growth.* Old Tappan, NJ : Revell.

Tan, S.Y. (1996). "Religion in clinical practice : Implicit and explicit integration." In E.P. Shafranske (Ed.), *Religion and the clinical practice of psychology* (pp.365~387). Washington, DC : American Psychological Association.

Thurman, C. (1989). *The lies we believe.* Nashville, TN : Thomas Nelson.

Tillich, P. (1953). *The courage to be.* New York : Oxford University Press.

Tjeltveit, A. (1986). "The ethics of values conversion in psychotherapy : Appropriate and inappropriate counselor influence on client values." *Clinical Psychology Review,* p.6, pp.515~537.

Van Eemeren, F.H., Grootendorst, R., & Kruiger, T. (1984). *The study of argumentation.* New York : Irvington.

Vernon, A. (1989a). *Thinking, feeling, behaving : An emotional education curriculum for adolescents grades.* Champaign, IL : Research Press.

Vernon, A. (1989b). *Thinking, feeling, behaving : An emotional education curriculum for children.* Champaign, IL : Research Press.

Walen, S., DiGiuseppe, R., & Dryden, W. (1992). *A practitioner's guide to rational-emotive therapy.* New York : Oxford University Press.

Ward, G.C. (1997). "India : Fifty years of independence." *National Geographic,* pp.2~57, p.191.

Warnock, S.D.M. (1989). "Rational-emotive therapy and the Christian client." *Journal of Rational-Emotive and Cognitive-Behavior Therapy,* p.7, pp.263~274.

Watt, W.M. (1987). "Creeds : Islamic creeds." In M. Iliade (Ed.), *The encyclopedia of religion* (Vol.4, pp.150~153). New York : Macmillan.

Webster's new twentieth century dictionary (1979) (2nd ed.). New York : Simon & Schuster.

Weishar, M. (1993). *Aaron T. Beck.* London : Sage.

Wessler, R.A., & Wessler, R. L. (1980). *The principles and practice of rational-emotive therapy.* San Francisco, CA : Jossey-Bass.

Whitechea, A.N. (1957). *Religion in the making : Lowell lectures, 1926.* New York : Macmillan.

Wilson, G.T. (1995). "Behavior therapy." In R.J. Corsini, & D. Wedding (Eds.), *Current Psychotherapies* (5th ed. pp.197~228). Itasca, IL : Peacock.

Wolpe, J. (1958). *Psychotherapy by reciprocal inhibition.* Stanford, CA : Stanford University Press.

Wolpe, J. (1990). *The practice of behavior therapy* (4th ed.). New York : Pergamon.

Worthington, E.L. (1986). "Religious counseling : A review of published empirical research." *Journal of Counseling and Development,* p.64, pp.421~431.

Worthington, E.L. (1988). "Understanding the values of religious clients : A model and its application to counseling." *Journal of Counseling Psychology,* p.35, pp.166~174.

Worthington, E.L., & Gascoyne, S.R. (1985). "Preferences of Christians and non-Christians for five Christian counselor's treatment plans : A partial replication and extension." *Journal of Psychology and Theology,* p.13, pp.29~41.

Wulff, D.M. (1991). *Psychology of religion : Classic and contemporary views.* New York : John Wiley.

Yates, A. (1975). *Theory and practice of behavior therapy.* New York : Wiley.

Young, H. (1984). "Practicing RET with Bible-Belt Christians." British *Journal of Cognitive Psychotherapy,* p.2, pp.60~76.

Zuesse, E.M. (1987). "Ritual." In M. Eliade (Ed.), *The encyclopedia of religion* (Vol.12, pp.405~422). New York : Macmillan.

찾 아 보 기

♧♧♧♧♧♧

　상담 혹은 심리치료에 종사하는 사람들은 종교를 가진 사람들이 심리치료에서 독특한 문제들과 치료에 대한 저항을 나타낸다는 것을 깨닫게 된다. 합리적・정서적 행동치료(REBT)는 정서적인 문제들과 행동적인 문제들을 다루는 데 널리 적극적이고 직접적으로 가장 널리 사용되고 있는 고도로 구조화된 접근법이다. 1950대 초 앨버트 엘리스(Albert Ellis)에 의해 처음 소개된 REBT는 독창적인 인지행동치료이며, 그 효능은 치료효과에 관한 수백 편의 논문들에 의해 지지되고 있다.

　REBT가 바람직한 신념에 초점을 맞추는 것에 대해 호의적으로 반응하고 치료 작업과 수행 중심의 과제에 적극적으로 참여하는 기독교인, 유대인, 이슬람교인 및 힌두교인들은 독특한 방식으로 신념에 초점을 맞추는 치료법인 REBT에 일반적으로 강한 호감을 갖는다.

　사용자에게 친근감을 주는 실용적인 이 안내서에서 저자들은 REBT의 치료적 접근과 종교를 가진 사람들이 제시하는 문제들 간에 일치하는 것들을 요약하여 제시하고 있다. 저자들은 신뢰할 수 있는 REBT 기법을 통하여 내담자들의 종교적인 전통과 신념을 조화롭게 하는 접근법들을 설명하고 있다.

　이들은 평가, 진단, 문제를 공식화하기, 비합리적 신념에 대한 논박 및 그 외 REBT 기법들을 포함하여 종교를 가진 내담자들과의 수행에 따른 필수적인 구성요소들을 개관하고 있으며, 종교를 가진 내담자들을 다룰 때 REBT 치료자들이 접할 수 있는 근본적인 장애물들을 강조하여 설명하고 있다. 게다가 종교를 가진 내담자들과 치료를 수행한 여러 REBT 사례들을 제시하고 있다.

　다양한 학문적 배경들을 가진 정신건강 전문가들이, 종교를 가지고 있는 사람들이 가진 다양한 형태의 정서적인 고뇌들을 극복할 수 있게 도움을 주려고 할 때 자세한 설명이 포함된 안내서와 같은 이런 접근으로부터 유익을 얻을 수 있을 것이다.

저자 소개

Stevan Lars Nielsen은 Brigham Young 대학교의 심리학과 교수이자 BYU 상담소에서 학생들을 지도하고 있으며, APA가 인정하는 인턴과정 프로그램에서 인턴들을 수련시키고 있다. 수많은 REBT에 관한 논문들과 기사들의 저자인 그는 종교 중심의 REBT를 사용한 광범위한 심리치료의 결과들을 분석하는 주요 연구자로 활동해 왔다.

W. Brad Johnson은 미국 해군사관학교 리더십윤리법률학과의 심리학 교수이다. 자격증을 가지고 있는 심리학자인 그는 종교를 가지고 있는 내담자를 위한 REBT의 결과에 관한 첫 번째 출간물을 포함하여 REBT, 직업 윤리 및 지도자 관계와 관련된 50여 편의 논문들과 저서들을 출간했다.

Albert Ellis는 뉴욕시에 위치하고 있는 합리적 · 정서적 행동치료를 위한 Albert Ellis 연구소의 소장이다. 그는 그 곳에서 개인 심리치료와 집단 심리치료를 하고 있으며 수많은 workshop을 개최하고 있다. 주요 인지행동치료 중에 첫 번째 것이라고 할 수 있는 REBT의 창시자이고, 많은 상을 수상한 그는 전 세계에 그의 작업을 소개했다. 그는 심리치료와 부부치료 및 가족치료에 관한 65편 이상의 저서와 700편 이상의 논문들을 저술했다.

역자 소개

서경현
약력 University of Santo Tomas 대학원 심리학과 졸업(심리학 박사)
　　　University of Wisconsin, Milwaukee, 심리학과 Post-doctoral Fellowship
　　　University of Wisconsin, Milwaukee, Alcohol Study Center 연구원 역임
　　　Sunrise-Hill Therapeutic Community, Pre-doctoral Internship
　　　성균관대학교, 삼육대학교 강사 역임
　　　현재 삼육대학교 교양교직학부 교수
　　　　　건강심리전문가
　　　　　한국건강심리학회 교육이사
　　　　　한국임상심리학회 윤리위원
　　　　　남양주시 청소년상담실 운영위원
역서 건강심리학(공역, 시그마프레스, 2002)
논문 '청소년들의 데이트 폭력 가해 행동에 대한 사회학습적 변인들과 분노의 역할' (2002)
　　　외 30여 편

김나미
약력 Andrews University 대학원(상담학 석사 졸업, 박사과정)
　　　Chicago 한인복지회, 상담 Internship
　　　Chicago Metropolitan Family Service, 상담 Internship
　　　현재 삼육대학교 강사, 연세대학교 학생상담실 Intern

○ 저자와의
협의하에
인지 생략

종교를 가진 내담자를 위한
상담 및 심리치료

2003년 2월 24일 1판 1쇄 인쇄
2003년 2월 28일 1판 1쇄 발행

지은이 스테판 닐슨 외
옮긴이 서경현 · 김나미
펴낸이 김진환
펴낸곳 **학지사**
120-193 서울시 서대문구 북아현 3동 187-10 혜전빌딩 2층
편집부 363-8661 영업부 363-1333 팩스 365-1333
등록 1992년 2월 19일 제2-1329호
홈페이지 www.hakjisa.co.kr

ISBN 89-7548-851-9 93180

정 가 15,000원

잘못된 책은 바꾸어 드립니다.

인터넷 학술논문 원문 서비스 www.eNonmun.com